英语名师谈

翻译漫谈

庄绎传 著

2017年·北京

图书在版编目(CIP)数据

翻译漫谈/庄绎传著.—北京：商务印书馆，2015（2017.9重印）
（英语名师谈）
ISBN 978 - 7 - 100 - 10682 - 5

Ⅰ.①翻…　Ⅱ.①庄…　Ⅲ.①英语—翻译
Ⅳ.① H315.9

中国版本图书馆 CIP 数据核字（2014）第 190271 号

权利保留，侵权必究。

翻 译 漫 谈

庄绎传　著

商 务 印 书 馆 出 版
（北京王府井大街36号　邮政编码 100710）
商 务 印 书 馆 发 行
北 京 冠 中 印 刷 厂 印 刷
ISBN 978 - 7 - 100 - 10682 - 5

2015 年 4 月第 1 版	开本 880×1230　1/32
2017 年 9 月北京第 2 次印刷	印张 14½

定价：45.00 元

献 给
我的爱妻
杨道华
感谢你的理解关怀和坚韧

序

我怀着十分激动的心情将《翻译漫谈》呈在各位读者的面前，和大家一起分享出版一本新书的喜悦。

书中所收文章是我在不同时期在实践的基础上陆续写成的。其中有专题研究、会议发言、电视讲座、广播课程、自考教材、审稿札记、学习心得、辞书序言等等，有的涉及汉译英，有的涉及英译汉。最后还附有汉译散文、短篇小说及名著选段各一篇。

这些文字记录了我生命的轨迹。每篇文章都联系着一段人生的经历。清理这些文章的时候，往日的一场场、一幕幕重新浮现在我的眼前，当时的情景和人物历历在目。不少人已经离去，只有在回忆中唤起无限的怀念。有些人依然健在，尚能玩味曾经共事的愉快。

回顾自己走过的路，我只做过一件事，那就是翻译。我喜欢翻译，至今乐此不疲。通过翻译实践，提高自己的翻译能力，并在实践基础上不断总结经验，一方面充实翻译教学，一方面指导以后的实践。实践与教学，二者相辅相成，相得益彰。

《翻译漫谈》是我一生的缩影。我沿着那丰富多彩的翻译之路，得到过很多难得的机遇，度过了幸运的一生。这要归功于领导的培养、前辈的提携、亲友的关怀，而我只是珍惜每一次机遇，认真对待了每一项任务。

承蒙商务印书馆英语编辑室栾奇主任倡议、安排，并由刘彤先生选篇、编辑，此书将于近期出版。年逾八十，得此惊喜，不胜感激之至，谨向他们致以深切的谢意。

有些文章打有时代的烙印，可能显得陈旧，但翻译之道是不会随着时间的推移而逊色的。谬误之处在所难免，尚希读者见谅，诚恳欢迎批评指正。

庄绎传

北京外国语大学

2013 年岁末

目 录

我怎样学翻译 ·· 1
翻译的乐趣 ·· 5
语言的魅力 ·· 8
你做过语言对比吗？ ·· 10
信与达 ·· 13
怎样对待风格 ·· 17
直译与意译 ·· 22
翻译最便于自学 ·· 26
翻译重在实践 ·· 29
翻译中的创造性——学习《邓小平文选》英译本的
　一点体会 ·· 31
翻译·观察·实践 ·· 43
一件往事 ·· 51

关于英汉翻译的几个问题 ·· 70
理解是关键 ·· 112
翻译意思 ·· 116
巧译定语 ·· 124

活用逗号 ·· 128
断句与并句 ·· 135
25 点体会 ·· 142

英语基本功 ·· 151
也谈中式英语 ·· 160
替代 ·· 170
主谓 ·· 178
主从 ·· 185
要不要重复 ·· 194
怎样加强语气 ·· 205
汉英翻译中外位语结构的处理问题——学习《毛泽东选集》
　第四卷英译本的一点体会 ·· 216

《通天塔》摘译 ··· 234
《圣经》的新译本与关于翻译的新概念 ································· 302
外国译者追求什么样的译文 ·· 319
外国翻译家对原作风格的探讨 ·· 329
外国翻译家论原作风格的体现 ·· 341

《李岚清教育访谈录》英译本学习札记 ································· 361
《公民道德建设实施纲要》英译本学习札记 ························· 372
《鹿鼎记》英译本学习札记 ·· 378
在"英若诚名剧译丛"出版座谈会上的发言 ························· 385
贺新春——在全国翻译专业资格（水平）考试 2005 年
　新春专家招待会上的讲话 ·· 387

阅读之重要——祝贺《英语世界》出版发行200期 ·············· 389
据我所知——热烈祝贺《牛津高阶英汉双解词典》
（第6版）出版 ································ 391
热烈祝贺商务印书馆出版《牛津高阶英语词典》
（第8版） ····································· 395
《牛津英语同义词学习词典》序言 ················ 399

怎样才能活得老（汉译） ························ 403
我和丈夫是怎样相识的（汉译） ·················· 414
《大卫·科波菲尔》（汉译）选段 ·················· 436

我怎样学翻译[*]

我很喜欢《英语世界》这个刊物，因为我喜欢翻译。每当我看到英汉两种语言并排印在一起，心里便感到一种说不出的乐趣。

我是怎样跟翻译结下这不解之缘的呢？在大学时代，打下了一点基础。当时有一门翻译课，学校甚至请到许孟雄教授来给我们讲课，批改作业。他上课的情景，至今仍历历在目。

回忆自己的成长过程，主要是靠实践。

20世纪60年代初，我有幸参加了《毛泽东选集》的英译和译文的修订工作，以及一系列重要政论文章的英译工作。当时我觉得学英语，能做这样的翻译工作，可以说是最大的光荣。因此，我怀着无比的热情认真地完成交给我的每一项任务。

这段时间的实践是多方面的，包括译初稿、核对、参加讨论等。在这过程中，观察到翻译涉及的各方面的问题，积累了很多有趣的译例，得到了大量的感性认识。例如：

"吃一堑，长一智"（《毛选》1卷，283页）

"a fall into the pit, a gain in your wit"（p.297）

---

* 此文载于《英语世界》2001年第10期。

译文不但对称，而且押韵，很像谚语的样子。

"三个臭皮匠，合成一个诸葛亮"（《毛选》3卷，956页）

"Three cobblers with their wits combined equal Zhuge Liang the master mind."（p.158）

"不入虎穴，焉得虎子"（《毛选》1卷，287页）

"How can you catch tiger cubs without entering the tiger's lair?"（p.300）

这两个例子本可以在英语中找到相应的说法，如"Two heads are better than one"，"Nothing venture, nothing gain"，但译者都舍弃不用，就是为了保留原文的形象。

夺取这个胜利，已经是不要很久的时间和不要花费很大的气力了；巩固这个胜利，则是需要很久的时间和要花费很大的气力的事情。（《毛选》4卷，1439页）

To win this victory will not require much more time and effort, but to consolidate it will.（pp.373—374）

我第一次看到这个译文时，感到不胜惊喜。一个小小的 will 竟然替代了原文里很长的一段话，何等简洁。

40年过去了，这些例子仍然深深地印在我的脑海里。

"感性认识有待于发展到理性认识。"当时程镇球教授是负责人之一，他不但带头总结经验，而且鼓励我们一帮年轻人进行研究，选些小题目，写出文章，并为我们组织讨论会，联系在刊物上发表。

这样久而久之，自己也就养成了习惯，看书，学习，研究问题，发表文章。70年代学术刊物复刊后，我的文章陆续在《英语学习》和《外语教学与研究》上面发表。1980年出版了我的《汉英翻译五百例》，其中列了20个小题目，这便是我参加汉英翻译实践，观察研究的结果。

80年代初，我又有机会参加另一种类型的翻译实践——英汉翻译。

1980年，中国对外翻译出版公司创办双月刊《翻译通讯》（即《中国翻译》的前身）。吴运楠老先生找我负责一个栏目，名叫"翻译练习"。在他的指导下，我自己选材、翻译，并加解说。从1980到1982年，我一共提供了15篇稿件。后来承蒙公司领导的好意，将这15篇稿汇集成册，出了个单行本，这就是1984年出版的《英汉翻译练习集》。

在这过程中，我深深体会到读者对我的帮助。译文刊出后，便有读者来信指出问题。例如："Einstein has created a new outlook, a new view of the universe." 我的译文是："爱因斯坦创造了一种新的观点，一种新的宇宙观。"一位读者建议将"创造"二字改为"创立"。

我接受了这个建议。在出单行本的时候，我并没有改变原译文，而是增加了一个脚注。单行本中，译文一律保持原样，凡是需要改进或改正的地方，我都以有特殊标记的脚注明确告诉读者这里原译有问题，需要修改。我觉得这样可能对读者帮助更大。

我为单行本《英汉翻译练习集》写了一篇前言，从自己的实践中归纳出了25点，这便是我对英译汉的体会。

有的看官看到这里，也许会想，既有这等小书，何不找来一看。不看也罢。一来事隔一二十年了，书也不见得好找。二来看别人的文章不会留下很深的印象。要想得到较深的印象唯有亲自参加实践、观察、研究，得出自己的结论。写文章的人才是最大的受益者。

也许有人会说，搞理论，写文章，可太难了。在翻译理论方面有所贡献诚然不是易事，但我以上所谈，20题也好，25点也好，都不是翻译理论，都只说明了英汉两种语言的特点。说真的，研究两种语言的特点并不难。把一篇好的译文和原文放在一起，那差异是再明显不过了。同类的例子积得多了，就可以看出一些规律，如果加以总结，就可以使你的知识系统化，即便不是为了发表，也可以使你对两种语言特点的认识深入一步，做起翻译来就会比较得心应手了。

最近看到这样一个例子：

The cold weather frosted up the track last night.

译文是：

昨晚寒冷的天气使跑道上结了霜。

这个译文和原文相比，虽然个别地方有些小的变化，但基本句型未变，仍是一个主语带一个谓语。我把它改译成：

昨晚天气寒冷，跑道上结了霜。

这样译文就成了两个主谓结构，也就是两个短句，中间也不用任何连词。我觉得这样译似乎更合乎汉语的说法。

理论也是可以谈的。我在《也谈中式英语》一文（载于《中国翻译》2000年第6期）末尾引了美国翻译理论家奈达的一句话：

To preserve the content of the message the form must be changed.

上面那个例子，从第一个译文改为第二个译文，不正是符合奈达提出的这条理论吗？所以翻译理论是有其自身的价值的，是可以指导实践的。

不过话又说回来了，理论也好，特点也好，都有一定的限度，而且要运用得当。做翻译，最重要的恐怕还是要把两种语言学好。语言学好了，可以运用自如，事情就好办了。你说是不是这样？

翻译的乐趣

我从小就喜欢翻译。记得在青岛上中学的时候,曾把英语课本里的故事译成中文,不是为了发表,纯粹是觉得好玩儿,而且有一种成就感。

大学毕业后,留在北外当老师。后来有幸参加毛泽东、刘少奇、周恩来等领导人著作的翻译和修订工作,参加重要文件的翻译工作。当时我觉得学习外语,能做这样的工作,是无上的光荣,这种感受也鞭策我努力钻研。

有一天,我看到这样一句话:

"吃一堑,长一智。"

"A fall into the pit, a gain in your wit."

没想到天下竟有这样好的译文,它本身就像一句谚语,然而它又与原文如此接近,如此吻合,使我惊讶不已。

后来我又看到这样一句话:

夺取这个胜利,已经是不要很久的时间和不要花费很大的气力了;巩固这个胜利,则是需要很久的时间和要花费很大的气力的事情。

To win this victory will not require much more time and effort, but to consolidate it will.

原文里重复出现的词语,译文没有重复。一个小小的 will 竟然替代了原文用二十多个字表达的意思,我在这里看到了地道的英语。

每当我看到这样好的译例,就回想起小时候在海边玩耍,捡拾贝壳。阳光下,那贝壳五光十色,绚丽多彩,拿在手里,别提多么高兴了。

近年来,参加了几本词典的审订工作。原书都是英英词典,加上汉语译文后,变成英汉双解词典。译文对不对,顺不顺,这就是审订者要解决的问题。例如:

原文: The cold weather frosted up the track last night.

译文:昨晚寒冷的天气使跑道上结了霜。

改为:昨晚天气寒冷,跑道上结了霜。

原文: My toes were frostbitten from skating too long.

译文:滑冰的时间太长使我的脚趾冻伤了。

改为:滑冰的时间太长,我的脚趾冻伤了。

改动虽然不大,译文弄得比较通顺了,这也是对词典的贡献。

翻译有没有苦恼?有的,鲁迅先生在《且介亭杂文二集》中说过:"譬如一个名词或动词,写不出,创作时候可以回避,翻译上却不成,也还得想,一直弄到头昏眼花,好像在脑子里面摸一个急于要开箱子的钥匙,却没有。"译者这时的确感到心急如焚,焦头烂额,可是一旦找到合适的译文,就会感到格外痛快。

译者还有一种苦恼,那就是一个长篇在手久久不能完成。我译《大卫·科波菲尔》时,就有这种体会。前后三年时间,一天都不敢歇息,更谈不上娱乐。家里人抱怨:"连跟你说话的工夫都没有。"三年里,我天天跟书中的角色打交道,把他们的言行和思想感情用汉语表现出来,他们成了我生活的一部分,以至于在快译完全书的时候,怀着沉重的心情仿佛向他们一一告别,痛苦得很呀!

几年以后,忽然有一天出版社的责编打来电话,说我的书要出版了。我兴奋极了。取回样书的那一天,我对老伴说,我又有了一个儿子,我已经把他接回来了,他的名字就叫"大卫"。

总之,翻译蕴藏着无穷的乐趣,等待喜欢它的人去发掘。干这一行,就要爱这一行,否则怎么能做得好呢?

(2005年2月)

语言的魅力

语言是一个神奇的东西，运用得当，可以产生强大的力量，译者也就是借助于这种力量，重新创造出感人的作品。可以说，译者对语言的掌握是做好翻译的先决条件。

严复就是用他那优雅的古文把进化论的思想介绍到中国，感动了一大批有识之士，包括当朝皇帝，推动他们变法维新。他翻译的《天演论》，虽未尽"信"尽"达"，一个"雅"字却表现得淋漓尽致。

林纾虽不懂外语，却在别人帮助之下，用他那精美的文言文将184种外国文学作品介绍到中国。《林译小说丛书》曾使十一二岁的钱锺书"增加学习外国语文的兴趣"。数十年后，大学问家钱锺书"偶尔翻开一本林译小说"，发现"它居然还没有丧失吸引力"。

周煦良教授就很强调研究语言。他写过一篇文章，题目是《翻译三论》，发表在《翻译通讯》1982年第六期。他在"翻译与语言"一节中指出，初搞翻译的人要看点汉语语法，注意到一些语言现象，这有助于摆脱原文的束缚。他说："一个搞翻译的人对语言不感兴趣，翻译水平是不大会提高的。"

近年来，研究翻译的人多了起来，各种出版物也多了起来，介绍翻译理论、翻译技巧、翻译方法、翻译经验，吸引着初上译途的人的眼球。这些出版物既然都是研究的成果，都会给人以启迪。但对一个译者来说，最重要的不是通晓多少种翻译理论，掌握多少条翻译技巧，而是不断提高自己的语言水平。最后决定译文质量高低的是译者使用语言的能力。一位有经验的译者，可能说不出多少翻译理论和技巧，他靠的是自己在语言方面的造诣，他能告诉你的是怎样学好语言。

单其昌写了一本《汉英翻译技巧》，请杨宪益先生作序。杨先生在肯定了作者的研究方法之后指出，要避免翻译工作中出现错误，"主要还是要多读一些好的英美文学作品，逐步理解这种外国语言的内在规律。"接下去，他还介绍了自己的学习经历，"在我掌握了基本语法之后……到了我上高中时，我就完全丢开了语法书，只去广泛阅读外国文学作品了。"

我的老师王佐良教授翻译过一本《彭斯诗选》，其中有一首题为《一朵红红的玫瑰》。他在题为《答客问：关于文学翻译》的广播稿中提到，自己对这首诗的译文并不满意。接下去，他说："作为一个译者，我总是感到需要不断锻炼，要使自己的汉语炼得纯净而又锐利。"老先生这样孜孜不倦，精益求精，是非常值得我们学习的。

英国剑桥大学 George Steiner 教授写过一本书，名叫 *After Babel*。在第一章的末尾，他说了这样一句话：A study of translation is a study of language。这也许是对翻译研究最好的概括。你不想在语言上下点功夫吗？

（2005 年 2 月）

你做过语言对比吗？

回忆我们学习汉语和英语的经历，就会发现我们是孤立地来学的。学汉语时，老师没有必要也从未鼓励我们去与英语做比较。学英语时，老师更是劝我们不要去与汉语比较，免得受汉语的影响而学不好英语。若让我们说一说汉语和英语有什么相同之处和不同之处，我们也许会感到茫然，因为我们从未对这两种语言加以比较。

翻译界有一个提法：翻译理论与实践。有人写书，以此为书名。有的学校开课，以此为课程名称。这个提法甚至进入了国家教育部所制定的学科目录。仿佛这个提法概括了翻译领域的全部内容。

其实，在翻译理论与实践之间，还有一个层次，那就是语言对比。所谓语言对比，就是研究英汉两种语言的异同，从而看出英语和汉语各自的特点。相比之下，各自的特点就清楚了。

20世纪中期，王力先生在《中国语法理论》第六章"欧化的语法"中花了很大的篇幅进行语言对比，指出各自的特点，探讨英语对汉语的影响。80年代以后，从事这方面研究的人多了起来，出版了专著，还成立了专门的机构。

我个人进行语言对比，是从对照着原文研究《毛选》的译文开始的。我在研究了大量的译例之后，得出了若干规律性的认识，分20个题目,写成了《汉英翻译五百例》,于1980年出版。

例如,许多译例表明:"在一个汉语句子里或相连的几个句子里,往往有些词或词组重复出现。""英语和汉语相反,在一般情况下是避免重复的。""汉语重复,英语不重复,这是两种语言的一个明显的不同之处。"有了这点认识,汉译英时就多用代称,英译汉时就多用实称,不必拘泥于原文了。

语言对比主要是注意句子结构,或者说注意翻译过程中各个成分在句中的变化。译文之所以有时会因过于机械而不顺,就是因为迁就原文的结构,而没有考虑译文的结构应有哪些变化。好的译文之所以好,就是因为句内各成分都放在了应放的位置,符合译入语行文的习惯。美国翻译理论家奈达说过:

To preserve the content of the message the form must be changed。说的大概也是这个意思。

是不是看几本书就行了?诚然,这方面的书也是有的,但只看别人得出的结论往往印象不深,时间久了,也许就忘了。因此最好亲自动手进行比较,或者至少把别人的结论拿来验证一番。其实,语言对比是很有趣的。通过对比,你会发现许多过去未曾注意的东西。而且你的注意力也不会完全局限于译例。每当你有所发现的时候,你就会去查阅关于英语的权威性著作,也会去查阅关于汉语的权威性著作,看看他们对这个问题是怎么说的。比如,在我研究前面提到的"实称"与"代称"的问题时,就参考了 Randolph Quirk 等四位学者所著的 *A Grammar of Contemporary English*。书中有一节专门论述 substitution,我看到不仅名词有替代的说法,动词、形容词、副词等也都有替代的说法,他们把所有这些替代的说法统一称为"pro-forms"。看到这里我感到一阵惊喜,顿时觉得自己对这个问题的了解深入了一步。一个人要是学问有长进,就会感到欣慰,要是日有所进,就会觉得其乐无穷。

　　对比两种语言，认识其各自的特点，主要是通过研究译例来进行的，是与翻译实践紧密相连的。若用这方面的研究成果来指导翻译实践，翻译起来就会得心应手，认识越深刻，就越得心应手。不信你试试。

（2005年3月）

信 与 达

做事情都有个要求，希望达到什么样的标准。翻译也不例外，那么什么样的译文算是好的译文呢？我们应以什么样的标准作为努力的目标呢？

1980年出版了张培基等四位学者编著的《英汉翻译教程》。作者在"翻译的标准"一节中写道："我们主张把翻译标准概括为'忠实、通顺'四个字。""所谓忠实，首先指忠实于原作的内容。""忠实还指保持原作的风格。""所谓通顺，即指译文语言必须通顺易懂，符合规范。"

1983年出版了吕瑞昌等五位学者编著的《汉英翻译教程》。关于翻译标准的论述，与第一本书是一致的。书中写道："我们不妨用'信、顺'两字来概括我们今天汉英翻译的标准。所谓'信'，是指忠实于原文的内容，包括思想、感情、风格等，即把原文完整而准确的表达于译文中，对原文内容尽可能不增不减。所谓'顺'，是指用词正确得体，行文流畅通顺，符合英语习惯；避免逐字死译、生搬硬套，使不懂汉语的英语读者也能看懂。"

这两本书是受教育部委托编写的高校通用教材，一本讲英译汉，一本讲汉译英，二十多年来，一直在我国高校广泛使用。

我基本上同意这两本书关于翻译标准的提法，但我不赞成把风格放在忠实里面来谈。我们不必因为严复提出了"信、达、雅"，谈翻译标准就一定要谈风格。因为风格是一个比较复杂的问题。把原文的风格完全翻译过来，这恐怕是不大可能的，但也不是说风格就完全不能翻。译者只能尽力而为。译文的风格除了包含一部分原文的风格，必然还包含其他因素。而且翻译不同类型的作品，对风格的要求也不尽相同，英译汉还比较好办，汉译英就更难把握了。

我在1999年为全国高等教育自学考试编写了一套教材，题为《英汉翻译教程》。关于翻译标准，我是这样写的："对我们初学翻译的人来说，我想可以提出两条要求：（一）忠实；（二）通顺。'忠实'主要是指内容……要力求准确地表达原作者的意思。'通顺'指的是语言。如果原文是通顺易懂的，那么译文也要尽量做到通顺易懂。"我认为，真正做到上述两条，也并不容易。风格在翻译过程中是个不可回避的问题，但可以慢慢展开讨论，而不必写在翻译标准之中。

十多年前，我对外国译者关于翻译标准的看法做过一些探讨，写过一篇文章，题为《外国译者追求什么样的译文》，发表在《中国翻译》1992年第4期上。现将其中的部分引文介绍如下。

K. J. Maidment 在为其所译 *Minor Attic Orators* 写的序言（1940）中说道："关于译文本身，我只需要说我的目标一直是既确切（accurate），又通顺（readable），但我充分意识到往往二者都没有做到。"

G. P. Goold 在为其所译 Propertius 的 *Elegies* 一书写的序言（1990）中说道："我在本书中主要是力图以可靠的拉丁文本和优美、确切的（graceful and accurate）英译本把普洛佩提乌斯介绍给尽可能多的读者：当然首先是介绍给古典文学学者和研究人员，但也同样介绍给一般的文学爱好者。"（这个版本是拉丁文和英文对照本。）

Michael R. Katz 和 William G. Wagner 在为车尔尼雪夫斯基的《怎

么办?》英译本写的前言(1989)中说道:"出版这个新译本,是为了提供方便,使英国和美国读者第一次看到车尔尼雪夫斯基的《怎么办?》一书的完整译本……我们希望这个完整、确切、通顺的(complete, accurate and readable)译本能使英美读者不仅了解车尔尼雪夫斯基这本小说对人类生活产生了多大的影响,而且了解它推动历史前进的动力是从哪里来的。"

Ronald Hingley 在为其所译《契诃夫全集》写的序言(1964)中说道:"主要目的是为舞台演出提供脚本。译者一向以高度确切(strict accuracy)为宗旨,但希望避免学究气。译者从未有意识地为了字面上的忠实而使得台词不能上口,或违背原作的精神。"

Michael Grant 在为其所译《西塞罗选集》写的前言(1960)中说道:"译者的主要任务之一是使译文通顺(readable),否则就没有人看,也就不能达到介绍原作者的目的。在今天如果译者使用修辞色彩很浓的英语,他的译文就不会通顺,也就没有人看。……西塞罗的修辞手段是他所受的语言训练的产物,是他的风格中不可分割的一部分。如果丢掉它,你就丢掉了人们最赞赏他的一个方面,损失还不止于此。如果保留它,我在前面已经指出,你就丢掉了另外一样东西——当代通顺的英语。这种进退两难的困境是没有折中办法可以解决的。因此,我既然不准备放弃努力,要尽可能地接近真正的现代英语,就不得不放弃西塞罗的修辞手段。至于读者遭受的损失,我是非常清楚的。"

Horace C. P. McGoregor 翻译了西塞罗所著《论神性》一书。他在"译者的话"(1970)中说道:任何一篇译文都包含着妥协(compromise)的成分。一个句子在这种语言里通顺流畅,在另一种语言里就会拖沓累赘。一个精彩的短语如果按字面译成另外一种语言就可能不像样子。一个单词在另一种语言里也可能难以找到相应的词。……我的目标是真正的翻译,然而是低标准的,我有一定程度的自由,可以改变原来的语言形式，但绝不有意识地脱离原作的意思和语气。最主要的是我力图使西塞罗的英文译本和拉丁文原文一样通顺（readable）。

Edward G. Seidensticker 翻译了紫式部的《源氏物语》。他在前言（1976）中指出：此前 Arthur Waley 翻译的《源氏物语》是很自由的，他做了大胆的删节，也做了大量的增补与美化。他说："新译本可以称得上是个全译本，但其字数比 Waley 大加删节的译本还要少。这就说明无论 Waley 取得了多么精彩的效果……他的节奏（rhythms）是与原作迥然不同的，原作较为明快，凝练，用词节省，不啰嗦。如果说翻译的目标应该在一切重要方面包括节奏在内模仿原作的话，那么这里提供的译文规定要达到的目标可以说比 Waley 的译文所要达到的目标多得多。"

George Gibian 在美国康奈尔大学任职，参加了 Norton Critical Edition 这套丛书的编辑工作。他在为陀斯妥耶夫斯基的《罪与罚》英译本写的序言（1989）中写道："我们选择《罪与罚》一书的英译本，标准是这个译本能用当代英语确切地（accurately）体现陀斯妥耶夫斯基的 19 世纪俄语原作，能用今天的英语表现出和原作相一致的风格（style），不以现代词语或维多利亚时代的词语歪曲原作，而且译文本身是通顺的（readable）。根据这些原则。我们认为 Jessie Coulson 的译本似乎是最好的译本，经与牛津大学出版社接洽，在这里重印出版。"

从以上几段引文来看，accuracy 和 readability 是译者追求的共同目标。其他方面，各位译者的侧重点是不同的，风格、精神、修辞手段、语气、节奏，不一而足，有时甚至故意反其道而行之，可见问题之复杂。

鉴于以上情况，我们在开始时不妨就以信（忠实）和达（通顺）为目标吧。你觉得这两条会很容易做到吗？

（2005 年 3 月）

怎样对待风格

说起风格，也许有一种看不见、摸不着、虚无缥缈的感觉。"风格"究竟是什么呢？《现代汉语词典》的解释是：一个时代、一个民族、一个流派或一个人的文艺作品所表现的主要的思想特点和艺术特点。是不是只有文艺作品才有风格呢？

一

许多人写文章讨论翻译中的风格问题，倒也的确大都涉及文学作品的翻译。风格能不能译，大体上有两种意见。

一种意见认为风格是能译的。早在1922年茅盾就曾写道："直译的意义若就浅处说，只是'不妄改原文的字句'；就深处说，还求'能保留原文的情调与风格'。"

1954年茅盾在全国文学翻译工作会议上的报告中说道："文学的翻译是用另一种语言，把原作的艺术意境传达出来，使读者在读译文的时候能够像读原作时一样得到启发、感动和美的感受。这样的翻译，自然不是单纯技术性的语言外形的变易，而是要求译者通过原作的语言外形，深刻地体会了原作者的艺术创造的过程，把握住原作的精神，在自己的思想、感情、生活体验中找到最适合的印证，然后运用适合于原作风格的文学语言,把原作的内容与形式正确无遗地再现出来。"

1980年茅盾在《茅盾译文选集》序言中写道:"很重要的一点是能将他的风格翻译出来。譬如果戈里的作品与高尔基的作品风格就不同,肖伯纳的作品与同样是英国大作家的高尔斯华绥的作品的风格也不同。要将一个作家的风格翻译出来,这当然是相当困难的,需要运用适合于原作风格的文学语言,把原作的内容与形式正确无遗地再现出来。除信、达外,还要有文采。这样的翻译既需要译者的创造性,而又要完全忠实于原作的面貌。这是对文学翻译的最高要求。"

这个意见是有人支持的。1961年刘隆惠在《谈谈文艺作品风格的翻译问题》一文中写道:"对于文学翻译,不仅要求通顺流畅,而且要求表达原作的风格。"他还说:"我认为风格并不是不能译,而是难译。其所以难是在于译者必须具备两个条件。其一是要有认识风格的水平;其二是要有表现风格的能力。"

另一种意见认为风格是不能译的。

1959年周煦良在《翻译与理解》一文中写道:"有人自诩翻译哪一个作家就能还出这个作家的面目或风格,我看这只是英雄欺人语;据我所知,就有翻译家对本文还不大能弄懂得,就大吹自己的翻译是旨在表现原作诗一般美丽的风格。依我看,对一个作家或者风格的认识也还是根据对作品本文的理解而来的,否则便是空话。教外国文学的人最喜欢谈风格,但是,对于一个搞实际翻译的人来说,风格却是一个最难谈得清楚的东西。我觉得,在通常情形下,它好像只是在无形中使译者受到感染,而且译者也是无形中把这种风格通过他的译文去感染读者的,所以既然是这样情形,我看就让风格自己去照顾自己好了,翻译工作者大可不必为它多伤脑筋。……我觉得翻译工作者如果要花许多工夫去钻研作品的风格,还不如花点工夫去培养自己的外语感受能力好些,因为翻译工作究竟是和语言文字打交道的工作,而语言却不止是数字符号那样抽象而无情的东西。"

二十多年以后，周煦良依然坚持自己的这一看法。1982年他在《翻译三论》一文中写道："严复只提雅，而不提原文风格，我们现在提文学翻译要有风格，也不宜要求译出原文风格：原文风格是无法转译的。……我仍旧认为风格是无法翻译的，风格离不开语言，不同的语言无法表达同样的风格。"

这一种意见也是有人支持的。1961年张中楹在《关于翻译中的风格问题》一文中写道："在同一语言的领域里，尚且不易摹仿一个作者的风格；在翻译方面，把原作译成另一种语言而要保持同一风格，这是更不易做到的工作。……我是极为赞同周煦良同志的'不必多伤脑筋'的说法的。"

总起来看，持第一种意见的人较多，持第二种意见的人较少。我的看法是，第一种意见恐怕只是一种理想，未必能够达到，或者说很难实现；第二种意见又未免过于极端。

1979年罗新璋在《读傅雷译品随感》一文中说过这样一句话："服尔德的机警尖刻，巴尔扎克的健拔雄快，梅里美的俊爽简括，罗曼罗兰的朴质流动，在原文上色彩鲜明，各具面貌，译文固然对各家的特色和韵味有相当体现，拿《老实人》的译文和《约翰·克利斯朵夫》一比，就能看出文风上的差异，但贯穿于这些译作的，不免有一种傅雷风格。"可见即使是名家的译作也难免既有原作的风格，又有译者的风格，而不可能是单纯的原作的风格。

二

翻译非文学作品，是否也有一个如何对待风格的问题呢？有的。

1979年，王佐良在《词义·文体·翻译》一文中说道："一篇文章的风格只是作者为表达特定的内容而运用语言的个人方式，它与内容是血肉一体的，而不是外加的、美化的成分。"我的理解，这里所谓"一篇文章"泛指任何用文字写成的东西，非文学作品也不例外。在同一篇文章里，他还写道："在翻译工作里，也必须注意语言与社会场合的关系。译文同样有一个适合社会场合的问题。译者同样必须能根据原文的要求、写出各种不同的语类、文体。例如翻译请帖、通知、布告、规章、病历与病情公告之类的'应用文体'，译者应该知道在译文里怎样寻到相等的内行的格式和说法。"

1982年，周煦良在《翻译三论》一文中写道："实际上，许许多多的翻译只要文字通顺，就达到要求了，并不需要译成文学，也不可能译成文学。社会科学文章，报纸社论、科技文章、调查报告，都属这一类。"他还说："美既不能用，雅又不能照严复当时提出的那样去理解，那么究竟应当怎样理解呢？我认为应当作为'得体'来理解。得体不仅仅指文笔，而是指文笔基本上必须根据内容来定；文笔必须具有与其内容相适应的风格。"

我觉得，文学作品的风格可能因人而异，每个作家都有自己的风格。而非文学作品则往往是某种类型的文章具有一些共同的特点，形成这类文章的共同风格。无论是谁写作，都会采用这种风格。比如科学论文和法律文件，在用词方面力求准确，在表达方面力求清楚易懂，着重客观叙述，不带感情色彩，好像一个人在板起面孔来说话，而科普文章或普法读物则要使用生动的语言、灵活的句子，让读者觉得你在微笑着向他传授知识，或说明道理。用中文写文章是这样，用英文写文章也是这样，这两种语言是相通的。例如《世界版权公约》第二条第二款：

Unpublished works of nationals of each Contracting State shall enjoy in each other Contracting State the same protection as that other State accords to unpublished works of its own nationals, as well as the

Protection specially granted by this Convention.

任何成员国国民未出版的作品，在其他各成员国中均享有后者给予其国民之未出版的作品同等的保护，并享有本公约所专门授予的保护。

这段译文既符合原文的风格，也符合中文法律条文共同的风格。如此说来，你看到文字如此谨严的原文时，只要译成同样谨严的文字就行了。所以，在风格问题上，翻译非文学作品比翻译文学作品简单多了。风格也不是那么虚无缥缈，不可捉摸了。你说是不是？

"对于我们并非专门从事文学翻译的初学者来说，在表达方面只要做到两点就够了。第一，能区别口语与书面语，该文的时候文，该白的时候白，翻译对话像对话，翻译叙述像叙述；第二，能根据不同的文体使用不同的语言，翻译新闻像新闻，翻译文件像文件，翻译故事像故事，翻译诗歌像诗歌。如果在正确理解原文的基础上，能使译文做到这两点，这就很不错了。"这段话是我在《英汉翻译教程》一书中提出的目标。你同意吗？

（2005年5月）

直译与意译

直译与意译这两种不同的译法，自古有之。然而自五四以来，人们围绕着这两种译法进行了激烈的争论。

1922年，茅盾在《"直译"与"死译"》一文中写道："近来颇有人诟病'直译'；他们不是说'看不懂'，就是说'看起来很吃力'。我们以为直译的东西看起来较为吃力，或者有之，却绝不会看不懂。看不懂的译文是'死译'的文字，不是直译的。"

1934年，茅盾在《直译·顺译·歪译》一文中写道："'直译'这名词，在'五四'以后方成为权威。这是反抗林琴南氏的'歪译'而起的。我们说林译是'歪译'，可丝毫没有糟蹋他的意思；我们是觉得'意译'这名词用在林译身上并不妥当，所以称它为'歪译'。"

1980年，茅盾在《茅盾译文选集》序言中回忆这一段往事，他写道："后来有的译者随意增删原著，不讲究忠实原文的'意译'，甚至'歪译'，那就比林译更不如了。"

从以上情况看，在二三十年代，反对直译的人所反对的是看不懂或看起来吃力的译文；反对意译的人所反对的是随意增删原著、不讲究忠实原文的译文。

鲁迅也是积极主张直译的。

后来有人提出直译和意译是一回事，是无法区分的。

1946年，朱光潜在《谈翻译》一文中写道："所谓'直译'是指依原文的字面翻译，有一字一句就译一字一句，而且字句的次第也不更动。所谓'意译'是指把原文的意思用中文表达出来，不必完全依原文的字面和次第。'直译'偏重对于原文的忠实，'意译'偏重译文语气的顺畅。哪一种是最妥当的译法，人们争执得很厉害。依我看，直译和意译的分别根本不应存在。……想尽量表达原文的意思，必须尽量保存原文的语句组织。因此直译不能不是意译，而意译也不能不是直译。"

1953年，林汉达在《翻译的原则》一文中写道："正确的翻译是直译，也就是意译。死译和胡译不同，呆译和曲译不同，这是可以划分的，它们都是错误的翻译。正确的翻译是分不出直译或意译的。"

1959年，周建人为《外语教学与翻译》写了一篇文章，题目是《关于"直译"》。他在文中写道："直译既不是'字典译法'，也不是死译、硬译，它是要求真正的意译，要求不失原文的语气与文情，确切地翻译过来的译法。换一句话说，当时所谓直译是指真正的意译。"

如果说四五十年代人们认为直译也就是意译，二者无法区分，那么到了七八十年代人们又对直译和意译分别做了分析。

1982年，周煦良在《翻译三论》一文中写道：直译可以分为三类：第一类是译音而不译意。如 democracy 译为"德谟克拉西"，而不译为"民主"。第二类是照字面译。如 crocodile tears 译作"鳄鱼的眼泪"，而不译作"虚伪的眼泪"。第三类是不按照中国语言习惯和词序而按照原文的结构或词序的翻译。如"'你来了，'她说"。最后，他指出"这样一些直译好像为数不少，但就一篇文章，一部书来看，直译的成分毕竟是少数。"

1978年，许渊冲在《翻译中的几对矛盾》一文中也谈到直译与意译的问题,他说:"直译是把忠实于原文内容放在第一位,把忠实于原文形式放在第二位,把通顺的译文形式放在第三位的翻译方法。意译却是把忠实于原文的内容放在第一位,把通顺的译文形式放在第二位,而不拘泥于原文形式的翻译方法。"最后他得出五点结论,归纳成两点就是:一、译文和原文相同的形式能表达和原文相同的内容时,可以直译,不能表达时就意译;二、原文的表达形式比译文精确、有力时,可以直译,译文的表达形式比原文精确、有力时,可以意译。

1979年,王佐良在《词义·文体·翻译》一文中写道:"要根据原作语言的不同情况,来决定其中该直译的就直译,该意译的就意译。一个出色的译者总是能全局在胸而又紧扣局部,既忠实于原作的灵魂,又便利于读者的理解与接受的。一部好的译作总是既有直译又有意译的:凡能直译处坚持直译,必须意译处则放手意译。"

从以上情况看,七八十年代的译者对直译和意译做了分析和比较,采取了兼容并蓄的态度。这说明当代的译者比二三十年代乃至四五十年代的译者在理论上都更加成熟了。

在国外,译界的同行也同样在这一方面进行探讨。英国剑桥大学乔治·斯坦纳教授主张意译。他在1975年发表的 *After Babel* 一书中发挥了17世纪英国学者约翰·德莱顿关于意译的主张。他写道:

"翻译的正确道路,既不应是直译,也不应是模仿,而应是意译(paraphrase)。所谓意译,就是'译者有一定限度的自由,他要时刻看到作者,这样就不至于迷失方向,但他主要是紧跟作者的意思而不死扣字眼,他可以对作者的意思加以引申,但不能改变。'据德莱顿说,这就是埃德蒙·沃勒和西德尼·戈多尔芬1658年翻译维吉尔的史诗《埃涅阿斯纪》(*Aeneid*)第四卷时采取的方法。更重要的是,德莱顿本人翻译维吉尔、贺拉斯、奥维德、朱文纳尔、乔叟等人的著作时,也采用了这种方法,在他评论别人的译作时（如 1685 年出版的 *Sylvae* 一书的序言）所阐述的也是这种方法。通过意译，'作者的精神可以得到传播，而不会遭受损失。'好的翻译好比是'一种写生'。最理想的情况是，译作不剥夺原作的权威，而能向我们表明假如原作本来就是用我们的语言创作的，它会是个什么样子。"

国外还有一些学者表达了类似的看法。你同意他们这种看法吗？

（2005 年 5 月）

翻译最便于自学

在各门课程之中,我觉得翻译最便于自学了。有些年轻同志总希望当面向名家讨教,或听他们演讲,或与他们交谈,若能单独见面就更好了。但这样的机会是非常难得的,而且不见得是最有效的学习方法。

其实向名家学习,随时都能做到。那就是不要求面授,而是去自学,去研究名家的译文。可以采用以下三种方法。

第一种方法:先不看译文,自己先根据原文翻译一遍,然后拿自己的译文和名家的译文相比较,从差距中就可以看出自己的弱点和问题,然后有针对性地克服自己的缺点,提高翻译能力,定会收到较好的效果。

第二种方法:研究译文。将原文和译文对照研究,从中得到启发。

周煦良教授是我非常崇敬的一位译者,他不仅从事文学翻译,而且喜欢讨论翻译问题,发表看法。几年前,我拿原文对照着看他译的英国作家高尔斯华绥所著《福尔赛世家》。首先映入眼帘的是这样一段话。

Those privileged to be present at a family festival of the Forsytes have seen that charming and instructive sight—an upper middle-class family in full plumage.

译文是：

碰到福尔赛家有喜庆的事情，那些有资格去参加的人都曾看见过那派中上层人家的兴盛气象，不但看了开心，也增长见识。

原文 charming and instructive 是定语，和 sight 搭配，但译成汉语，若想保留这样的搭配是很困难的。译文把原文的定语放到后面去处理，语言就顺了。当然，放到后面，就不一定是定语了。

第三种方法：研究不同的译文。有些作品经不同的人翻译，便出现了不同的译本，而且都是很好的译本。例如《红楼梦》，近年来就出版了两个译本，一个是国内出版的杨宪益和他的夫人戴乃迭的译本，取名 A Dream of Red Mansions，另一个是英国出版的 David Hawkes 的译本，取名 The Story of the Stone。这两个译本都很好，不少人做了对比研究。

更为可贵的是原译者提供的修订译文。把修订后的译文和原译文比较一下，看译者是怎样修改自己的译文的，往往可以看出许多问题。

鲁迅的短篇小说《孔乙己》是这样开始的：

鲁镇的酒店的格局，是和别处不同的：都是当街一个曲尺形的大柜台，柜里面预备着热水，可以随时温酒。

这段话，在杨宪益和戴乃迭译的 Lu Xun Selected Works（1956，1980）里是这样译的：

The layout of Luzhen's taverns is unique. In each, facing you as you enter, is a bar in the shape of a carpenter's square where hot water is kept ready for warming rice wine.

后来，在这两位译者译的 Selected Stories of Lu Hsun（1960，1972）里，这段话就改为：

The wine shops in Luchen are not like those in other parts of China.

They all have a right-angled counter facing the street, where hot water is kept ready for warming wine.

为什么这样修改，译者没有说，我们也无法询问，只能自己揣摩。全段讲的是鲁镇的酒店，第二个译文的 wine shops 作主语，一下子就把读者的注意力集中到"酒店"身上，下文也好安排。因此，比第一个译文以 layout 作主语为好。至少我们可以看出，原文以"格局"为主语，译文用 layout 不如用 wine shops 作主语好。认识到这一点，我们在做翻译时也就不必拘泥于原文的句子结构了。你说是不是？

（2005 年 2 月）

翻译重在实践

我国著名翻译家傅雷先生留学法国，攻读法国文学和绘画，回国后将大量法国文学作品译成中文，介绍给国人。他在1957年给《文艺报》写的一篇题为《翻译经验点滴》的文章里就曾说过："翻译重在实践。"

要想提高自己的翻译能力，一定要通过实践。实践可以分为两类：直接的实践和间接的实践。

所谓直接的实践，就是自己亲自参加的实践，也就是自己动手翻译。一回生，二回熟，日积月累，第一手经验多了，做起来得心应手，翻译能力有所提高。所谓"熟能生巧"，就是这个道理。但自己能译的东西是有限的，从这种实践中得出的经验也是有限的。因此，还需要借助于间接的实践。

所谓间接的实践，就是研究别人的译文。比如，一篇文章在手，准备翻译。这时先找一些有关的资料或同类文章的译文看一看，在词语和风格方面定会有所借鉴。常做翻译的人都会这样做。别人的译文是别人直接实践的产物，你看了别人的译文，就是从事间接实践。从总结经验的角度来看，直接实践和间接实践具有同等的价值。因此，有空儿的时候，找一些译文来，尤其是好的译文，加以研究，总结出一些规律性的东西，对于提高自己的翻译能力是大有好处的。

不过我还是要强调，只看别人怎样翻译，自己并不动手译，是不行的。我为高等教育自学考试编过一套翻译教程，有些学校办了辅导班。有一次，一位老师告诉我，他的学生只看我的书，并不做练习。我听了大为惊讶，连忙写了一篇短文，登在《英语学习》杂志上。我说，学翻译犹如学游泳。只在岸边看别人游，或只听教练讲解，是学不会的。你说是不是这么个理儿？

（2005年2月）

翻译中的创造性*

——学习《邓小平文选》英译本的一点体会

《邓小平文选》英译本出版以后,我对照原文学习了其中的若干篇文章,主要是接见外宾的谈话,感到很有收获。中共中央编译局翻译的《邓选》是当今政论文章最好的英译文。对学习翻译的人来说,它也是一本极好的教材,因为它最能体现汉英两种语言的不同特点。我体会最深的一点就是译文体现出来的创造性。

关于创造性,我国著名翻译家有过不少论述。

茅盾先生说:"这样的翻译的过程,是把译者和原作者合而为一,好像原作者用另外一国文字写自己的作品。这样的翻译既需要译者发挥工作上的创造性,而又要完全忠实于原作的意图,好像一个演员必须以自己的生活和艺术修养来创造剧中人物的形象,而创造出来的人物,又必须完全符合于剧本作家原来的意图一样。"[1] 他还说:"这样的翻译既需要译者的创造性,而又要完全忠实于原作的面貌,这是对文学翻译的最高的要求。"[2]

---

* 此文为作者在2001年全国中译外研讨会上的发言。
1 罗新璋,《翻译论集》,商务印书馆,1984,第511页。
2 同上书,第519页。

王佐良先生说：“文学翻译不是机械乏味的事，而是一种创造性的努力。”[1] 他还说：“虽然困难不少，我却仍然喜欢译诗，也许是因为它毕竟是一种创造性的艺术活动，它的要求是严格的，而它的慰藉却又是甜蜜的。”[2]

是不是只有文学作品，小说、戏剧、诗歌，翻译时才需要有创造性呢？

杨宪益先生的夫人戴乃迭说过：“我们的灵活性太少了。有一位翻译家，我们非常钦佩，名叫大卫·霍克斯。他就比我们更有创造性。我们太死板，读者不爱看，因为我们偏于直译。……应该更富有创造性。翻译家应大致做到这样。然而，我们长期以来一直受过去工作环境的限制，以致现在我们的翻译家比较拘泥于原文，译文平庸，还是深受过去老框框的影响。”[3] 她还说：“我觉得我们传统的翻译法是直译，过于死板的直译，以至使读者常常搞不懂我们说的是什么意思。政治性的社论尤其如此。”[4]

这最后一句说得再清楚不过了，说起翻译的创造性，政论文章也不例外。

然而，究竟什么是创造性，他们谁也没有展开论述。也许下面两段引文能给我们一点启发。

记者问："杨先生，你觉得把中国的古典名著译成英语，困难吗？"杨宪益先生说："我不认为这是一件容易的事；但是如果你在从事翻译工作，你就得竭尽全力去做，把原文的意思用另一种语言表达出来，但它又必须是确切的，尽可能使译出的意思接近原文。"[5]

1　王佐良，《翻译：思考与试笔》，外语教学与研究出版社，1989，第74页。
2　王佐良，《英国诗文选译集》，外语教学与研究出版社，1980，第2页。
3　王佐良，《翻译：思考与试笔》，外语教学与研究出版社，1989，第84页。
4　同上书，第88页。
5　同上书，第83页。

傅雷先生说:"以甲国文字传达乙国文字所包涵的那些特点,必须像伯乐相马,要'得其精而忘其粗,在其内而忘其外'。而即使是最优秀的译文,其韵味较之原文仍不免过或不及。翻译时只能尽量缩短这个距离,过则求其勿太过,不及则求其勿过于不及。"[1]

从这两段引文可以看出,他们都认为译文是难以和原文完全吻合的,译者所追求的无非是尽量接近原文。这就给译者发挥创造性留下了很大的余地。译者越主动发挥创造性,他的译文就越接近原文。反之,译者若不注意发挥创造性,他的译文就可能离原文很远了。

《邓小平文选》的译者是怎样发挥了他们的创造性的呢?这可以从两方面来看。

一、选词

例1:这是中国从几十年的建设中得出的经验。(《邓选》Ⅲ 290)

That is what we have learned from decades of development.(*Deng* Ⅲ 283)

例2:从我们自己这些年的经验来看,经济发展隔几年上一个台阶,是能够办得到的。(《邓选》Ⅲ 376)

Judging from what we have accomplished in recent years, it should be possible for our economy to reach a new stage every few years.(*Deng* Ⅲ 364)

例3:改革、开放是一个新事物,没有现成的经验可以照搬,一切都要根据我国的实际情况来进行。实践证明,步子放大些有利。(《邓选》Ⅲ 248)

---

[1] 罗新璋,《翻译论集》,商务印书馆,1984,第559页。

Reform and opening up are new undertakings, so we have no <u>precedent</u> to go by; all we can do is to proceed in the light of the specific conditions in our country. Our <u>experience</u> indicates that it should be beneficial to go a little faster. (*Deng* Ⅲ 244)

例4：总之，几年的<u>实践</u>证明，我们搞改革、开放的路子是走对了。(《邓选》Ⅲ 240)

In short, our <u>achievements</u> in the last few years have proved the correctness of our policies of reform and of opening to the outside world. (*Deng* Ⅲ 237)

例5：当然，随着<u>实践</u>的发展，该完善的完善，该修补的修补，但总的要坚定不移。(《邓选》Ⅲ 371)

Of course, as <u>the reform</u> progresses, some of these policies should be improved or amended as necessary. But we should keep firmly to our general direction. (*Deng* Ⅲ 359)

例6：社会主义中国应该用<u>实践</u>向世界表明，中国反对霸权主义、强权政治，永不称霸。(《邓选》Ⅲ 383)

Socialist China should show the world through its <u>actions</u> that it is opposed to hegemonism and power politics and will never seek hegemony. (*Deng* Ⅲ 370)

"经验"和"实践"这两个词在汉语里用得比较多。我们一看见这两个词，往往首先就想到 experience 和 practice。如果每次都这样译，就显得很重复，而英语恰恰不喜欢重复。现在的译文根据上下文采用不同的译法，灵活多样，读起来比较顺。

例7：现在要进一步解决科技和经济结合的问题。所谓进一步，就是说，在方针问题、认识问题解决之后，还要解决体制问题。(《邓选》Ⅲ 108)

We should go a step further to integrate science and technology with economic development. By this I mean that having established the principle of integrating them and come to a correct understanding of the importance of doing so, we should now tackle the system for managing science and technology.（*Deng* Ⅲ 114）

例8：就我们国内来说，什么是中国最大的政治？四个现代化就是中国最大的政治。(《邓选》Ⅱ 234)

What is the most significant political task for China? It is the achievement of the four modernizations.（*Deng* Ⅱ 238）

"认识问题"和"最大的政治"都是汉语特有的说法。如果直译，谁也不明白是什么意思，因为英语里不允许这样搭配。现在的译文用了比较具体的词语，充分表达了原文的内在含义，文字通顺，意思也清楚了。

例9：外国有的评论家说，中国的现行政策是不可逆转的。我认为这个看法是正确的。(《邓选》Ⅲ 114)

Some commentators abroad say that China's current policy is irreversible. I think they are right.（*Deng* Ⅲ 120）

原文第二句的从句明明是以"这个看法"为主语，译文为什么以they为主语？这才是好的英语，既合乎英语的说法，又符合原文的含义。下面看几个动词的例子。

例10：基本路线要管一百年，动摇不得。(《邓选》Ⅲ 371)

We should adhere to the basic line for a hundred years, with no vacillation.（*Deng* Ⅲ 358—359）

例11：从一九五八年到一九七八年这二十年的经验告诉我们：贫穷不是社会主义，社会主义是要消灭贫穷。(《邓选》

Ⅲ 116）

Our experience in the 20 years from 1958 to 1978 <u>teaches</u> us that poverty is not socialism, that socialism means eliminating poverty.（Deng Ⅲ 122）

例12：目标确定了，从何处着手呢？就要<u>尊重社会经济发展规律</u>，搞两个开放，一个对外开放，一个对内开放。(《邓选》Ⅲ 117）

How are we to go about achieving these goals? We must <u>observe</u> the laws governing socio-economic development and follow an open policy both internationally and domestically.（Deng Ⅲ 122—123）

这几个例子主要说明动词和主语或宾语搭配的问题。例10里的"管"字很不好译，译文若仍以 the basic line 作主语，很难找到一个合适的动词和它搭配。改用 we 作主语，问题就很好解决了。例11"经验"后面接"告诉"，但在英语里 experience 可以 teach，可以 show，可以 demonstrate，可以 indicate，若让它 tell，就显得勉强一点。例12原文是"尊重……规律"，译文与其说 respect，就不如说 observe 了。

例13：我国是社会主义国家，国民生产总值达到一万亿美元，日子就会比较好过。更重要的是，<u>在这样一个基础上</u>，再发展三十年到五十年，我们就可以接近发达国家的水平。(《邓选》Ⅲ 57）

As China is a socialist country, $1 trillion will mean a higher standard of living for its people. More important, <u>it will allow us</u> to approach the standard of the developed countries in another 30 to 50 years' time.（Deng Ⅲ 67）

例14：所以社会主义阶段的最根本任务就是发展生产力，社会主义的优越性归根到底要体现在它的生产力比资本主义发展得更快一些、更高一些，并且<u>在发展生产力的基础上</u>不断改善人民的物质文化生活。(《邓选》Ⅲ 63)

Therefore, the fundamental task for the socialist stage is to develop the productive forces. The superiority of the socialist system is demonstrated, in the final analysis, by faster and greater development of those forces than under the capitalist system. <u>As they develop,</u> the people's material and cultural life will constantly improve. (*Deng* Ⅲ 73)

这两个例子都有"在……基础上"，但译文都没有用 basis 一词，而是用了比较灵活的译法。

二、句子

汉语句子结构比较松散，连词用得不多，但意思是连贯的，这就是王力先生所说的"意合"。[1] 英语句子结构比较紧凑，句子内部连接之处，一般都要用具体的词语来体现，也就是王力先生所说的"形合"[2]。这句子中间的连接往往就是需要译者发挥创造性的地方。

例15：七年前，也是三月份，开过一次科学大会，我讲过一篇话。主要讲了两个意思，两句话。(《邓选》Ⅲ 107)

Seven years ago, also in the month of March, we held another conference on science at which I spoke. I talked mainly about two points <u>that can be summarized in</u> two sentences. (*Deng* Ⅲ 113)

---

[1] 王力，《中国语法理论》下册，中华书局，1954，第310页。
[2] 同上。

例 16： 说过去说过来，<u>就是一句话</u>，坚持这个路线、方针、政策不变。(《邓选》Ⅲ 371)

After all that's been said, I can <u>sum up our position in</u> one sentence: We shall keep to this line and these principles and policies. (*Deng* Ⅲ 359)

例 17： 中国的对外政策是一贯的，<u>有三句话，第一句</u>……。(《邓选》Ⅱ 415)

China's foreign policy is consistent and <u>can be summed up in</u> three sentences. First, ... (*Deng* Ⅱ 407)

第 15 例"两个意思"后面紧接着就是"两句话"。例 16 用"就是"二字引出"一句话"。例 17 用一个"有"字引出"三句话"。这些说法，在英语里都不能照办，因此译文用 summarize 或 sum up 来解决过渡的问题。

例 18： 他们自己总结经验，由内向型转为外向型，就是说能够变成工业基地，并能够打进国际市场。(《邓选》Ⅲ 239)

The people in Shenzhen reviewed their experience and <u>decided</u> to shift the zone's economy from a domestic orientation to an external orientation, which meant that Shenzhen would become an industrial base and offer its products on the world market. (*Deng* Ⅲ 237)

例 19： 我去过一次深圳，那里确实是一派兴旺气象。(《邓选》Ⅲ 239)

I visited Shenzhen a couple of years ago and <u>found</u> the economy flourishing. (*Deng* Ⅲ 236)

原文里的"总结经验"和"经济转型"是个什么关系？"去过深圳"和"兴旺气象"是个什么关系？原文都没有说，也不需要说，因为意思是清楚的。译文则需要有适当的词来过渡一下，因此用了 decided 和 found 两个动词。

例20：要提倡科学，靠科学才有希望。(《邓选》Ⅲ 372—373)
We must promote science, for that is where our hope lies. (*Deng* Ⅲ 365)

例21：计划经济不等于社会主义，资本主义也有计划；市场经济不等于资本主义，社会主义也有市场。(《邓选》Ⅲ 371)
A planned economy is not equivalent to socialism, because there is planning under capitalism too; a market economy is not capitalism, because there are markets under socialism too. (*Deng* Ⅲ 361)

例22：抓住时机，发展自己，关键是发展经济。(《邓选》Ⅲ 375)
If we are to seize opportunities to promote China's all-round development, it is crucial to expand the economy. (*Deng* Ⅲ 363)

这三个例子很典型，说明汉语可以不用连词，而英语要用连词。译者必须揣摩原文的内在关系，在译文中选用适当的连词，所以译文分别加了 for，because 和 if。重要的是选词要适当，否则就会歪曲原意了。

另一个特点是汉语不怕重复，同一个词语可以连续使用。英语则不然，总是千方百计地换一个说法，以避免重复。

例23：革命是解放生产力，改革也是解放生产力。(《邓选》Ⅲ 370)
Revolution means the emancipation of the productive forces, and so does reform. (*Deng* Ⅲ 358)

例24：中国对外政策的目标是争取世界和平。在争取和平的前

提下，一心一意搞现代化建设，发展自己的国家，建设具有中国特色的社会主义。(《邓选》Ⅲ 57)

The aim of our foreign policy is world peace. <u>Always bearing that aim in mind</u>, we are wholeheartedly devoting ourselves to the modernization programme to develop our country and to build socialism with Chinese characteristics. (*Deng* Ⅲ 67)

例25：人们提出这样一个问题，如果中国<u>不搞社会主义，而走资本主义道路</u>，中国人民是不是也能站起来，中国是不是也能翻身？(《邓选》Ⅲ 62)

You may ask, what if the Chinese people <u>had taken the capitalist road</u> instead? Could they have liberated themselves, and could they have finally stood up? (*Deng* Ⅲ 72)

第23例为了避免重复"解放生产力"，译文用了 and so does... 这一句型。例24为了避免重复"争取和平"，译文换了一个说法，译作 always bearing that aim in mind，"前提"也就不译了。例25原文的词句并不重复，但意思重复。"走资本主义道路"就是"不搞社会主义"。汉语喜欢从这面说了，再从那面说一说。然而英语就连这种意思上的重复也是不喜欢的，因此译文省略了"不搞社会主义"，只留了 had taken the capitalist road。这就体现了译者的创造性。这样译，是需要有一点勇气的，因为弄不好会有漏译之嫌，但这样的译文的确是合乎英语说法的好译文。

译文好不好，理解是关键。有时若机械地按照字面的意思译，会违背原文的意思，甚至造成误解。这时译者就要开动脑筋，根据上下文来判断原文的意思究竟是什么，然后加以很好的处理。

例26：我曾经请人转告布什总统，中国如果不稳定就是个<u>国际问题</u>，后果难以想象。(《邓选》Ⅲ 357)

> I asked others to tell President Bush that if the political situation in China became unstable, the trouble would <u>spread to the rest of the world</u>, with consequences that would be hard to imagine.（Deng Ⅲ 344）

例27：要注意解决好少数高级知识分子的待遇问题。……我们不论怎么困难，也要提高教师的待遇。这个事情，<u>在国际上都有影响</u>。我们的留学生有几万人……（《邓选》Ⅲ 275）

> We must try to increase the material benefits for the few top intellectuals...No matter how many difficulties we have, we must try to improve the treatment of teachers. If we do that, it will <u>affect our intellectuals in other countries</u> too. We have tens of thousands of students studying abroad...（Deng Ⅲ 270）

例28：当时我们决定先搞深圳经济特区，除了深圳以外，还有珠海、汕头、厦门。一共四个经济特区，广东省占了三个，福建省占了一个。（《邓选》Ⅲ 239）

> We decided to set up three more special zones in addition to Shenzhen: Zhuhai and Shantou, both also in Guangdong Province, and Xiamen in Fujian.（Deng Ⅲ 236）

这三个例子，译者都是费了脑筋的。例26"国际问题"没有机械地译作 international issue，如果这样译，各国就可以采取行动，而这显然不是作者的本意。例27"在国际上有影响"也没有译作 have international influence，而是根据上下文判断，理解为会对我们在国外的留学人员产生影响。例28为了让读者明白哪个城市在哪一省，译者把句子重新做了安排，这一点很重要，因为只有读者能得到清楚的理解，翻译才算是真正达到了目的。

例 29： 即使没有新的主意也可以，就是不要变，不要使人们感到政策变了。<u>有了这一条</u>，中国就大有希望。(《邓选》Ⅲ 371)

It doesn't matter much whether we can come up with new ideas. What matters is that we should not change our policies and should not make people feel that we are changing them. <u>Then</u>, the prospects for China will be excellent.（Deng Ⅲ 360）

例 30： <u>如果说构想</u>，这就是我们的构想。(《邓选》Ⅲ 65)

<u>Well</u>, those are our plans.（Deng Ⅲ 75）

在一段话或一篇谈话结束的时候，会有一些概括性的话，这种话往往很不好译。如果机械地照字面来译，不是费解，就是很啰嗦。这时候，多考虑一下说话人的语气，可能得到一些启发。例 29 "有了这一条"译作 then，例 30 "如果说构想"译作 well，既简洁，又传神，而且避免了重复，实在精彩。

从以上这些例子可以看出《邓小平文选》的译者怎样发挥了创造性。所谓创造性，我认为就是摆脱原文的束缚，在译文里使用最好的表达方式。

发挥创造性，要有三个条件：

第一，理解要深。对原文的理解越深越透，发挥创造性的自由度就越大。

第二，英语要好。知道在什么场合话怎么说最好，而且多掌握一些说法，以供选择。

第三，精益求精。好的译文往往不是一下子就能轻易想出来的，有时需要冥思苦想，花很长时间。因此，必须有孜孜不倦、精益求精的精神。只要功夫下到了，是会创造出好的译文的。

翻译·观察·实践[*]

我们有些考生对翻译十分怵头,感到无从下手,不知怎样才能提高。其实,在各门课程之中,翻译是最容易自学的。不用依赖老师,也不用去请教翻译名家。考生只要找一些好的译文来,自己研究就是了。那么,要研究些什么呢?又该如何研究呢?关键的一点,就是要善于观察,而不要视而不见。王佐良教授说:"我们必须不断地学习,不断地深入观察,不断地深入实践。"观察什么呢?应该对哪些东西加以留意呢?

一、研究译文,观察两种语言的差异

我们自幼学习汉语,上学以后开始学英语,汉英两种语言是分开学的。有的英语老师强调学地道的英语,怕汉语会有干扰,更竭力避免做两种语言的对比。因此我们对两种语言的特点只有一个模糊的认识。翻译起来,把握不住,便跟着原文走。在研究译文时,如果把译文跟原文一对照,就会发现汉英两种语言还有这么多相同之处和不同之处。这样,逐渐地,就能对两种语言各自的特点有个比较清楚的了解了。

---

[*] 此文载于《现代教育报》考试招生专刊2004年第234期和第236期。

例1：Those privileged to be present at a family festival of the Forsytes have seen that charming and instructive sight—an upper middle-class family in full plumage.

碰到福尔赛家有喜庆的事情，那些有资格去参加的人都曾看见过那派中上层人家的兴盛气象，不但看了开心，也增长见识。

这一句 sight 前面有 charming 和 instructive 两个形容词作定语。译文如把定语也放在"气象"前面，就很难安排。现在放在后面，就通顺了。

例2：The gloomy little study, with windows of stained glass to exclude the view, was full of dark green velvet and heavily-carved mahogany—a suite of which old Jolyon was wont to say: "Shouldn't wonder if it made a big price some day!"

这是一间阴暗的小书房，书房窗子镶的全是染色玻璃，挡着窗外的景色；房内全是桃花心木的家具，上面满是雕花，背垫和坐垫都是一色深绿的丝绒。老乔里恩时常提起这套家具："哪一天不卖上大价钱才怪。"

这一句原文很简单，破折号前面是个简单句，一个主语，一个谓语动词。译文却用了五个并列短句。这就体现了中文的特点。

据笔者观察，译文不通顺的时候，很多情况下是由于定语处理得不好。怎样可以处理得好一点呢？多用并列短句。以上二例实际上说明的是一个问题的两个方面。

请看下面几个句子如何改进？

1. Your selfish brother took all the ice cream.

   你自私的弟弟把所有的冰淇淋都吃了。

2. I am taking these flowers to my sick neighbor.

我把这些花送给我生病的邻居。

3. Regretfully, mounting costs have forced the museum to close.

   遗憾的是，不断增加的费用迫使博物馆关了门。

4. The cold weather frosted up the track last night.

   昨晚寒冷的天气使跑道上结了霜。

5. My toes were frostbitten from skating too long.

   滑冰的时间太长使我的脚趾冻伤了。

关于汉译英，请注意三个要点。

（1）替代（Substitution）。汉语不怕重复，英语不喜欢重复，喜欢替代。

例3：哈佛是最早接受中国留学生的美国大学之一。中国教育界、科学界、文化界一直同哈佛大学保持着学术交流。

Harvard is among the first American universities to accept Chinese students. The Chinese educational, scientific and cultural communities have all along maintained academic exchanges with this university.

例4：老科学家、中年科学家很重要，青年科学家也很重要。

Veteran and middle-aged scientists are important, and so are young ones.

例5：就我们国家来讲，首先是要摆脱贫穷。要摆脱贫穷，就要找出一条比较快的发展道路。

For China, the first thing is to throw off poverty. To do that we have to find a way to develop fairly rapidly.

在例3中，"哈佛"一词出现两次，而译文却用 this university 避免重复。例4用 and so are 避免重复 are important。例5用 To do that 避免重复 to throw off poverty。可见在英语中，不仅名词，形容词、不定式短语等也都有替代的说法。

（2）主谓搭配（Subject-Predicate）。原文的主谓搭配在译文里不一定合适，可以调整主语或谓语。

例6：合营企业的形式为有限责任公司。

> An equity joint venture shall take the form of a limited liability company.

例7：合营各方发生纠纷，董事会不能协商解决时，由中国仲裁机构进行调解或仲裁，也可由合营各方协议在其他仲裁机构仲裁。

> Disputes arising between the parties to an equity joint venture which the board of directors has failed to settle through consultation may be settled through conciliation or arbitration by an arbitration agency of China or through arbitration by another arbitration agency agreed upon by the parites.

例8：合营企业的一切活动应遵守中华人民共和国法律、法令和有关条例规定。

> All activities of an equity joint venture shall comply with the provisions of the laws, decrees and pertinent regulations of the People's Republic of China.

例9：基本路线要管一百年，动摇不得。

> We should adhere to the basic line for a hundred years, with no vacillation.

例6的译文以 An equity joint venture 为主语，下面接下去说 shall take the form of... 比较顺，不一定译作 The form of an equity joint venture shall be...。

例7译文以 Disputes 为主语，后面有一个分词短语和一个从句作定语，接下去便是谓语动词 may be settled...，主谓搭配得当。

例8译文和原文一样，以 activities 为主语，但谓语动词若用 observe，obey 或 follow 就不合适了，因此用了 comply。这个词用在这里比较合适，它的意思是"吻合"。*Collins COBUILD English Language Dictionary* 有一例：New vehicles must comply with certain standards.

例9译文若照原文以 the basic line 为主语，就很难找出一个合适的动词既能表示"管"，又能与主语搭配。因此译文脱离了原文的结构，重新组织句子，以 we 为主语，以 adhere to 与之搭配，既通顺，又表达了原文的含义。

这里着重谈了主语和谓语的搭配，其实谓语动词和宾语的搭配、修饰语和被修饰语的搭配也很重要，表现出英汉两种语言之不同，也是值得注意的。

（3）主从（Subordination）。汉语多用并列结构，并列短句或并列谓语；英语则多用主从结构，有主有从，显出层次。

例10：要提倡科学，靠科学才有希望。

    We must promote science, for that is where our hope lies.

原文是两个并列短句，中间也不用连词。译文则是一个主从复合句，中间用连词 for 连接起来。

例11：中国始终不渝地奉行独立自主的和平外交政策，中国对外政策的最高宗旨是和平。

    Unswervingly pursuing an independent foreign policy of peace, China takes peace as the ultimate goal of its foreign policy.

例12：中国海域有三十多个沉积盆地，面积近70万平方公里。

    Scattered in those offshore waters are more than 30 sedimentation basins, with a total area of nearly 700,000 sq km.

例 11 前半句是常讲的，也是人们所熟悉的，因此这句话的重点在后半句。这大概就是为什么译文以后半句为主，把前半句译成了一个分词短语。

例 12 以前半句为主，后半句可以说是对前半句的补充说明，因此译文后半句用了一个介词短语。从以上三个例子来看，原文都是并列结构，但译文突出重点，把次要部分译成从句、分词短语或介词短语，层次分明，体现了英语的特点。

二、在学习和生活中观察新的语言现象

社会不断发展，新的词语层出不穷。"知识经济"（knowledge-based economy），"经济体"（economies）都是时髦的字眼。

用法也会有变化。英语一向注重数的一致，近年来却看到很多这样的句子：Has everybody eaten as much as they want? 前面用everybody，后面用 they。这个说法之所以受欢迎，是因为它避免了 he or she 这个啰嗦的说法。

连字符也用得比以前少了。过去 vice 只有用作前缀时才有"副"的意思，因此连字符是不可少的，如 vice-president, vice-chancellor。现在则 vice president 和 vice chancellor 不但已成了正式说法，而且已在词典里单独立条了。

同一本词典，1989 年版的例句是 We must give our guests the red-carpet treatment。2000 年版的例句就成了 I didn't expect to be given the red carpet treatment。连字符没有了，该不是一时疏忽吧。

其实，也不只是真正新的语言现象才值得我们注意。凡是自己不会的说法，哪怕是早已存在的，也都值得注意。最近看到这样一句话：Several people have called in sick today. 这样简洁，使我感到惊讶。

有一篇短文，谈到中国入世，用了三个不同的说法：

But with China's entry into the World Trade Organization, its government...

Trade organization membership will subject Chinese firms to...

More important, terms of China's admission to the global trade body pose a direct threat...

同一个东西用不同的说法来表示,这是英语惯用的替代法,换一个说法以免重复。但我们往往想不到,很多时候我们对英语的这一特点体会不深。见得多了,体会深了,就好了。

三、通过观察认识规律

要提高翻译水平,实践最重要。实践有两种,一种是自己动手做翻译,取得直接的经验;一种是研究名家的译文,借助于他人的实践,取得间接的经验。通过这两种实践,对于两种语言的特点和翻译的方法可以获得大量的感性认识。这种认识是零散的、杂乱的,因而也是肤浅的、模糊的,说不出个一二三四。这种感性认识很难对提高翻译水平有什么帮助,但这是可贵的第一步。

"感性认识有待于发展到理性认识。"感性认识阶段可以积累大量的语言材料,包括译例和好的表达方式。通过进一步观察、思考、消化、整理,就可以看出一些规律性的东西。这时就得到了理性认识,这种认识比感性认识更系统、更深刻、更清晰,对两种语言各自的特点也就看得更清楚了。

有了理性认识再去实践,就可以做得更好一些。同时,通过实践也可以检验自己对规律的认识是否准确,必要时加以修正。经过这样反复,理性认识可以不断加深,翻译水平也就可以不断得到提高。

最近一位朋友告诉我,有的考生只研究《英汉翻译教程》里的译文,自己并不动手翻译,我听了感到非常惊讶。这样怎么能学好翻译这门课呢！学翻译犹如学游泳，只看别人游，或只听教练讲是不行的，只有亲自到水里才能学会游泳。学翻译也是同样的道理。只有自己动手翻译，才能学会，才能提高。

还有一事也需要在这里谈一谈。有的考生英语理解力不强，理解不透，或理解错误，因而造成误解。有的考生使用英语不够精确，在语法和用法上出现错误。这种错误多了，就显得译文质量不高。这些问题严格说来并不属于翻译讨论的范畴，然而它们的确是在翻译过程中暴露出来的。这就要靠各位考生通过学好各门相关课程、提高英语水平来解决。总体水平提高了，这些问题也就逐渐解决了。

王佐良教授说："翻译者是一个永恒的学生。"而学习是无止境的。我们每一个对翻译感兴趣的人，有志于从事翻译工作的人，都应该记住这句话，并且运用在平时的学习和工作中。只有不断积累，才能取得进步。

一件往事

在家清理资料，打开尘封已久的卷宗，那一页页发黄的稿纸使我想起一件往事。二十六七年前的情景，一幕幕，一场场，又重新出现在我的眼前。

1986年有一天，陈琳老师对我说，北京外国语学院和中央人民广播电台联合举办广播函授英语课程，期限3年，头两年教基础英语，由他主持，正在进行。第3年教翻译，由我承担。从此我就开始准备这门兼顾英译汉和汉译英、自编教材、自己播讲、随编随讲，为期一年的翻译课。

首先遇到的一个问题便是这门课怎样教。

过去在大学教翻译，一般都是小班上课，学生做了作业之后，老师批改作业，然后上课讲评，并重点讲几条翻译技巧。教育部统编的《英汉翻译教程》(1980)和《汉英翻译教程》(1983)，也都是符合这种教学模式的。

通过广播函授教翻译，面对的情况，一是学生众多。第一次印教材就印了31,000册，因此学生当在两万以上。二是见不到学生的作业，也就谈不上批改作业和讲评了。三是学生只学过两年基础英语，未做过翻译，也不知怎样翻译，如只通过单句讲翻译技巧，他们也不容易接受。因此，用传统的教学模式是不行的，必须另辟蹊径。

傅雷先生说过,"翻译重在实践。"我一向认为翻译课是一门实践课,要引导学生在实践中学翻译。翻译工作一般都是翻译整篇的东西,很少翻译孤立的单句,许多问题,也可以说许多奥妙,是在整篇的文章里才体现出来。因此,我就让学生学着翻译整篇的东西。学生没有做过翻译,如何翻译整篇的东西?不要紧,我可以给以示范。我的每一课书都是以"对照阅读"开始的。

通过对照阅读研究他人的译文也是一种实践。如果说自己动手翻译是直接实践,可以取得直接经验,研究别人的译文就可以说是间接实践,可以取得间接经验。这样再去翻译内容相近的东西,就会觉得容易一点了。我想这样做也是符合人们认识事物的规律的。

每一课设有两个练习,第一个练习有原文和提示,书后有答案和解说。第二个练习只给原文和提示,书后没有答案和解说,但可以在广播里听到答案和解说。这样做是考虑到学生的水平不一,强者可以两个练习都做,弱者可以将练习一当作对照阅读的材料,研究一番再去做练习二。练习二书后不给答案,鼓励学生一定要做,否则就没有收获,同时这样也便于助学者操作。

当然,这种教法也有一个问题,无论是对照阅读还是练习中讨论的要点显得凌乱,不集中,缺乏系统性,因此很难留下深刻的印象。于是我在每个单元末尾设一个小结课,突出几个要点,把前面出现过的同类例子梳理一下,集中起来说明问题。这样可以帮助学生把从实践中得到的感性认识提高到理性认识,更好地体会英汉两种语言的差异。抓住两种语言各自的特点,做起翻译来就比较得心应手了。

这就是我的思路。放弃传统的以单句为基本教材的模式,改用以整篇材料为基本教材的模式,引导初学者走上翻译之路,这在当时来讲,大概也可以说是一大创举。

由于时间紧迫,教材编出一部分便开始录音,陆续播放,以后便是随编,随录,随播。按计划,1987年7月24日开始录音。我请了两位研究生轮流陪我每周一次到电台去录音。8月28日开始播音,一年的课程,到1988年7月28日结束。每周播出3讲,每讲半小时,一、三、五清早播出新的一讲,二、四、六晚间重播一次。90年,第二届学生进入第三年,这一课程全部重播一次,又印教材1万套,数千学生参加学习。

我这一套新的教学模式是行之有效的。开播几星期之后,我收到一位学生的来信。信中说,"英译汉我觉得已经摸着点儿门路。"这使我感到欣慰。但他接着又说,"汉译英则觉得还没有入门。"我在讲课时就坦率地对他们说,汉译英要使用英语,难度较大,时间长一点,才会有进步。

总之,在80年代后期,3万多学生通过广播函授花一年时间学习翻译,这一盛况恐怕可以说是空前绝后。随着时光的流逝,了解情况的人也许逐渐淡忘,更多的人可能根本不知道曾经发生过这样一件事。然而我所使用的通过整篇文章讲授翻译的模式却没有随之湮灭。不仅如此,以这一模式编写的教材还逐渐多了起来。我为全国高等教育自学考试编写的《英汉翻译教程》(1999)保持了这一模式。北外其他老师编写的《实用汉英翻译教程》(2002)和《实用英汉翻译教程》(2002),还有全国翻译专业资格(水平)考试的指定教材《英语笔译实务》(二、三级)(2005),也都是先以整篇的材料向学生示范,再要求学生做练习的。

转眼之间,二十多年过去了,当时的学子都已长大成材,有的已是名校的教授,或成为骨干。个别学生与我保持联系,不时电话问候,有时还能见上一面,这都让我感到莫大的欣慰。

现在再想找一套当时的教材已不可能。如果你想知道我的一课书究竟是什么模样,那就请看附录吧。

(2013年4月)

附录　原书《广播函授英语课程》摘录

Lesson 13（E—C）

Bilingual Reading
Journey Up the Nile（Excerpt 1）
By Robert Caputo

Egypt, wrote the Greek historian Hecataeus, ① is the gift of the Nile. No other country is so dependent on a single lifeline. Egypt's very ② soil was born in the Nile's annual flood; with the flood came the life-giving mud ③ that made Egypt the granary of the ancient world. And as rain fell in the Ethiopian highlands and the snows melted in the Mountains of the Moon, the river was everlastingly renewed.

"This is the best place on earth," said Ahmed, an Egyptian *fellah*, or farmer, I encountered in the Nile Delta, that incredibly fertile 8,500-square-mile triangle between Cairo and the Mediterranean coast. The delta and the narrow Nile Valley to the south make up only 3 percent of Egypt's land but are home to 96 percent of her ④ population. Here nearly 48 million people live in an area only slightly larger than Maryland. The rest of Egypt is desert.

"Truly Allah has blessed us," Ahmed exclaimed piously. "Soil, water, sun — we can grow anything!"

In the gathering dusk Ahmed and his five companions had invited me to join them. Their galabias ⑤ and turbans stained by the sweat and dirt of a long day's work, ⑥ they sat in front of a wayside shop, enjoying three of the best things in life along the Nile — tea, conversation, and the water pipe. At the edge of a nearby canal, ⑦ donkeys laden with freshly harvested alfalfa waited for their masters to lead them home, braying a fretful counterpoint to the steady thud of an irrigation pump.

All this suggested ancient harmonies. Yet the Nile has been changed by modern man in ways not yet fully understood. In 1971 engineers and workers completed the Aswan Hign Dam, nealy 600 miles upriver from Cairo toward the Sudanese frontier. It is the greatest public work to be undertaken in Egypt since the Pyramids. The devastating floods and droughts that imposed a recurrent tax of suffering on the fellahin ⑧ no longer occur. Egyptian agriculture has been transformed, and industry is benefiting ⑨ from power generated by the dam.

But there have been negative effects also. Standing on a sandy beach at the mouth of the Rosetta branch of the Nile, I was puzzled by what seemed a ghost town ⑩ — a sad vista of crumbling buildings, smashed windows, and broken wires dangling from utility poles. One house teetered drunkenly, half in, half out of the sea.

"Last summer, people stayed in those rooms — this was a summer resort," said a voice behind me. The speaker was a young Egyptian named Muhammad, member of a team from Alexandria that had come to this abandoned village to study coastal erosion. "Now the sea is moving in," Muhammad said. He pointed to a lighthouse perched on a tiny island a couple of ⑪ miles offshore: "That lighthouse used to be on land. About six years ago it became an island. Day by day the sea is eating the land — the dam has stopped ⑫ the sediment of the Nile from replenishing the shoreline."

As we chatted, a brightly painted sardine boat dropped anchor. The captain ⑬ came ashore and joined our conversation. "Before they started the High Dam 25 years ago," he said, "the Nile mud had a lot of food in it, and so the sardines gathered near the mouth of the river to feed. Now there is no mud, and no food for the fish — they've left us."

"If all this can happen in 25 years, what will happen after 50 years, or 100 or 200?" asked Muhammad.

(from *National Geographic Magazine*，May 1985)

提示：

1. 这个插入语怎样处理？

2. very 在这里不是副词，而是形容词，用来加强语气。

3. 这是一个倒装句，等于 the life-giving mud came with the flood.

4. 用代词来指一个国家时，传统的用法是用 she（或 her）。现在 it（或 its）也用得很多。

5. galabia: a long, loose cotton gown reaching to the ankles, worn in Arabic countries, esp. by peasants

6. Their galabias and turbans stained by... 是一个独立结构。

7. canal 在这里是什么意思？

8. fellahin 是上面提到的 fellah（farmer）的复数形式。

9. benefit 表示"受惠"时，是不及物动词，后面跟 from。

10. ghost town: the remains of a deserted town, permanently abandoned esp. for economic reasons

11. a couple of 是口语里常用的一个短语，不一定指两个，可以泛指两三个。

12. stop 在这里是及物动词，意思相当于 prevent。

13. captain 在这里是什么意思？

参考译文：

沿尼罗河而上（摘录1）
罗伯特·卡普托

希腊历史学家赫卡泰奥斯写道：埃及是尼罗河送来的礼物。①任何别的国家都不像埃及这样依赖着唯一的一条生命线。就连埃及的土地也是尼罗河每年泛滥而带来的。②河水泛滥带来了泥沙，万物得以生长，③埃及就这样成了古代世界的粮仓。埃塞俄比亚高原上的雨水，和月亮山上融化的积雪，为尼罗河提供了无穷无尽的水源。④

"这是世界上最好的地方。"阿赫迈德对我说。他是我在尼罗河三角洲遇见的一位农民（当地人管农民叫"夫埃拉"）。从开罗到地中海之间这块8500平方英里的三角地带，土地异常肥沃。⑤三角洲和南边狭窄的尼罗河河谷只占埃及土地的百分之三，却有96%的人口住在这里。⑥将近4800万人生活的这块地方只比美国马里兰州⑦略大一点。埃及其余的地方全是沙漠。

"真主可真是保佑我们哪，"阿赫迈德虔诚地说道，"我们有土地，有水，有阳光——种什么都行啊！"⑧

天色渐渐暗了下来，阿赫迈德和五个一起干活的人早就约我去和他们玩儿。他们干了一天活儿，袍子和头巾上又是汗，又是土。⑨这时候，他们坐在路旁一家商店门口，享受尼罗河沿岸人们生活里的三件最大的乐事——喝茶、聊天、抽水烟。⑩在附近一条水渠旁，驴子背上驮着刚割的苜蓿，等着主人牵它们回家去，一面发出一阵阵急促的叫声，和浇地的水泵不断发出的突突声交织在一起。

这一切使人感到⑪古代的和谐气氛。然而现代的人却使尼罗河发生了变化，不过就连他们自己也不完全了解尼罗河究竟发生了什么变化。⑫1971年，技术人员和工人建成了阿斯旺高坝。这座水坝在从开罗沿尼罗河向苏丹边境走去将近六百英里远的地方。这是埃及自从修建金字塔以来进行的一项最大的公共工程。过去给农民带来灾难的水旱灾害,现在不再发生了。埃及的农业得到了改造⑬,工业也用上了水坝发出的电力。⑭

但是也有不良的后果。洛塞塔河是尼罗河入海处的一个支流,我站在河口的沙滩上看到一个小镇,感到迷惑不解。⑮这仿佛是一个被人遗弃了的小镇,一片萧索景象,房子濒于倒塌,窗户破碎,断了的电线挂在电线杆子上。有一所房子好像喝醉了的人一样摇摇晃晃,一半泡在海里,一半在陆地上。

"去年夏天,那所房子还有人住过。这是一个避暑胜地。"在我身后有人这样说道。说话的是一位埃及青年,名叫穆罕默德,他是一个考察队的队员,是专门从亚历山大港到这个荒芜的村庄来考察沿海地区水土流失的情况的。⑯"海水越来越往里边来。"穆罕默德说道。他指着坐落在离海岸二三英里的小岛上的一座灯塔说:"那座灯塔本来是在陆地上的。大约六年前,那地方变成了一个小岛。海水一天天冲刷陆地——水坝已经使得尼罗河的泥沙无法沉积下来加固海岸了。"

我们正在聊着,只见一条颜色鲜艳的捕捞沙丁鱼的船抛了锚。船长上了岸,凑过来和我们说话。他说:"二十五年前修建高坝之前,尼罗河的泥沙里面有很多可吃的东西,所以沙丁鱼就聚集在河口找食吃。现在泥沙没有了,鱼没有可吃的了,也就不来了。"

"如果说二十五年就发生这么多变化,五十年、一百年、二百年之后又会怎么样呢?"穆罕默德问道。

(摘译自《全国地理杂志》1985年5月号)

解说:

1. 译文在这里不便使用插入语,所以把"希腊历史学家赫卡泰奥斯"作为全句的主语。

2. was born 是一个形象性的说法,译文无法保存原文里的形象,所以译作"带来"。

3. life-giving mud 等于 mud that gives life，所以译作"万物得以生长"。

4. 字面上的意思是"尼罗河不断得到更新"，这样说有些别扭。所以根据上下文，译作"为尼罗河提供了无穷无尽的水源"。

5. 原文 that incredibly fertile 8,500-square-mile triangle between Cairo and the Mediterranean coast 是 the Nile Delta 的同位语。在译文里"三角洲"一词不是出现在句子末尾，而是在句子中间。同位语不好安排，所以独立成句。

6. are home to... 若译作"是……的家"则不顺。所以把名词改为动词，译作"……住在这里"。

7. 本文发表在美国杂志上，所以用美国的一个州来作比较。中国读者不见得知道马里兰州在哪里，所以前面加了"美国"二字。

8. 这是埃及农民说的话，所以译文比较口语化。

9. 原文用的是独立结构，译文单独成句。第二句用"这时候"开始，照顾前后的联系。

10. 原文用了三个名词，表示两件东西，一件事情，非常简洁。汉语如保持这种结构则不顺，所以都改成了动词。

11. suggest 的这种用法，在第 2 课里已经出现过。在这里的意思相当于 to imply，to show indirectly。

12. in ways not yet fully understood 原是一个状语，但若译作"使尼罗河以尚不完全了解的方式发生了变化"，则很别扭，意思也不清楚。所以译作一个分句，仍放在后面。

13. 原文被动语态，译文不一定用"被"字，所以译作"得到了改造"。

14. 照字面译就是"工业正从水坝发出的电力得到好处"。这里所谓"得到好处"，指的就是能够用上电力。直接译作"工业也用上了水坝发出的电力"，意思更清楚。

15. 原文 standing 后面有一个很长的状语，译文用了一个分句，放在前面，先处理，句子比较好安排。

16. 原文 member of a team... 是一个同位语，译文也用了一个分句。

中国翻译理论简介

佛经翻译

我国的翻译事业最初是从翻译佛经开始的。东汉时代,天竺人摄摩腾、竺法兰翻译《四十二章经》,这是我国现存佛经中最早的译本。佛经翻译经过晋朝逐渐发展,到了隋唐达到鼎盛时期。南宋以后趋于衰微。

在这漫长的一千年中,出现了不少著名的译师。下面只介绍其中的三个人:释道安、鸠摩罗什和玄奘。

释道安(314—385)东晋、前秦时高僧。在他的监译下译了《四阿含》、《阿毗昙》等。他还对以前的译本作了校录和整理工作。他是主张直译的。译文不增不减,只在词序上作些调整。他还从实践中总结出了"五失本,三不易"的理论。[1]

鸠摩罗什(344—413)后秦高僧。他和弟子僧肇等译出《摩诃般若波罗蜜经》、《妙法莲华经》、《金刚般若波罗蜜经》等,共七十四部,三百八十四卷,对佛教在中国的发展起了重要的作用。在翻译过程中,他倾向于意译,常对原文加以改动,以适应中国的文体。他的译法虽然灵活,态度却很谨慎。因此他的译文既准确又流畅。

玄奘(602—664)唐高僧,俗称唐僧。曾游学天竺各地达十七年之久。回国后,译出经、论七十五部,一千三百三十五卷。他译的经籍不但丰富了祖国的文化,而且为古印度佛教保存了珍贵的典籍。玄奘的译文与鸠摩罗什

---

[1] "五失本"指的是有五种情况容易使译文失去原来的面目:一、梵文的词序与汉语不同,译时须颠倒;二、梵经质朴,而汉人喜欢华美,译文须作修饰;三、梵经中同一意义,往往反复再三,译时须加以删削;四、梵经于结尾处要作一小结,复述前文,译时须删去;五、梵经中告一段落时,须将前话简述一遍才另谈别事,译时亦须删去。"三不易"指的是有三种情况不易处理好:一、圣人是依当时的习俗来说话的,古今时俗不同,要使古俗适应今时,很不容易;二、把古圣先贤的微言大义传达给后世的浅识者,很不容易;三、释迦牟尼死后,弟子阿难造经时尚且非常慎重,现在却要由平凡的人来传译,也不容易。(据马祖毅:《中国翻译简史》)

的译文相比,是倾向于直译的。但是他对自己提出的要求是"既须求真,又须喻俗。"再加上他工作勤恳、认真,他的译文质量是很高的。

综上所述,我国古代著名的佛经译师有的倾向于直译,有的倾向于意译,或者说有的直译成分多一些,有的意译成分多一些。说到这里,想起英国学者剑桥大学乔治·斯坦纳教授说过的一段话:"罗纳德·诺克斯把整个题目归结为两个问题。第一个问题是以何为主:文学性的译文,还是逐字翻译。第二个问题是译者是否有权选择任何文体与词语来表达原文的意思。把翻译理论局限于这样两个问题,而且这两个问题实际上也只是一个问题,未免过于简单化了。但是诺克斯的论点是提得适当的。大约两千年来,关于翻译之性质的看法与争论几乎始终是一样的。"这段话可以说是一个很好的概括吧。

参考书目:

1. 中国科学院文学研究所,《中国文学史》第一册,人民文学出版社1963年,北京版。
2. 罗新璋编,《翻译论集》,商务印书馆,1984年,北京版。
3. 马祖毅,《中国翻译简史》,中国对外翻译出版公司,1984年版。
4. 赵朴初,《佛教常识答问》,中国佛教协会,1983年版。
5. George Steiner, *After Babel*, Oxford University Press, London, 1975.

怎样使用参考书

介绍《翻译论集》

我国翻译事业从公元1世纪摄摩腾和竺法兰翻译《四十二章经》至今已有近两千年的历史。在这漫长的岁月里,许多翻译家就翻译问题发表过议论。1984年把这些议论选编成一个集子,这就是商务印书馆出版的罗新璋同志编的《翻译论集》。

这部 1046 页的厚书共分五辑。第一辑"古代部分"30 篇，包括古代佛经译师的论述和后人关于佛经翻译的评论。第二辑"近世部分"7 篇，讲了明末清初科学著作的翻译。第三辑"近代部分"37 篇，包括梁启超、严复、林纾关于翻译的论述和后人对他们的评论。第四辑"现代部分"43 篇，包括自"五四"到解放这三十年间的文章。第五辑"当代部分"65 篇，都是解放以来发表的文章。书后还附有 1914 至 1982 年关于翻译的论著与文章索引。

编者的意图是说明我国有自成体系的翻译理论，从古代佛经译家提出的"案本而传"，到严复提出的"信、达、雅"，到傅雷提出的"神似"，到钱锺书提出的"化境"，构成一个整体。这是对我国翻译理论的高度概括。对于这一提法，人们也许会有不同的看法。然而这本论集为进一步开展研究工作提供了丰富的系统的材料，这样说，大概是不会有人提出异议的。

Exercise 22

将下列短文译成汉语：

Journey Up the Nile（Excerpt 2）

Tombs and temples of ancient Egypt follow ① the Nile well into Sudan. Driving southward from Cairo into the valley, ② I entered a landscape that owed little to the present era. ③ For the next 1,800 miles the thin blue ribbon of the Nile, flowing slowly north, unwound ④ over brown soil and green fields, some only a few yards wide, others as broad as an Iowa cornfield. At the edge of the fields, rising in dramatic ⑤ hills or stretching flat to the horizon, lay the brown barren deserts. ⑥

I had the illusion that I was driving through one immensely long, narrow farm. The villages and towns were usually perched on the edge, so as not to waste arable soil and because there was a need, before the High Dam tamed the Nile, to live beyond the reach of the annual floods. The road followed the course of the

Nile, now passing through the fields, now drawing a black line separating them ⑦ from the desert. ⑧

At El Awamia, just south of Luxor, I watched farmers harvest sugarcane. A village elder, Amin Ibrahim, invited me into his house and gave me a cheerier view of the effects of the Aswan High Dam than I had heard before. "Before ⑨ the dam we were obsessed with the flood — would it be too high or too low?" said Amin. "Like all the generations of my family back to the pharaohs, I used to plant my crops and never know if I would harvest. Now there is no fear; we know there will be water, and how much there will be. And we can get three crops a year instead of one. There is electricity in our houses and to run pumps, so we do not have to work the shaduf ⑩. We used to go to the house of rich man to hear the radio. Now, since we grow crops all year, we buy our own radios and even televisions."

Judiciously, ⑪ Amin conceded that there was another, less happy, ⑫ side to the story: "The land is poorer, because the mud that used to come with the Nile flood has stopped. We must use fertilizers that cost a lot of money. Even so, ⑬ the crops are less."

He led me through fields near his house. The ground was encrusted ⑭ with salt. "The flood does not carry away the salt as before," ⑮ Amin explained. The annual flood of the Nile used to deposit as much as 20 million tons of silt on the fields along the river. As the flood receded, the water draining through the soil leached out the salts and carried them off to the Mediterranean. It was a natural system of replenishment and cleansing. Today this treasury of silt is trapped behind the dam, and there is no effective drainage system.

(from *National Geographic Magazine*, May 1985)

提示：

1. follow 怎样译，句子才比较顺？

2. the valley 指 the Nile Valley。

3. owe...to... 是一个成语。Owed little to the present era 意思相当于 there was hardly anything that showed the influence of the present era。

4. unwound 是谓语动词，过去时，其原形是 unwind，意思是"伸展"。

5. dramatic=striking 引人注目的

6. 这是一个倒装句，主语是 the brown barren deserts。

7. them 指 the fields。

8. now...now... 意思是：有时……有时……

9. before 在这里指时间，而不是指地点。

10. shaduf: water bucket suspended on a weighted rod, used in Egypt and other Eastern countries for raising water, esp. for irrigation.

11. judiciously=wisely; with good judgment

12. less happy=less favourable

13. so 在这里代替前面一句话所说的内容。Even so 相当于 Even when we use fertilizers...

14. encrusted=covered

15. 这一句，字面上的意思是"洪水不再像以前那样带走盐分了"。究竟是什么意思？

Exercise 22　参考译文

沿尼罗河而上（摘录 2）

尼罗河沿岸直到苏丹境内很远的地方，到处可以见到古埃及的坟墓和寺庙。①我从开罗驱车南行，②进入尼罗河河谷，这里的景色还没有受到多少现代的影响。从这里再往前一千八百英里，尼罗河像一条细细的蓝色丝带,缓缓流向北方,③沿途穿过棕色的土地和绿色的田野,这田地窄的不过几码,宽的则赶得上美国衣阿华州的玉米地。田地外边是寸草不生的棕色沙漠,有的地方突然隆起像是小山,有的地方则平平地伸向地平线。④

我感到仿佛是⑤在开车穿过一个狭窄而极长的农场。大小村镇一般都处于田地的边上,这是为了不浪费耕地,同时也是因为在高坝控制尼罗河以前,有必要住得远一点,以躲避每年发生的洪水。⑥公路是顺着尼罗河修筑的,有时穿过庄稼地,有时像是划的一条黑线,这边是庄稼,那边是沙漠。⑦

在卢克苏尔以南不远的阿瓦米亚村,我曾看着农民收割甘蔗。村里一位长者,名叫阿明·易卜拉欣,请我到他家去做客,向我介绍了阿斯旺高坝的影响。他的话比我以前听到的更为乐观一些。⑧他说:"还没修坝的时候,我们老惦记着洪水——今年的洪水会太大呢,还是会太小呢,我过去种庄稼,从来不知道能不能收。我的祖辈以至古代的法老也都是这样。⑨现在不用害怕了,我们知道一定会有水,也知道会有多少水。我们不是收一季,而是收三季了。家里用上了电,还用电开水泵,不需要再用吊桶提水了。过去我们到富人家里去听收音机。现在我们一年到头种庄稼了,就自己买收音机了,甚至还买电视机呢。"

不过阿明也看得很清楚,⑩他承认这件事还有另外一面,不那么好的一面。他说:"土地更差了,因为过去尼罗河一泛滥就带来泥沙,可现在没有了。我们不得不用化肥,而化肥是很贵的。即便这样,庄稼还是不如以前打得多。"

他带我在他家附近的庄稼地里走了走。只见地面上盖着一层盐。"现在不像从前了,河水不泛滥,盐分就冲不走了。"⑪阿明对我解释说。过去每年尼罗河泛滥,可以给沿岸的农田留下细沙两千万吨。河水退去的时候,就把土壤里的盐分冲走,冲到地中海里去。那是自然形成的一个补充土壤和清除盐分的体系。现在宝贵的泥沙被水坝拦住了,却没有除盐的有效办法。

解说：

1. 这一句里的动词 follow 很不好译。它在原文里是一个形象性的说法，译文无法保留原文的形象，所以译作"到处可以见到……"。
2. 译为"驱车南下"好不好？
3. 译为"缓缓向北流去"好不好？
4. 首先要弄清楚，rising... 和 stretching... 这两个分词短语形容 deserts，而不形容 fields，因此译文把它们放在"棕色沙漠"后面处理。
5. illusion 的本义是"错觉"，或"幻觉"。但这两个词用在这里都不合适，所以译作"我感到仿佛是……"。
6. 这一句，注意句子内部的衔接。前半句加了"这是"二字。因为如不加这两个字，就要把"为了不浪费耕地"提前，句子不好安排。后半句，如照原文译作"有必要住在每年的洪水到达的以外的地方"则有些别扭。所以译作"……住得远一点，以躲避……"。如译作"需要住在每年洪水冲不到的地方"也是可以的。
7. 与其照原文译作"把庄稼和洪漠分开"，不如译作"这边是庄稼，那边是沙漠"。
8. cheerier... than I had heard before 分出来单独处理，句子比较好安排。
9. 这一句也可译作"我过去和我的祖辈以至古代的法老一样，种庄稼，从来不知道能不能收。"但不知道现在的译法简洁。
10. 把一个副词放在句首，现在是一种常见的用法。Hopefully（常常译作"我希望……"），Ideally（常常译作"理想的情况是……"），都有这种用法。judicious 的意思是"明智"或"有见识"。所以 judiciously 译作"看得很清楚"。
11. 这一句，不要译作"洪水不像以前那样冲走盐分了。"高坝修好以后，河水不再泛滥，也就无所谓洪水了。

Exercise 23

将下列短文译成汉语：

Journey Up the Nile（Excerpt 3）

The Blue Nile ① rises ② in the mountains of Ethiopia, where seasonal rains cause the annual floods that inundate the Nile Valley with water and silt. ③ But the White Nile is the mother river, steadily supplying the desert with water from central Africa. From this confluence ④ to the Mediterranean, the Nile travels 1,900 miles through one of the fiercest deserts in the world, with no unfailing tributary ⑤ and scant rainfall. Having just come that route myself, I was amazed that the river did not evaporate along the way.

...

Finally, on a windswept hill in southern Burundi, I came to the end of my journey and the beginning of the Nile. A tiny trickle of water issued from the earth. *Caput Nili*, read a weathered metal plaque ⑥ on a little stone pyramid — "Source of the Nile." From this southernmost headwater, the Nile runs 4,160 miles to the sea.

This was the source of the Victoria system ⑦ of the Nile. I wanted to see the beginnings of the Albert system as well, so I retraced my steps back north to Uganda, to the Ruwenzori, the fabled Mountains of the Moon. ⑧ their six crowns ⑨ bearing permanent snow and glaciers — right on the Equator. Glacial melt ⑩ and more than 75 inches of annual rainfall rush down from the peaks in rivulets and streams that feed Lakes George, Edward, and Albert below. The Nile begins here at 16,763 feet — as ice.

(from *National Geographic Magazine*, May 1985)

提示：

1. The Blue Nile 怎样译？
2. rises 在这里是什么意思？
3. 这一句包含两个定语从句，都可译成并列分句。
4. this confluence 指喀土穆附近 the Blue Nile 和 the White Nile 汇合的地方
5. unfailing tributary=tributary that never stops supplying water to the river
6. 这是一个倒装句。plaque 是主语，read 是谓语动词。
7. system 在这里可译作"水系"。
8. the fabled Mountains of the Moon 是 the Ruwenzori 的同位语，如何处理？
9. crowns=peaks
10. glacial melt=melted glaciers

Exercise 23　参考译文

沿尼罗河而上（摘录 3）*

青尼罗河发源于埃塞俄比亚的群山之中，那里每逢雨季，山洪暴发，大量的雨水和泥沙注入尼罗河河谷。然而白尼罗河才是尼罗河之母，从非洲中部不断向沙漠供水。从这汇合处到地中海，1900 英里，尼罗河流经世界上最干旱的沙漠之一，没有不断供水的支流，降雨量也很少。我刚从那一路过来，看到河水在沿途没有蒸发掉，真是感到惊讶。

……

最后，我来到布隆迪南部一座光秃秃的小山上，这就是我这次旅行

---

* 此篇译文并未收入原书，而是在广播中逐句讨论时告诉听众的。

的终点,也是尼罗河的起点。一股潺细的流水从地下冒出来。在一座石砌的小金字塔上,有一块风吹日晒已经显得陈旧的金属牌子,上面写着 Caput Nili,意思是"尼罗河之源头"。这就是尼罗河的最南端。尼罗河流过4160英里的路程进入大海,就是从这里开始的。

这是尼罗河维多利亚水系的源头。我还想看一看艾伯特水系的源头。于是我就往北退回到乌干达,来到鲁文佐里山,也就是著名的月亮山,六座山峰终年冰雪覆盖,而且恰恰是在赤道上。融化的冰雪加上每年75英寸以上的雨水从山顶泻下,顺着山涧和溪流注入下面的基奥加湖、爱德华湖和艾伯特湖。16763英尺高山上的冰——这就是尼罗河的源头。

关于英汉翻译的几个问题*

一、怎样避免误译

我常常听见有同志说:"这句话我理解了,译成汉语,就是译不好。"从这句话就可以看出,翻译涉及两个方面的问题。首先是对原文的理解,这是翻译的第一步,也可以说是个基础。第二是用流畅的汉语表达出来,使中国读者了解原来用英语表达的思想。

译得好不好,有没有什么标准呢?对于译文,一般有些什么要求呢?据我所知,对于译文一般有两点要求:一点是意思准确,也就是说内容要和原文相符,不要有误译,也不能随便写;一点是文字通顺,也就是说要使读者喜欢读,能够读下去。这两点恐怕可以说是最低的要求了,可是也并不很容易做到。如果真的做到这两点,译文也就很不错了。

"这句话我理解了。"可能是真理解了,但是也不一定。要把每一个细节都理解得很正确,并不是一件容易的事。有时随便看一篇东西,觉得并不难懂,不觉得在理解方面存在多少问题。要动手翻译的时候,

---

* 此文是作者在中央电视台6次讲座的讲稿,载于中央广播电视大学汇编的《英语专题讲座》第四册,1980。

就会觉得有不少细节还没理解得很透彻。而这些问题如果不解决，就会造成误译。下面举一些例子来说明这个问题。先举两个名词的例子。

我看到过一篇文章，介绍著名科学家爱因斯坦。文章说：爱因斯坦的父亲曾在慕尼黑 opened a business in electrical supplies。这句话给人的印象是"开了一个商店，卖电气器材。"business 这个词，据英国出版的《简明牛津辞典》，意思是 commercial house, firm（商业机构，公司）。可是这篇文章是美国人写的，在美国的辞典里，business 有没有什么别的意思呢？据美国出版的《韦氏新世界辞典》，business 这个词的意思是 a commercial or industrial establishment; store, factory, etc.（商业机构或产业机构，商店，工厂，等等）。这样问题就来了。爱因斯坦的父亲开的究竟是商店呢，还是工厂呢？为了弄清这个问题我就着手查爱因斯坦的传记。先查了一本英国出版的百科全书，说他父亲开的是 works，又查了 1964 年美国出版的百科全书，说是 factory，后来又查了今年上半年美国出版的百科全书，说是 plant。这三个词的意思都是"工厂"。因此可以证明爱因斯坦的父亲开的是"工厂"。

几年以前我还看见过一条新闻，说某一个工业很发达的资本主义国家，首都停电，政府机关的工作人员上下楼梯举着火把照明。我一看到"火把"二字就想到 torch，而 torch 在这个上下文里肯定不是"火把"的意思。查一查《简明牛津辞典》，torch 也叫 electric torch，下面有一段英文解释，意思是说，这是一种用电池的电灯，电池装在可随身携带的筒子里。这是什么东西呢？——手电。相反，如果我们翻译古典文学作品，把 torch 译作"手电"，也就很可笑了。刚才提到的这条消息，原文大概是英国人写的，所以用了 torch 一词。美国人管"手电"叫 flashlight，如果在这条消息里用了 flashlight 一词，译者大概就不会弄错了。

这里顺便谈一下使用什么词典的问题。做英译汉，同志们一般都喜欢参考英汉词典。遇上一个难译的词，从英汉词典提供的译文里挑一个。但有时可能都不合适。这就需要把原文理解透彻以后自己去找一个适当的词。所以要多参考用英语解释的词典。翻译英国人的作品，最好多参考英国出版的词典，翻译美国人写的文章，最好多参考美国出版的词典，这样可以有助于我们更好地理解原文。光靠一本英汉词典是不够的。

下面举两个动词的例子。

to know，我们一看见 know，往往联想到汉语的"知道"。可是 to know someone 是"认识某人"，to know of someone 是"听人说起过这个人"。而 to know human joys and sorrows 又是什么意思呢？有一本词典解释得比较清楚，to know 的意思是 to have experience of（经历过）。所以这个例子可以译作"经历过人间的酸甜苦辣"。

to hear，我们一看见 hear，往往联想到汉语的"听见"。to hear from someone，往往理解为"听见某人的消息"。我国出版的《新英汉词典》里有这样一个例子：

Do you often hear from your brother?

你常接到你兄弟的信吗？

译文对不对呢？是对的。to hear from 的意思就是 receive letter or message from。

有一个形容词也往往容易译错。这个词就是 last。last May 译作"去年5月"，last July 译作"去年7月"。其实 last 并不等于"去（年）"。如果说话的时候是10月，last May 就是"今年5月"。同志们在学 last 这个词的时候，一定学过这个用法，但在翻译的时候却往往忽视这一点，没有考虑到讲话的时间，因而造成误译。

再举一个副词的例子。early，请看这个句子：

As I said earlier, we drafted this resolution with great care…

正如我<u>先前</u>所讲的，我们在起草这个决议的时候，是很慎重的……

这个译文对不对呢？earlier 译作"先前"对不对呢？"先前"的意思就是"过去"，指过去开会的时候说过什么话。而 earlier 指的却是同一篇讲话，或者至少是同一次会上说过的什么话。所以这句话最好译作：

正如我<u>在上面</u>所说的……

正如我<u>在前面</u>所说的……

正如我<u>刚才</u>所说的……

再有就是介词。介词一般都很小，你可不能小看它。介词变化多端，是英语里最难掌握的一个词类。请看：

In twenty minutes，介词 in 的基本含义是"在……之内"。因此，我们看到 in twenty minutes，往往译作"在二十分钟之内"。其实，这个词组的意思是"二十分钟以后"，或者说"再过二十分钟"。真要表达"二十分钟之内"这个意思，英语要说 within twenty minutes。指较长的时间也是一样。in five years 的意思是"再过五年"或"五年以后"。within five years 的意思是"五年之内"或"不出五年"。

at this point，有人把这个词组译成"在这一点上"，或"在这个问题上"，都是不对的。要表达这样的意思，需要说 on this point，而 at this point 主要表示一个时间概念，意思是"说到这里，……"比如：

At this point, I must mention the letter I received yesterday.

说到这里，我必须提一下昨天收到的一封信。

英语有些成语（idioms），汉语里好像有相对应的说法，其实看上去相近，意思可能完全不一样，这也往往造成误译。比如 to compare notes，汉语里有个说法叫"对笔记"。听课的时候记了笔记，怕记不全，课后几个人凑在一起把笔记对一对，互相补充一下。所以我们就可能认为 to compare notes 等于"对笔记"。其实不然。英语 to compare notes 的意思是"交换意见"。

再举一个例子。to eat one's words 和汉语的"食言"很相近。汉语的"食言"，意思是不守信用，不履行诺言。而 to eat one's words，意思是"收回前言"，是说承认错误，把说过的话收回。用英语表达"不履行诺言"的意思，要说 to break one's word。

以上这几个例子都说明必须首先正确地理解一个词或词组的含义，然后才能在翻译的时候做到意思准确。

有时，对于词和词之间的关系，也会有理解不透的地方，这方面常遇到的一个问题是定语修饰什么。请看下面这个例子。

to recognize the accepted principles and objectives of the United Nations Charter

承认公认的原则和联合国宪章的宗旨

这个译文对不对呢？ to recognize 承认，accepted principles 公认的原则，objectives of the United Nations Charter 联合国宪章的宗旨。认为 of the United Nations Charter 只修饰 objectives 是不对的，应该修饰 principles and objectives。有两个并列的名词，后面有一个 of-phrase 作定语，在这种情况下译者往往只照顾后面一个名词，而忽略了前面一个名词，这是很容易犯的一个错误。此外，在这个例子中，accepted 一词也是既修饰 principles，又修饰 objectives。译文只拿它修饰 principles 也是不对的。所以这句话应该译为：

承认联合国宪章中公认的原则和宗旨

在汉译英的时候，理解原文一般不构成一个很大的问题。如果说我们使用汉语的能力不是很强，看懂一篇用现代汉语写的文章，应该不是很困难的。但有时也会遇到理解问题。比如"河北、山西南部"，究竟是指"河北全省和山西南部"，还是"河北南部和山西南部"，这就必须弄清楚。再如五届人大的文件里有这样的话：

减免〔部分经济条件较差的地区的〕<u>农业税收</u>和<u>社队企业税收</u>。"减免"后面有两个宾语，一是"农业税收"，一是"社队企业税收"。"部分经济条件较差的地区的"是一个定语。这个定语是只修饰"农业税收"呢，还是也修饰"社队企业税收"？两种解释都可以。这就产生了一个理解问题。译文怎样处理？请看译文：

reduce or remit the agricultural tax <u>in places where economic conditions are poor</u> and the tax on enterprises run by communes, production brigades and production teams

从译文看，这个定语只修饰"农业税收"，而不修饰"社队企业税收"。这是因为"社队企业税收"一律减免，不受地区的限制。

另外一个往往搞不清的问题就是"数"。汉语的名词，复数一般不必特别表示出来，译成英语，则需要表示出来。例如，"根据某一次会议的决议"，究竟是一个决议，还是几个决议，汉语不必说明。如果是一个，英语就说 the resolution，如果是几个，就说 the resolutions。这就需要查清楚，才能译得准确。

有些事物，或者由于年代久远，或者由于发生在局部地区，因此，译者不了解，也会构成理解上的问题。比如红军早期的时候有一条纪律，叫作"上门板"。红军又不开商店，为什么要"上门板"呢？请看这句话的译文：

Put back the doors you have taken down for bed-boards。

红军打仗，有时把老乡的门板摘下来做床用，用完以后再安上，叫作"上门板"。只有了解了这些情况，才能把这句话的意思完全译出来。

以上几个例子说明在汉译英的时候也会遇到理解问题。遇到这类问题，首先可以从上下文来判断，如果不行，就要查阅有关资料，再不行就要请教原作者了。

无论是英译汉，还是汉译英，透彻地理解原文都是不容易的。这也不是说每翻译一句话都会遇到理解问题。"这句话我理解了，就是译不好"，这种情况也的确是存在的。怎样解决这个问题，咱们下次再讲。

二、怎样选词

上一次讲了在翻译的时候容易遇到的一些理解方面的问题。理解是第一步。不过，话虽然这么说，实际上在动手翻译之前不一定能把所有的理解问题都解决。有时一句话写了一半，写不下去了，发现有对原文理解不透的地方，这就只好停下来，再去捉摸原文的意思，弄通了，再继续往下译。理解原文，也和认识任何别的事物一样，不是一次能够完成的。必须反复捉摸，加深理解，我觉得这是符合认识规律的。

在基本理解的基础上就要动手翻译，也就是要解决一个怎样译好的问题。要译得好就要在遣词造句上面下功夫。也就是说，要想办法把词汇、词组处理好，把句子安排好，如果要求高一点，也要注意文字的连贯性和原文的风格。今天主要讲一讲处理词汇、词组方面的一些问题。简单说来，题目就叫"怎样选词"。

一个词可以有几种不同的译法，也可以说，一个意思可以用几种不同的方式来表达。这就要根据上下文，找出一个最恰当的词来。请看这个例子：

I took out my card...

这句话说的是两个人初次见面，交换名片的情况。card 是名片。看见 took，容易想到"拿"。这句话译作"我拿出了一张名片"，好不好？意思是对的，可是比较一般。如果译成"我取出了一张名片"，好像还不如"拿出"，因为可以说"从抽屉里取出一沓子信纸"，可以说

"从箱子里取出几件衣裳"，很少说"从口袋里取出什么东西"。这里需要找一个能够传神的词。从口袋里往外拿东西，怎么说呢？我们常说"掏出手绢来擦擦汗"；"上车以后，掏钱买票"，看来这个"掏"字最能传神。全句可以译作"我掏出了一张名片"。

第二个例子：

The poor woman dropped into her chair and hid her face from me.
这句话的上文说的是：一位老太太替人家抚养了一个孩子，花了十几年的心血，忽然孩子失踪了，后来听说孩子死了。这句话就是她听到这个消息的时候的反应。这个句子有两个词最难译。一个是 dropped，一个是 hid。The poor woman dropped into her chair，这是英语的说法。汉语无论如何也不能说"这个可怜的女人落在椅子上"或"掉在椅子上"。可是要说"坐在椅子上"，就太平淡了。能不能说"瘫在椅子上"，"瘫痪"的"瘫"。这个词很生动，可惜稍微过分了一点，因为下面还有动作，还要说话，要是瘫在椅子上，就不能动了。这个 dropped 究竟怎么译呢？我觉得"跌倒"的"倒"字最能传神。"这个可怜的女人倒在椅子上"，分寸比较合适。后半句 hid her face from me，如果译作"她把脸藏起来不让我看"，似乎不太合适。我想可以译作"捂着脸，怕我看见"。也许有同志会问，怎么知道是"捂着脸"，而不是"扭过头去"呢？这是因为下文说到 removing the handkerchief from her face。由此可见，是"捂着脸"，而不是"扭过头去"了。

第三个例子：

It is no use telling grown-up children not to make mistakes, both because they will not believe you, and because mistakes are an essential part of education.
现在重点讨论 because 这个词的译法。看到 because，一下子就想到

"因为",就会把这句话译成:

> 对已经成年的子女说不要犯错误,那是没有用的,一方面因为他们不听你的,另一方面也因为犯错误本身也是受教育的一个重要方面。

这样的译文也算可以了。不过"因为"、"所以"、"由于"之类的词用多了,文章就显得不够生动。能不能换用别的词呢?我想到一个"来"字。据《现代汉语词典》,"来"字有一个用法是"用在'一、二、三'等数词后面,列举理由"。这个句子要想译得生动一点,就不要用"因为",而用这个"来"字。

> 对已经成年的子女说不要犯错误,那是没有用的,一来他们不听你的,二来犯错误本身也是受教育的一个重要方面。

上次在讲"怎样避免误译"的时候,举过一个例子:

As I said earlier, we drafted this resolution with great care.

同志们还记得这句话是怎么译的吗?"正如我刚才所说的",我们在起草这个决议的时候,是 with great care。怎么译?"很小心的"行吗?一个国家在国际组织里和另外几个国家起草一份决议,现在来介绍这个决议的时候,说"很小心",显然是不合适的,好像怕犯错误。那么"很仔细的"行不行?也不好,意思是"细节都照顾得很周到"。在这里 with great care 最好译作"是很慎重的"。这个译文才比较合乎分寸。

有的同志说,翻译的时候总觉得词儿不够用,不知道要看些什么书来丰富自己的语汇。说起词儿不够用,我也有同感,有时冥思苦想,想不出一个恰当的词儿来。有时多想一会儿,也能想出比较恰当的词语,可见我们掌握的语汇也不是那么贫乏,只是来得慢,一时没有想到而已。所以遇到难译的词,还是要多想。一时想不出,如果时间允许的话,也可以先放一放。走路的时候,吃饭的时候,躺在床上睡不着觉的时候，会忽然想到一个很恰当的词。所以不要灰心。至于怎样可以使自己的语汇丰富起来，多看些书固然有好处，更主要的还是要在生活中处处留意，注意在一定的场合之下，有哪些典型的说法。经常注意，自己使用的语言就会逐渐丰富起来。

如何选词还涉及一个问题，就是词的连用。哪个词和哪个词连用，英语和汉语有时很不一样，不能一个字一个字地照译。如果怕不忠实于原文，不敢有所变化，译文就往往不顺。例如：

take immediate measures

英语可以用 immediate 来形容 measures，汉语就不能说"采取立即措施"，"立即"不能修饰"措施"，和"立即"意思相近的词如"立刻"、"马上"也都不能用来形容"措施"。在这种情况下，就不要勉强去凑，可以通过别的方式把这个意思表达出来。"立即"不能形容"措施"，可是它能形容"采取"，那就说"立即采取措施"好了。此外，如果我们注意到这个特点，对于汉译英也是有用的。比如汉语说"立即产生了明显的效果"，译成英语就可以说：produced an immediate and remarkable effect。这个译文是符合英语的说法的。

又如：show a sympathetic understanding of their problems

汉语不能说"同情的理解"。原文是什么意思呢？意思就是：要理解他们的问题，并表示同情。所以，可以译为：

对他们的问题表示理解和同情。

再如：Peoples with different political and social systems should live side by side — not just in a passive way but as active friends.

"具有不同政治、社会制度的各国人民应该并存，不只是消极地并存，而且……"，下面怎么译？as active friends，总不能说"做积极的朋友"吧！"而且要积极地友好相处"，这个译文还是不错的。

汉译英也有类似的问题。在汉语里两个词连用，译成英语就不一

关于英汉翻译的几个问题　　　　　　　　　　　　　　　　79

定能连用。例如，我们常说"关于……的严正声明"。"严正声明"译成英语，就是 statement，statement 就是一个很正式的东西，不能再加 serious、stern、solemn、formal 之类的词。如果实在觉得 statement 一词不够强，可以在后面用 condemning... 之类的词来加强一下。

再如：今天我们在这里隆重集会，庆祝……

We are gathered here today in celebration of...

"隆重集会"在这里只译作 are gathered，能不能加 solemnly、seriously、in a grand manner 之类的词语呢？都不能加，那就只好不加了。其实这个译文已经够隆重了。所以不加也是可以的。

英语有时把着重点放在抽象的事物上。例如：

...I wish to express our thanks for the warmth of the reception we have received since landing in your country.

这句话如果译为"我谨……对我们抵达贵国以来所受到的接待之热烈表示感谢"，显然是不顺的。哪里不顺？the warmth of the reception 是英语的说法，在这里译成"接待之热烈"就不顺了。译成汉语，不一定在形式上和原文保持一致。它的意思也无非是"热情接待"。所以这个句子可以译为：

我谨……对我们抵达贵国以来所受到的热情接待表示感谢。

又例如：

The death of these two colleagues has robbed this organization of the talents of two of its most distinguished members.

这句话是在什么情况下讲的呢？有两位同事在出差的时候，飞机失事，去世了，后来开会的时候，讲些话表示哀悼。这句话有两个难处理的地方。一个是 robbed 这个词。汉语不能说"这两位同事的逝世夺去了我们这个组织的两个人"，只好说"……使我们这个组织失去了……"。第二个难处理的地方就是"失去了什么"。原文是 the talents of two of its most distinguished members。汉语不能说"失去了两位最杰出的成员的天才",只好说"失去了两位很有才干的最杰出的成员"。连在一起,这句话就可以译为:

这两位同事的逝世,使我们这个组织失去了两位很有才干的最杰出的成员。

说到这里,也许有的同志会产生疑问,这样译好像和原文很不一样,能不能算是忠实的译文?所谓忠实,不是忠实于形式,连词类都不能有所变化,而是忠实于内容。我觉得这个例子,译文和原文的意思是一致的,只是两种语言的表达方式略有不同而已。

还有一种情况,英语和汉语的表达方式截然不同。遇到这种情况怎么办?请看这个例子:

"All right!" he said, looking at me over his shoulder.

在这句话里,looking at me over his shoulder 是个分词词组,作状语,说明他在说话的时候做的一个动作。怎么译呢?如果译作"他从肩上看了看我",中国读者会感到莫名其妙。要译出来使中国读者能懂,先要弄清楚这是一个什么动作。就是这么一个动作。用汉语描写这样一个动作,不能说"从肩上",而要说"扭头"。在这种情况下,译文就不必保留"肩膀"这个词。这句话可以译作:

"好吧!"他说,一面扭头看了看我。

再举一个例子:

She had one of her bad headaches this evening, and I advised her to go to bed when we had done tea.

汉语也有"……之一"这种表达方式,可是不像英语用得那么多。前半句话若译成"今天晚上她有了她的厉害的头痛之一",就太费解了。这半句话究竟是什么意思呢?意思是:这个人经常头痛,有时轻,有时重,今天晚上就疼得厉害。要把这个意思用简单的语言表达出来,是不是可以这样说:"今天晚上她又犯病了,头疼得厉害"。后半句里的 we had done tea 不是"沏茶"、"泡茶",而是"喝茶"。所以后半句可以译为"喝过茶以后我就劝她睡觉去了"。前半句和后半句,原文是用 and 连起来的。英语 and 是一个起联系作用的词,其基本意思是"和",可是在这个句子里,后半句谈到的事是前半句所说的情况引起的,可见 and 在这里表示一种因果关系,所以译作"所以"。1972 年英国出版的《现代英语语法》(A Grammar of Contemporary English) 第九章第四十一节就谈到 and 的这种含义。上面这个例子,整句可以译作:

今天晚上她又犯病了,头疼得厉害,所以喝过茶以后,我就劝她睡觉去了。

最后谈一谈在翻译的时候能不能创造新词语的问题。世界不断前进,新鲜事物层出不穷,这就需要有新的词语来表达。外国有的杂志就开辟一个专栏,经常介绍新的词语。我在今年 5 月 19 日《人民日报》第五版上看到一篇文章,题目是"可行性研究简介"。"可行性研究"就是一个新词。前年,我在工作中碰上了 feasibility study 一词。我当时认为译成"可能的研究"不行,因为会造成误解,译成"可能性研究"或"可行性研究"也都觉得不顺,所以只好译作"进行一项研究,看此事是否可行"。在那个上下文里,这样处理也是可以的。但是现在随着经济的发展,经常要提到这样一项研究,就有必要创造一个词了。"可行性研究"这个译法还是不错的。然而译者不应以此为借口,任意创造新词。如果把前面例子里的 sympathetic understanding 译作"同情的理解",把 active friends 译作"积极的朋友",就不好了。

三、怎样避免一连串的"的"字

经常听见同志们批评翻译的文章,责备译者用了一连串的"的"

字。这在翻译作品里，的确是一个常见的现象。译者如果自己写文章，肯定不会这样写。那么为什么在翻译的时候就会用一连串"的"字呢？这要到原文里去找原因。

英语里有许多定语是以 of 引起的词组，或者是以 who、which、that 引起的从句，放在一个名词后面。译成汉语的时候，最省事的译法就是把这些定语放在名词前头，这就需要用许多"的"字连起来。即使"的"字用得不多，也会因为定语太长，句子显得非常累赘。所以，要解决这个一连串"的"字的问题实质上就是如何把定语译好的问题。

汉语一般不喜欢很长的定语。从一些例子来看，英语的定语，译成汉语不一定是定语，可以译成其他句子成分，或者放在句首，或者留在句末。请看下面的例子：

第一个例子：

The essence of the case he has put is this.

这个句子的主要部分是 the essense is this。主语 essense 有一个定语，那就是 of the case he has put，这个定语是一个 of 引起的词组，词组里面还包含一个定语从句。如果照原文的结构，这句话可以译作：

他所提出的看法的实质是这样的。

这个句子是有点别扭的。别扭在什么地方呢？就别扭在"他所提出的看法的"这个定语上面。能不能把句子变得灵活一点儿呢？可以。请看：

他所提出的看法，其实质是这样的。

这个句子就比较好了。现在研究一下这个句子是怎样产生的呢？"他所提出的看法"，原来是定语，现在把它分出来，好像使它游离于句子之外，另外再用一个简单的词重复一下，代替它在句子里起作用。后半句里那个"其"字就是起这个作用的。

第二个例子：

With each of these three points we must express our fundamental disagreement.

按照原文的结构，这句话可以译作：

对以上三点的每一点，我们都必须表明我们是根本不同意的。

这个句子里，"的"字并不多，可是也觉得有些别扭，问题就出在"以上三点的"这个定语上，也就是原文中的 of these three points。怎样就可以译得顺一点呢？把这个定语拿出来，先处理。

以上三点，我们对每一点都必须表明我们是根本不同意的。

同志们可能会说："我们对每一点都必须表明我们是根本不同意的"这是一个完整的结构。"以上三点"好像游离于句子之外，它在句子里起什么作用呢？这个句子里的"以上三点"，和第一个例子中的"他所提出的主张"都放在句首，好像独立存在，后面还有一个词代替它在句中起作用，有些语法家管这种放在句首的部分叫作"外位语"。"外位语"是汉语里常用的一种语言现象。现在撇开英语，专门看几个汉语有关外位语的例子。

1. 党的利益高于一切，这是我们党员的思想和行动的最高原则。

（在这个句子里，"党的利益高于一切"是外位语，在句子里重复表示这个意思的词是"这"。"这"在句子里是主语。）

2. 在这些条件下，这种小的和中等的资本主义成分，其存在和发展，并没有什么危险。

（在这个句子里"这种小的和中等的资本主义成分"是外位语，在句子里重复表示这个意思的词是"其"。"其"在句子里是定语，形容主语"存在和发展"。如果这句话不是直接用汉语写的，而是从英语译的，我们很可能就译成："在这些条件下，这种小的和中等的资本主义成分的存在和发展并没有什么危险。"这就很别扭了。

问题在哪里？主语的定语太长。）

3. 农民辛辛苦苦种出来的粮食，你怎么能随便把它糟踏了呢？

（"农民辛辛苦苦种出来的粮食"是外位语，在句子里重复表示这个意思的词是"它"，"它"在句子里是宾语。如果这句话不是直接用汉语写的，而是从英语译的，我们很可能就译成：

"你怎么能随便把农民辛辛苦苦种出来的粮食糟踏了呢？"这也很别扭，问题在于宾语的定语太长。所以，还是定语没处理好。而同样一个定语，把它放到外位语里，提前处理，就不觉得别扭了。）

4. 和你素日嘻皮笑脸的那些姑娘们，你该问他们去。

（在这个句子里，"他们"是宾语。这句话如果不用外位语，就只好说"你该问和你素日嘻皮笑脸的那些姑娘们去"。这就很别扭，因为宾语的定语太长。）

5. 她的三个孩子，一个在解放军里工作，一个是护士，一个在学建筑。

（这是另一种类型的外位语。先总提一下"三个孩子"，然后再分别叙述。这句话如果是从英语译过来的，很可能译成"他的三个孩子之一在解放军里工作"。）

从这几个例子看，使用外位语，可以把句子里显得累赘的部分提前处理，这样，句子就顺当了。

说到这里，同志们可能想到一个问题：英语里有没有外位语？有。英语叫作 extraposition。指的就是以 it 为先导词的那种结构。例如：

It surprised me to hear him say that.

（It 指的就是 to hear him say that。It 是主语，to hear him say that 是外位语。）

You may find it exciting working here.

（这里 it 指的就是 working here。it 是宾语，working here 是外位语。）

还有一个问题：外位语是不是一定要译成外位语呢？不然。英语的外位语，译成汉语不一定用外位语。英语没有用外位语的句子，译成汉语可能反而要用外位语。我在这里提出使用外位语，主要是解决怎样处理好定语的问题，所以就不进一步谈英语外位语如何翻译的问题了。

上面谈到定语可以译成外位语，提前处理。然而，放在句首的成分，不一定都是外位语，也可以是别的成分。下面请看：

第三个例子：

In the spirit of frankness <u>which I hope will characterize our talks this week</u>, let us recognize at the outset these points...

在这个句子里，In the spirit of frankness 是状语，状语里面的 frankness 一词，有一个定语从句，就是 which I hope will characterize our talks this week。In the spirit of frankness，一般可以译作："本着坦率的精神"，可是在坦率上面再加很长的定语就不行了。现在来看正式发表的译文：

<u>我希望我们这个星期的会谈将是坦率的</u>。本着这种坦率的精神，让我们在一开始就认识到这样几点：……这个译文是很好的，读起来很流畅。原文里那么长的定语从句，它是怎样处理的呢？"我希望我们这个星期的会谈将是坦率的。"句号。这一部分就成了一个独立的句子，放在前头。下面再说"本着这种坦率的精神……"这里把"坦率"一词重复了一下，这种重复在英语里一般是要避免的，也没有必要重复，而在汉语里是可以的，也只有这样，句子才比较自然。

第四个例子：

The man <u>who, in old age, can see his life in this way,</u> will not suffer from the fear of death.

这句话的作者在前面说起有些老年人有怕死的思想，接着就说应

当怎样看待生活,最后说了这句话。这句话的译文是:

如果一个人到了老年,能够这样看待自己的一生,他就不会怕死了。

在原文里,who, in old age, can see his life in this way 是个定语从句。在译文里,是怎样处理的呢?译文在前面加了"如果"二字,把这一部分译成了状语从句,放在句首,然后再说:"他就不会怕死了"。这样,句子就比较顺,而如果照原文的结构译成"在老年能够这样看待自己生活的人是不会怕死的",就很别扭了。

第五个例子:

I advise you to read two lines of writing which I have about me before you finally decide that question.

这是两个人在争论很激烈的情况下说的一句话。如果按照原文的结构译成"我劝你看一看我身边的这个条子……"句子就没有力量。而如果把 which 引起的从句先处理,可能就好一些。请看:

我这里有个条子,你还是先看一看,再对那个问题做最后决定吧。"我这里有个条子"是一个短句,虽然后面是个逗点,可是它能独立存在。先把这个意思说完,然后再说"看一看再做决定",这就体现了层次,句子也显得有力。

这里还要顺便解释两点。一是,为什么把 before 译成"再"?这是很常见的一种译法。词典对 before 一词的解释是"在……以前"。其实,"在做这件事以前,先做那件事"和"先做那件事,然后再做这件事",这两种说法意思是一样的,但次序不一样。上面那个例子,采用"有个条子,先看一看,再做决定"这样一个次序,句子比较紧凑。

还有一点是,为什么把 two lines of writing 译作"条子"?逐字翻译应该是"两行字"。可是,拿两行字让人看,不是欣赏书法,就是让人辨认笔迹,重点不在于看内容。若译作"两行话",就不顺了。

能不能译作"两句话"呢？也不合适。因为可能只有一句话。所以在激烈争论的情况下，笼统一点，译作"条子"比较简洁。

从这几个例子来看，可以把定语译成外位语，译成状语，或短句，放在句首，先处理掉，略有停顿，然后再出有主语有谓语的完整句子。这样处理，句子就比较顺了。

下面请看"留在句末"的几个例子。

第一个例子：

I remember with great pleasure the remarkable exhibition of Chinese treasures in London, which more than a million people visited.

这个句子在句末有一个定语从句 which more than a million people visited，形容 exhibition。下面请看正式发表的译文：

我极其愉快地回想起在伦敦为出色的中国文物展览会揭幕的情景，参观这个展览会的人数超过了 100 万。

前半句和后半句实际上都是独立的句子，后半句算是对前半句的一个补充说明。

第二个例子：

This idea occurred to me when I was close to the new lodgings which we had taken on returning from the seaside.

This idea occrred to me，我想起了一个主意。什么时候想起的呢？When I was close to the new lodgings，在我快回到新居的时候。什么新居？which we had taken on returning from the seaside，我们从海滨回来以后租的那所新居。全句按原文的结构译出来，就是"这个主意是我在快回到我们从海滨回来以后租的那所新居的时候想起来的"。这显然是很别扭的。别扭在什么地方？就是句子中间这个定语闹的。先把它拿掉，"这个主意是我在快回到我们的新居的时候想起来的。"这就好多了。问题是拿掉的部分怎么办？ which we had taken on returning from the seaside 只是对他们的住宅所做的一点补充说明，完全可以放在后头，只要想个法子把它与前半句话连上就行了。全句是不是可以这样译：

这个主意是在我快到家的时候想起来的，我们那会儿就住在从海滨回来以后新租的那所房子里。

第三个例子：

We do not want to see the council take any precipitate action that might have unpredictable or unfortunate results.

这句话如果按原文的结构来译，就会译成这样：

我们不希望看到理事会采取任何可能产生难以预料的或不幸的结果的莽撞行动。

这里一连用了三个"的"字，句子很别扭。现在来分析一下，句子的主要意思是什么？从句的作用又是什么？句子的主要意思是"我们不希望看到理事会采取任何莽撞行动"。定语从句是一个补充说明，如果采取莽撞行动，就可能产生难以预料的或不幸的后果。所以只要找一个适当的词把这两部分联系起来就行了。我觉得"因为"这个词比较适当。这句话可以译为：

我们不希望看到理事会采取任何莽撞行动，因为莽撞行动可能产生难以预料的或不幸的后果。

第四个例子：

In a personal sense, I think of my eldest daughter whose birthday is today.

请注意这个句子里的定语从句 whose birthday is today 是怎样译的。这句话的译文是：

就个人来讲，我想到我的大女儿，因为今天是她的生日。

为什么在国际交往的场合，不说想到别人，而说想到自己的女儿呢？

关于英汉翻译的几个问题

因为今天是她的生日。在翻译定语从句的时候,汉语用"因为"来连接,也是常见的一种做法。

说到这里,同志们可能还有一个问题:英语的定语从句有限制性的和非限制性的两种。是不是只有非限制性的才可以译成别的成分、放在句首或留在句末,而限制性的仍要译成定语从句、放在名词之前呢?这个问题比较复杂。简单说来,不完全是这样。有些限制性的定语从句,特别是短的,可以译成定语从句,放在名词之前,并不别扭。有一些,如果这样处理,就会觉得别扭,这就不如译成别的成分,放在句首,或留在句末了。总而言之,汉语的定语不宜太长。究竟怎样处理,还是要看怎样译汉语比较流畅。

四、怎样安排句子

上一讲谈了在翻译的时候定语怎样处理的问题。有的定语在译文里可以放到句首,有的可以留在句末。这也可以算是一个怎样安排句子的问题。在今天这个题目里,我主要想说明这样一点:

如果拿英语的句子结构与汉语的句子结构相比较,就会发现一个明显的特点:英语的句子结构比较紧,而汉语的句子结构比较松。我不是说任何一个句子都会反映出这个特点。有些句子比较简单,结构可能完全一样。比如 I'm a teacher. "我是一个老师。" I teach English. "我教英语。"从这两个例子来看,两种语言的结构实在看不出有什么不同之处。但是有些句子,复杂一点的,一比较就可以看出这样一个特点,就是我刚才说的:英语的句子结构比较紧,而汉语的句子结构比较松。这个特点表现在很多方面,这里主要想谈两个方面,一个就是英语名词用得多,尤其是抽象名词,这样它就可以把较多的意思压缩在一个词或词组里。而汉语却要多用动词和形容词,用主谓结构或动宾结构,把事情一层一层、一点一点地说清楚。

请看第一个例子：

The isolation of the rural world because of distance and the lack of transport facilities is compounded by the paucity of the information media.

这是一个很典型的英语句子。我先把这句话解释一下。The isolation of the rural world，这个 isolation 不要理解为"孤立"，它说的是"农村社会与外界联系少，处于一种与外界隔绝的状态"。这种状态是怎样造成的呢？有两个原因，一是 distance。distance 在这里不是指具体的一段距离有多远，它的意思是 being far off，是说"离得很远这种状况"，大概是指离开城市远吧。另一个原因是 the lack of transport facilities，缺少交通工具。这就是主语部分的全部内容。其中真正的主语是 isolation，其余都是它的定语。再看后半句，is compounded 是动词。compound 作为一个及物动词，在这里是什么意思呢？先查一本英汉词典，有这样几个解释："使混合"、"使化合"、"解决（争端）"，在这里都用不上。美国出版的《韦氏新世界词典》对这个词的第五条解释是：

to increase or intensify by adding new elements（通过增加新的因素而使某一事物增强或加剧）。

它还举了一个例子 to compound a problem，意思就是"使问题更加复杂"，或"更为严重"。这就清楚了。把这个解释用在我们讨论的这个句子里是合适的，意思是"农村与外界隔绝的状况变得更加严重了"。是什么原因使它更加严重了呢？ the paucity of the information media 所谓 information media 就是指广播、电视之类的东西，可以译成"通讯工具"或"新闻工具"、"宣传工具"。the paucity of 和前面的 the lack of 是一个意思，都是指"缺少……"。为什么意思一样，而不用同一个词呢？为了避免重复。这是外国人写文章的习惯。

这个句子好像很长，实际上是个简单句，只有一个主语，一个谓语。我方才说它是个典型的英语句子,指的是全句共有九个名词(包括抽象名词和具体名词),用介词连接起来,而动词却只有一个。全句二十四个词,没有逗点,中间没有明显的停顿。

这样一个句子,怎样译成汉语呢?请看译文:

因为距离<u>远</u>,又<u>缺乏交通工具</u>,农村社会是<u>与外界隔绝的</u>,这种隔绝状态,由于通讯工具<u>不足</u>,就变得更加严重。

在这个译文里,抽象名词有的译成动词,有的译成形容词。全句用了五个逗号,一个句号。这样就可以一层层、一点点地把事情说清楚,整个语气是比较从容的。这是符合汉语的叙事方法的。

如果这句话基本上按照原文的结构来译,就会译成这样:

因为距离远和交通工具缺乏而产生的农村社会与外界隔绝的状况,由于通讯工具不足而变得更加严重。

这个句子也还是不错的,只是结构显得过紧,定语很长,许多概念挤在一起,不如第一个译文来得舒展,好读。

反过来,如果按照第一个译文的结构来组织一个英语句子,就会成为这个样子:

Because there is a great distance and there are not enough transport facilities, the rural world is isolated; this isolation has become more serious because there are not enough information media.

这样一个英语句子,其结构也就显得过于松散了。

在这里我想顺便谈一谈如何查词典的问题。我发现有的同志在做翻译的时候,遇到生词查词典,而且往往是查英汉词典,查到第一个意思,把它抄下来,就算完了。而不往底下看。这是不行的。无论是查英汉词典,还是英英词典,要把列在那里的几个意思都看一看。比如我方才说的那个 compound。知道它在句子里是个动词,词典里关于它作名词的解释自然可以不看,可是它作为动词有几个意思,却都要看。我查的那本词典列了五个意思，而我们需要的正是最后一个意思。在第一讲里，我提到一个例子，把 torch 误译成了"火把"。如果译者在这里怀疑一下，耐心地查一查词典，他就会查到"手电"这个意思。他可能根本没有查，这就难免译错了。

请看第二个例子：

<u>Inadequate training for farmers</u> and the <u>low producticity of many farms</u> <u>place</u> the majority of country dwellers in a disadvantageous position in their own countries.

这个句子看上去挺长，实际上也是一个简单句。句子里有两个名词词组做主语，一个是 inadequate training for farmers（对农民的不充分的训练），一个是 the low productivity of many farms（许多农场的低生产率），place 在这里是动词，意思是"把……放在……位置上"。句子里面没有从句，所以是个简单句。后半句有两个 country，我把 country 的意思解释一下。第一个 country 是和 town 相对而言的，town and country（城市和乡村），country dwellers 是"乡村居民"，是和 city dwellers（城市居民）相对而言的。总而言之，第一个 country 的意思是"乡村"。后面 in their own countries，这个 country 就是指"国家"了。

下面先请看这个译文：

对农民训练的不足以及许多农场的低生产率使得大多数农村居民在他们的本国中处于不利境地。

这是我在工作中实际遇到的一个译文。这个译文怎么样呢？现在来分析一下。译文的主语是"对农民训练的不足以及许多农场的低生产率"，和原文一样，也是两个名词词组。这就有点别扭了。后半句译得怎么样，country dwellers 译作"农村居民"是对的。place 译成"使……处于……境地"，也处理得很好。所以，这个句子的问题还是主语部分如何处理。主语部分要想处理得好，就不能受原文结构的束缚。英语用名词词组表达的意思，汉语往往是用主谓结构，也可以说是用一个短句来表达。这句话是不是可以这样译：

农民缺乏训练，许多农场的生产率很低，这就使得大多数农村人口在国内处于不利的地位。

这样译好像比较顺一点。不知道同志们意识到了没有，这个句子使用了我在上一讲里所说的外位语。"农民缺乏训练，许多农场的生产率很低"就是外位语，后半句里的"这"字代替它在句子里起作用，做主语。

同志们可能还有一个问题：farmer一词译成"农民"是不是合适？在发达的资本主义国家，只有农业工人，没有农民，farmer就是农场主。可是我们处理的这句话，讨论的是第三世界的农村，所以我觉得译成"农民"还是可以的。

以上两个例子都是以抽象名词做主语的，翻译的时候，就要把这个抽象名词化开，译成主谓结构，或动宾结构，等等。这是一种情况。还有一种情况是抽象名词出现在谓语里。请看下面两个例子：

第三个例子：

We fully understand their decision to bring this question before the council.

这里一个关键问题是如何理解 decision 一词。decision 在这里不是指一项具体的决定，不是指决定的内容，而是指"做出决定"这件事。所以若译作"我们完全理解他们把这个问题提交安理会的决定"，意思还不是很清楚。把 decision 一词发挥一下，全句译为：

"我们完全理解他们为什么决定把这个问题提交安理会。"

这样，意思就比较清楚了。

第四个例子：

Several participants expressed doubts about the effectiveness of the campaign against Apartheid.

如果照原文的结构来译，这句话可以译作："有几位与会者对反对种族隔离运动的有效性表示怀疑"。其实 effectiveness 不要译成"有效性"。它是从 effective 派生而来的，就是说这些与会者对于这个运动是不是 effective，是有怀疑的。所以，这句话可以译为：

有几位与会者对反对种族隔离运动是否会有效果表示怀疑。

上面四个例子都是从讨论会的发言稿里引来的。那么，是不是说这种说法只有在文件里才有？也不尽然。在文艺作品里也常常会看到。下面举两个从小说里引来的例子。

第五个例子：

This consideration at once decided the disposal of my evening.

consideration 在这里不是一个抽象名词，而是一个具体名词，等于 thought，等于 idea。上文是这个人一直在想今天晚上出现什么情况，应该如何应付。想了一阵以后，根据他的判断，他认为一定会发生什么事情。这就是句子里所说的 this consideration，也就是他产生的这个想法。后半句的 disposal 是个抽象名词。它是从 dispose 派生而来的。to dispose of... 就是"把……处理掉"、"把……用掉"。the disposal of my evening 就是"使用晚上这段时间的方式"。这句话如果照原文的结构来译，就是"这个想法立刻决定了我使用晚上这段时间的方式。"这样译是很别扭的。汉语不能说"这个想法决定了……"，只好说"想到这里，我马上就决定……"。决定了什么呢？后半句也要改。the disposal of my evening 等于 how I should dispose of my evening，可以译作"应该怎样支配晚上的时间"。所以这句话可以译为：

想到这里，我马上就决定了应该怎样支配晚上的时间。

根据上下文，这句话也可以译作：

想到这里，我马上就决定了晚上应该怎样行动。

第六个例子：

My friend was in a state of the highest excitement.

我的朋友兴奋极了。

而不必照原文的结构，译成"我的朋友处于极度兴奋的状态。"

由此可见英语无论是在文件里，还是在小说里，无论是在主语里，还是在谓语里，都可以用抽象名词，而且这样一个名词的含义是很多的。整个句子的结构是紧的。在译成汉语的时候，就不能以名词译名词，就需要多用动词、形容词，用主谓结构、动宾结构，或适当地加一些词，把整个句子的结构放松，这样才能把原文的意思充分表达出来。

在了解了英语和汉语的这个差别以后，在做汉译英的时候就可以以此作为借鉴。下面看一个汉译英的例子。

上次在介绍"外位语"的时候，举过这样一个例子：

党的利益高于一切，这是我们党员的思想和行动的最高原则。

在这句话里，"党的利益高于一切"是一个主谓结构，"党的利益"是主语，"高于一切"是谓语，这也可以说是一个短句，在句子里做外位语，后面有个"这"字代替它起作用，做主语。译成英语的时候，就要以"党的利益高于一切"做主语了。是不是也要译成一个短句呢？请看译文：

The supremacy of the Party's interests is the highest principle that must govern the thinking and actions of the members of our Party.

这个句子的主语部分 The supremacy of the Party's interests 是一个词组。实际上真正的主语就是 supremacy 一个词，后面 of the Party's interests 是它的定语。supremacy 是个抽象名词，它是从 supreme 派生而来的。supreme 的意思是"最高的"。因此"高于一切"的意思只用 supremacy 一个词就全包括了。

同志们看了这句话的译文，可能有一个问题：后半句原文是"思想和行动的最高原则",译文为什么不说 the highest principle of the thinking and actions,而说 the highest principle that govern the thinking and actions？这是因为在这个具体的场合,用 of 连,有点连不上,或者说很勉强,而在 principle 后面用 that govern 是比较顺的。这样译并没有超出原来的意思。

刚才谈到汉语句子结构松,英语句子结构紧。一方面表现在英语名词用得多,汉语动词、形容词用得多,句子的结构自然有所不同。现在再来谈谈另外一个方面：就是汉语如果一个句子涉及几件事情,往往按时间顺序一件件来叙述,而英语则因为大量使用状语从句和定语从句而常常把先发生的事放在后面。汉语如果一个句子有叙事的部分,有表态的部分,往往先把事情讲清楚,最后来一个简短的表态或评论,英语则先表态,然后再说发生了什么事情。

先看两个短句。

第一个例子：

It is desirable to broaden the understanding between the two peoples.

扩大两国人民之间的了解是可取的。

在这个例子里,英语先表态,先说 It is desirable,然后再说什么东西 desirable,译成汉语,则要先把具体事情说了,再表态。

第二个例子：

接到你们的贺函,使我十分愉快和感谢。

I am very happy and grateful to receive your message of greetings.

在这个例子里,汉语先说"接到贺函"再说"愉快和感谢",译成英语,则要先说 I am very happy and grateful。

以上两个例子都很短,不难处理。这个译法同志们也都是会想到的。但是较长的句子,成分比较多,是否也是这个顺序呢？除了表态的部分以外,其他各成分如何安排呢？整个句子从什么地方着手译呢？请看：

第三个例子：

It was a keen disappointment
　　　　　1

when I had to postpone the visit
　　　　　　2

which I intended to pay to China in January.
　　　　　　　3

原文没有逗号，一环一环扣得很紧。如果把原文分为三部分的话，第一部分表态，说"很失望"，第二部分说明失望的原因是延期访问，第三部分说明这次访问原来是定在1月份的。这也就是说，英语先谈主观情况，再谈和这种主观情况直接有关的客观情况，最后再谈其他有关情况。这反映了一种思路，使用英语的时候，就要按照这个思路来组织句子。这样一个句子，从哪里开始译呢？请看译文：

我原来打算在今年1月访问中国，
　　　　3

后来我不得不推迟，
　　　2

这使我深感失望。
　　1

如果说原文三个部分的顺序编号是1，2，3；译文三个部分的顺序编号就是3，2，1。这个句子是从原文第三部分开始的，按照时间顺序，一层一层地说明起初怎样，后来怎样，最后说明他的态度。也可以说汉语先说客观情况，对客观情况做历史的叙述，然后再谈到主观的情况。这也反映了一种思路，在使用汉语的时候就要按照这个思路来组织句子。此外，这个例子的译文加了两个逗号，可以停顿，整个语气是比较从容的。如果译文按照原文的次序安排句子，译作"使我感到非常失望的是我不得不推迟我原定于今年1月对中国进行的访问"，就显得结构过紧，许多意思挤在一起，层次不清，不符合汉语叙事的规律，不如第一个译文好。可是反过来，如果照第一个译文的结构组织一个英语句子：I had intended to pay a visit to China in January but then I had to postpone it; this was a keen disappointment to me. 这样的英语句子就显得过于松散了。

第四个例子：

There was little hope of continuing my
    1   2

inquiries after dark, to any useful purpose,
       2

in a neighbourhood that was strange to me.
      3

如果把这个句子也分为三部分，第一部分表态，说明希望不大，第二部分说明天黑以后继续调查并取得结果，第三部分说明这一带我不熟悉。翻译这个句子，从什么地方入手呢？下面请看译文：

这一带我不熟悉，
  3

天黑以后继续进行调查，
    2

取得结果的希望是不大的。
    1

这个译文也是从第三部分开始的。先说这一带我不熟悉，最后再表态，说希望是不大的。为什么汉语要这样安排？咱们再来看一下这个译文。译文分三部分，每一部分都是可以独立成句的。这一带我不熟悉，句号。天黑以后继续进行调查，句号。取得结果的希望是不大的，句号。都可以成立，是互不相关的三句话。但是，把这三句话按照现在的顺序放在一个句子里，不用加字，就成了一个有机的整体。它的意思就是：<u>因为</u>这一带我不熟悉，<u>如果</u>天黑以后继续进行调查，<u>那么</u>取得结果的希望是不大的。为什么"因为"、"如果"、"那么"都没有写出来，只凭句子成分的次序就能表现出这些联系呢？这就是由于汉语的"意合法"。

什么叫"意合法"？我国著名的语法家王力同志，在他所著的《中国语法理论》一书中就谈到这个问题。在这本书的第一章第九节谈到复合句的时候，作者说：首先应该注意的是，汉语的复合句往往是一种"意合法"。在汉语里连词可用可不用。有的分句在形式上简直和一个独立的句子一样。分句之间没有连词相连，只有逗号，逗号和句号相比，标志着较短的停顿，因此句子里各个分句是靠语气连系起来的。在汉语里这是一种正常的情况，因为在平常的语言里不用连词的时候比用连词的时候更多。作者还举了一个例子，只有七个字，但是很说明问题。这是《红楼梦》第三十回里贾宝玉对林黛玉说的一句话："你死了，我做和尚。"不能认为这里省略了"如果"二字，因为在这种情况下，"如果"二字是不需要说的，然而意在其中。

我国另一位著名的语法家张志公同志写过一本《汉语语法常识》。他在这本书里虽然没有用"意合法"这个词，却也谈到了这个问题。他说：复句的各分句之间的关系有许多种。分析、综合、解释、补充、先后、并发、转折、因果、假设，等等。他还说：一般的复句里，往往是什么特殊的词都不用，各分句的意义和排列的次序就可以把它们中间的关系表现出来。由此可以看出汉语句子里各分句的顺序是很重要的。

同志们在翻译过程中注意使用"意合法"，就可以少用许多"如果"、"因为"、"然而"之类的词，译文就可以显得生动活泼。

第五个例子：

"It's well you came so early, sir," said the old man, when I had mentioned the object of my visit, "I should have been away in ten minutes more."

这段话说的是一个年轻人去找一位老人，两人见面的情景。这段话怎样译呢？I had mentioned the object of my visit 发生在前，the old man said 发生在后。按照时间的顺序，这句话可以译作：

我向老人说明了来意，老人说："幸好你来得早，先生，再晚来十分钟，我就出去了。"

这里顺便提一下，这个句子说的不是外交场合的事，不要把 the object of my visit 译为"我这次访问的目的"。

第六个例子：

His son, a quick lad, was the messenger he <u>proposed</u> to me, <u>on hearing</u> what I wanted.

这句话说的是一个什么情况呢？有一个人写了一封信，想托房东找个人送出去。下面紧接着就是这句话。房东一定是先 heard what I wanted，然后才 proposed。所以这句话可以从句末开始译。请看译文：

房东听说我要找人送信，就说让他儿子去吧，他儿子是个很机灵的小伙子。

从以上几个例子看来，汉语叙事，多按时间顺序。为什么英语就往往颠倒过来，把先发生的事放在后面说呢？我觉得这是因为英语里有连词如 when，还有许多介词，把句中各成分连系得很紧。英语里还有各种时态，无论怎样安排，哪件事发生在前，哪件事发生在后，都是清楚的。

关于英语句子结构紧，汉语句子结构松，上面谈了两种情况：一是英语多用名词，特别是抽象名词，汉语多用动词和形容词；一是英汉两种语言在叙事的顺序方面有很大不同。此外，还可能表现在别的方面，比如有时英语的定语需要译成谓语。请看这个例子：

He was a <u>cheerful</u>, <u>familiar</u>, <u>loudly-talkative</u> old man.

英语在描写一个人的时候，常常是把能反映这个人的特点的几个形容词排成一串，放在这个人的前头作定语。这个句子，如果照原文的结构译成汉语，就是：他是一个性格开朗、对人热情、喜欢说话、嗓门很大的老头儿。这就不如把定语译成谓语了：

这个老头儿性格开朗，对人热情，喜欢说话，而且嗓门很大。
这个译文就很舒展，读者可以从从容容地一点一点地了解这个老人的特点。而不至于感到一口气读不完，憋得难受。

再举一个类似的例子：

Mr. Brown was a pale, thin, quiet, self-possessed man, with a very low voice, and a very undemonstrative manner.

在这个句子里，man 前面有四个形容词做定语，后面有两个词组做定语。句子里有一个词，undemonstrative，有的同志可能不太熟悉。它的意思就是 not demonstrative，就是 giving little outward expression of feeling（内心的感情不怎么表露出来）。这个句子怎么译呢？是照原文的结构，把四个形容词都放在前头做定语，还是都放到后头去做谓语？我觉得还是放到后面做谓语比较好。汉语的谓语长一点没有关系。下面请看译文：

布朗先生苍白、瘦削、沉着、稳重，说话声音低沉，举止不动声色。

这里还想说明一点，四个形容词，前两个 pale 和 thin 形容外貌，后两个 quiet 和 self-possessed 形容性格。为什么一定要把 quiet 放在 self-possessed 之前，能不能颠倒？不能颠倒。因为从声音上考虑，短的词放在前，长的词放在后才压得住。这是英语的习惯。译成汉语，quiet 是"稳重"，self-possessed 是"沉着"，为什么译文把"稳重"放到后面去了呢？这也是从声音来考虑，"沉着、稳重"读起来比较顺。

以上两个例子都是关于人物的描写。我们的译文是不是符合汉语的习惯说法呢？请看著名戏剧家曹禺同志在《雷雨》这出戏里对鲁大海的描写：

"鲁大海进，他身体魁伟，眉毛粗而黑，两颊微微陷下去，方方的下巴和锐利的眼睛，"都表现他的性格的倔强。

再看《红楼梦》第三回贾宝玉出场的时候对他的一段描写：

"……是位青年公子，头上……系着一块美玉。""青年公子"后面有129个字形容他的容貌和穿戴。所以，我们的译文还是符合汉语的习惯的。

许多例子从不同的方面说明，英语的句子结构紧，汉语的句子结构松。这里所谓"松"与"紧"，并不涉及好不好的问题。是"松"好，还是"紧"好，这个问题是不存在的。"松"与"紧"只说明两种语言的句子结构在对比的情况下可以看出来的各自不同的特点。这种不同反映了两种不同的思路。汉语往往是从头说起，逐步展开，给人以从容不迫的印象。而英语则重点突出，结构紧凑，给人以简洁明快的感觉。如果用一个比喻来说，我觉得汉语的句子结构好比一根竹子，一节一节的连下去，而英语的句子结构好比一串葡萄，主干可能很短，上面结着累累的果实。这是我在对比两种语言的句子结构时的一点体会，仅供同志们参考。

五、口语，还是书面语

口语，还是书面语？这个问题实际上是个风格问题。不过一谈风格，有的同志就会说：我不是作家，不想研究风格，只求把意思译出来就完了。也许有同志还会说：风格问题太深奥，研究不了。其实，风格是无法回避的，只要写东西就有风格，连说话都有个风格嘛！不过真要说研究风格，的确涉及的问题很多。所以我想还是集中谈一个"口语，还是书面语"的问题。

为什么要谈这个问题呢？因为我看到同志们写东西，有两种情况。一种情况是写字如说话，无论在什么场合，写什么内容，经他一写，都和说话一样。还有一种情况是，一写字就很文，写一段对话上不了口，好像文章一样，不善于使用生活中的语言。用这种风格来做翻译，就会该文的不文，该白的不白。所以有必要谈一谈这个问题。

做翻译的时候，怎么知道什么时候用什么文体呢？那就要看原作是什么文体了。请看：

第一个例子：

Born in 1879 in Ulm, Germany, Albert Einstein was two years old when his parents moved to Munich, where his father opened a business in electrical supplies.

这是一篇传记里面的一句话。平铺直叙，但是，语言很精练，在一句话里容纳了许多内容，从哪一年出生，到他父亲开工厂生产电气器材，都包括在里面了。语言是比较文的，一开始 Born in 1897 in Ulm, Germany……这种结构就是比较文的，不像随便讲话。

下面请看译文：

阿尔伯特·爱因斯坦于1879年出生在德国的乌尔姆城。在他两岁的时候，父母移居慕尼黑。他的父亲在慕尼黑开了一家工厂，生产电气器材。

同志们一定看到了，原文是一句话，却译成了三句。这是因为汉语里没有过去分词，没有 when，没有 where，一句话里容纳不下这么多内容，因此分为三句，一点一点地把事情说清楚。这只是两种语言的不同表达方式而已。这个例子也正好说明我们上次谈的：就这两种语言相比较而言，英语句子结构紧，汉语句子结构松。不过我们现在不是讨论句子结构的松紧，而是讨论风格。译文也是平铺直叙地说明情况，在用词方面。"于1879年"，"移居慕尼黑"等等，也是比较文的。

风格和原文是一致的。

第二个例子：

On important business.

这三个字是在什么情况下写的呢？一个人有事去找另外一个人，走到门口，掏出名片，写上这三个字，准备让开门的人传进去。为什么要在名片上写这三个字呢？为了引起主人的注意。如果这句话不是写在名片上，而是见了面说的，就可以说：我有一件要紧的事找你。十个字。那就是口语了。但这句话是写在名片上，而且这是一个很正式的场合，话就需要精练一些，字要少一些。请看译文：

有要事相谈。

第三个例子：

Keep the enclosure unopened, until nine o'clock tomorrow morning.

这是写在信封上的一句话。enclosure 就是指这封信。把东西装在信封里，英语就说 enclose，装的那个东西就是 enclosure。外国有这种做法，好像中国也有，就是给人写一封信，不让他马上看，给他规定个时间。美国电影《百万英镑》里不就有这么一个情节吗？规定他两点钟才能拆信。我们讨论的这句话，意思是：明天早上9点钟以前不要拆开这封信。但是信封上不能这么写。怎么写呢？请看译文：

此信请于明晨9时拆启。

这几个例子，语言都是比较文的。只能写，不能说，上不了口。那么上口的语言应该是什么样子呢？同志们还记得，上一讲快结束的时候，我在一个例子里提到一个老头儿，他性格开朗，对人热情，喜欢说话，而且嗓门很大。现在请他来讲几句话给同志们听听，先听英语。

第四个例子：

"Nobody at home to keep house for me," said the old man. "My wife's in the churchyard, there, and my children are all married. A wretched place this, isn't it, sir?...I've got a deal more learning than most of them, though I don't boast of it."

有个年轻人有事来找老头儿，老头儿把门一锁，两个人就走了，老头儿就说了这番话。

  nobody = There is nobody。

  churchyard = 教堂里的坟地。

  a wretched place this = This is a wretched place。

  learning = knowledge 学问。

  下面请看译文：

  "没人给我看家呀，"老人说道，"老伴入土啦，孩子们也都结了婚，走啦。真糟透了这个地方，你说是不是？……我比他们那些人，学问大得多，我不爱吹嘘就是了。"

这段话就有口语的特点。"……呀"，"入土啦"，"结了婚，走啦"，这都是老年人讲话的特点。"真糟透了这个地方"也是口语里的一种说法，把主语放在谓语后头。咱们见了面常说："吃饭了吗你？"也是这种情况。最后说"我不爱吹嘘就是了"，口气也比较自然。如果逐字翻译，不注意口气，译成"虽然我不吹嘘这件事"，就不合适了。这里还要顺便解释一个问题。原文是 and my children are all married，译文是"孩子们也都结了婚，走啦！"为什么要加上"走啦"二字呢？这是因为中国读者看到"孩子们也都结了婚"，会以为他家的人口多了，更热闹了。而外国人的习惯是孩子结了婚，都要分出去过。所以老人是很孤单的。

  那个年轻人找了老头儿以后，又去找一个老太太，现在请老太太也说两句。先听英语。

  第五个例子：

I've lived to see sad changes. It was a pleasant, pretty place in my time.

这个老太太在村子里住了二十多年。二十多年前，村子非常兴旺，后来萧条了。青年人来找她了解情况，她不胜感慨，发了一通议论，其中有这么两句。(in my time 的意思是：在我年轻的时候。) 这段话译成汉语怎么译？请看译文：

我亲眼看见这些变化，真叫人伤心哪！我那会儿，这个地方可美啦！第一句话中心的意思是 sad，所以把它分出来，放在后头，译作"真叫人伤心哪！"第二句里的"可美啦"也是口语里常用的一种说法。

以上两个例子，老头儿老太太说话，都很口语化，所以译文也要口语化，才符合原文的风格。但是怎样说话，各人情况也不一样，有的人说起话来，就是文绉绉的。下面看几个这方面的例子。那个年轻人找完了老头儿老太太，就去找律师讨论案情。这个律师就是我在上一讲末尾提到的那个"说话声音低沉，举止不动声色"的人。这两个人说话都比较文。

第六个例子：

What is your opinion, Mr. Brown?

布朗先生，您的意见如何？

第七个例子：

I am much obliged to you for the attention you have given to my statement.

(statement 不是声明，是他刚才说的话。)

蒙你听我说明情况，不胜感激。

第八个例子，这句话是律师说的。

Please tell Miss Alice, at the same time, that I sincerely regret being unable to help her.

同时请转告爱丽丝小姐，我未能对她有所帮助，深表遗憾。

上面举的都是英译汉的例子。汉译英的时候，是不是也存在口语与书面语的问题呢？也是存在的。可能有同志会说，我的水平有限，掌握的表达方式不多，没有什么选择的余地，管它是口语还是书面语，对付上就不错了。其实不然。很简单的英语，也可以有文白之分。下面一个例子是解放军总部在重新颁布《三大纪律八项注意》的时候发布的训令中的一句话，原话是很文的。这里有两个译文，都是发表过的，同志们看哪一个好。

第九个例子：

望即以此为准，深入教育，严格执行。

1. It is expected that you will take this version as the standard one for thorough education and strict enforcement.

2. It is expected that this version will be taken as the standard one... 这两个译文有什么区别呢？第一个是 you will take this version as the standard one，译文里出现 you will...，语气比较 personal。第二个是 this version will be taken as the standard one。第二个译文比较正式，所以比第一个更合适。

第十个例子：

（五）不打人骂人

1. Don't hit or swear at people.

2. Do not hit or swear at people.

这两个译文的差别，一个是 don't，一个是 do not。作为一个条文，do not 更合适一些。我注意到有些同志，可能在学习英语的过程中，听和说搞得多一些，不管写什么都只写 don't，从来不用 do not，不知道这里有文白之分，这是需要注意的。

关于口语还是书面语，就谈到这里。

六、怎样提高

最后谈一谈怎样提高的问题。

先说说初稿完成以后,怎样把译稿提高一步?首先要仔细核对原文,消灭漏误。如果提到一连串的国名,译文中很可能漏掉一两个。数字很可能少写了一个 0。日期也很容易把 September 译成 12 月。所以需要仔细核对。其次就是通读。在一句句翻译的时候,注意力集中在一个个句子上,有时为了一个词,可以考虑很长时间,往往照顾不到句子与句子之间的联系,注意不到整个语气是否连贯。在通读的时候就会发现这一方面的问题。有时只是在这里加个"就"字,在那里去掉一个"了"字,语气就顺了,就可以使译文增色不少。在通读的过程中,也可以把某些段落或句子朗读一下,自己听听顺耳不顺耳。如果时间允许的话,可以把译文放一段时间,回过头来再看的时候,又会发现一些问题。还可以做些修改,使译文进一步得到提高。

下面说一说怎样提高翻译能力。首先要提高对英汉两种语言的掌握。如果是搞英译汉,就要提高英语的理解力和汉语的表达能力。如果是搞汉译英,则要提高使用英语的能力。要做好翻译,归根结蒂还是靠译者对两种语言的实际掌握,而这是无止境的。如何提高?各人的情况不同,学习条件不同,学习方法也不同,恐怕要因人而异。

有同志问我,翻译技巧有用没有用?我不喜欢"翻译技巧"这个提法,因为我觉得翻译问题不是靠"技巧"可以解决的。我主张研究两种语言的不同之处。通过对比,研究两种语言各有些什么特点,这样会有助于我们对两种语言的掌握。

怎样研究?通过实践。一方面是自己动手做翻译,在实际解决问题的过程中,摸索两种语言的不同之处,不断总结。如果有人改稿,可以直接受到教益。如果无人改稿,就可以找一篇有译文的材料,自己译了以后，拿译文来对一对，从中得到启发。另一方面就是研究译作，也就是对照阅读，看别人在翻译过程中遇到问题是怎样处理的，怎样译就更符合语言的特点。此外还要广泛阅读中英文的原著，拿自己在翻译和对照阅读过程中接触到的现象到原著里面去反复印证。在开始的时候，可能只注意到一些个别的例子，是零碎的、不系统的，但是同样的例子积累了十个，就可以看出一点规律，有了更多的例子，就可以更加证明你所发现的规律是可靠的了。下面举一个例子。比如说我在做翻译的时候，碰见"救死扶伤"这个话，我把它译作 save the dying and heal the wounded，次序和原文一样。改稿的同志不同意，把次序颠倒一下，改为 heal the wounded and save the dying。现在衡量一下轻重，"救死"是重的，"扶伤"是轻的。我的译文和原文一样，先重后轻。改稿的同志把重的调到后头来了。我注意到了这个现象。另外一次，我在对照阅读的时候发现一句话原文是"受到打击、排斥或轻视"，也是重的在前，轻的在后，译文却是 to be slighted, pushed aside or attacked，轻的在前，重的在后。这样我在自己翻译和对照阅读的过程中就看到了这样一个现象；汉语可以重的在前，轻的在后；而英语却要轻的在前，重的在后。可是光靠翻译的东西，还不能证明英语就一定有这样一条规律，还要到原著里去找根据。1977年美国出版了一本介绍拉丁美洲的书，里面有这样一句话：

Many such expeditions（远征）ended in disappointment, failure, disaster, death.

许多这样的远征都以失望、失败、灾难、死亡而告终。
"失望"、"失败"、"灾难"、"死亡"——一个比一个重。如果有更多的例子，就可以说明我所看到的现象是带规律性的。这样就可以使我对两种语言的掌握深入一步。

研究两种语言的特点，找出规律性的东西，就要看许多材料，积累大量例子。然而积累例子的过程是一个艰苦的过程。有时工作一个晚上，没有碰到什么特别好的例子。把例子抄成卡片，整理卡片也是很费工夫的。然而，坚持下去，有了一定数量的例子，能够看出一些规律了，就能体会到工作中的乐趣。有时为了说明一个问题，可能特别需要某一方面的例子。而如果你忽然找到了这样一个例子，你那兴奋的心情是难以形容的，好像发现了一颗珍珠一样。通过积累例子，系统整理，对两种语言的特点有了较多的了解，做翻译的时候无论是英译汉还是汉译英，就都会比较得心应手了。

以上是我个人的一点体会，可能是很片面的，欢迎同志们批评指正。

理解是关键

英译汉，首先遇到的一个问题就是透彻地理解原文。

看一篇东西，可以有不同的目的。若为获取信息，抓住大意就可以了。若是为了消遣，那就可以看懂多少算多少。若是为了翻译，那就非透彻理解原文不可。

有时似乎觉得懂了，但翻译起来还是不知如何下手，究其原因，可能仍是未能真正理解原文。在这种情况下，若勉强去译，便会采取机械的办法，逐字翻译，许多误译就是这样产生的。

例1：We want to get all the parties back to the negotiating table.

例2：Their differences have been thrown into sharp relief by the present crisis.

虽然 party 一词可以指"政党"，但此处与 negotiating table 相联系，便指"谈判的一方"了。所以，例1的意思是：我们想把有关各方拉回到谈判桌上来。difference 一词本身是有"差别"的意思，但在这个上下文里，它却指"意见分歧"。例2的意思是：目前的危机使得他们的分歧更加引人注目。

例3：He was found guilty of murder.

例4：There is no right of appeal against the decision.

涉及法律时，find 不一定表示"发现"，而可以指"裁决"、"判决"。appeal 也不一定表示"呼吁"，而可以指"上诉"。因此，例3 的意思是：经裁决，他犯有谋杀罪。例4 的意思是：关于这项判决，没有上诉权。

例5：The end result of her hard work was a place at medical school.

例6：to graduate with honors from college

在学校教育方面，work 就指学习，a place 就是 an opportunity to study at a university，也就是一个入学名额，而不是一个工作职位。with honors 指的是"以优异的成绩"，而不是"感到荣幸"。因此，例5 的意思是：她勤奋学习，终于进了医学院。例6 的意思是：以优异的成绩从大学毕业。

例7：This new production radically reinterprets the play.

例8：The doorway is a 19th century reconstruction of Norman work.

在文化方面，production 和戏剧相联系，就指"一次演出"。因此，例7 的意思是：这次演出体现了对这部戏的全新理解。例8 是什么意思呢？能不能译作：门廊是19世纪罗马建筑的翻版？不行，首先，Norman 不是罗马，而是指11世纪欧洲大陆的诺曼人征服英国后在英国流行的诺曼式建筑风格；其次用"19世纪"修饰"罗马建筑"也是不行的。例8 的意思是：门廊是19世纪时模仿诺曼式建筑修建的。

例9：You'll be expected to replace any broken glasses.

例10：Round here, you leave school at sixteen and next thing you know, you're married with three kids.

在生活方面，所谈内容往往与当地的风俗习惯相联系。二十多年前，我在澳大利亚到一位朋友家去做客。主人从商店租了一百只玻璃杯，打碎了一只，归还时就照价赔偿。例9 就是店主对顾客说的一句话，意思是：玻璃杯如有损坏，你要负责赔偿。例10 的用词很简单，但究竟是什么意思呢？能不能译作"这儿，你十六岁时离开了学校，接着，你带着三个孩子结了婚。"？或译作"……你和有三个孩子的人结了婚。"？从原文的时态看，这里说的不是一次性的已经完成的动作，而是一种反复出现的现象，句中的 you 也不是指具体的某人，而是泛指。这样就可以看出这句话说的是当地一种普遍的生活方式。因此，例 10 的意思是：这一带的人十六岁中学毕业，接着就结婚，生三个孩子。

例 11：I hate to say I told you so.

例 12：Ed couldn't make it so they sent me instead.

例 13：Go on — read it to us.

英语有许多习语（idioms），其含义往往不是从字面上可以看出的。以上三例中的 I told you so, make it 和 Go on 都是习语。翻译时，不能取其字面上的含义，而要把它看作一个整体来处理。如果不知道它的意思，那就要到词典里去查一查。

如果你手边有一本 Oxford Advanced Learner's Dictionary，在词条 tell 里就可以查到 I told you (so)，解释为：used when sth bad has happened, to remind sb that you warned them about it and they did not listen to you。得到这个解释之后，就能看出例 11 的意思不是"我真不想说是我告诉你的"，而是"我不愿意显得自己有先见之明。"

用同样的办法查 make it。可以查到 4 条解释，第 3 条解释为：to be able to be present at a place。因此，例 12 的意思就不是"埃德做不出来……"，而是"埃德去不了，所以他们就派我去了。"

go on 共有 8 条解释，最后一条是：used to encourage sb to do sth。因此，例 13 的意思就不是"继续——给我们读下去"，而是"念吧——念给我们听听。"

综上所述，一个词用在不同的场合会有不同的含义，译者不能只想到自己最熟悉的那个含义，而要充分利用上下文，依靠能够获得的相关信息，判断出词的确切含义。遇到习语，更要勤查词典，切忌望文生意。

近年来，我参加了几本双语词典的审订工作，上面所举的例子都是我在实际工作中遇到的。我还发现，经我审订的译文，有的也还有改进的余地，甚至还有些错误没有改掉。这一方面说明个人的能力总是有限的，另一方面也说明保证译文不出错是很不容易的，翻译过程中需要照顾的地方很多，精力一分散，顾此失彼，便会出错。要想少出错误，译者必须兢兢业业，认真从事，慎之又慎。

上面说的是如何确切理解原文，以免误译。下面谈一谈怎样避免因表达不当而造成的误译。

例 14：His novels nicely describe life in Britain between the wars.
他的小说细致地描述了两次大战期间英国的生活状况。

例 15：No dessert for me, thanks. It was as much as I could do to finish the main course.
谢谢，别给我甜食了。我只能吃完主食。

看来译者不一定没有看懂原文，只是在用汉语表达时用词不精确。例 14 只要把"期间"改为"之间"就行了。例 15 把 main course 机械地译为"主食"，字面上好像是对应的，但译者忘了"主食"是与"副食"相对而言的，通常指"用粮食制成的饭食"，和 main course 不是一回事儿。因此。例 15 后一半可改为"我吃完这道主菜就不错了。"

要想避免这样的误译，可以倒回去，把译文和原文对照一下，看它是否和原文的意思相吻合。这样做，你觉得很困难吗？

（2005 年 3 月）

翻译意思

翻译意思，而不要翻译字，这在原则上，大家都会同意的。但在实际工作中却不尽然。有时我们会把注意力过多地集中在原文的字面上，并不深入思考原作者要表达的是什么意思，翻译起来就参照原文的说法，把英文词换上汉字，稍微调整一下顺序就完事了。这样的译文，不是歪曲原意，就是词不达意，或者听着别扭，不像中文。

我在高教自考《英汉翻译教程》一书中推荐过一位英国学者，名叫西奥多·萨沃里（Theodore Savory）。他在1957年发表的 *The Art of Translation* 一书中写道：

A fair conclusion from these ideas is that the translator's work may be analysed into the answering of three questions. Faced with a passage in its original language, he must ask himself:

（ⅰ）What does the author say?

（ⅱ）What does he mean?

（ⅲ）How does he say it?

This method of analysis may be applied to the paragraph, to the sentence, or even to the phrase.

要想翻译意思，必须先弄清楚原文的意思。正如萨沃里所说，译者必须先问自己第一个问题：作者说的是什么？但若到此为止，那是很不够的，因为这时你看到的只是字面上的意思，若动手翻译，难免弄出机械的字对字的译文。因此，译者还必须问自己第二个问题：作者的意思是什么？只有正确地回答了这个问题，才抓住了作者所要表达的意思。这时动手翻译，才能真正做到翻译意思。

一、深入考虑关键词语的含义。我们学英语，往往喜欢在一个英语词和一个汉语词之间划等号，对一个词的某一个意思印象较深，一见这个词，便首先想到这个意思。这就会妨碍我们深入考虑这个词在这个上下文里的含义。

例1：He wasn't drinking that night because he was the designated driver.
那天晚上他没有喝酒，因为他是指定的司机。

例2：He's always lethargic after little sleep.
小睡之后他总是懒洋洋的。

例3：The thought of going out in the rain and fog discouraged him.
到雨中和雾里去的想法使他打了退堂鼓。

例4：Our teacher has a true interest in her students.
我们的老师对学生有真正的兴趣。

例5：He speaks out about problems in government.
他坦率指出政府中存在的问题。

例6：the history of the church from the middle ages down to the present
这个教堂从中世纪到目前的历史

例7：That's the last we'll hear of it.
这将是我们最后一次听到。

这7个例子，译文的问题都出在名词没有处理好。driver不等于司机。英语喜欢用名词来表示人的某种能力。a good cook是指很会做菜的人，

a good singer 是指唱歌唱得好的人。after little sleep 相当于 when he doesn't get enough sleep。The thought of... 相当于 when he thought of...。interest 在这里是 concern。government 一词在这里没有冠词，是一个不可数名词，相当于 governance，意思是"治理国家"。the church 是指 the whole body of christian believers。the last 在这里的意思是 a final mention。基于以上的理解，我们可以把上述 7 个例子的译文修改如下：

1. 那天晚上他没有喝酒，因为已确定由他开车。

2. 他一睡眠不足，就无精打采。

3. 一想到外面又是雨，又是雾，他就打退堂鼓了。

4. 我们的老师真正关心自己的学生。

5. 他坦率指出治理国家方面存在的问题。

6. 基督教从中世纪到现在的历史

7. 以后不要再提这件事了。

下面请看另一组例子。

例 8：I'll have a dozen eggs.
　　　　我将有一打鸡蛋。

例 9：Well, mate, let's get going.
　　　　好吧，伙计，我们走。

例 10：She suffers from arthritis.
　　　　她饱受关节炎的痛苦。

例 11：Training to be a doctor is tough.
　　　　培训医生是非常艰苦的事情。

例 12：The car doors lock automatically.
　　　　车门自动锁上了。

例 13：Drop me a note.
　　　　给我留个条。

例 14：She emptied her glass.

　　她倒空了玻璃杯。

这 7 句话，译文的问题都在于动词没有处理好。例 8 这句话，十有八九是在小商店里对售货员说的。如果是这样。I'll have 的意思就是"我要买"。Longman Dictionary of Contemporary English 对这一短语的解释是 say this to ask for something that you have chosen in a restaurant or shop（见 have 条，义项 34）。例 9 有 mate 一词，这句话可能是领班或组长对一起干活的人说的。如果是这样，get going 的意思就是"开始干活儿"。单说 suffer，是有遭受痛苦的意思。但 suffer from 一种疾病，则只表示患有这种疾病。training 是从动词 train 演变出来的动名词。train 作为及物动词，意思是训练别人；作为不及物动词，意思就是接受训练。例 11 就是用的第 2 个意思，因为没有宾语。例 12 值得注意的是动词的时态，lock 是一般现在时，而不是过去时或现在完成时，因此这不是已经完成的一次性动作，而是可以反复做的动作，也就是说这是车门具有的一种能力。根据 Oxford Advanced Learner's Dictionary 的解释，drop sb a line/note 意思是 to send a short letter to sb。例 14 有代词 her，这就表明她不是在洗杯子，而是在和别人喝酒或其他饮料，各人有自己的杯子。既然这样，emptied 就不是把杯子里的东西倒掉，而是喝光。基于以上的理解，这 7 个例子的译文可修改如下：

8. 我买一打鸡蛋。

9. 好吧，伙计，咱们开始干吧。

10. 她患了关节炎。

11. 学医是非常艰苦的事情。

12. 车门能自动锁上。

13. 给我写封短信。

14. 她一饮而尽。

英语的动词是最活跃的一个词类。从以上几个例子看，首先要判断一下这句话可能是在什么情况下说的，接着就要看动词是及物还是不及物动词，用的是什么时态，还要看动词跟什么词搭配，有没有什么特殊的含义。这些因素都考虑到了，就能比较准确地把握这句话的意思了。

二、充分发挥汉语的表达力。汉语历史悠久，具有极强的表达力，翻译时也不必给原文里的每一个词提供对应词。每个词都能对上，不一定就是好的译文，过于机械的译文并不可取。抓住了原文的意思之后，就要反复思考怎样用汉语表达最好。

例 15：We gave the sick boy special attention.
　　　我们给病孩特别关照。

例 16：She lectured her children on good table manners.
　　　她告诫孩子们要有好的餐桌礼仪。

例 17：She takes in stray cats who have no homes.
　　　她收养无家可归的流浪猫。

例 18：His death in a car accident was just another statistic in the death rate.
　　　他在车祸中的死亡不过是死亡率中的另一个统计数字。

例 19：It was two Decembers ago when she visited us.
　　　她来我们这里做客是在两个 12 月份之前。

例 20：He put his arms around his girlfriend and squeezed her.
　　　他搂住女友用力挤。

例 21：She is full of stress because her boss gives her too much work.
　　　她充满压力，因为老板给她干的活太多。

从 the sick boy 可以看出这句话比较正式，是大夫或护士在向领导汇报工作，或向参观者客观地介绍情况，而不可能是对家长说话，因为面对家长就要说 your boy。"病孩"是逐字翻过来的，而汉语里现成的说法是"患儿"。"餐桌礼仪"和"流浪猫"也都是逐字翻译，汉语里常说"吃饭要有吃饭的样子"，也常说"野猫"，为什么不用呢？亦步亦趋地跟着英文走，生造一些刺耳的字眼，是不可取的。后四个例子，词不达意，十分费解，有的甚至可笑。纵然字面上与原文对得很紧，又有什么用呢？仔细思索一下，这些例子的译文可改为：

15. 我们给这个患儿特别关照。

16. 她教训孩子们吃饭要有吃饭的样子。

17. 她收养无家可归的野猫。

18. 他死于车祸，不过是给死亡统计数字增加了一个数。

19. 她来我们这里做客是前年12月份的事了。

20. 他搂住女友，搂得紧紧的。

21. 她的压力很大，因为老板给她干的活太多。

下面再看一组例子。

例22：While I do not agree with what you say, I understand your reason for saying it.

虽然我不同意你说的话，但我理解你这样说的原因。

例23：She worries about the safety of her children at school.

她担心在学校上学的孩子们的安全。

例24：We have grave doubts about his honesty.

我们对他的诚实性有很大的怀疑。

例25：The injured horse was dispatched by its owner.

受伤的马被它的主人杀死。

例26：I told my son to watch out for ice on the road ahead.

我告诉儿子提防前面道路上的冰。

例 27：He has youthful good looks.

　　　他长着年轻英俊的脸。

例 28：We listened to the plane engine drone on until we fell asleep.

　　　我们听着飞机引擎不停地嗡嗡叫直到睡着。

例 29：He started to cry.

　　　他开始哭。

例 30：My stubborn little boy would not put his coat on; he said, "No, no."

　　　我那倔强儿子不愿意穿外衣，他说，"不，不。"

例 31：I'm tired of standing; let's find some chairs.

　　　我站累了，我们找些椅子吧。

这 10 个例子译文都很别扭，究其原因，都是跟原文跟得太紧。前 3 例中 reason, safety 和 honesty 都是名词，但在这种场合，汉语要用疑问词才比较通顺。汉语不像英语用那么多代词，尤其是物主代词。"主人"前面"它的"二字显然是多余的。英语往往以介词短语作修饰语，若照样译成汉语，则显得死板；若用个动词，句子就活了。对人或物的描写，英语多落在名词上，汉语多落在形容词上。英语多用主从结构，在许多情况下，靠的就是 until、before 之类的连词。翻译时，不能看见 until 就译"直到"，看见 before 就译"之前"，必须灵活处理才听着顺耳。这 10 个例子中，最别扭的就是例 29 了，虽然译文每个字都和原文相对应，但其节奏让人听了实在难受。最后两句表达不充分。不要把 no 和"不"划等号，既然这里说的是孩子不愿穿衣，"穿"字为何不说出来呢？找椅子，无非是为了坐坐，为何不说出来呢？加上"坐坐"二字，和前半句有所呼应，意思也完整。根据以上情况，译文可改为：

22. 虽然我不同意你说的话，但我理解你为什么这样说。

23. 她担心自己的孩子们在学校是否安全。

24. 我们对他是否诚实有很大的怀疑。

25. 受伤的马被主人宰了。

26. 我告诉儿子提防前面路上有冰。

27. 他又年轻,又漂亮。

28. 我们听着飞机引擎不停地嗡嗡叫,后来就睡着了。

29. 他哭起来了。

30. 我那倔强儿子不愿意穿外衣,他说,"不穿,不穿。"

31. 我站累了,咱们找两把椅子坐坐吧。

要想提供好的译文,弄清原文的意思之后,不能逐字照译,而要把原文撇开,反复思索怎样才能最好地把这个意思用汉语表达出来。词语怎样处理,语序如何改变,结构怎样调整,加不加语气词,都要考虑。语气词是汉语特有的,运用得当,可为译文增色不少。一个呆板的句子,加一个"了"字就全活了。有时顺不顺要靠耳朵来决定,读出声来,听一听,很有用。自己拿不定主意,还可以问问周围的人,听听他们的感觉。我就常问家里人,特别是体育方面的问题问儿子,服饰方面的问题问老伴。有时在一个地方卡住了,那就先放一放,不定什么时候,灵机一动,想出一个好的译法来。这时候,心中的喜悦真是难以用语言来形容。你有过这样的体验吗?

(2005年5月)

巧 译 定 语

我在审订译稿的时候发现，许多句子的译文不顺，究其原因，往往是定语没有处理好。在英语里，可以用作定语的成分很多。单词、从句、分词短语、介词短语、动词不定式，都可用作定语。单词作定语一般放在被修饰语前面，其他定语一般放在后面。汉语里，定语一般放在被修饰语前面。因此翻译时若把定语仍译成定语，而且放在前面，译文当然就不顺了。

定语如果不译成定语，又能译成什么呢？

关于定语从句的译法，已经看到不少文章。各种教程和专著中也有专门的章节加以论述。这里只举两个例子。

例1：The police are concerned for the safety of the 12-year-old boy who has been missing for three days.

那个12岁的男孩失踪三天了，警方对他的安全感到担忧。

例2：Each of London's districts had a distinct character that marked it off from its neighbours.

伦敦的每个区都有鲜明的特征，与邻近地区不同。

例1的译文用了两个主谓结构，也可以说是两个并列短句。若译作"警方对那个已失踪三天的12岁男孩的安全感到担忧"，译文就因定语太长而不顺了。例2的译文用了一个主语带两个并列的谓语。总之，这两个例子，原文都是主从结构，而译文都是并列结构。这也正是英汉两种语言在句子结构方面最大的区别。

例3：Police investigating the train derailment have not ruled out sabotage.

警方调查火车出轨事件，没有排除人为破坏的可能。

例4：Any event attended by the actor received widespread media coverage.

这位演员参加任何一项活动，媒体都做了广泛报道。

例3和例4，原文各有一个分词短语作定语：investigating... 和 attended by...。例3的译文用了一个主语带两个并列谓语，例4的译文用了两个主谓结构，这和上面所说的定语从句的译法是完全一样的。译文中没有出现"调查火车出轨事件的警方"之类的话。

例5：He was the only one to speak out against the decision.

只有他站出来反对那项决定。

例6：He had long coveted the chance to work with a famous musician.

他长期渴望有机会与著名音乐家一起工作。

例5和例6，原文各有一个动词不定式短语作定语：to speak out... 和 to work with...。例5的译文直接把定语变成了谓语。例6的译文用了一个"连动式"（参看胡裕树《现代汉语》第363页），把原文动词不定式短语化作"连动谓语"的一部分。这样处理，译文比较简洁。我们设想一下，假如例5保持原文的结构，译为："他是唯一一个站出来反对那项决定的人"，一个17个字的句子里，定语竟占了14个字，是不是显得长了一点？

例7：The cut in interest rates is good news for homeowners.

降低利率对于私房买主来说是个福音。

例 8：I admire her coolness under pressure.

我佩服她在压力下能保持冷静。

例 7 和例 8，原文各有一个介词短语作定语：in interest rates 和 under pressure。译文没有按原文的结构，译作"利率的降低"和"在压力下的冷静"，而是加了动词，译为"降低利率"和"在压力下能保持冷静"。我感觉，相对而言，英语名词用得多，汉语动词用得多。英语里常见一个句子只有一个谓语动词，剩下一大堆名词，用介词串连起来。这种句子译成汉语时，往往需要增加一些动词，这样才能使译文顺畅。

最后谈一谈单词作定语的问题。有人可能觉得，遇到单词作定语时，主要是个选词问题，只要选一个适当的词放在那里就行了。在有些情况下，也的确是这样，但有时也不这么简单。

例 9：Loose clothing gives you greater freedom of movement.

衣服宽松，可以活动自如。

例 10：I don't want you mucking up my nice clean floor.

我这地板又干净，又漂亮，不想让你弄脏。

这两句译文都把定语变成了谓语，句子中间有停顿，听起来从容、自然。若照原文的结构，译成"宽松的衣服使你活动起来更为自在"和"我不想让你弄脏我干净漂亮的地板"，倒显得过于拘谨了。

例 11：A few cushions formed a makeshift bed.

临时用几个垫子拼了一张床。

例 12：His mere presence made her feel afraid.

他当时在场，这就足以让她害怕了。

这两句译文都把定语变成了状语，这也是翻译过程中常用的一种方法。汉语若说"拼了一张临时床"，听起来很怪，那就不如说"临时……拼了一张床"了。mere 是用来加强语气的，但 mere presence 在汉语里很难找到相应的搭配，只好在后半句用"足以"来加强语气了。

例13：With a few notable exceptions, everyone gave something.

人人都给了些东西，只有几个人例外，很是显眼。

例14：It's been a nail-biting couple of weeks waiting for my results.

这两个星期等结果，弄得我坐卧不安。

这两句译文都把定语放到句子末尾来处理。notable 和 nail-biting 在原来的位置上是很难译的，那就最后来处理吧。在汉语句子里，往往先说具体的事情，最后才评论，表态，或说出自己的感受。

定语是一种修饰语，状语也是一种修饰语，和定语有相似之处，这里就不多说了，请读者自己去琢磨。

在英译汉方面，除了理解问题外，我集中谈了一个定语问题。这是因为我在审订译稿的过程中发现，许多句子问题就在于定语没有处理好，或者放大一点说，修饰语没有处理好，因此，把修饰语处理好，译文的质量就能提高一大步，不知你有没有同感？

（2005年3月）

活用逗号

根据《现代汉语词典》第5版（2005），逗号"表示句子中较小的停顿"。英译汉时，使用逗号容易出现两个问题。一是许多内容集中在一个句子里，该断句的地方没有断句，连续用了许多逗号。这个问题比较明显，也容易纠正。另一个问题是一口气说到底，连"较小的停顿"也不要，所以一个逗号也没有。这个问题不甚明显，人们一般不大注意。然而，这个问题如果解决得好，可以减少英文式的中文，使译文更加顺畅。不过要解决好这个问题，也不能光加逗号，而需要调整句子的结构。

一、使用并列分句

例1：We played cards to relieve the boredom of the long wait.
我们打扑克牌来调剂长时间乏味的等待。

例2：They let the house go to rack and ruin.
他们任由房子变得破旧不堪。

例3：You rescued me from an embarrassing situation.
你把我从尴尬的境地中解救了出来。

例4：How can I ever repay you for your generosity?

我怎么才能报答你的慷慨呢？

例5：Dogs come in all shapes and sizes.

有各种各样、大小不一的狗。

例6：The woods are remnants of a huge forest which once covered the whole area.

这片树林是曾经覆盖整个这片地区的大森林的残余部分。

例1至例4，译文给人的感觉是尾大不掉，例5和例6，译文给人的感觉是定语太长。解决办法就是把这不掉的大尾和太长的定语消化掉，也就是使用并列分句。这六个句子似可改译如下：

1. 长时间等待实在无聊，我们就打扑克来解闷儿。
2. 这房子越来越破旧，他们也不管。
3. 我正感到尴尬，你为我解了围。
4. 你对我这样慷慨，我怎么才能报答你呢？
5. 狗有大有小，模样也各不相同。
6. 这片树林只是剩下的一部分，原来这一带是一大片森林。

二、使用并列谓语

例7：The pain started in my stomach and radiated all over my body.

我腹部的疼痛蔓延到了全身。

例8：He dismissed her words as the ravings of a hysterical woman.

他将她的话视为一个歇斯底里的女人的胡言乱语而不予理会。

例9：She took a deep breath to calm her racing pulse.

她深深地吸了口气来平静急速跳动的脉搏。

例10：Right, we're ready to go.

对，我们已经做好了出发的准备。

例11：He's still recuperating from his operation.

他仍处于手术后的康复之中。

这几句译文听着都有些别扭，好像都太文。前三句虽然是叙述，例7"腹部的疼痛"也显得太文了。例8中间部分"视为……胡言乱语"太长。例9"平静"和宾语"脉搏"似乎也不好搭配。最后两句是口语，原文用了we're和He's这种明显带有口语特点的缩约式说法，译文就显得特别文了，怎么办？我看我们可以充分发挥我们对母语的语感，怎么听着顺耳就怎么译。这五个例子似可改译如下：

7. 我起初只是肚子疼，后来全身都疼。
8. 他不理睬她的话，认为那是一个歇斯底里的女人的胡言乱语。
9. 她深深地吸了口气，想使急速跳动的脉搏平静下来。
10. 对，我们准备好了，可以走了。
11. 他动了手术，还在恢复。

三、使用外位语

例 12：The sincerity of his beliefs is unquestionable.
他对信念的忠诚无可置疑。

例 13：She broke her public silence in a TV interview.
她在一次电视采访中打破了在公开场合保持缄默的情形。

例 14：She recoiled from the idea of betraying her own brother.
要背叛她的亲兄弟的想法使她感到恐惧。

例 15：I recommend the book to all my students.
我把这本书推荐给了我的所有学生。

例 16：Cigarette smoking is responsible for about 90% of deaths from lung cancer.
90%肺癌引发的死亡都是由于吸烟所致。

例 17：Don't believe everything you read in the papers.

不要相信你在报纸看到的所有事情。

例 18：No rational person would ever behave like that.

没有哪一位理智的人会这样行为处事。

这几句译文里，有些部分显得笨重，如例 12 中的"他对信念的忠诚"，例 14 中的"要背叛她的亲兄弟的想法"，例 16 中的"90% 肺癌引发的死亡"，例 17 中的"你在报纸看到的所有事情"，例 18 中的"没有哪一位理智的人"等。有些部分则显得不够突出，如例 13 中的"她在一次电视采访中"和例 15 中"我的所有学生"。这些笨重的或不够突出的部分裹在句子里，又没有停顿，意思就显得不够清楚。这个问题怎样解决呢？答案就是：使用外位语。

吕叔湘、朱德熙合著《语法修辞讲话》第 1 讲在介绍句子成分时就提到"外位成分"。作者说："有时候，我们又把实际上指相同事物的两个词或短语拆开来放在两个地方，用一个做句子的成分，把另外一个放在句子的头上。我们就管这个居于结构之外的成分叫外位语，管那个结构之内的成分叫本位语，后者常常是一个代词。"

接下去，作者举了两个例子：

1. 先进的人们，为了使国家复兴，不惜艰苦奋斗，寻找革命真理，这是相同的。（"这"是本位语，在句中起主语的作用。"先进……真理"是外位主语。）

2. 一切主观主义、宗派主义、党八股的货色，我们都要抵制，使它们在市场上销售困难。（"它们"是本位语，在句中起宾语的作用。"一切……货色"是外位宾语。）

作者在第 4 讲论述句子结构时又提到外位成分。他们说："这是我们汉语常用的一种格式。""应用这个格式，或者是由于消极的原因，这个成分比较长，放在本位上嫌笨重；或者是由于积极的原因，要使这个成分突出，或是便于和上文联络；多半是两种原因兼而有之。"

他们还说,应用这个格式,一般是在本位上用个代词,也有不是代词的。

如果我们使用外位语,把上面几个例子重译一下,就会得出这样的译文:

12. 他忠于信念,这是无可置疑的。
13. 她接受了一次电视采访,这就结束了她不在公开场合露面的状态。
14. 背叛自己的亲兄弟,这个想法使她感到恐惧。
15. 所有我的学生,我都向他们推荐这本书。
16. 因患肺癌而死亡者,约 90% 是吸烟所致。
17. 报上看到的东西,不能什么都信。
18. 有头脑的人,谁也不会这样做。

四、提前

例 19:An agreement between the countries enables companies to repatriate their profits freely.
两国间达成的一项协议允许公司自由地将所获利润调回本国。

例 20:Complaints have led to (a) simplification of the rules.
人们的抱怨导致规则的简化。

例 21:I go hill-walking for relaxation.
我去山区徒步旅行以得到放松。

例 22:He's already in training for the big race against Bailey.
他已经在为同贝利之间的激烈比赛进行训练了。

例 23:The calm of the countryside came as a welcome relief from the hustle and bustle of city life.

乡村的宁静是对喧嚣忙碌的城市生活的可喜的调剂。

以上五个例子，译文和原文很接近，主—谓—宾或主—谓—状，顺序也和原文大致一样，只是例22译文将状语提前了一点。原文一句话说到底，未用逗号，译文也一句话说到底，未有些许的停顿。句子虽都不长，但仍感觉臃肿（如例19），或生硬（如例20）。究其原因，我觉得都是因为句中的内容压得太紧，如能把结构打散一点，把某些部分提前处理，句子就会显得较为流畅。根据这个思路，这五个例子似可改译如下：

19. 根据两国间达成的协议，公司可以自由地将所获利润调回本国。
20. 因为人们抱怨，规则简化了。
21. 我要是想活动活动，就到山上走走。
22. 为了跟贝利决一雌雄，他已经着手训练了。
23. 离开喧嚣忙碌的城市生活，来到宁静的乡村，也是一种难得的调剂。

写到这里，我想起我在《英汉翻译练习集》(1984)的前言里说过的两段话：

"英汉两种语言在遣词造句方面一个突出的不同之处，根据我个人的体会，是英语体现一个'紧'字，汉语体现一个'松'字。翻译的时候，译文往往不能或不一定保持原文句子的结构，而需要加以改变，在许多情况下，都体现了这种松与紧的特点。"

"英语叙事往往把许多意思集中在一个句子里，多用主从结构，主要部分（主语和谓语）可能很短，从属部分可能很多，句中各个成分之间的关系显得比较紧密。这样一个英语句子所表达的思想，用汉语来表达，往往多用并列结构，多按时间顺序或自然的逻辑顺序，一层层逐渐展开，甚至分成几个短句，和英语的原句相比，结构显得较为松散。翻译时，如果注意到英汉两种语言各自的特点，就不会过分受原文句子结构的束缚，而可以用比较自然的汉语来表达原文所表达的意思了。"

　　这两段话不仅说明了修改最后五例的方法，也道出了整个英译汉的奥秘，在这里重提一下，也许不是多余的。

　　本文所用23个例句，原文除例10外，都没有用逗号，最初的译文也都没有用逗号，修改后的译文都改变了句子的结构，加了逗号，例23竟加了两个逗号。这就是为什么本文以"活用逗号"为题目。说真的，用不用逗号只是个现象，改变句子结构才是本质。结构不改变，想加逗号也是加不上的。

　　逗号表示"较小的停顿"，对句子来说是这样，对我们这个"翻译漫谈"来说也是这样。你明白我的意思吗？

（2005年8月）

断句与并句[*]

汉英两种语言的句子结构各有自己的特点。因此翻译的时候，原文里的一句话在译文里可能分成两句或三句，使译文意思清楚，文字干净利落；也可能把两句话合成一句话，为的是照顾意思的完整和语气的连贯。

就汉译英而论，断句的情况是很多的，而并句的情况是个别的。

1. 海洋覆盖了地球表面的71%，是全球生命支持系统的一个基本组成部分，也是资源的宝库，环境的重要调节器。

The ocean, which covers 71 per cent of the earth's surface, is a basic component of the global bio-support system. It is also a treasure house of resources and an important regulator of the environment.

2. 目前，中国的粮食单产水平与世界粮食高产国家相比也是比较低的，中国要在短时间内达到粮食高产国家的水平难度较大，但经过努力是完全可以缩小差距的。

At present, China's per unit area yield of grain is low compared with countries with high grain yields. It will be difficult for China to reach the level of countries with high grain production in a short period of time,

---

[*] 此文载于《英汉翻译教程》，2002。

but the gap can certainly be narrowed through earnest efforts.

3. 合营企业所需原材料、燃料、配套件等，应尽先在中国购买，也可由合营企业自筹外汇，直接在国际市场上购买。

In its purchase of required raw and processed materials, fuels, auxiliary equipment, etc., an equity joint venture should first give priority to purchases in China. It may also make such purchases directly on the world market with foreign exchange raised by itself.

4. 国家对合营企业不实行国有化和征收；在特殊情况下，根据社会公共利益的需要，对合营企业可以依照法律程序实行征收，并给予相应的补偿。

The State shall not nationalize or requisition any equity joint venture. Under special circumstances, when public interest requires, equity joint ventures may be requisitioned by following legal procedures and appropriate compensation shall be made.

例1、例2和例3都是在中间断句，例4是在原文用分号的地方断句。断句以后，每个句子重点突出，意思清楚。

有时也可以在靠近句首或靠近句末的地方断句，这要看句子的内容而定。

5. 但看她模样还周正，手脚都壮大，又只是顺着眼，不开一句口，很像一个安分耐劳的人，便不管四叔的皱眉，将她留下了。

She looked just the person for them, though, with her big strong hands and feet; and, judging by her downcast eyes and silence, she was a good worker who would know her place. So my aunt ignored my uncle's frown and kept her.

6. 日子很快的过去了，她的做工却毫没有懈，食物不论，力气是不惜的。

Time passed quickly. She went on working as hard as ever; not caring what she ate, never sparing herself.

7. 然而她反满足，口角边渐渐地有了笑影，脸上也白胖了。

And she for her part was quite contented. Little by little the trace of a smile appeared at the corners of her mouth, while her face became whiter and plumper.

例5先用一个长句说明四婶怎样衡量她这个人，后用一个短句说明决定用她。例6先用一个短句说明时间过得快，再说她的工作情况。例7先用一个短句说明她的心情，再说她容貌上的变化。断句的地方有前有后。

8. 有一年的初冬，四叔家里要换女工，做中人的卫老婆子带她进来了，头上扎着白头绳，乌裙，蓝夹袄，月白背心，年纪大约二十六七，脸色青黄，但两颊却还是红的。

Early one winter, when my uncle's family wanted a new maid, Old Mrs. Wei the go-between brought her along. She had a white mourning band round her hair and was wearing a black skirt, blue jacket, and pale green bodice. Her age was about twenty-six, and though her face was sallow her cheeks were red.

9. 直到十几天之后，这才陆续的知道她家里还有严厉的婆婆；一个小叔子，十多岁，能打柴了；她是春天没了丈夫的；他本来也打柴为生，比她小十岁：大家所知道的就只是这一点。

Thus it took them a dozen days or so to find out bit by bit that she had a strict mother-in-law at home and a brother-in-law of ten or so, old enough to cut wood. Her husband, who had died that spring, had been a woodcutter too, and had been ten years younger than she was. This little was all they could learn.

例 8 和例 9 内容都比较多，分成两句还不够，就分成三句了。例 8 的译文一句话说来了人，一句话说她的穿戴，一句话说她的容貌。例 9 的译文一句话说她的婆婆和小叔子，一句话说她死去的丈夫，最后一句话加以概括。

10. 中国是一个发展中的沿海大国。中国高度重视海洋的开发和保护，把发展海洋事业作为国家发展战略，加强海洋综合管理，不断完善海洋法律制度，积极发展海洋科学技术和教育。

As a major developing country with a long coastline, China attaches great importance to marine development and protection, and takes it as the state's development strategy. It is constantly strengthening comprehensive marine management, steadily improving its marine-related laws, and actively developing science, technology and education pertaining to the oceans.

例 10 是一个有分有合的例子。原文第二句话前半句说明国家对海洋事业的总的态度，后半句说明三项具体工作。译文把前半句分出来，与前面一句合并，后半句话就单独成句了。

英译汉时，绝大多数情况下可以一句译一句；需要超出句子的范围处理时，需要断句的情况居多，需要并句的情况是很个别的。这和上面所说汉译英时遇到的情况是一样的。

11. Today, being driven by the necessity of doing something for himself, he entered the drug store which occupied the principal corner, facing 14th street at Baltimore, and finding a girl cashier in a small glass cage near the door, asked of her who was in charge of the soda fountain.

今天他因为急于要给自己想个办法，迫不得已，便走进了那家杂货店。这家店铺坐落在巴尔的摩街路口，正面是十四号街，地位正当要冲。他看见靠近门口的一座小玻璃柜房里有一个女出纳员，就去向她打听卖汽水的柜台归谁负责。

12. Interested by his tentative and uncertain manner, as well as his deep and rather appealing eyes, and instinctively judging that he was looking for something to do, she observed: "Why, Mr. Secor, there, the manager of the store."

这个姑娘一看他那试探和踌躇的神情和他那双深沉的、相当讨人喜欢的眼睛,便对他发生了兴趣。她直觉地揣测到他是要找事做,便说:"噢!塞科尔先生,在那儿,他是本店的经理。"

13. She nodded in the direction of a short, meticulously dressed man of about thirty-five, who was arranging an especial display of toilet novelties on the top of a glass case.

她朝一个三十五岁上下的矮个子男人那边点点头。那个人穿得很讲究,一点也不马虎。他正在布置一只玻璃柜上的一些新奇化妆品,要摆成一种特别的式样。

14. Clyde approached him, and being still very dubious as to how one went about getting anything in life, and finding him engrossed in what he was doing, stood first on one foot and then on the other, until at last, sensing someone was hovering about for something, the man turned: "Well?" he queried.

克莱德走到他身边,不过心里还在犹疑不定,不知道应该怎样才能找个出路,同时他又看出人家正在全神贯注地干他手头的事情,于是便站在一边,两只脚替换着歇一歇。到后来,那个经理觉得仿佛有人在他身边守着,想找他谈什么事,这才转过身来说:"有事吗?"

例11,一句译成了三句,分出来的,一个是which引导的从句,一个是分词短语finding... 和第二个谓语asked...。例12,一句译成了两句，分出来的是一个分词短语 interested....。例 13，又是一句译成了三句，分出来的，一个是定语 meticulously dressed，一个是 who 引导的从句。例 14，又是一句译成了两句，分出来的是 until 引导的从句。

15. On behalf of all of your American guests, I wish to thank you for the incomparable hospitality for which the Chinese people are justly famous throughout the world.

我谨代表你们的所有美国客人向你们表示感谢，感谢你们的无可比拟的盛情款待。中国人民以这种盛情款待而闻名世界。

16. In the spirit of frankness which I hope will characterized our talks this week, let us recognize at the outset these points: we have at times in the past been enemies.

我希望我们这个星期的会谈将是坦率的。本着这种坦率的精神，让我们在一开始就认识到这样几点：过去一些时候我们曾是敌人。

17. So, let us, in these next five days, start a long march together, not in lockstep, but on different roads leading to the same goal, the goal of building a world structure of peace and justice in which all may stand together with equal dignity and in which each nation, large or small, has a right to determine its own form of government, free of outside interference or domination.

因此，让我们在今后的五天里一起开始一次长征吧，不是在一起迈步，而是在不同的道路上向同一个目标前进。这个目标就是建立一个和平和正义的世界结构，在这个世界结构中，所有的人都可以在一起享有同等的尊严；每个国家，不论大小，都有权利决定它自己政府的形式，而不受外来的干涉或统治。

18. Neither of us seeks the territory of the other; neither of us seeks domination over the other, neither of us seeks to stretch out our hands

and rule the world.

我们哪一方都不企图取得对方的领土；我们哪一方都不企图统治对方。我们哪一方都不企图伸出手去统治世界。

例 15，分出来的是定语从句。例 16，分出来的也是定语从句，放在前面，先处理。例 17，也是一句译成两句，分出来的是一个同位语加两个定语从句。例 18，分出来的是一个并列分句。

19. Yet, what we say here will not be long remembered. What we do here can change the world.

不过，我们在这里所讲的话，人们不会长久地记住，但我们在这里所做的事却能改变世界。

20. This is the hour. This is the day for our two peoples to rise to the heights of greatness which can build a new and better world.

现在就是只争朝夕的时候了，是我们两国人民攀登那种可以缔造一个新的、更美好的世界的伟大境界的高峰的时候了。

例 19，译文将两个短句合在一起。例 20，译文将一短一长合成一句。并句之后，句子显得较为紧凑，语气也更为连贯。也许这正是译者并句的初衷吧。

25 点体会

我在 1984 年出版的《英汉翻译练习集》前言中归纳了我在英译汉实践中的 25 点体会。其中绝大多数是我对英汉两种语言各自特点的认识。这些认识对我后来的工作,无论是英译汉,还是汉译英,都是有帮助的。现在我就把这 25 点体会连同有关的译例说一说。

1. 一词多义。弄清原文的意思,在汉语中选用适当的词语。例如:

Born in 1879 in Ulm, Germany, Albert Einstein was two years old when his parents moved to Munich, where his father opened a business in electrical supplies.

阿尔伯特·爱因斯坦于 1879 年出生在德国的乌尔姆城。在他两岁的时候,父母移居慕尼黑。他的父亲在慕尼黑开了一家工厂,生产电气器材。(句中 business 一词,据有关资料介绍是指 factory,而不是 store,故译作"工厂"。)

2. 英语名词和介词用得多,汉语动词用得多。

Psychologically, there are two dangers to be guarded against in old age. One of these is undue absorption in the past.

从心理方面来说,到了老年,有两种危险倾向需要注意防止。一是过分地怀念过去。(如译作"对过去的过分怀念",则不顺。)

3. 英语代词用得多,汉语实词用得多。在一个句子里,英语可以先出代词,后出实词;汉语则先出实词,后出代词。

One day, while I was playing with my new doll, Miss Sullivan put my big rag doll into my lap also, spelled "d-o-l-l" and tried to make me understand that "d-o-l-l" applied to both.

有一天我正在玩一个新娃娃,沙利文小姐把我的大布娃娃也放在我腿上,然后写了"d-o-l-l"这几个字母,她是想让我知道"d-o-l-l"既可以指新娃娃,也可以指旧娃娃。(如译作"指二者",就不顺;如译作"两个都指",意思既不清楚,句子也压不住。)

If they are disappointed at one place, the drillers go to another.

钻探石油的人如果在一个地方得不到预期的结果,便到另一个地方去钻探。

4. 英语动词有时态,时间概念往往通过时态表现出来;汉语动词没有时态,表示不同的时间,往往需要加时间状语。

It is like a dream to me now, floating through my mind in slow motion. Many children were playing close to the water, and we were stunned by their ignorance and daring.

现在回想起来,就仿佛是一场梦,当时的情景还在我脑海里缓缓浮动。那一天,许多孩子在靠近水边的地方玩耍,他们那样大胆,不知道危险就在眼前,使我们非常吃惊。(译文加了"那一天"。)

5. 英语被动语态用得多;汉语被动式用得少,有时不用被动形式也可以表示被动的含义,有时可以用无主语句。

When the whale is killed, the blubber is stripped off and boiled down, either on board ship or on shore.

鲸鱼杀死以后,把鲸脂剥下来熬油,这项工作有的是在船上进行的,有的是在岸上进行的。(不一定译成"鲸鱼被杀死以后",

不用"被"字仍可表示被动的含义。)

Great sums of money have been spent, for example in the deserts of Egypt, in "prospecting" for oil.

在石油"勘探"方面,已经花了大笔的钱,比如在埃及的沙漠里进行的勘探工作就是如此。(原文是被动语态,但未说明谁是施动者。译文用了无主句。)

6. 英语并排用几个名词、动词或形容词时,其排列顺序可能要考虑到词的长短(长的放在后面,这样节奏较好)或分量的轻重(重的放在后面,这样不显得头重脚轻)。汉语除了考虑常用的顺序以外,还常常考虑词的音调。分量的轻重关系不大,常把分量重的词放在前面。

...setting aside big tracts of land where nobody can fish, shoot, hunt, nor harm a single living creature with furs, fins, or feathers.

……圈出大片土地,不准钓鱼,不准打鸟,不准打猎,凡是长皮的、长毛的或者长鳃的动物,一概不许伤害。(原文 fish、shoot、hunt,由轻到重,feathers 最长,放在最后。汉语则"长皮的、长毛的"连下来较顺。)

7. 英语一般避免重复,代称用得多,不但名词可以用代词来替代,动词、形容词也有相应的词来替代。汉语则不怕重复,实称用得多。

English grammar is very difficult and few writers have avoided making mistakes in it.

英语语法十分困难,作家很少不犯语法错误的。(译文重复"语法"二字。)

8. 英语连词用得多,汉语连词用得少。例如表示条件或原因,汉语不一定用"如果"或"因为"之类的词,意思就包含在上下文里面了。

This film showed how they put aside a thousand acres out West where the buffaloes roam and nobody can shoot a single one of them. If they do, they get in jail.

电影演的是他们怎么在西边儿把1000英亩土地划出来,让水牛自由行动,谁也不准开枪打死一只。打死了,就得坐牢。(译文第二句没有用连词,没有用主语,重复了第一句里的"打死"二字。)

9. 词的搭配,如形容词与名词的搭配、副词和动词的搭配、主语与谓语的搭配等,英语可以用的搭配,往往不能直接译成汉语,这就需要选择适当的词语,或者改变句子的结构。

The road we have long been traveling is deceptively easy, a smooth superhighway on which we progress with great speed, but at its end lies disaster.

我们一直在走的这条路表面上很好走,是一条平坦的超级公路,我们可以高速前进,但是走到尽头却要遇到灾难。(原文 lies disaster 不能直译,只好改变句子结构,译作"遇到灾难"。)

10. 英语常以抽象名词作主语,后面接表示具体动作的动词。这种主谓搭配,在汉语里是很少用的,一般都要改变句子结构。

Anger and bitterness had preyed upon me continually for weeks and a deep languor had succeeded this passionate struggle.

几个星期以来,我又气又恨,感到非常苦恼。这种感情上的激烈斗争过去之后,我感到浑身无力。

11. 英语有些副词和动词的搭配无法直接译过来,可将原文副词的含义译成谓语或分句,放在句末。

So headful a writer as Henry James, for instance, on occasion wrote so ungrammatically that a schoolmaster, finding such errors in a schoolboy's essay, would be justly indignant.

就拿亨利·詹姆士来说吧,连他这样细心的作家写的东西,有时也不合语法。要是小学老师在学生的作文里发现那样的错误也会生气，而生气是完全应该的。（justly 放在句末处理。）

12. 英语有些副词放在句首，具有丰富的内容，译成汉语可以适当地加以发挥。

Ideally, one day, researchers will know enough about the genesis of earthquakes...

最理想的情况是，有朝一日研究人员能够对地震的成因……有足够的了解。

13. 主语的位置。英语往往把目的状语或其他成分放在句首，然后再出主语，主语与动词靠得较近；汉语则往往先出主语。

To protect the whale from the cold of the Arctic seas, nature has provided it with a thick covering of fat called blubber.

大自然为了保护鲸鱼，使它不致在北冰洋受冻，便让它长了厚厚的一层脂肪，叫作鲸脂。

14. 英语的书面语差不多每个句子都要有主语；汉语的主语则不那么重要，如果前面已把主语说清楚，后面的句子不一定用主语。甚至在一个句子里应该出现另外一个主语的时候，这个主语仍然可以省略。

They used this kind of scare tactic when I was growing up. I wonder what they use today.

我小的时候，他们用过这种吓唬人的办法。现在用什么办法，就不得而知了。（译文第二句，两个主语"他们"和"我"都没有出现。）

15. 英语有 who、which 等词，可以引出定语从句；汉语多用并列分句，或单成一句，有时可把定语从句先处理。

Richardson, who served as both Secretary of Defense and Secretary of Health, Education and Welfare during the Nixon Administration, was talking about the negotiations for a Law of the Sea treaty, which came to a virtual conclusion last week after six years of deliberations.

理查森曾在尼克松政府中担任国防部长和卫生、教育和福利部长,他是在谈到关于海洋法条约的谈判时说这番话的。关于海洋法条约的谈判,经过六年的审议,实际已于上周结束。

I have never had much patience with the writers who claim from the reader an effort to understand their meaning.

有些作家,读者要费力气才能看懂他们的意思,我对这样的作家一向是没有多少耐心的。(原文中的定语从句在译文中提前处理。)

16. 英语的主语部分可以很长,其中包括几个介词引导的短语作定语,汉语往往用分句来表达,或者独立成句。

The 180-page document, with more than 300 articles and eight annexes, definitively covers every conceivable issue dealing with the seas, from the definition of what constitutes an island to the jurisdiction over fish that live in fresh water but spawn in the ocean.

这份长达一百八十页的文件,有三百余条,并有八个附件。它涉及能够想到的每一个与海洋有关的问题,从岛屿的定义,到对在淡水生长而在海洋产卵的鱼类的管辖权,都作了明确的规定。(原文中的主语部分独立成句。)

17. 英语除了有 who、which 等词外,还有动词的 -ing 形式,因此句子可以很长,但组织得很严密。汉语叙事,则多用并列结构,一层一层地把事情说清楚。有时可以把较长的句子译成几个短句。

In the winter of 1879, James Lecky, exchequer clerk from Ireland, and privately interested in phonetics, keyboard temperament, and Gaelic, all of which subjects he imposed on me, dragged me to a meeting of a debating society called The Zetetical: a junior copy of the once well known Dialectical Society founded to discuss John Stuart Mill's Essay on Liberty when that was new.

1879年冬天，詹姆斯·莱基拉我去参加一次辩论会。莱基是爱尔兰人，在财政部门当职员，有空喜欢研究语音，练习弹琴，学习盖尔语，他还硬让我也学这些东西。这次他带我去参加的辩论会是一个名叫"探索学会"的团体举办的。当年约翰·斯图尔特·米尔的文章《论自由》刚刚发表的时候，成立过一个"辩证学会"来讨论这篇文章，这个学会曾名噪一时。探索学会就是仿照这个学会建立起来的，只是没有它那么有名罢了。（原文虽然较长，但并不很复杂，主语部分有一个同位语和一个定语从句，谓语部分有一个同位语和一个状语从句；译文则分成了五个句子。）

18. 汉语一般不用一连串的定语，一连串的"的"字。适当地在"的"字前增加动词，就显得有些变化，不那么单调。

The resounding success of the Curaçao experiment whetted the appetites of Florida livestock raisers for a similar feat that would relieve them of the scourge of screw-worms.

库拉索岛上的试验取得巨大的成功，引起了佛罗里达州牲畜饲养者的兴趣，他们也想以同样的办法消除螺旋锥蝇这一祸害。（原文主语部分是一名词短语，若译作"库拉索岛上的试验的巨大成功"，就连用了两个"的"字。如在第二个"的"字前面加上"取得"二字，就好一点。现在把这一部分译成一个分句就更好了。）

19. 英语在一个句子里往往先说个人的感受，再说与感受有关的动作，最后才说最初发生的事情。汉语则相反，往往按照事情发生的顺序来叙述，最后才说个人的感受。

The most important day I remember in all my life is the one on which my teacher, Anne Mansfield Sullivan, came to me. I am filled with wonder when I consider the immeasurable contrast between the two lives which it connects.

在我的记忆里，安妮·曼斯菲尔德·沙利文老师来的那一天，是我一生中最重要的日子。从这一天开始，我的生活和以前迥然不同，一想到这一点，我就感到非常兴奋。

20. 表达同样的意思，英语的结构比较紧，汉语的结构比较松。

A gang of men, under the direction of their energetic and likeable foreman, 25-year-old Phineas P. Gage, was working on a new line of the Rutland and Burlington railroad.

一伙工人正跟着他们的领班在拉特兰—伯灵顿铁路的新线路上干活。这位领班名叫菲尼斯·P. 盖奇，二十五岁，他精力充沛，待人和气。（原文是一简单句，有一个主语，一个谓语动词，却包含了这么多内容，结构显得比较紧。译文分为两句，第二句还包含两个并列分句，结构显得比较松。）

21. 拆句的情况多，合句的情况少。

Poets as we know have always made a great use of alliteration. They are persuaded that the repetition of a sound gives an effect of beauty.

我们知道，诗人一般总喜欢押头韵，觉得重复一个声音会产生美的效果。（原文两句都比较短；译文合成一句，语气较顺。）

22. 注意文体，应该用口语的地方，选用适合口语的词句。

"I remember thinking, 'No. No. It's not Jackson, it's not my husband, it's not my Jackson,'" she said. "But it was. He was lying in the street, right across from our house. The police said a man shot him over a parking space."

"记得我当时就想：'不，不。不是杰克逊，不是我丈夫，不是我的杰克逊。'"她说。"可是，那不是别人，正是他。他躺在大街上，就在我们的房子对面。警察说，为了争一块停车的地方，人家把他打死了。"

23. 一段文章的最后一句,特别是全文最后一段的最后一句,要比较有力,否则文章煞不住。中英文都是这样。翻译时就要把这最后一句的分量表达出来,给人以深刻的印象。

Words have weight, sound and appearance; it is only by considering these that you can write a sentence that is good to look at and good to listen to.

词具有一定的分量、声音和形状,只有考虑到这些因素,写出来的句子才能既好听,又好看。(若把"好听"放在最后,就压不住了。)

24. 题目可以照原文译,也可以根据文章的内容拟定。

A Valentine to One Who Cared Too Much

衷肠曲(这个题目是参照文章的内容拟定的。原题的意思是:在情人节写给一个人的信,这个人关心的事情太多了。)

25. 遇到中国读者可能不熟悉的典故、人名、地名等,除了加注以外,还可以在译文中加几个字,略加说明。

I learned a great many new words that day. I do not remember what they all were; but I do know that mother, father, sister, teacher were among them — words that were to make the world blossom for me, "like Aaron's rod, with flowers."

那一天我学了许多新词,也记不清都有哪些词了。但是其中肯定有"母亲"、"父亲"、"姐姐"、"老师"——后来就是这些词把一个美好的世界展现在我的面前,就像《圣经》上说的"亚伦的杖开了花"一样。(这个典故出自《旧约·民数记》第17章第8节。为了帮助中国读者了解,译文加了"就像《圣经》上说的"几个字。)

(2005年5月)

英语基本功

最近我看了一本用英文出版的论文集,是介绍我国改革开放的情况的。书中共有文章十八篇,其中十三篇有译者署名,并经八人审阅,其余五篇没有译者署名,可能是作者自译,也许是直接用英文写的。

这十八篇文章均出自相关领域的专家学者之手,专业性比较强,要译好,或者要评论译文的优劣,必须有相关的知识。我们不具备这样的条件,而且我们只见到译文而见不到原文,因此只能就译文本身提出一些看法。

一、名词与冠词

1. Over long period of time in our country, state enterprise is a main provider in respect to financial income of nation.

2. Those belonged to the latter approach pay much more attentions to the individuals.

3. ...in term of both economics and environment.

4. In other word, what do we think...?

5. The actual situation is far from such a simple.

6. In addition, the development of economy always has periods of rise

as well as fall.

7. Since 1990's, "globalization" has almost become an "everyday word" of the mass media in various countries.

8. Those suffering more have to ask for aids from IMF and some western countries like U.S.

9. On June 5, 1972 in Stockholm, United Nations held its first UN Conference on Human Settlement, for the first time raising human environment issue into the agenda of international potitics.

10. ...capacity building thus becomes an only effective approach to sustainable development.

英语的名词分可数名词和不可数名词，而且往往要和冠词连用。例 1 中的 period, enterprise 和 nation 都是可数名词。period 在这里是泛指，没有说是哪一段时间，因此要加不定冠词，说 a long period of time。enterprise 在这里也是泛指，泛指往往用复数，或用单数加定冠词，表明这一类的东西，因此这里要说 state enterprises，或 the state enterprise，既不用复数又不用冠词是不行的。nation 在这里专指我国，一定要加定冠词，说 the nation。例 9 中的 issue 也是专指，要加定冠词。

英语有些名词既可用作可数名词，也可用作不可数名词，如 preparation(s)、negotiation(s)、experience(s)、success(es) 等。这两种用法，其含义有时无大差异，有时略有不同。例 2 中的 attention 一词就属于后一种情况。据词典解释，attentions 作为可数名词的复数，意思是 things that sb does to try to please you or to show their interest in you。因此，例 2 只能用 attention，不能用其复数形式。

英语有些短语是非常固定的，叫作 idioms，不能轻易改动，如 in terms of, in other words，等等。因此，例 3 和例 4 中用名词的单数形式是不行的。

英语许多词可以用作不同的词类，这在词典里都是标明的。但我们也不能随心所欲。例5 such a 后面要跟名词，放个 simple 在那里是不行的，其实这句话只要把 such a 删去就行了。far from simple 等于 not simple，在语法上也是站得住脚的。

用 economy 一词泛指一个国家或地区的经济状况，要用定冠词。词典举例：The economy is in recession. | The new oil that we have found will improve the / our economy. | the slowdown in the Japanese economy 此三例选自三本不同的词典，但都用了 the，有一本词典竟先说明（often the economy），然后才释义。

用英语表示"20世纪90年代"，应该是 the 1990's。那一撇是可有可无的，但定冠词是一定要有的，这一点，许多译者容易忽略。

例8里的 IMF 要加定冠词。词典举例：The IMF is an organiation within the United Nations which is concerned with trade and economic development. 在例8中，U.S. 用作名词，前面也须加定冠词。再如"欧盟"的缩写是 the EU。词典释义中写道：The EU used to be known as the EC（European Community）。这几个名称，the IMF、the U.S.、the EU、the United Nations，无论是简称还是全称，在句子里作为名词出现时都要加定冠词。有没有不加定冠词的情况呢？有的。UNESCO、NATO、ASEAN，这些词全不需要加定冠词。有什么规律可循呢？根据 Michael Swan 所著 *Practical English Usage*（《英语用法指南》），首字母缩略词（acronyms），其读音像一个词一样，通常不用冠词。

例10中的不定冠词须改为定冠词。根据 *Practical English Usage* 第65.4条，the 经常与最高级连用，因为通常只有一个个体或集体称得上 best 或 biggest 等，其所指的是哪一个（或哪一些）是清楚的。由于同样的原因，the 经常与 first、next、last、same 和 only 连用。词典举例：She is the only person for the job.

二、动词

11. The influence of the related policies made by the government, including the policies which is considered afterwards to have played an active role in the development of the refrigerator industry, is secondary and supplementary.

12. The disparity between the poor and the rich in food consumption are not manifested in quantity, but in quality.

13. The first Constitution of the People's Republic of China which adopted on 1954 clearly indicates in its article 45: "..."

14. Secondly, as mentioned above, the comparison make us to think over the reasons of different choices of welfare policies.

15. The rural people who made of the majority of the Chinese population did not enjoy these welfare.

16. After the World War Ⅱ, the developed economies have been recovering and developing rapidly.

17. Who knows whether the SOE gains or losses?

18. Although all the states are facing the possibilities of either win or lost, the developed countries enjoy the more favorable position than the under-developed countries.

19. The government of Zhucheng town requested that the net asset in all Joint-Stock enterprises should be divided into two parts after fulfil their property assessment.

20. As a result, the more rapidly the county develops, the more tightly it is bounded to the international monetary and financial system.

正确使用英语动词，需要注意三件事：一是时态对不对，与句中的时间状语是否吻合（如果有时间状语的话）；二是数是否与主语一致，是单数还是复数；三是语态对不对，是主动还是被动。

例 11 which 引导的从句中有 afterwards，此时间状语的意思是"以后"，但其所指是过去发生的事，因此动词的时态应是过去时。从句主语 which 指的是前面的复数名词 policies，因此动词应为复数。这样从句就应改为 which were considered...。例 12 主语 disparity 是单数，动词应该是 is...，而不应是 are...。例 13 which 引导的从句指的是 constitution，动词应该用被动语态，因此应改为 which was adopted...。

英语动词是一个最复杂的词类。除了注意以上三件事，还要看它跟什么词连用和怎样连用，一不小心，就会出错。

例 14 主语 comparison 是单数，动词 make 需改为 makes 才能与主语的数一致。另外，make 后面出动词不定式是不用 to 的，因此这个 to 应删去。例 15 make 后面跟 of 可以表示用什么制作，但此处要表示 to form、to constitute，就要用 make up。词典举例：Women make up 56% of the student numbers. 因此例 15 中的 made of 应改为 made up。例 9，raising the... issue into the agenda 也不合乎英语说法，可改为 putting the... issue on the agenda。

例 16 先解决一个冠词问题。谈到"二次大战"之类的名称，英语若数字后出，则不用冠词，说 World War II 就行了。若数字先出，则要定冠词，要说 the Second World War。这一句主要是需要解决时间状语和动词时态一致的问题。After World War II 指的是二次大战结束后的一段时间，一般说来指的时间不太长，稍长一点也可以，但不能指到现在，动词只能是过去时。若想指到现在，就要说 Since World War II，这样动词就可以用现在完成时或现在完成进行时。从例 16 的内容看，因提到 recover，还是用过去时较好。这句话可改为 After World War II, the developed economies recovered and developed rapidly.

英语动词的形式变化多端。有时动词和名词的形式是一样的。如

gain 既可是动词，也可是名词。lose 就比较复杂。动词是 lose，其过去时和过去分词是 lost，名词是 loss，形容词是 loose。用哪种形式，全看它在句中起什么作用。例 17，和前面的动词 gains 并列，就应该用动词 loses，而不该用名词 losses。例 18，在 the possibilities of 后面该用动名词 winning or losing。例 19，在 after 后面也该用动名词 fulfilling。例 20，后半句用了被动语态，但过去分词 bounded 是不对的。此处动词原形是 bind，其过去分词应是 bound，因此这里用 is bound to... 就对了。

三、介词、连词与句子结构

21. When such a physical limit is reached, the food consumption and nutrition intake of the people would generally not increase despite of further rise in income.

22. There was already a lot of discussions about the crisis in the economic as well as technical levels.

23. On a certain degree, it is the goal but not the reality.

24. The property assessment in the enterprise must be assessed by professional staffs and institutions that passed examination of the state.

25. Having summed up the preliminary experience of reform in the cities and rural areas, the principle of...

26. We should, from a long-term point of view, make efforts in developing the rural economy to reduce rural-urban disparity, therefore, labor migration from urban to rural areas, driven by benefit, will appear.

27. The financial reform in China has made great progress, however, the whole financial market is still under restraint.

28. But the question is, health is everybody's basic right, what is the

reason to legally enforce some people to donate their blood just for other people's health?

29. Government is no longer responsible for gain and loss in state enterprises since the reform, soft budget restriction in the enterprise changes more or less, the financial pressure for the enterprise aggravates.

30. The reform of state owned enterprise was set as a key part of overall economic reform at the beginning of 80's, since then the governments at central and local levels, entrepreneurs and economists have devoted much attentions and exerted many efforts to the reform, but one has to admit that comparing to the reforms in all the other fields in country, until now the reform of state enterprise is in the state of lowest point of "efficiency of input-output", from all views, the achievements we have made can not match the huge efforts (personnel resources, materials, finances and energies) we have exerted.

介词是英语里最灵活的一个词类，它能引出介词短语在句中发挥多种作用，它能跟动词连用，把不及物动词变成及物动词，引出宾语。总之，介词在英语里广泛使用，在汉语里许多用动词表达的意思，在英语里可以用介词来表达。然而介词又是英语里一个很机械的词类，它有许多固定的说法，稍一改变，不是不合用法，就是产出了别的意思。这就使我们感到很困难，必须用心体会，牢牢记住。

例21，despite 就是介词，等于 in spite of，因此不能说 despite of，也不能说 in despite of。例22，levels 前面不能用 in。levels 在这里指的是讨论问题的角度，前面可用 on。例23，习惯说法应是 To a certain degree。此外，例1 中的 in repect to 也是不行的。可以说 in respect of，也可以说 with respect to，这是固定的，是不能换的。例13 中的 on 1954 也是不行的，on 只能用于日期，这里一定要用 in。

例 24，主语是 assessment，和动词 must be assessed 不搭配。把 assessment 删去，用 property 作主语，就和动词搭配了。例 25，分词短语和主语不搭配，把 principle 换掉，用人来作主语就可以了。

在英语里，therefore 和 however 都是副词，不是连词，不能起连接分句的作用。词典举例: He's only 17 and therefore not eligible to vote. | We thought the figures were correct. However, we have now discovered some errors. 例 26，可在第 1 个分句末尾加 and。例 27，可将 however 前面的逗号改为分号，或将此逗号改为句号，下面另起一句。

例 28，前半句是陈述句，后半句是问句。英语一般不这样说，可以分成两句，一个陈述句，一个问句，各自独立。也可以考虑在 But 后面加一个 as，把前半句变成一个从句。

汉语有时把几个短句放在一个长句里，只用逗号，不用连词，前后关系自明，这就是王力先生所说的"意合"。但这种做法在英语里则行不通。英语喜欢用连词，把前后关系说得清清楚楚，否则就不要放在一个句子里，这就是所谓"形合"。

例 29 和例 30 就有这样的问题。现在别的问题都不谈了，只谈长句里面短句之间的联系。例 29 有三个短句，只用逗号相连是不行的，至少把第三个短句之前的逗号改为 and。例 30 很长，它所包含的三个短句也都有一定的长度，因此最好把它分成三句，从 since then 开始另起一句，然后从 from all views 开始再起一句，这样就好多了。

看到这里，读者也许会说，你啰嗦了这半天，但所谈内容的深度似乎并未超出任何一本简单的英语语法书。的确是这样，本文所谈全是语法书里讲的最基本的道理，学英语的人没有没学过的。但知道这些规则是一回事，能正确运用这些规则是另一回事。

本文所谈的十八篇文章，译文质量也不一样，有几篇质量很高，其余的则问题较多。参加工作的这二十多位译者和校阅者肯定学过好多年英语，掌握的词汇量很大，有不少翻译经验和专业知识，能翻译有一定深度的相当专门的文章。如果说他们还有什么不够的地方，那就是基本功还不够扎实，使用英语有许多漏洞。基本功问题本不属于翻译问题，只是在翻译过程中暴露出来而已。不过事到如今，停下来重新练基本功，弥补这些漏洞已不可能，那就只能在今后的工作中针对这个弱点下功夫。

我觉得，在这一方面，有两件事可以做。一是勤查词典，稍有犹豫就去查一查，正确的拼法，可数不可数，及物不及物，在句中怎样用，这些问题在词典里都可以解决。二是注意别人怎样用，不要视而不见。有人学了许多年英语，竟然不知道 cannot 是一个词，不能分开写，他们视而不见的毛病也太厉害了。只要做个有心人，注意观察，把基本功一天加固一点儿，日积月累，几年下来一定会大见成效。

1970年，周恩来总理针对翻译工作有一篇讲话。他说："搞翻译不是那么简单的，不是懂几句外国话就行的。不但要有政治水平，同时要有较高的文化水平。没有基本功和丰富的知识不行。基本功包括三个方面：政治思想、语言本身和各种文化知识。"

你的基本功怎么样啊？

（2005年7月）

也谈中式英语[*]

在1999年全国外事翻译研讨会上,王弄笙大使就中文式的英文作了一个发言[1]。曾在中央编译局工作的美国专家琼·平卡姆又于最近发表了她的新作《中式英语之鉴》(*The Translator's Guide to Chinglish*)。因此,我在这里也想谈一谈中式英语的问题。

中国的译者不但要做英译汉的工作,而且要承担汉译英的任务。在汉译英方面,如果说有什么问题,最大的一个就是我们往往使用中式英语。

最近看到一本论文集,有中文版,也有英文版,介绍我国改革开放二十年的经验。这本书的内容非常重要,原文也十分流畅,译文虽也力求符合英语的说法,却未能避免中文的味道,请看几个例子。

例1:农业产业化 the industrialization of agriculture

例2:高新技术产业化 the industrialization of high and new technology

"产业化"一词在这两个短语里的含义是不同的,不能都译成industrialization,这样会使读者产生误解。其实,这两个短语早有正式发表的译文,可以借鉴。前者是 industrial management of agriculture,[2]

---

[*] 此文为作者在2000年全国中译外学术研讨会上的发言,载于《中国翻译》2000年第6期。
[1] 这篇发言后来登在《中国翻译》2000年第2期。
[2] 1999年政府工作报告,第3部分。

后者是 application of high and new technology to production。[1]

例3：邓小平是中国改革开放和<u>现代化建设</u>的总设计师。

Deng Xiaoping is the chief architect of China's reform, opening-up and *modernization construction*.

例4：他还多次强调，要大胆吸收和借鉴人类社会创造的一切<u>文明成果</u>，包括资本主义发达国家的一切反映现代化社会生产规律的先进经营方式、管理方式。

He also emphasized time and again that we should boldly absorb and utilize all *civilization achievements* created by human society, including all advanced operation and management methods that reflect the law of socialized modern production in the developed capitalist countries.

例3将"现代化建设"译作 modernization construction，例4将"文明成果"译作 civilization achievements，都用很长的名词作定语，修饰另一个很长的名词，这样的搭配是不妥的。

其实，这两个短语也早有正式发表的译文。"现代化建设"可以只用 modernization 一个词，[2] 也可以译作 modernization drive。[3]

例4是根据邓小平"南巡讲话"中的一句话改写而成的。原话是：

总之，社会主义要赢得与资本主义相比较的优势，就必须大胆吸收和借鉴人类社会创造的一切文明成果，吸收和借鉴当今世界各国包括资本主义发达国家的一切反映现代社会化生产规律的先进经营方式、管理方法。[4]

译文是：

---

1 2000年政府工作报告，第5部分。
2 同上书，第1部分。
3 同上书，末段。
4 《邓小平文选》第3卷，第373页。

也谈中式英语

In short, if we want socialism to achieve superiority over capitalism, we should not hesitate to draw on the *achievements of all cultures* and to learn from other countries, including the developed capitalist countries, all advanced methods of operation and techniques of management that reflect the law governing modern socialized production.[1]

此处"一切文明成果"译作 the achievements of all cultures。将"文明"译作 culture，也是一种常见的译法。用作形容词时，尤其是这样。例如：

总起来说，就是要把中国建成富强民主文明的现代化国家。

In a word, it is to build China into a prosperous, strong, democratic and *culturally advanced* modern country.[2]

然而这并不意味着 civilization 一词不能用。将"文明"译作 civilization，也还是常见的，问题在于如何搭配。例如：

一切进步文明成果 all fruits of human progress and civilization[3]

世界一切先进的文明成果 fruits of advanced world civilization[4]

先进文明成果 advanced results of civilization[5]

从以上的例子可以看出。"文明"一词可译作 culture，也可译作 civilization，但没有一处将"文明成果"直译作 civilization achievements。

《中式英语之鉴》第 7 章 The Noun Plague 专门谈了这个问题。作者首先承认英语的确有名词修饰名词这种做法。但她接着指出：

This does not mean, however, that you should feel free to use any given noun to modify any other. Outside the circle of familiar

---

[1] *Selected Works of Deng Xiaoping*, Vol. III pp.361—362.
[2] 江泽民主席在美国哈佛大学的演讲。(1997)
[3] 江泽民主席在东亚首脑非正式会晤时的讲话。(1997)
[4] 江泽民主席在英国剑桥大学的演讲。(1997)
[5] 江泽民主席在瑞士工商界人士集会上的讲话。(1999)

combinations like the ones above, it is well to exercise caution. Most often the sentence will be clearer and flow more naturally if the noun is not made to serve as an adjective.[1]

古罗马政治家、雄辩家西塞罗说过这样一段话：

In doing this, I did not think it necessary to translate word for word, I preserved the general style and force of the language. For I did not believe it was my duty to count out words to the reader like coins, but rather to pay them out by weight as it were.[2]

可见逐词对译的办法是不可取的。

例5：他指出，中国还处在社会主义初级阶段，社会主义的本质是解放生产力、发展生产力，途径是改革开放。

> He pointed out that China has been at the primary stage of socialism; the essence of socialism is to liberate and develop the productive forces through reform and opening-up.

这段译文有两点是可取的。第一，"生产力"一词在原文里重复出现两次，而在译文里，the productive forces 只出现一次，作 liberate 和 develop 两个动词的宾语，从而避免了重复。第二，原文"途径是改革开放"是主谓结构，也可以说是一个短句，译文只用了一个介词引导的短语 through reform and opening-up，这是符合原文的意思和语气的。这两点都是合乎英语的行文习惯的。

译文的不足之处在于中间用了分号。原文"他指出"后面有两项内容，这两项内容之间虽然没有连词连接，却都是他指出的内容，这是毫无疑问的。译文在中间用了分号，这样用，在译法上是可以的，但意思就不清楚了。分号后面的话好像也是 He pointed out 的内容，

1　琼·平卡姆，《中式英语之鉴》，外语教学与研究出版社，第179页。
2　Appendix to *The Craft and Context of Translation*.

但更像是作者自己的话。

王力在《中国语法理论》一书中提出了两个概念:"意合"与"形合"。他说:"中国语里多用意合法,联结成分并非必需;西方多用形合法,联结成分在大多数情形下是不可缺少的。"[1] 由此看来,例5的译文如果把分号改为 and that,意思就清楚了。

例6:邓小平的经济思想给了中国改革开放以巨大的推动力,为中国改革开放作出了历史贡献。

Deng Xiaoping's economic thought has given huge impetus to China's reform and opening-up and made historical contribution in this regard.

这句话,原文里"邓小平的经济思想"是主语,后面跟了两个并列的谓语。仔细一看又可看出这两个谓语并不在一个层次上,前者较为具体,后者更加概括。在这种情况下,英语喜欢层次分明,多用主从结构。试改译作:

Deng Xiaoping's economic thought, giving (*or*:which has given) huge impetus to China's reform and opening-up, is a historical contribution in this regard.

这样译可能较好地突出了句子的重点,因为这是文中一节最后的一小段话,而这一节的标题是:邓小平经济思想对中国改革开放的巨大贡献。

例7:积极推进农业产业化,是实现农村两个根本转变,促进城乡经济一体发展的重要内容。

Actively *carry* forward the industrialization of agriculture *is* an important part in realizing the two basic transformations in the countryside and in promoting the development of urban

---

[1] 王力,《中国语法理论》下册,第310页。

and rural economies in a unified way.

例8：引导农民进入市场，把千家万户的农民与千变万化的市场紧密联系起来，推动农业产业化，这是发展社会主义市场经济的迫切需要，也是广大农民的强烈愿望。

Steer the peasants into the market; *get* them involved in the constantly changing market, and *promote* the industrialization of agriculture *are* the urgent needs of the development of a socialist market economy as well as the strong wishes of the broad masses of peasants.

用动词作主语，在汉语里是可以的，在英语里则不行，是违反语法的。书中连续出现这样的语法错误，就说明这不是偶然出现的印刷错误，而是译稿本身的问题了。

前些时候看到一篇文章，介绍山西的旅游业，刊登在我国对海外发行的一份中文报纸上。文章占了一版的篇幅，而且是英汉对照的，因此引起了我的注意。这篇文章和上面提到的论文集一样，从总体上看，译文还是不错的，但有些句子带有浓厚的中文味道。

例9：Shanxi is one of the birthplaces of the civilization of the Chinese nation, Shanxi is the miniature of the 5000 years civilization of China, Shangxi is also the root of all people of Chinese descent.

在这个句子里，Shanxi一词重复出现三次，各分句之间也没有联系。这些问题在英语里都是要尽量避免的。

例10：In recent years, Shanxi has been making effort to develop and construct its tourist resources. Because of this, the tourist industries of Shanxi has been developed rapidly, both hardware and software environments has been greatly improved, the number of domestic and foreign visitors to Shanxi has been increasing year by year.

这样长的一句话,既分不出层次,也没有连词相连,这在英语里也是要尽量避免的。

怎样才能避免中式英语呢?换言之,在使用英语的时候,应注意英语的哪些特点呢?我认为可以考虑三个要点:(1)替代(Substitution);(2)主谓(Subject-predicate);(3)主从(Subordination)。抓住了这"三S要点",或许可以使中式英语大大减少。

关于替代。汉英两种语言有一个重大的差别,那就是"英语不喜欢重复,如果在一句话里或相连的几句话里需要重复某个词语,则用代词来代替,或以其他手段来避免重复。汉语不怕重复,连续使用某个词语是常见的事。汉语也用代词,但不如英语用得多。所以汉译英时要千方百计避免重复,多用代称;英译汉时则要少用代称,多用实词。"[1] 关于这个问题,外国语言学家和语法学家都有详细的论述。[2]

例11: 哈佛是最早接受中国留学生的美国大学之一。中国教育界、科学界、文化界一直同哈佛大学保持着学术交流。

Harvard is among the first American universities to accept Chinese students. The Chinese educational, scientific and cultural communities have all along maintained academic exchanges with this university.[3]

这个例子,原文"哈佛"出现两次,而译文中Harvard只出现一次,第二次使用了代称this university。这样译,既避免了重复,又体现了两句之间的联系,译文也就显得流畅。而如果译者忽视了英语的

---

1 庄绎传,《英汉翻译教程》,外语教学与研究出版社,1999,第60页。
2 参见M. A. K. Halliday等所著*Cohesion in English*和R. Quirk等所著*A Grammar of Contemporary English*。
3 江泽民主席在美国哈佛大学的演讲。(1997)

这一特点，注意力过分集中在单个句子上，照样重复，译文便成了两个孤立的句子了。

关于主语。这里主要是指译文以什么作主语，也就是考虑主谓怎样搭配的问题。"英汉两种语言的主谓搭配，在大多数情况下是相通的。英语里有一个主谓搭配，译成汉语后可以保持原来的搭配。但有时却不行，汉译英时也是一样。一般来说，汉语的主谓关系没有英语那么密切。英语对于主语能否做后面的动作考虑较多。因此，译文以什么作主语，怎样和谓语搭配，是一个经常需要斟酌的问题。"[1]

例12：鲁镇的酒店的格局，是和别处不同的：都是当街一个曲尺形的大柜台，柜里面预备着热水，可以随时温酒。[2]

译文1：The layout of Luzhen's taverns is unique. In each, facing you as you enter, is a bar in the shape of a carpenter's square where hot water is kept ready for warming rice wine.[3]

译文2：The wine shops in Luzhen are not like those in other parts of China. They all have a right-angled counter facing the street, where hot water is kept ready for warming wine.[4]

原文以"格局"为主语，译文1以 layout 为主语，与原文完全吻合，但一篇故事这样开始，英语显得颇为突然，远不如译文2以 wine shops 为主语，因为整篇故事就是围绕着酒店展开的。此外，译文1第2句不得不换用 bar 作主语，而英语一般是不喜欢不断更换主语的。译文2第2句则可以用 they 作主语，与第一句呼应，译文就显得流畅自然。

关于主从。英语大量使用定语从句、分词短语、介词短语等，汉

1　庄绎传，《英汉翻译教程》，第341页。
2　《鲁迅全集》第1卷，人民文学出版社，1957，第20页。
3　杨宪益，戴乃迭译，*Lu Xun Selected Works*，1956，1980，第52页。
4　杨宪益，戴乃迭译，*Selected Stories of Lu Hsun*，1960，1972，第19页。

语则没有这么多表达方式。"因此英语句子里主从关系很多，体现出不同的层次。这与汉语有很大的不同。汉语……多用并列动词或并列分句，因此汉语句子里并列关系居多，层次不甚明显"。[1]

例13：海洋覆盖了地球表面的71%，是全球生命支持系统的一个基本组成部分，也是资源的宝库，环境的重要调节器。
The ocean, which covers 71 per cent of the earth's surface, is a basic component of the global bio-support system. It is also a treasure house of resources and an important regulator of the environment.[2]

原文的第一个谓语，译文用一个which引导的从句来表述。"覆盖了地球表面的71%"是对客观情况的描述，也可以说是表述了一个已知的事实，它不是句子的重点，但文章必须从这里做起，后面才是句子的重点。译文把次要的部分用从句处理，这就显出了层次，突出了句子的重点。

抓住以上三个要点，可能避免许多中式英语。中国人介绍中国的情况，写出来的英文有中文的味道也许是不可避免的。但我觉得至少应该做到两点：一是不要让外国读者产生误解，二是不要违反英语的词法句法，也就是不要把汉语的词法句法强加在英语身上。

美国翻译理论家奈达说过这样几句话：

Each language has its own genius...Rather than force the formal structure of one language upon another, the effective translator is quite prepared to make any and all formal changes necessary to reproduce the message in the distinctive structural forms of the receptor language.[3]

---

[1] 庄绎传，《英汉翻译教程》，第92—93页。
[2] "中国海洋事业的发展"前言，《人民日报》1998年5月29日第5版。译文载于《北京周报》1998年第24期。
[3] Eugene A. Nida and Charles R. Taber, *The Theory and Practice of Translation*, pp.3—4.

To preserve the content of the message the form must be changed.[1]

有些译者不喜欢翻译理论。我也一向偏重于实践,对理论没有研究。然而理论自有其存在的价值。我觉得以上奈达的两段话,对我们避免中式英语,提高译文质量,是大有好处的。

1　Eugene A. Nida and Charles R. Taber, *The Theory and Practice of Translation*, p.5.

替　代

关于汉译英，我想谈三个要点：1. 替代（Substitution）；2. 主谓（Subject-predicate）；3. 主从（Subordination）。这三个要点用英语表述，第一个字母都是 S，因此可以简称"三 S 要点"。译文质量不高，往往是因为这三个问题没有处理好。换言之，若这三个问题处理得较好，可以为译文增色不少。这一讲，就集中谈"替代"。

英语不喜欢重复，如果在一句话里或相连的几句话里需要重复某个词语，则用代词来代替，或以其他手段来避免重复。汉语不怕重复，连续使用某个词语是常见的事。所以汉译英时要千方百计避免重复，多用代称；英译汉时则要少用代称，多用实词。

说起"替代"，我们当然首先想到代词。

代词的使用，在英语和汉语里有很大的不同。总的说来，英语代词用得多，汉语代词用得少。因此，英译汉时，有些代词可以不译。汉译英时则要在适当的地方增加代词，特别是物主代词。用代词以避免重复的例子，更是比比皆是。

例1：一切都要从这个实际出发，根据这个实际来制订规划。

　　In everything we do we must proceed from this reality, and all planning must be consistent with it.

例2：走社会主义道路，就是要逐步实现共同富裕。共同富裕的构想是这样提出的：一部分地区有条件先发展起来，一部分地区发展慢点，先发展起来的地区带动后发展的地区，最终达到共同富裕。……解决的办法之一，就是先富起来的地区多交点利税，支持贫困地区的发展。

To take the road to socialism is to realize common prosperity step by step. Our plan is as follows: where conditions permit, some areas may develop faster than <u>others</u>; <u>those</u> that develop faster can help promote the progress of <u>those</u> that lag behind, until all become prosperous...One way is for the areas that become prosperous first to support the poor <u>ones</u> by paying more taxes or turning in more profits to the state.

例3：要提倡科学，靠科学才有希望。

We must promote science, for <u>that</u> is where our hope lies.

例4：目前我们国内正在进行改革。我是主张改革的，不改革就没有出路。

China is now carrying out a reform. I am all in favor of <u>that</u>. There is no other solution for us.

例5：最近，有的外国人议论，马克思主义是打不倒的。打不倒，并不是因为大本子多，而是因为马克思主义的真理颠扑不破。

Recently, some foreigners said that Marxism cannot be defeated. <u>That is so</u> not because there are so many big books, but because Marxism is the irrefutable truth.

以上五例都用了代词以避免重复。例1用 it 代替 this reality，例2用 others、those 和 ones 代替 areas，例3至例5都用 that 概括了前面的话。

替　代

说起代词，还有两点值得注意。一是英语常用 she（her）代替某个国家或某一条船。

例 6：The delta and the narrow Nile Valley to the south make up only 3 percent of Egypt's land but are home to 96 percent of her population.（*National Geographic*）

例 7：Have you ever been at sea in a dense fog, when it seemed as if a tangible white darkness shut you in, and the great ship, tense and anxious, groped her way toward the shore with plummet and sounding-line and you waited with beating heart for something to happen?（Helen Keller, *The Story of My Life*）

例 8：现阶段中国已经实现了粮食基本自给，在未来的发展过程中，中国依靠自己的力量实现粮食基本自给，客观上具备诸多有利因素。

China has basically achieved self-sufficiency in grain at the present stage, and there are many favorable objective factors for *her* to maintain such achievement by *her* own efforts in the course of future development.

例 9：社会主义中国应该用实践向世界表明，中国反对霸权主义、强权政治，永不称霸。

Socialist China should show the world through its actions that it is opposed to hegemonism and power politics and will never seek hegemony.

这种用 she（her）指国家和船只的用法由来已久，现在指国家，倒是用 it（its）的较为多见。Michael Swan 所著 *Practical English Usage*《英语用法指南》第 227 条对这一问题做了详细的说明。

还有一种现象值得注意，那就是用 they 指单数。2004 年出版的《牛津高阶英汉双解词典》（第 6 版）有这样的例句：

例 10：Everyone must accept their share of the blame.（见 share 条）

例 11：Should anyone call（=if anyone calls），please tell them I'm busy.（见 should 条）

例 12：Everyone's entitled to their own opinion.（见 entitle 条）

用 they 指单数就可避免 he or she 之类的累赘说法。上述《英语用法指南》第 505 条也对这一问题做了详细的说明。

以上谈了代词的用法。其实，避免重复的办法很多，也不限于使用代词。

英国语言学家 Randolph Quirk 等四位学者合编的 *A Grammar of Contemporary English* 在关于 Substitution 一节中指出：不仅名词短语可以用代称，状语、谓语乃至宾语从句，都可以有代称。该书把用作代称的替代词统称为 pro-forms。书中举了许多例子，如：

We saw John *at eight on Monday evening*. We told him *then* that we would be coming to the party.

Look *in the top drawer*. You'll probably find it *there*.

A: John drives a car.   B: I think Bob *does* too.

A: John drives a car.   B: *So does* Bob.

Oxford is likely to win the next boat race. All my friends say *so*.（=that Oxford is likely to win the next boat race）

以上例子中的 then、there、does、so does、so 都可以说是 pro-forms。

例 13：Egypt, wrote the Greek historian Hecataeus, is the gift of the Nile. No other country is so dependent on a single lifeline. Egypt's very soil was born in the Nile's annual flood; with the flood came the life-giving mud that made Egypt the granary of the ancient world. And as rain fell in the Ethiopian highlands and the snows melted in the Mountains of the Moon, the river was everlastingly renewed.(*National Geographic*)

在第一句和第三句里，the Nile 出现两次。在第四句再次出现时，使用了代称 the river。要想避免重复，译者就不能把视线局限在一个句子之内，而要照顾到上下文。

例 14： 要选人民公认是坚持改革开放路线并有政绩的人，大胆地放进新的领导机构里，使人民感到我们真心诚意搞改革开放。

We should boldly choose for the new leadership persons who were generally recognized as adhering to the line of reform and opening up and who had some achievements in that respect to their credit. This would convince the people that we were wholeheartedly committed to that line.

以上两例都是以名词替代名词，也不见得比实称简短多少，只是换一种说法而已。

动词和形容词如何避免重复呢？如果可能，可以合并。

例 15： 所以，要把我们的军队教育好，把我们的专政机构教育好，把共产党员教育好，把人民和青年教育好。

So we must educate the army, persons working in the organs of dictatorship, the Communist Party members and the people, including the youth.

例 16： 会议多，文章太长，讲话也太长。

We hold countless meetings, and our articles and speeches are too long.

如不可能合并，则可利用 so、as、to do that 等词语来避免重复。

例 17：He disliked her and had never been shy of saying <u>so</u>.

例 18：The government could change the law if they were <u>so</u> minded.

例 19：老科学家、中年科学家很重要，青年科学家也很重要。
Veteran and middle-aged scientists are important, and <u>so</u> are young ones.

例 20：革命是解放生产力，改革也是解放生产力。
Revolution means the emancipation of the productive forces, and <u>so</u> does reform.

以上两例，前半句和后半句之间用了 and 一词，请注意，不要丢掉。

例 21：Almost at once the number of egg masses deposited on experimental goats began to decrease, <u>as</u> did their fertility. (Rachel Carson, *Silent Spring*)
在试验用的山羊身上产的卵块几乎立刻减少，其受精率亦下降。

例 22：这五年，首先是农村改革带来许多新的变化，农作物大幅度增产，农民收入大幅度增加，乡镇企业异军突起。
During those five years rural reform brought about many changes: grain output increased substantially, <u>as</u> did the peasants' income, and rural enterprises emerged as a new force.

例 23：开始搞并不踊跃呀，好多人在看。我们的政策就是允许看。允许看，比强制好得多。
At first, people were not enthusiastic about rural reform, and many waited to see how it would work. It was our policy to permit people <u>to do that</u>, <u>which</u> was much better than

替 代

coercing them.

例 24：你们到农村去看了一下吗？我们真正的变化还是在农村，有些变化出乎我们的预料。

Have you been to our countryside? The real changes have taken place <u>there</u>, and some of <u>them</u> have exceeded our expectations.

译文用了 there 和 them，以避免重复 countryside 和 changes。

有时英语为了避免重复，需要用一种完全新的表达方式。

例 25：Lift and lower the right leg 20 times. <u>Repeat</u> with the left leg.
将右腿提放 20 次。再将左腿提放 20 次。

例 26：现在国际上有一种议论，说中国改革的步子放慢了，政策要变。说放慢步子还有些根据，说政策要变就没有根据了。

Lately some people abroad have been commenting that the pace of reform in China has slowed and predicting that the government is going to change its policies. There is some basis for <u>the first assertion</u> but none at all for <u>the second</u>.

例 27：多搞点"三资"企业，不要怕。只要我们头脑清醒，就不怕。

We should have more of the three kinds of foreign-invested ventures [joint, cooperative and foreign-owned]. There is no reason to be afraid of them. So long as we keep level-headed, there is no cause for <u>alarm</u>.

有时一句话后半句表示的动作和前半句是一样的，只是把施事和受事颠倒一下。这在汉语里，后半句和前半句一般用同样的结构，略显重复。英语里则有一简单的说法：vice versa。

例28：为了推动中美关系的发展，中国需要进一步了解美国，美国也需要进一步了解中国。

To promote the development of China-U.S. relations, China needs to know the United States better and *vice versa*.

有时为了加强语气，取得一定的修辞效果，故意重复句中的某些词语。这无论是在英语里还是在汉语里都是常见的。遇到这种情况，即便是英语也照样重复，而不用代称。

例29：The world watches. The world listens. The world waits to see what we will do.（Speech by President Nixon）

例30：中国愿与东盟各国永做好邻居、好伙伴、好朋友。

China will forever be a good neighbor, a good partner and a good friend with ASEAN countries.

由此看来，英语也不是一概反对重复。汉译英时，恐怕要该避免时避免，该重复时重复，你说是不是？

（2005年7月）

主　谓

英汉两种语言的主谓搭配，在大多数情况下是相通的。英语里一个主谓搭配，译成汉语后可以保持原来的搭配，但有时却不行，汉译英时也是这样。一般说来，汉语的主谓关系没有英语那么密切。英语对于主语能否做后面的动作考虑较多。因此，译文以什么做主语，怎么和谓语搭配，是一个经常需要斟酌的问题。

为了叙述的方便，这里所说的"主谓搭配"是指主语和谓语动词的搭配。

一、怎样处理无主句

汉语有些句子没有主语，称为"无主句"。这种句子相当普遍。有时一句话根本没有主语；有时前面一句话有主语，一直管下去，后面几句话就没有主语了；有时后面的动作并不是前面的主语所做的，却没有新的主语出现。虽然如此，句子的意思还是清楚的，不会引起误解。按照同样的句子结构译成英语就不行了。

例1：过去，只讲在社会主义条件下发展生产力，没有讲还要通过改革解放生产力，不完全。应该把解放生产力和发展生产力两个讲全了。

In the past, we only stressed expansion of the productive forces under socialism, without mentioning the need to liberate them through reform. That conception was incomplete. Both the liberation and the expansion of the productive forces are essential.

这是一个很典型的例子。从英语的角度考虑，"只讲"前面缺主语，译文加了 we 作主语。在泛泛而谈的时候，加 we 是最方便的。接下去"不完全"前面还缺一个主语，这里再用 we 就不行了。推敲一下就可以看出，这"不完全"三字指的是上面这种认识或说法，因此译文以 That conception 为主语。最后，"应该"前面还缺一个主语。既然原文说应把两个方面讲全，译文就可以 Both the liberation and the expansion of the productive forces 作主语，把这两个方面放在突出的位置上，这就是把原文的宾语变为译文的主语了。

例2：所以，能发展就不要阻挡，有条件的地方要尽可能搞快点，只要是讲效益，讲质量，搞外向型经济，就没有什么可以担心的。

Therefore, those areas that are in a position to develop should not be obstructed. Where local conditions permit, development should proceed as fast as possible. There is nothing to worry about so long as we stress efficiency and quality and develop an export-oriented economy.

例3：社会主义的本质，是解放生产力，发展生产力，消灭剥削，消除两极分化，最终达到共同富裕。就是要对大家讲这个道理。

The essense of socialism is liberation and development of the productive forces, elimination of exploitation and polarization, and the ultimate achievement of prosperity for all. This concept must be made clear to the people.

例4：这样好嘛，就是要有创造性。

That's good. Creativity is just what we want.

例5：对改革开放，一开始就有不同意见，这是正常的。

In the beginning opinions were divided about the reform and the open policy. That was normal.

从英语的角度来看，例2"能发展就不要阻挡"需要落实到一个名词上，也就是说这一部分译文需要有个主语。下文紧接着提到"有条件的地方"，因此前面一句用 those areas that... 为主语就十分恰当了。例3至例5分别以 This concept, Creativity 和 opinions 为主语，也就是说都是把原文的宾语用作主语，但谓语部分各不相同，例3用了被动语态，例4和例5都是主动语态，但结构不同。由此可见，即使都是把宾语用作主语，谓语部分也要根据实际需要而定。

二、怎样处理主谓搭配

有时如果译文照搬原文的主谓搭配会感到很别扭，这就需要变动一下主语。一种常见的办法是到主语部分中的定语里找一个词来作主语，后面的谓语可能好安排一点。

例6：我国经济发展分三步走，本世纪走两步，达到温饱和小康，下个世纪用三十年到五十年时间再走一步，达到中等发达国家的水平。

China is developing its economy in three steps. Two steps will be taken in this century, to reach the point where our people have adequate food and clothing and lead a fairly comfortable life. The third step, which will take us 30 to 50 years into the next century, is to reach the level of the moderately developed countries.

例7： 我国的经济发展，总要力争隔几年上一个台阶。

In developing the economy, we should strive to reach a higher level every few years.

例8： 同时，我们的对外开放采取了多种方式，包括搞经济特区，开放十四个沿海城市。

In the meantime, we have implemented the policy of opening China to the outside world in many ways, including setting up special economic zones and opening 14 coastal cities.

例9： 改革开放以来，我们立的章程并不少，而且是全方位的。经济、政治、科技、教育、文化、军事、外交等各个方面都有明确的方针和政策，而且有准确的表述语言。

Since we introduced the reform and the open policy, we have drawn up many rules and regulations covering all fields of endeavor. Clear-cut guidelines and policies concerning economic and political affairs, science and technology, education, culture and military and foreign affairs have been worked out and expressed in precise terms.

这四个例子，原文的主语分别是"我国经济发展"、"我国的经济发展"、"我们的对外开放"和"我们立的章程"。译文若保持原文的主语，后面的谓语就很难安排。现在译文用 China 和 we 作主语，例9 的第二句把宾语变为主语，这样后面的谓语就好安排了。看来，把主语部分中的定语拿出来作主语，不失为一个好办法。

另一个办法是根据上下文来确定或引入一个词语作主语，以与后面的谓语形成较好的搭配，使句子读起来顺畅。

例 10： 改革开放迈不开步子，不敢闯，说来说去就是怕资本主义的东西多了，走了资本主义道路。要害是姓"资"还是姓"社"的问题。

The reason some people hesitate to carry out the reform and the open policy and dare not break new ground is, in essence, that they're afraid it would mean introducing too many elements of capitalism and, indeed, taking the capitalist road. The crux of the matter is whether the road is capitalist or socialist.

例 11： 农业实行多种经营，因地制宜，该种粮食的地方种粮食，该种经济作物的地方种经济作物，不仅粮食大幅度增长，经济作物也大幅度增长。

By diversifying agriculture in accordance with local conditions, the peasants have grown grain and cash crops in places suited to them and have substantially increased the output of both.

例 12： 社会主义发展生产力，成果是属于人民的。

Under socialism, when the productive forces are developed, the result belongs to the people.

例 13： 电视一打开，尽是会议。

Every time you turn on the television, you see a meeting being held.

这四个例子，主语都不长，都没有定语，但在译文中保持原文的主谓搭配也是不可能的。从英语的角度看，"改革开放"怎能"迈步子"？"农业"怎能"实行多种经营"？"社会主义"怎能"发展生产力"？"电视"自己也不能"打开"。例 10，从上下文看，说的是一部分人的情况，因此译文加了 some people 作主语，后半句加 they 作主语也就顺理成章了。第二句"姓'资'还是姓'社'"前面缺一个主语。既然前面一句已经提到 the capitalist road，第二句译文以 the road 作主语就很方便了。例 11 加了 the peasants 作主语统管全句，和后面的谓语也就容易接上了。例 12 确定把原文的宾语"生产力"作为主语，后接被动语态。例 13 引进 you 作主语，统管全句，读起来通顺自然。若一个主语能管到底，中间最好不要换主语，英语非常重视这一点。

例 14：不搞争论，是我的一个发明。不争论，是为了争取时间干。一争论就复杂了，把时间都争掉了，什么也干不成。

It was my idea to discourage contention, so as to have more time for action. Once disputes begin, they complicate matters and waste a lot of time. As a result, nothing is accomplished.

此例原文有三句话，译文也是三句，但做了调整。第一句的译文用了引词 it 作形式主语。后面的动词不定式才是真实主语。第二句译成目的状语，与第一句合并。鉴于第一句已经用了 contention 一词，第三句译文就用 disputes 作主语了。此例还有一点值得注意。"争论"一词在原文里出现三次，译文却只用了一个 contention，一个 disputes，避免了重复。

例 15：基本路线要管一百年，动摇不得。

We should adhere to the basic line for a hundred years, with no vacillation.

最后这个例子最精彩。若在译文里保持"基本路线"作主语，要为谓语动词"管"字在英语里找一个对应词可就太难了。万般无奈，只好重新组织句子。结果就是现在这个译文。译者引入 we 作主语，动词也做相应的调整，用 adhere to，把 the basic line 作宾语。前边的 we 把后边的 with no vacillation 也管住了。这句译文既简单，又流畅，实在太妙了。

　　以上译例均出自《邓小平文选》第三卷。口语体的文章最能体现英汉两种语言在主谓搭配方面的差异。为写此文，我重读了第三卷中的一些文章。我过去教学时用过这些文章，现在读来倍感亲切。《邓小平文选》英译本是由中央编译局翻译出版的。这是一个很好的译本，原文语言生动，译文也可以说是处处到位，从事汉英翻译工作的同志不可不读。你读过了吗？

（2005 年 7 月）

主　从

　　王力先生在《中国语法理论》"欧化的语法"一章中指出："中国语里多用意合法，联结成分并非必需；西文多用形合法，联结成分在大多数情况下是不可缺少的。"

　　我的体会是，汉语行文层层展开，多用并列结构，有时一个长句可以包含几个并列短句（即主谓结构），有时一个主语可带几个并列谓语，各成分之间可能存在着各种不同的联系，但都不用文字表示出来，表面上只是一个并列结构。

　　英语行文讲究突出重点，重要的意思放在突出的位置，次要的意思则通过从句、分句、介词短语等手段放在次要的位置，各成分之间的关系交代得一清二楚。

　　我在《汉英翻译500例》（1980）一书中说过："我感觉汉语的句子结构好比一根竹子，一节一节地连下去，而英语的句子结构好比一串葡萄，主干可能很短，累累的果实附着在上面。"说的就是上面这个意思。这是英汉两种语言在句子结构方面最主要的差别。下面请看一个例子。

　　例 1：The gloomy little study, with windows of stained glass to exclude the view, was full of dark green velvet and heavily-carved

>   mahogany—a suite of which old Jolyon was wont to say: "Shouldn't wonder if it made a big price some day!"
>   这是一间阴暗的小书房，书房窗子镶的全是染色玻璃，挡着窗外的景色；房内全是桃花心木的家具，上面满是雕花，背垫和坐垫都是一色深绿的丝绒。老乔里恩时常提起这套家具："哪一天不卖上大价钱才怪。"

这个例子很能说明英汉两种语言的句法特点。原文选自英国作家高尔斯华绥（John Galsworthy）的小说《福尔赛世家》(The Forsyte Saga)。原文破折号之前就是一个简单句，主语是 The study，谓语动词是 was。而周煦良的译文却把这半句话译成了 5 个并列短句，各有自己的主语和谓语，各短句之间也没有词语相连。这样一比较，两种语言各自的特点就看得很清楚了。

在汉译英的时候，我们可以通过哪些手段来体现英语的特点呢？

1. 从句

汉语多用并列结构，一个句子可以包含几个并列分句，或一个主语带几个并列谓语。英语善用主从结构，用主句表达主要内容以突出重点，用定语从句或状语从句表达句中较为次要的含义，从而使句子显出层次。

>   例 2：海南岛和台湾的面积差不多，那里有许多资源，有富铁矿，有石油天然气，还有橡胶和别的热带亚热带作物。海南岛好好发展起来，是很了不起的。
>   Hainan Island, which is almost as big as Taiwan, has abundant natural resources, such as rich iron ore, oil and natural gas, as well as rubber and other tropical and subtropical crops. When it is fully developed, the result should be extraordinary.
>
>   例 3：我们的第一个目标是解决温饱问题，这个目标已经达到了。

Our first objective was to solve the problem of food and clothing, <u>which</u> we have now done.

例 4：过去我们搬用别国的模式，结果阻碍了生产力的发展，在思想上导致僵化，妨碍人民和基层积极性的发挥。

We used to copy foreign models mechanically, <u>which</u> only hampered the development of our productive forces, induced ideological rigidity and kept the people and grass-roots units from taking any initiative.

以上三例，译文都用了 which。2003 年出版的 *Longman Dictionary of Contemporary English* 第 4 版关于 which 的用法有这样一段说明：used, after a comma in writing, to add more information about the thing, situation or event you have just mentioned。这正是以上三例中 which 的用法。例 2 which 引导的从句说明海南的大小，这只是对主语 Hainan Island 顺便做的一点说明，不是主要内容，这句话重点说明海南岛的资源。例 3 中的 which 代表主句中的 to solve the problem of food and clothing，例 4 中的 which 代表前面整个主句，都表示结果。

例 5：深圳搞了七八年了，取得了很大的成绩。

But the Shenzhen Special Economic Zone has achieved remarkable successes <u>since</u> it was established almost eight years ago.

例 6：开始的时候广东提出搞特区，我同意了他们的意见，我说名字叫经济特区，搞政治特区就不好了。

It was the leaders of Guangdong Province who first came up with the proposal that special zones be established, and I agreed. But I said they should be called special economic zones, not special political zones, <u>because</u> we didn't like

主从

anything of that sort.

例 7：占全国人口百分之八十的农民连温饱都没有保障，怎么能体现社会主义的优越性呢？

<u>When</u> the peasants, who make up 80 percent of China's population, could not even be guaranteed adequate food and clothing, how could we demonstrate the superiority of socialism?

以上三例分别用连词 since、because 和 when 引导状语从句。例 5 从上下文来看，主要想说明深圳的成绩，时间长短不是重点。若用主句或并列分句来说时间，就喧宾夺主了。例 6 because 起连接作用，英语讲究"形合"，这里需要有个连词。当然不一定非用 because，用 as、for 或 since 也都可以。这三个例子中用的连词，最不起眼的就是 when，因为它用得最多。这里不用连词行不行？不行。例 7 原文前半句是陈述句，后半句是问句，并不需要用连词。英语则不然，这句译文可以分成两句，陈述句和问句各自成句；若放在一个句子里，就需要用连词，当然也不一定非用 when，此处用 if 也可以。例 2 第 2 句译文用 when，也是起连接作用。

例 8：将来中国富强起来了，也永远不称霸。

China will never seek hegemony *even if* it grows rich and strong in the future.

例 9：大错误没有犯，小错误没有断，因为我们没有经验。

However, *although* we haven't made any major mistakes, we have made many minor ones, because we have no experience.

此二例中的 even if 和 although 都表示语气上的转折，这种语气上的转折并不是译者凭空加上的，而是深入分析原文得来的，这正体现了汉语"意合"的特点。一个连词也没用，多种语气的转折自在其中。译文连词加得是否得当,就看译者对原文理解得深不深了。

2. 分词短语

英语体现主从关系,除了使用从句,还可以使用分词短语。英语有现在分词,还有过去分词,而且用法灵活多变。分词引导的短语,可以放在句首,可以放在句中,也可以放在句末。英译汉时并不构成什么困难,往往可以和普通动词同样处理。大概也正因为如此,汉译英时我们往往想不到发挥英语的这一特点,使译文显出层次,而只知一味地使用并列动词。因此要想提高译文的质量,经常提醒自己用好分词短语,便是一件值得注意的事了。

例10:中国始终不渝地奉行独立自主的和平外交政策,中国对外政策的最高宗旨是和平。

Unswervingly *pursuing* an independent foreign policy of peace, China takes peace as the ultimate goal of its foreign policy.

我想,前半句是我们在外交场合经常说的一句话,大家都很熟悉,后半句才是这句话的重点,因此前半句用分词短语来表示。

例11:现在,中国和东盟各国都在抓住历史机遇,按照各自的国情制定发展战略,不断发展社会生产力,保持经济的持续增长。

At present, both China and ASEAN countries, seizing opportunities presented by history, have formulated development strategies in light of their own national conditions and contiuned to develop the productive forces and maintain a sustained economic growth.

和后半句所说的制定发展战略,发展社会生产力和保持持续增长相比,"抓住历史机遇"较为笼统,也就是说各国是在"抓住历史机遇"的情况下做后面几件事的,因此这一部分用分词短语来表述。

例12: 它们在国际和地区事务中发挥积极作用,不断推进自己的经济发展和社会进步,为亚洲和世界的和平、稳定与发展作出了重要贡献。

They have played a positive role in international and regional affairs and constantly advanced their own economic development and social progress, thus <u>making</u> important contributions to peace, stability and development in Asia and the world at large.

前半句说的是它们做的事情,比较具体,译文用了谓语动词;后半句说的是做事情的结果或意义,较为笼统,所以用分词短语来表述。

例13: 中国与东盟各国或山水相连,或隔海相望,在悠久的交往中,人民之间形成了深厚的传统友谊。

<u>Joined</u> together by mountains and rivers or <u>facing</u> each other across the sea, China and ASEAN countries have developed a profound traditional friendship among the people in the course of their age-old contacts and exchanges.

前半句描写自然状况,不是句子的重点,译文用了两个分词短语 Joined... 和 facing...。使用分词时,值得特别注意的是分词必须与主语保持一致,换言之,分词表示的动作必须是主语能做的。以例13为例,这句话的主语是 China and ASEAN countries,它们可以 face each other...,因此分词短语 facing each other... 是对的,没有问题。但它们不能 join together... 因为它们是被 join together 的,这一部分若译作 Joining together... 就错了,一定要用过去分词 Joined together...。

3. 介词短语

汉语里的并列成分,在英语里,除了用从句和分词短语之外,还可用介词短语，使句子重点突出，层次分明。本文例1中with windows of stained glass... 就是一例。

例14：中国是一个发展中的沿海大国。中国高度重视海洋的开发和保护，把发展海洋事业作为国家发展战略。

As a major developing country with a long coastline, China attaches great importance to marine development and protection, and takes it as the state's development strategy.

原文是两句话，第一句是对客观情况的描述，但文章必须从这里作起。第二句才是讲话的重点。因此译者用介词短语来表述第一句话的内容，这样就可以突出后面的重点了。

例15：我们正处在世纪之交的重要历史时刻，应该以长远的战略眼光审视和处理双方关系，建立中国与东盟面向二十一世纪的睦邻互信伙伴关系。

At this important historical juncture on the eve of the new century, we should approach and handle our bilateral relations from a long-range strategic perspective and forge a Chinese-ASEAN good-neighborly partnership of mutual trust oriented to the 21st century.

这一句原文是一个主语带三个谓语，第一个谓语是对时代的客观描述，不是句子的重点，后面要做的事情才是句子的重点。因此译文一开始就是一个介词短语，然后主语带两个谓语动词。

例16：长期以来，我们百分之七十至八十的农村劳动力被束缚在土地上，农村每人平均只有一两亩土地，多数人连温饱都谈不上。

For a long time 70 to 80 per cent of the rural work force was tied to the land, with an average of only about 0.1 hectare per person, and most peasants did not even have adequate food and clothing.

这一句原文是三个并列分句,各有自己的主语和谓语。第二个分句"农村每人平均只有一两亩土地"说明第一个分句所说"农村劳动力被束缚在土地上"的具体情况,其重要性显然比不上第一分句,因此译文只用了一个 with 引导的介词短语。

总之,要想在译文中用好主从关系,发挥英语的这一特点,必须深入分析原文各个成分,把并列的或貌似并列的成分辨别孰重孰轻,并弄清它们之间的关系,然后在译文中采取相应的行动,拿出好的译文。

最后谈一谈并列结构。

虽然和汉语相比,英语行文多用主从结构,并列结构不如汉语用得多,但也并非绝对不用。英语原作中使用并列分句和并列谓语的例子还是很多的,因此汉译英时该用并列结构时还是要放手使用。

例 17: The young man left, and Durbeyfield lay waiting on the grass in the evening sun.

例 18: 世界在变化,我们的思想和行动也要随之而变化。
The world is changing, and we should change our thinking and actions along with it.

例 19: The young man stood before Durbeyfield, and looked at him form head to toe.

例 20: 不发达地区大都是拥有丰富资源的地区,发展潜力是很大的。
Most of the less developed areas are rich in resources and have great potential for development.

这 4 个例子,例 17 和例 18 的英文各有两个并列分句,例 19 和例 20

的英文各有两个并列动词。但有一点非常值得注意，那就是4句英语都用了连词and。这个and看上去很不起眼，你几乎感觉不到它的存在。英译汉时也不用费心处理，但它却体现了英汉两种语言之间的差异，而且在汉译英的时候，最容易忽略。一般说来，and一词在英语使用并列结构的句子里是必不可少的，这正体现英语的"形合"。但汉语重"意合"，句子成分之间的联系不一定在字面上表现出来。因此，汉译英时，不要忘记使用连词and就显得特别重要，你可不要小看它哟。

（2005年7月）

要不要重复

在一个汉语句子里或相连的几个句子里，往往有些词或词组重复出现。有时作为一种修辞手段，是为了加强语气。但在大多数情况下，重复使用一些词，并没有明显的强调的意思。这种重复恐怕只能说是汉语行文的习惯了。

英语和汉语相反，在一般情况下是避免重复的。1972年英国出版了一本语法书，叫做 *A Grammar of Contemporay English*。该书第十章中有一节专门谈了代称（substitution）的问题。书中写道："Across sentences, substitution seems to be optional, and for stylistic reasons. Within sentences, it is sometimes obligatory."[1] 作者还把各种替代词统称为 pro-forms.

看来，汉语重复，英语不重复，这是两种语言的一个明显的不同之处。在翻译过程中，怎样体现这样一个特点呢？

一、译文用代词，或用其他名词代替。

例1：这就是要倾听人民群众的意见，要联系人民群众，而不要脱离人民群众的道理。（《毛泽东选集》第三卷，第767

---

[1] *A Grammar of Contemporary English,* (London, 1973) p.677.

页，简称Ⅲ，767。下同）

This principle means that we should listen attentively to the views of *the masses*, keep in close touch with *them* and not become alienated from *them*.（Ⅲ，33）

例 2：我们现在有许多做理论工作的干部，但还没有组成理论队伍，尤其是还没有强大的理论队伍。（Ⅴ，144）

At present there are many cadres doing theoretical work, but there is still no *corps of theoretical workers*, much less a powerful *one*.（Ⅴ，159）

例 3：我们的民族将再也不是一个被人侮辱的民族了，……（Ⅴ，5）

Ours will no longer be a *nation* subject to insult and humiliation.（Ⅴ，17）

例 4：艾奇逊们对于舆论的看法，混淆了反动派的舆论和人民的舆论。（Ⅳ，1391）

In considering *public opinion*, the Achesons have mixed up the *public opinion* of the reactionaries with *that* of the people.（Ⅳ，444）

前两个例子汉语重复名词词组"人民群众"和"理论队伍"，后两个例子重复名词"民族"和"舆论"，译文都用代词。这是一种最常见的现象。

例 5：一个地方有一个地方的全局，一个国家有一个国家的全局，一个地球有一个地球的全局。（Ⅴ，297—298）

A locality has *its own* over-all interest, a nation has *another* and the earth yet *another*.（Ⅴ，316）

例 6：一定的文化（当作观念形态的文化）是一定社会的政治

和经济的反映，又给予伟大影响和作用于一定社会的政治和经济；……（Ⅱ，624）

Any given culture (as an ideological form) is a reflection of *the politics and economics of a given society*, and the former in turn has a tremendous influence and effect upon *the latter*;...（Ⅱ，340）

这两个例子用 its own 代替"一个地方"，用 another 代替"全局"，用 the latter 代替"一定社会的政治和经济"，句子都十分简洁。

例7：非洲人民正在为争取非洲的彻底解放进行着艰巨的斗争。（五届人大一次会议文件）

The people of *Africa* are waging a hard struggle to win the complete emancipation of *the continent*.

此处译文用 the continent，以免重复 Africa，这也是英语里常见的一种表达方式。

二、为了避免重复动词，英语常用 do，或用助动词，或用 to。

例8：……使不适合广大群众斗争要求的艺术改变到适合广大群众斗争要求的艺术……（Ⅲ，826）

...so that...art which does not meet the demands of the struggle of the broad masses can be transformed into art that *does*.（Ⅲ，89）

例9：青年团要配合党的中心工作，但在配合党的中心工作当中，要有自己的独立工作，要照顾青年的特点。（Ⅴ，83）

The Youth League must *co-ordinate its activities with the Party's central tasks*, but *in so doing* it must have its own independent activities and take the characteristics of youth into consideration.（Ⅴ，95）

例10：夺取这个胜利，已经是不要很久的时间和不要花费很大的气力了；巩固这个胜利，则是需要很久的时间和要花费很大的气力的事情。（Ⅳ，1328）

To win this victory *will not require much more time and effort*, but to consolidate it *will*.（Ⅳ，373—374）

例11：俄国人民的革命曾经是依照了这条定律，中国人民的革命也是依照这条定律的。（Ⅳ，1376）

The Russian people's revolution *followed this law*, and *so has* the Chinese people's revolution.（Ⅳ，428）

例12：……决定什么东西是应当称赞或歌颂的，什么东西是不应当称赞或歌颂的，什么东西是应当反对的。（Ⅴ，47）

...decide what to *commend and praise*, what not *to*, and what to oppose.（Ⅴ，58）

最后三个例子中的 will、so has 和 to，严格说来不是 pro-forms，而是一种省略的说法。在英语里用省略的办法避免重复也是常见的。

三、为了避免重复表语，英语常用 so 和 as。

例13：……这是完全必要的和完全正义的，全国人民都已明白这种必要性和正义性。（Ⅴ，50）

This is absolutely *necessary* and perfectly *just*, and the whole nation understands that it is *so*.（Ⅴ，61）

例14：自周秦以来，中国是一个封建社会，其政治是封建的政治，其经济是封建的经济。（Ⅱ，625）

From the Chou and Chin Dynasties onwards, Chinese society was *feudal*, *as* were its politics and its economy.（Ⅱ，341）

四、省略。

例15：是迅速进步，不是慢慢地进步。（Ⅴ，155）

We need *rapid progress*, not *slow*.（Ⅴ，170）

例 16：……使较低级的艺术逐渐提高成为较高级的艺术，……（Ⅲ，826）

...so that art of a *lower level* can be gradually raised to a *higher* ...（Ⅲ，89）

在这两个例子中，slow 后面省去 progress, higher 后面省去了 level。最近在报刊上看到这样一句话：

The task of writing down a law for the deep ocean bed has taken the United Nations nine years so far, and provoked a head-on clash between *rich nations* and *poor*.

在 poor 后面就不重复 nations 了。这说明英语里确实有这种表达方式存在。

五、用替代词代替整个分句（clause），而且要表达与原来的分句相反的意思时也能用这个办法。

例 17. 空洞干燥的教条公式是要破坏创作情绪的，但是它不但破坏创作情绪，而且首先破坏了马克思主义。（Ⅲ，831）

Empty, dry dogmatic formulas do indeed destroy the creative mood; *not only that*, they first destroy Marxism.（Ⅲ，94）

例 18. 你们是上面的领导人员和下面的广大群众之间的桥梁，群众的意见经过你们传上来，上面的意见经过你们传下去。（Ⅲ，915）

You are a bridge between the leadership and the broad masses; through you the opinions of the masses are transmitted to the leadership and *vice versa*.（Ⅲ，189）

例 19. 一个人的工作，究竟是三分成绩七分错误，还是七分成绩三分错误，必须有个根本的估计。（Ⅳ，1334）

> We must have a fundamental evaluation of a person's work and establish whether his achievements amount to 30 per cent and his mistakes to 70 per cent, or *vice versa*. (Ⅳ, 381)

例20: 所以,不仅地方对中央有要求,中央对地方也有要求。(Ⅴ, 146)

> Therefore, not only do the local authorities have demands on the central authorities, but *the same is true the other way round.* (Ⅴ, 161)

例21: 现在监狱里关人和从前两样,从前是绅士送农民来关,现在是农民送绅士来关。(Ⅰ, 25)

> Today the people who are locked up are no longer the same. Formerly it was the gentry who sent peasants to be locked up, *now it is the other way round.* (Ⅰ, 37)

上面的例子都是在本句中用替代词,以免重复。不在一个句子里,能不能用? 能。替代词可以指前一句包含的部分意思或全部意思。

例22: 过去我们想,国民经济是否三年可以恢复。经过两年半的奋斗,现在国民经济已经恢复……,(Ⅴ, 69)

> In the past we wondered if the economy could recover in three years. As a result of two and a half years of hard struggle, *it already has,* .... (Ⅴ, 81)

例23: 中国人从来就是一个伟大的勇敢的勤劳的民族,只是在近代是落伍了。这种落伍,完全是被外国帝国主义和本国反动政府所压迫和剥削的结果。(Ⅴ, 5)

> The Chinese have always been a great, courageous and industrious nation; it is only in modern times that they have fallen behind. And *that* was due entirely to oppression and

exploitation by foreign imperialism and domestic reactionary governments.（Ⅴ，16—17）

例24：此次会议总结了过去时期的经验，决定了各项方针。这种总结经验和决定方针的工作，是我们大家一起来做的，……（Ⅴ，25）

The present session has summed up our experience in the past period and laid down various guiding principles. We have done *this work* jointly ....（Ⅴ，37）

由此看来，英语用代称比汉语多，代词用得尤其多，而且能量很大。但是与汉语相比，英语的代词有一个小小的缺点，就是它一般只能指离它较近的词语。如果离得远了，中间加了一些别的东西，它指什么就不清楚了。汉语则不然。汉语的代词可以指离它较远的词语。因此在翻译过程中，即使汉语用了代称，英语有时也要用实称。

例25：美国建国只有一百八十年，它的钢在六十年前也只有四百万吨，我们比它落后六十年。假如我们再有五十年、六十年，就完全应该赶过它。（Ⅴ，296）

The United States has a history of only one hundred and eighty years, and sixty years ago it too produced four million tons of steel, so we are sixty years behind. Given fifty or sixty years, we certainly ought to overtake *the United States*.（Ⅴ，315）

译文在第二句末尾重复 the United States，大概就是因为离第一句的主语太远了，而且中间还插了 so we are ...。

例26：例如陈独秀，他就不知道拿着刀可以杀人。有人说，这是普遍的日常真理，共产党的领导人还会不知道？这很难说。他没有调查研究就不懂得这件事，所以我们给他

起个名字,叫做机会主义者。没有调查研究就没有发言权,我们取消了他的发言权。(Ⅵ,1025)

Chen Tu-hsiu, for example, did not understand that with swords one can kill people. Some say this is a plain everyday truth; how can a leader of the Communist Party fail to know it? But you never can tell. *Chen Tu-hsiu* made no investigation and study and so did not understand this, hence we called him an opportunist. He who makes no investigation and study has no right to speak, and accordingly we deprived *Chen Tu-hsiu* of that right. (Ⅳ,15)

在原文里,"陈独秀"三个字只出现一次,后来都用代称。译文却用了三次实称。这是因为这段话里,有的话是具体谈到陈独秀的,有的话则只说明一般的道理,混在一起。如果都用代称,具体的和一般的就分不清了。特别是最后一句,一开头就是 He who,指的是任何人,如果最后再来一个 we deprived *him* of that right, him 则只能指 He,这就不是原文的意思了。可见,代称虽好,用起来却要十分当心。

另外还有三种情况,汉语重复,英语也不用代称,不是照样重复,就是另想办法。

第一种情况是,原文重复是为了强调,或者是就某一个词加以发挥。

例27:对于蒋介石发动内战的阴谋,我党所采取的方针是明确的和一贯的,这就是坚决反对内战,不赞成内战,要阻止内战。(Ⅵ,1023)

With regard to Chiang Kai-shek's plot to launch a *civil war*, our Party's policy has been clear and consistent, that is, resolutely to oppose *civil war*, be against *civil war* and prevent *civil war*. (Ⅳ, 13)

例28： 学生运动的口号是要吃饭，要和平，要自由，亦即反饥饿，反内战，反迫害。(Ⅵ, 1121)

The solgan of the student movement is "Food, Peace, Freedom" or "*Against* Hunger, *Against* Civil War, *Against* Persecution". (Ⅳ, 135)

例29： 这样，使他不能不讲讲现实主义。人家讲现实主义，我们也讲现实主义。人家讲现实主义来邀请，我们讲现实主义去谈判。(Ⅵ, 1056)

Therefore, he has to be a little *realistic*. He is being *realistic*, and we are *realistic* too. He was *realistic* in inviting us and we were *realistic* in going to negotiate with him. (Ⅳ, 55)

例30： 事情就是这样，他来进攻，我们把他消灭了，他就舒服了。消灭一点，舒服一点；消灭得多，舒服得多；彻底消灭，彻底舒服。(Ⅵ, 1057)

This is the way things are: if they attack and we *wipe* them *out*, they will have that *satisfaction; wipe out* some, some *satisfaction; wipe out* more, more *satisfaction; wipe out* the whole lot, complete *satisfaction*. (Ⅳ, 56)

这几个例子，原文都是有意重复的。例27和例28都连续重复三四次，是非常强调的。翻译时如果不照样重复，而用代称或省略，则不能达到这样的效果。例29和例30原文通过重复使文章生动、活泼。译文同样重复，表现了原文的风格。

第二种情况是，汉语有一种句子，主语和表语重复。这种句子并不是汉语独有的。在英文小说中看到过这样的例子：Orders are orders. 因此，遇到这种句子，译文可以和原文一样重复。

例31： 青年就是青年，不然，何必要搞青年团呢？（V，86）

　　After all, *youth* is *youth*, or else why bother to have a Youth League？（V，98）

例32： 在他们看来，战争就是战争，和平就是和平，两个东西只是互相排斥，毫无联系，……（V，348）

　　In their view, *war* is *war* and *peace* is *peace*, the two are mutually exclusive and entirely unconnected, ...（V，368）

例33： 中国人也好，外国人也好，死人也好，活人也好，对的就是对的，不对的就是不对的，……（V，131）

　　What is *right* is *right* and what is *wrong* is *wrong*, whether it concerns the Chinese or foreigners, whether it concerns the dead or the living.（V，146）

第三种情况是，汉语还有另外一种重复的现象，英语是无法照样重复的。这便要抓住句子真正的意思灵活处理了。

例34： 你没有搞好，我是不满意的，得罪了你就得罪了你。（V，155）

　　You have done a poor job and I am not satisfied, and *if you feel offended, so be it*.（V，170）

例35： 胡宗南进攻陕甘宁边区，我们的县城只剩下一个，但我们并没有退出边区，吃树叶就吃树叶，……（V，97）

　　When Hu Tsung-nan attacked the Shensi-Kansu-Ningsia Border Region, we did not pull out although we had only one county seat left, and *we thought nothing of it when we had to live on the leaves of the trees*.（V，110）

例36： ……我们希望他讲一讲他自己的错误，但是他讲别的东西，只讲我们这些人怎么好怎么好。（V，301）

....we expressed the hope that he would speak on his mistakes, but instead he digressed, *lavishing praises upon us*.（V，319）

总的看来，还是英语多用代称，汉语多用实称。掌握了这一特点之后，在英译汉时，便可以不怕重复，放手使用实称。只有这样，译文才符合汉语的习惯，而且有时如果不重复，简直就没有别的办法。请看：

例 37：There has been no doubt in my mind of the progress which you have achieved. Now I shall be able to see it for myself....（Speech by Mr. Edward Heath）

对于你们所取得的进步，我没有任何怀疑。现在，我将能亲眼看看这些进步，……

例 38：Even if the money were available, which it was not, the navy cannot be reconfigured...into a force built around attack submarines.（Drew Middleton, *Can America Win the Next War?*）

别说实际上拿不到那么多的钱，即使能拿到，也不能把海军改造……成一支以攻击潜艇为中心的军事力量。

（原载于《汉英翻译 500 例》，1980。）

怎样加强语气

写文章，有时为了强调某一点，往往采取一些修辞手段，以加强语气。如使用有力的形容词或副词，使用重复、排比、倒装等手段，都可以取得加强语气的效果。汉英两种语言有许多加强语气的办法都是共同的。但是在翻译一个具体句子的时候，是否汉语怎样说，译文也照搬就行了呢？不然。如果机械地照搬，有时不但不能加强语气，而且还会产生相反的效果。

第一，汉语往往从几个地方同时加强，英语则往往只在一个地方加强。

例1：全国各族人民（《毛泽东选集》第五卷，第375页，简称 V，375。下同）

the people of *all* nationalities in our country（V，396）

例2：全中国所有的民主党派，人民团体（V，3）

all the democratic parties and people's organizations of China（V，15）

例3：广大人民群众（V，368）

the masses（V，389）

例4：惩治这种人是社会广大群众的要求，不予惩治则是违反群

众意愿的。（Ⅴ，396）

> Punishing them is the demand *of the masses*, and it would run counter to the popular will if they were not punished.（Ⅴ，416）

汉语先说"全国"又说"各族"，在两处强调。以前看见过这样的译文：The people of *all* nationalities *throughout* our country，也在两处强调，这是不必要的。"人民"和"群众"本身都是指很多人，汉语还可加以上"广大"二字。过去乃至现在还往往译作 the *broad masses* of the *people*，每个字都做了交代，也是没有必要的。

《汉英词典》第87页，"呈现"条下有这样一个例句：

例5：广大农村呈现出一派繁荣的景象。

> The countryside is one *vast* scene of prosperity.

此例原译为 The *whole* countryside is one *vast* scene of prosperity，在 whole 和 vast 两处加强，后来把 whole 删去。看来有一处加强语气就够了，处处加强，句子反而无力。

第二，有时汉语用适当的形容词或副词来加强语气，但译成英语时，这些形容词或副词所修饰的名词或动词已经包括了它们所表达的意思。如果还硬要译出来，便会成为蛇足。

例6：这完全是不切实际的幻想。

> This is sheer *illusion*.

根据 *Webster's New World Dictionary*，illusion 的意思是 a false idea or conception；belief or opinion not in accord with the facts。可见"不切实际"的意思已经包含在 illusion 一词之中。当然汉语"幻想"一词也包含"不切实际"的意思，但汉语仍可用"不切实际"来加强语气。英语则不然，如果说 unrealistic illusion 就十分可笑，当然也就达不到加强语气的目的了。

例7：同时，要根据我们过去的经验，批评那些不符合实际的观

点，批评这个主观主义，打击这个主观主义。（Ⅴ，297）

At the same time, in the light of our *experience*, we should criticize views running counter to the realities, criticize and combat subjectivism. （Ⅴ，315）

例8： 马列主义是在各国人民的革命斗争中不断发展的，无论是谁都不能用任何形式加以垄断和固定化。（叶剑英:《在庆祝中华人民共和国成立三十周年大会上的讲话》）

Marxism-Leninism *develops* through the revolutionary struggles of the people in different countries. It cannot be monopolized or ossified by anyone in whatever form.

例9： 社会主义制度是人类历史上崭新的社会制度，它同世界上的任何其他事物一样，有它发生和发展的过程。（同上）

Socialism is *historically* a brand-new social system. Like everything else in the world, it goes through birth and growth.

例10： 当着某一种错误的东西被人类普遍地抛弃，某一种真理被人类普遍地接受的时候，更加新的真理又在同新的错误意见作斗争。（Ⅴ，390）

As soon as something erroneous is rejected and a particular truth *accepted* by mankind, new truths begin to struggle with new errors. （Ⅴ，409）

例11： 各国共产党人和各国革命人民需要认真地思考和研究这些成功的经验和失败的经验……

Communists and revolutionaries in all countries should *ponder and seriously study* these experiences of success and failure...

例12： 争取世界和平的最根本道路

怎样加强语气

the fundamental road to world peace

为什么例 11 的中文"认真地"一词既修饰"思考",又修饰"研究",而译文则把 seriously 放在后面,只修饰 study 呢?因为 ponder 一词的意思就是 think deeply about;consider carefully,不需要再加修饰了。例 12 "最根本"只译作 fundamental,因为这个词的含义是 most important,已经含有最高级的意思了。

以上几个例子,表面上看有些加强语气的形容词、副词没有译出来,但这样语气更强些,如果译出来,反而会使语气减弱。

虽然如此,也不是说英语就绝对不允许加这种似乎并不需要的修饰语。例如我们有时可以听到 in actual practice,past history,a young boy 这样的说法。在 1978 年英国出版的刊物 *The Listener* 上,看到过这样的话:

Liner ships carry *all sorts of different* cargoes...

From that the main theories are *firstly*, that... The *second alternative* is that the metals are introduced to the oceans by volcanic activity.

英国哲学家 Bertrand Russell 在 *Portraits from Memory* 一书中有这样一句话:

I never do anything whatever on the ground that it is good for health, though *in actual fact* the things I like doing are mostly wholesome.

《汉英词典》第 631 页,"首尾"条下有这样一个例子:

例 13:我对这个问题的看法是首尾一贯的。

I have *always* been consistent in my views on this subject.

这句话原译没有 always 一词,编者认为 have been consistent 已表达了"首尾一贯"的意思。但外国专家认为需要加 always,语气上才恰当。所以,归根结底还是一个习惯用法的问题。一种语言长期形成的搭配,到另一种语言里就不行了。翻译的时候就需要灵活处理,不能照搬。

第三，或者不译，或者用真正有分量的词。

例 14： 又团结，又斗争，以斗争之手段，达团结之目的（Ⅳ，1052）

unity, struggle, unity through struggle（Ⅳ，49）

译文只用了五个字，"手段"，"目的"都没有译。但是这五个字这样排列，全部的意思就都表达出来了。译文简洁有力，给人以深刻的印象。

例 15： 事实究竟是怎样呢？

What are the facts？

例 16： 一切种类的文学艺术的源泉究竟是从何而来的呢？（Ⅲ，817）

In the last analysis, what is the source of all literature and art?（Ⅲ，81）

"究竟"一词在例 15 中没有译，这是一种常见的处理办法。在口语里可以译作 on earth 等等，但在书面语里就不合文体，所以一般略去不译。不译，语气更强一些。例 16 选用了强有力的词组。乍一看觉得奇怪，为什么把"究竟"译作 in the last analysis？仔细一想，正是此意，也只有这样才能真正加强语气。

例 17： 谁要是只看见光明一面，不看见困难一面，谁就会不能很好地为实现党的任务而斗争。（Ⅲ，994）

Anyone who sees only the bright side but not the difficulties cannot fight *effectively* for the accomplishment of the Party's tasks.（Ⅲ，264）

如果在 fight 后面不用 effectively，而来一个 very well，就很不相称了。

怎样加强语气

例18：祝贺中国人民志愿军的重大胜利（Ⅴ，70）

> Hail the *Signal* Victory of the Chinese People's Volunteers!（Ⅴ，82）

我们看到"重大"，一般只想到 great 或 tremendous，但 signal 才真正有分量。

例19：对于中国共产党人，为本党的最低纲领而奋斗和为孙先生的革命三民主义即新三民主义而奋斗，在基本上（不是在一切方面）是一件事情，并不是两件事情。（Ⅲ，962）

> To us Chinese Communists, the struggle for our Party's minimum programme and the struggle for Dr. Sun's revolutionary, or new, Three People's Principles are basically (though not in every respect) *one and the same thing*.（Ⅲ，234）

例20：这是唯一的源泉，因为只能有这样的源泉，此外不能有第二个源泉。（Ⅲ，817）

> They are the only source, for *there can be no other*.（Ⅲ，81）

例19原文前半句长，后半句短，有些压不住，所以把末尾重复一下，借以加强。译文 one and the same thing 是一个很强的结尾。例20译文也很有力。若再重复表达已经很有力地表达了的概念，就会显得啰嗦，当然也就无力了。

例21：这是什么缘故呢？不是别的，就是因为我们的意见，符合于最广大的中国人民的利益。（Ⅲ，988）

> Why? *Simply because* our opinions conform to the interests of the Chinese masses.（Ⅲ，258）

例22：我们的任务是什么呢？我们的任务不是别的，就是放手

发动群众，……（Ⅲ，927）

What is our task? Our *sole* task is boldly to mobilize the masses, ...（Ⅲ，202）

例23：我们一定要坚持下去，一定要不断地工作，我们也会感动上帝的。这个上帝不是别人，就是全中国的人民大众。（Ⅲ，1002）

We must persevere and work unceasingly, and we, too, will touch God's heart. Our God is *none other than* the masses of the Chinese people.（Ⅲ，272）

例24：我们的战争不是任何别的战争，乃是中日两国在二十世纪三十年代进行的战争。（Ⅱ，419）

Our war is *not just any war, it is specifically* a war between China and Japan fought in the Nineteen Thirties.（Ⅱ，125）

在例21和例22中，"不是别的"都没有译，而是把"就是"适当加强一点，用了 simply 和 sole。例23译文用了 none other than，这是英语中常见的一个加强语气的词组。但是也正因为常见，就往往不能给人以深刻的印象。例24，1954年发表的英译本译为 Our war is none other than a war fought... 1965年的版本译为 Our war is not just any war, it is specifically a war...，大概就是因为 none other than 不够有力吧。例22，1954年的版本译为 Our task is none other than...，1965年的版本译为 Our sole task...，大概也是由于同样的原因。

例25：……应当批判他们的毒害青年的错误思想，不应当对他们投降。（Ⅴ，135）

...we should criticize their erroneous ideas which poison the minds of the young, and we *certainly should not* surrender to them.（Ⅴ，151）

例26：我们的目的一定要达到。

我们的目的一定能够达到。（Ⅴ，133）

Our goal must be attained.

Our goal can *unquestionably* be attained.（Ⅴ，149）

例25是一篇文章的最后一段，语气很强，所以译文加了一个字，把"不应当"译作 certainly should not。英语 certainly 一词，作为一个加强语气的词，也还是可以用的，但它毕竟用得太多，所以有时感到它还不够有力。例26第二句最初发表的译文是 Our goal can certainly be attained。五卷英译本把 certainly 改为 unquestionably 一词，使人看了顿时觉得耳目为之一新，得到的印象是极为深刻的。

第四，译文加词，以加强语气。

例27：这个宪法草案公布以后，在国际上会不会发生影响？在民主阵营中，在资本主义国家中，都会发生影响。（Ⅴ，129）

Will this Draft Constitution produce an impact on the world when it is promulgated? *Yes*, it will, both on the democratic camp and on the capitalist countries.（Ⅴ，145）

例28：把群众力量组织起来，这是一种方针。还有什么与此相反的方针没有呢？有的。（Ⅲ，884）

To organize the strength of the masses is one policy. Is there a contrary policy? *Yes*, there is.（Ⅲ，155）

例29：在如此生动丰富的中国革命环境和世界革命环境中，我们在学习问题上的这一改造，我相信一定会有好的结果。（Ⅲ，761）

I am confident that in the context of the Chinese revolution and the world revolution, which is *so intensely* alive and *so richly varied*, this reform of our study will certainly yield good results.（Ⅲ，24）

例29是《改造我们的学习》一文的最后一句话。"如此生动丰富的"如只译作 so alive and avaried，则不够有力。

第五，使用倒装句。这种做法在汉语和英语里都有。我国修辞学家陈望道说："话中特意颠倒文法上逻辑上普通顺序的部分，名叫倒装辞。……大都用以加强语势，调和音节，或错综句法。"[1] 荷兰语法家 R. W. Zandvoort 说："...inversion caused by front-position of an adjunct or object occurs chiefly in emphatic or emotional style."[2] 但是在翻译的时候，不一定是倒装句才译作倒装句。

例30：我们的国家现在是空前统一的。（Ⅴ，363）

> Never before *has our country been* as united as it is today. （Ⅴ，384）

例31：这是必然的，毫无疑义的，我们务必不要松懈自己的警惕性。（Ⅴ，5）

> This is inevitable and beyond all doubt, and under no circumstances *must we relax* our vigilance.（Ⅴ，17）

例32：我们的人民民主专政的国家制度是保障人民革命的胜利成果和反对内外敌人的复辟阴谋的有力的武器，我们必须牢牢地掌握这个武器。（Ⅴ，5）

> Our state system, the people's democratic dictatorship, is a powerful weapon for safeguarding the fruits of victory of the people's revolution and for thwarting the plots of domestic and foreign enemies for restoration, and *this weapon we must firmly grasp*.（Ⅴ，17）

---

[1] 《修辞学发凡》，第211页。
[2] *A Handbook of English Grammar*,（London, 1957）p.239.

例33：中国的历史，从此开辟了一个新的时代。（Ⅴ，9）

Thus *begins a new era* in the history of China.（Ⅴ，20）

例34：但是时间无论怎样长，我们却必须解决它，必须明确地彻底地解决它。（Ⅲ，814）

But however long it takes, *solve it we must* and solve it unequivocally and thoroughly.（Ⅲ，78）

例35：到达这一天，绝不是很快和很容易的，但是必然要到达这一天。（Ⅲ，933）

To be sure, that day will not come very quickly or easily, but *come it surely will*.（Ⅲ，207）

这六个例子，汉语都没有用倒装句，但语气都是很强的。译文使用倒装句，恰当地表达了原文的口气。至于倒装句的各种结构，这里就不多说了。

第六，断句。汉语句子的结构较松，有时可以把几个非常有力的句子放在一个句子里，不用连词，只用逗号点开。译成英语最好独自成句，如用 and 连起来就没有力量了。请看：

例36：我们的民族将再也不是一个被人侮辱的民族了，我们已经站起来了。（Ⅴ，5）

Ours will no longer be a nation subject to insult and humiliation. We have stood up.（Ⅴ，17）

例37：我们的革命已经获得全世界广大人民的同情和欢呼，我们的朋友遍于全世界。（Ⅴ，5）

Our revolution has won the sympathy and acclaim of the people of all countries. We have friends all over the world.（Ⅴ，17）

例38：让那些内外反动派在我们面前发抖罢，让他们去说我们

这也不行那也不行罢,中国人民的不屈不挠的努力必将稳步地达到自己的目的。(V,6)

Let the domestic and foreign reactionaries tremble before us! Let them say we are no good at this and no good at that. By our own indomitable efforts we the Chinese people will unswervingly reach our goal. (V, 18)

(原载于《外语教学与研究》1979年,第3期,后收入《汉英翻译500例》,1980。)

汉英翻译中外位语结构的处理问题

—— 学习《毛泽东选集》第四卷英译本的一点体会

外位语结构是汉语里很常见的一种句子结构。句中的某个成分，或者因为太长，或者因为需要突出，往往被提到句子前头，成为一个独立的成分，在句子的主体部分另有一个代词（如"这"、"那"、"他"、"他们"等）或名词（如"这一点"等）来代替它担任句中的职务。例如：

工厂、铁道、枪炮等等，这些是物质条件。

对于这种句子结构，各语法家的提法不尽一致。王力同志认为这是"复说法"里面的"意复"现象。[1] 张志公同志也认为是一种"重复"现象，即是说"某个句子成分重复了"。[2] 吕叔湘和朱德熙两同志则称之为"外位成分"。[3] 为了讨论方便起见，我们姑且把这种句子结构称为"外位语结构"，句子前头的独立成分称为"外位语"，句中代替它的成分称为"本位语"。

外位语结构在《毛泽东选集》第四卷里是时常出现的，而且种

---

1 《中国语法理论》下册，第196—197页。
2 《汉语语法常识》，第253—254页。
3 《语法修辞讲话》，第30、216页。

类很多。据我粗略的统计，全书长短七十篇文章中（不包括题解与注释），用外位语结构的句子有一百余个，大致可以归纳如下：

Ⅰ．从外位语的作用来看，有以下三类：

1. 外位主语

例："西方的影响"，这是艾奇逊解释中国革命所以发生的第二个原因。（第1516页第8行）

2. 外位宾语

例：一切守备薄弱之据点和城市则坚决攻取之，……（第1233页第2行）

3. 外位定语

例：在这些条件下，这种小的和中等的资本主义成分，其存在和发展，并没有什么危险。（第1254页第15行）

所谓外位主语、外位宾语和外位定语，均取决于其本位语在句中之作用：本位语为主语者，其外位语即为外位主语，其余依此类推。

Ⅱ．从外位语的构成成分看，有以下三类：

1. 由名词短语构成的。上面提到的三个例子都属于这一类。这类句子，第四卷中共有三十多个，占全部的三分之一。

2. 由动词或动宾短语构成的。这一类共有11句，占十分之一。

例：夺取全国胜利，这只是万里长征走完了第一步。（第1439页末行）

3. 由分句构成的。这一类有将近60句，占总数的一半以上。

例：国民党统治地区的觉悟的人民是反对内战的，这对蒋介石是一种牵制。（第1130页第13行）

Ⅲ．从本位语的构成成分来看。本位语大多数是代词。另外还有以下两种情况：

1. 用名词。这种情况只见于以动宾短语或分句做外位语的句子中。

例一：消灭阶级，消灭国家权力，消灭党，全人类都要走这一条路的，问题只是时间和条件。（第1473页第9行）

例二：蒋介石要坚持独裁和内战的反动方针，我党曾经及时地指明了一这点。（第1126页第4行）

2. 一个外位语有几个本位语。这种情况只见于以名词做外位语的句子中。

例：曾经留恋过别的东西的人们，有些人倒下去了，有些人觉悟过来了，有些人正在换脑筋。（第1476页末行）

前面提到，使用外位语一般有两个原因。第一，句中某个成分较长，句子非常累赘，如果把这一部分提前先说，句子就比较清楚顺当。第二，为了强调句中某个成分，使它突出。由于第二个原因而使用的外位语，其突出的程度也不一样。有时只是略微突出，有时却是十分突出。纯粹是因为第一个原因而使用的外位语结构，是比较容易判定的。但有时两个原因同时存在，或者主要是由于第二个原因。遇到这种情况，便需要确定该外位语的突出程度。这主要须考虑以下几个方面：一，看本句内容是一般性的，还是带有结论性的。二，看这句话在文中的位置。如在一篇或一段的开始或末尾，则往往是很强调的。三，看上下文的内容和结构。

汉语有外位语结构，英语也有各种外位语结构。[1] 比如莎士比亚的名剧"Hamlet"第三幕中，有一句 To be, or not to be: that is the question. 肖伯纳的剧本"Widowers' Houses"第二幕中，有一句 He won't have any news to break, poor old boy: she's seen all the letters already. 萨克雷的小说 Vanity Fair 第二章中有一句：...she had no soft maternal heart, this unlucky girl, otherwise the prattle and talk of the

---

[1] 参看 Otto Jespersen, *Essentials of English Grammar*, 第95、154—155页。

younger children, with whose care she was chiefly entrusted, might have soothed and interested her. 这种结构多见于日常会话和文艺作品之中。使用这种句子的目的，是为了使句子的某一成分能够突出。上面举的头两个例子若用一般结构，改为 The question is to be or not to be 和 The poor old boy won't have any news to break...，就显得非常平淡了。这种句子在政治性文章里是不多的。在政治性文章里，最常见的要算 It is ... that（或 to）... 这种外位语结构。例如：

1）It is all the more fitting, therefore, that, at the turn of the year, there should appear in Britain this outstanding volume of Lenin's thoughts, ideas and suggestions on such a variety of issues which so closely affected the workers of Britain.（*Daily Worker*, Dec. 3, 1959）

2）It is impossible to compel the greater part of society to work systematically for the other part of society without a permanent apparatus of coercion.（James Harvey and Katherine Hood, *The British State*, p.12）在这两个例子中，it 只是代替 *that*-clause 和 to compel... 在句中起主语的作用。这种句子并不特别强调某一部分，而只是由于句子的某一部分太长才使用的。假如把第一个例子中的 *that*-clause 移至句首，就不成样子了。

汉英两种语言既然都有这样一种结构，那么，在翻译的时候，汉语的外位语是否一定译成英语的外位语呢？不然。

上面谈到，在政治性文章中，英语外位语结构只有 It is...that（或 to）... 这一种用得较多。在《毛泽东选集》第四卷英译本中，我们看到有些原文不是外位语结构的句子，也译成了这种结构。但在翻译外位语结构的句子时，却并不常用这种结构。据我的体会，这是因为：第一，不能使用。只有以动词、动宾短语或分句构成的外位语，才能用此结构；而第四卷中以名词短语构成的外位语要占三分之一。就拿另外三分之二的例子来说,也不是每一句都套得上这种结构。第二,不必使用。有些句子译成英语以后,由于变了结构,完全可以删去本位语,把原文的外位语放到本位语的位置上,而不觉得累赘。第三,不便使用。这种结构需要把原句的次序颠倒过来。有时为了保持原句的口气,尽量照原文的次序,所以不便采用这种结构。《毛泽东选集》第四卷中以动词、动宾短语或分句构成外位语的句子共有70个,译成英语仍用外位语结构的只有三句。可见这不是一个主要的处理方法。

例一:孙先生以大半辈子的光阴从西方资产阶级文化中寻找救国真理,结果是失望,转而"以俄为师",这是一个偶然的事件吗?(第1519页第7行)

Was it an accident that Dr. Sun, who devoted the greater part of his life to seeking from Western bourgeois culture the truth that would save the nation, was finally disappointed and turned to "learning from Russia"?(p.457)

例二:敌人的武力是不能征服我们的,这点已经得到证明了。(第1439页第9行)

It has been proved that the enemy cannot conquer us by force of arms.(p.374)

在《毛泽东选集》第四卷的英译本里,据我在学习中体会,外位语结构的处理方法,主要有以下几种:

I. 放回句中,删去本位语,译成一般结构。第四卷中有四十多个句子是这样处理的,占全部外位语结构的五分之二。这里需要注意的是有些外位语不能简单地代入句中,必须改变句子的结构。下面所举的第二、四、六、七、十一各例就都有这样的问题。

例一:"西方的影响",这是艾奇逊解释中国革命所以发生的第二

个原因。(第 1516 页第 8 行)

"*The impact of the West*" is given by Acheson as the second reason why the Chinese revolution occurred. (p.454)(引文中的斜体系引者为说明方便而用的,余同。)

例二:工厂、铁道、枪炮等等,这些是物质条件。(第 1487 页第 8 行)

The material conditions are *factories, railways, firearms, artillery, and the like.* (p.425)

例三:一切守备薄弱之据点和城市则坚决攻取之,……(第 1233 页第 2 行)

Resolutely attack and seize *all fortified points and cities which are weakly defended.* (p.145)

例四:占国民经济总产值百分之九十的分散的个体的农业经济和手工业经济,是可能和必须谨慎地、逐步地而又积极地引导它们向着现代化和集体化的方向发展的,……(第 1433 页第 13 行)

Scattered, individual agriculture and handicrafts, which make up 90 per cent of the total value of output of the national economy, can and must be led prudently, step by step and yet actively to develop towards modernization and collectivization;... (p.368)

例五:在这些条件下,这种小的和中等的资本主义成分,其存在和发展,并没有什么危险。(第 1254 页第 15 行)

In these circumstances the existence and development *of these small and middle capitalist sectors* will present no danger. (p.168)

例六：中国人民反对自己的敌人的斗争和世界人民反对自己的敌人的斗争，其意义是同一的。（第1469页第1行）

The struggle of the Chinese people against their own enemies and the struggles of the people of the world against their own enemies have the same meaning.（p.406）

例七：在一月至六月休战期间，凡依照中央指示加紧进行了军事训练的军队……，其作战效能就高些，……（第1206页第3行）

... higher fighting efficiency was shown by *all troops who, during the period of the truce from January to June, intensified their military training according to the directives of the Central Committee...*（p.116）

例八：夺取全国胜利，这只是万里长征走完了第一步。（第1439页末行）

To win country-wide victory is only the first step in a long march of ten thousand *li.*（p.374）

例九：被推翻，例如眼前国民党反动派被我们所推翻，过去日本帝国主义被我们和各国人民所推翻，对于被推翻者来说，这是痛苦的，不堪设想的。（第1474页第1行）

To be overthrown is painful and is unbearable to contemplate for those overthrown, for example, for the Kuomintang reactionaries whom we are now overthrowing and for Japanese imperialism which we together with other peoples overthrew some time ago.（p.412）

例十：抗战胜利的果实应该属于人民，这是一个问题；但是，胜利果实究竟落到谁手，能不能归于人民，这是另一个问

题。(第1129页第4行)

> *That the fruits of victory of the War of Resistance should go to the people* is one thing, but *who will eventually get them and whether it will be the people* is another. (p.17)

例十一：我党七次代表大会决定，只要国民党的政策有所转变，我们就愿意同他们谈判，这对不对呢？(第1160页第4行)

> Was *our Party* right or wrong *in deciding at its Seventh Congress that we were willing to negotiate with the Kuomintang, provided they changed their policy*? (p.58)

例十二：蒋介石要坚持独裁和内战的反动方针，我党曾经及时地指明了这一点。(第1126页第4行)

> Our Party pointed out in good time *that Chiang Kai-shek would stick to his reactionary policy of dictatorship and civil war*. (p.14)

例一到例七都是以名词短语做外位语的。例一、例二是外位主语。例一的外位语回到句中以后，就取代了本位语，做句子的主语。这是一个最简单的例子。例二则不然，外位语取代本位语之后，主语太长，头重脚轻，因此不得不改变其在句中的地位，由主语变为表语，并把表语变为主语。

例三、例四是外位宾语。例三外位语取代本位语，仍为宾语，没有改变成分。例四则由宾语变成了主语。这个句子在汉语语法里一般称为兼语式或递系式，因此，这里的宾语和例三不一样，不是纯粹的宾语，它是第一个动词的宾语，同时又兼做第二个动词的主语。这种宾语和纯粹的宾语可以用同样的方法翻译。这个句子之所以把宾语译成主语，句子改为被动式，据我的体会可能是由于汉语原句是个无主语句。例三也是个无主语句,译文中谓语用了动词的命令语气,所以宾语不变。

例五没有改变成分,仍为定语,只是变成了 of-phrase 放在被修饰语的后面。例六如果也照样处理,译成 The meaning of...is the same,则 meaning 和 same 离得太远,定语过长,十分累赘,这正是汉语原句使用外位语结构所企图避免的。译文拿这个定语做主语,to be 改为 to have,也避免了累赘的缺点。例七如果照例五处理就会使定语太长,如果照例六处理就会头重脚轻,因此最好就是照英译本这样改为被动式,把这个外位定语放到 by 后面。

例八和例九是以动词或动宾短语做外位语的,两个都是外位主语。据我的体会,这类外位语,一般要具备以下两个条件时,才能这样处理:一,外位语本身比较短;二,作者使用外位语是为了使句子这一部分突出,但又不是十分突出。例八是具备这两个条件的。试拿例八和"走俄国人的路——这就是结论"一句来比较,就会发现虽然两句都短,但后一句要突出得多。例九的外位语后面有一个很长的插入语,但译文把插入语后移,所以外位语仍可代入句中。

例十、十一、十二是以分句做外位语的。例十和例十一是外位主语。以分句做外位主语的,像例十这样简单地放回句子的例子不多。放回句中往往要改变句子的结构,比如例十一,外位主语简直可以说是化到句中去了。例十二是外位宾语。这句话似可译成:

Chiang Kai-shek is bent on a reactionary course—dictatorship and civil war. This has been pointed out by our Party in time and on right occasions.

单从这句话来看,这样译也未尝不可。但从整段来看则不妥。全段不是谈蒋介石如何如何,而是谈我党及时指出内战危险。"蒋介石要坚持独裁和内战的反动方针"只是个引子,如果把它单译一句,则过分地强调了这一点,"我党曾经及时地指明了这一点"反而不够突出了。所以英译本中是以"我党"做主语,外位宾语代入句中,仍为宾语。

根据以上分析可见,由名词短语构成的外位语,一般都可以这样译。由动词、动宾短语或分句构成的外位语,只有在不十分强调的情况下才采用这种译法。

II. 译成并列分句,用破折号,用 and,或用分号联接起来;或加句号,将一句断为两句。第四卷中由动词、动宾短语或分句构成外位语的句子共有七十个,用这种方法处理的占一半。以名词短语构成的外位语,一般不用这种方法翻译。下面的例一,是第四卷中仅有的一个例子。

例一:无产阶级领导的,人民大众的,反对帝国主义、封建主义和官僚资本主义的革命,这就是中国的新民主主义的革命,这就是中国共产党在当前历史阶段的总路线和总政策。(第1315页第2行)

The revolution against imperialism, feudalism and bureaucrat-capitalism waged by the broad masses of the people under the leadership of the proletariat — this is China's new-democratic revolution and this is the general line and general policy of the Communist Party of China at the present stage of history. (p.238)

例二:依靠贫农,团结中农,有步骤地、有分别地消灭封建剥削制度,发展农业生产,这就是中国共产党在新民主主义的革命时期,在土地改革工作中的总路线和总政策。(第1315页第4行)

To rely on the poor peasants, unite with the middle peasants, abolish the system of feudal exploitation step by step and in a discriminating way, and develop agricultural production — this is the general line and general policy of the Communist Party of China in the work of land reform during the period of the new-democratic revolution.（p.238）

例三：走俄国人的路——这就是结论。（第1476页第3行）
Follow the path of the Russians — that was their conclusion.（p.413）

例四：每句话，每个行动，每项政策，都要适合人民的利益，如果有了错误，定要改正，这就叫向人民负责。（第1128页第5行）
Every word, every act and every policy must conform to the people's interests, and if mistakes occur, they must be corrected — that is what being responsible to the people means.（p.16）

例五：……，国民党统治地区的觉悟的人民是反对内战的，这对蒋介石是一种牵制。（第1130页第13行）
..., the politically conscious people in the Kuomintang areas are against civil war, and this is some kind of check on Chiang Kai-shek.（p.18）

例六：中国已经有大约百分之十左右的现代性的工业经济，这是进步的，这是和古代不同的。（第1431页第10行）
China already has a modern industry constituting about 10 per cent of her economy; this is progressive, this is different from ancient times.（p.366）

例七：反对英国鸦片侵略的战争，反对英法联军侵略的战争，反对帝国主义走狗清朝的太平天国战争，反对法国侵略的战争,反对日本侵略的战争,反对八国联军侵略的战争,都失败了,于是再有反对帝国主义走狗清朝的辛亥革命,这就是到辛亥为止的近代中国史。(第1517页第1行)

The war against Britain's opium aggression, the war against the aggression of the Anglo-French allied forces, the war against the Ching regime, the running dog of imperialism, by the Taiping Heavenly Kingdom, the war against French aggression, the war against Japanese aggression and the war against the aggression of the allied forces of the eight powers—all ended in failure; hence the Revolution of 1911 broke out against the running dog of imperialism, the Ching Dynasty. That is modern Chinese history up to 1911. (p.455)

例八:唐朝的韩愈写过《伯夷颂》,颂的是一个对自己国家的人民不负责任、开小差逃跑、又反对武王领导的当时的人民解放战争、颇有些"民主个人主义"思想的伯夷,那是颂错了。(第1499页第14行)

Han Yu of the Tang Dynasty wrote a "Eulogy of Po Yi", praising a man with quite a few "democratic individualist" ideas, who shirked his duty towards the people of his own country, deserted his post and opposed the people's war of liberation of that time, led by King Wu. He lauded the wrong man. (p.437)

例九:中国人民将要在伟大的解放战争中获得最后胜利,这一点,现在甚至我们的敌人也不怀疑了。(第1377页第1行)

The Chinese people will win final victory in the great War of Liberation. Even our enemy no longer doubts the outcome. (p.299)

例一和例二是《在晋绥干部会议上的讲话》一文中最后的两句带纲领性的话。这两句话的内容，主席在前面已经说过了。在结束讲话的时候，再着重地重复一次，就是要使它十分突出，以加深印象。翻译的时候，自然也要把这种强调的口气译出来。例二的外位语是由四个并列的动宾短语构成的，如果都放回句中，句子就赘不堪读。例一的外位语和例二不同，是以名词短语构成的，但是原文中例一和例二是连在一起的，两句译法最好取得一致。据我的体会，正是由于这个原因，英译本中这两句都用破折号从中间截断，两句互相衬托，这样正好达到了原来的效果。

例三是一个短句子。但这是一个带结论性的句子，原文用了破折号，就是为了使"走俄国人的路"这一点十分突出。在译文中也使用了破折号，可能就是为了取得和原文同样的效果。

例四到例九是以分句做外位语的。这类外位语，因为是由分句构成的，有主语，有谓语，本身的意义就是比较完整的，都有相当的独立性。请看下面两个例子：

1）为着彻底粉碎蒋军的进攻，必须在今后几个月内再歼蒋军四十至五十个旅，这是决定一切的关键。（第1213页第7行）

2）减租必须是群众斗争的结果，不能是政府恩赐的。这是减租成败的关键。（第1170页第1行）

这两个例子很相似，第一个例子因为用了逗号，句子就成了外位语结构。第二个例子用了句号，就成了两句话。如果把第一例中的逗号改为句号，一句变成两句，也是完全可以的。因此翻译时，可以斟酌情况，把句子截为两半（如例四、例五、例六），或径断为两句（如例七、例八、例九）。

例四这句话，原文是先将具体内容列出，然后拿"这就叫向人民负责"总结起来。这样，一方面突出了"向人民负责"的具体内容，

同时句子的结尾也十分有力。译文用破折号将句子截为两半,可以说达到了原来的效果。这句话似亦可译作:

To be responsible to the people means that every word, every act and every policy must conform to the people's interests and any mistakes, if they occur, must be corrected.

但是,这样颠倒次序以后,就失掉了原来的强调口气。句子显得平淡。

例七和例八似乎也可以不断句,只用分号分为两部分。但两个例子中的外位语都很长,仅用分号分开,显得长短悬殊,给人以头重脚轻的感觉。英译本中是以断句的办法处理的。

例九是《将革命进行到底》一文的第一句话,充分表达了我们对革命胜利的信心。这个句子虽然不长,却构成了整个的第一段文章。因此这句话的语气是十分强调的。若与"蒋介石要坚持独裁和内战的反动方针,我党曾经及时地指明了这一点"一句相比较,其强调语气就更加明显了。这句话似乎亦可译为:

That the Chinese people will win ultimate victory in the great liberation war is a thing about which by now even our enemy no longer has any doubt.

但是,这样就完全丧失了原文的强调语气。所以译文断句,是一种很好的处理方法。

断句虽是一种处理方法,但可以看到,第四卷英译本的译者是不轻易断句的。

Ⅲ. 译成前置词短语。即在外位语之前加前置词,构成前置词短语,作为全句的状语,句中保留原代词,不删。这种结构,句子各成分之间可以有较长的停顿,口气较松,主要是在谈到一系列事情的时候使用。从英译本看,这种方法只限于以名词做外位语的结构。

例子不多。

> 例一：剩下的帝国主义的经济事业和文化事业，可以让它们暂时存在，由我们加以监督和管制，以待我们在全国胜利以后再去解决。（第 1436 页第 3 行）
>
> As for the remaining imperialist economic and cultural establishments, they can be allowed to exist for the time being, subject to our supervision and control, to be dealt with by us after country-wide victory.（p.370）
>
> 例二：其为地主富农出身而人民对他们没有很大恶感者，按土地法平分其封建的土地财产，但应使其避免受斗争。（第 1270 页第 8 行）
>
> As for those who are of landlord or rich peasant origin but who have not incurred the people's deep resentment, their feudal landholdings and feudal property should be distributed according to the Land Law, but it should be seen to that they do not become targets of mass struggles.（p.184）

前面还曾提到，有一种外位语结构，有好几个本位语。这种结构，都是外位主语总提一下，然后分别加以说明。这种句子里的每一个本位语都是十分重要的，一个也不能删去。只能把外位语加前置词，译为前置词短语。这类例子也不多，第四卷里只有以下两个。

> 例一：曾经留恋过别的东西的人们，有些人倒下去了，有些人觉悟过来了，有些人正在换脑筋。（第 1476 页末行）
>
> Of the people who hankered after those ways, some have fallen, some have awakened and some are changing their ideas.（p.414）
>
> 例二：中国人民解放军的强大的物质装备，大部分是从美国帝国

主义得来的,一部分是从日本帝国主义得来的,一部分是自己制造的。(第1487页第8行)

Most of the powerful equipment of the Chinese People's Liberation Army comes from U.S. imperialism, some comes from Japanese imperialism and some is of our own manufacture.(p.425)

据我的归纳,《毛泽东选集》第四卷英译本处理外位语结构,主要就是使用了上述这些方法。但是还有一些句子,比较复杂。虽然基本上也采取了上述的译法,但还有些特殊的问题,值得在这里提出来谈一谈。这类问题一般都出在外位定语上。例如,在《目前形势和我们的任务》一文中有这样一句话:

"没有危机的、向上发展的、受到全世界广大人民群众爱护的社会主义的苏联,它的力量,现在就已经超过了被危机严重威胁着的、向下衰落的、受到全世界广大人民群众反对的帝国主义的美国。"(第1259页第5行)

这句话似乎可以译成:

The socialist Soviet Union free from crises, ever growing and winning the love and support of the world's broad masses, is already stronger than the imperialist United States, which is seriously menaced by crises, ever declining and opposed by the world's broad masses.

这样译虽然句子干净利落,但是"没有危机的、向上发展的、受到全世界广大人民群众爱护的"一点不够突出。而且原文说的是"它的力量……超过",而不简单是"它比……强大"。似乎还可译成:

The socialist Soviet Union, free from crises, on the ascendant, cherished by the world's broad masses — its strength has already surpassed that of the imperialist United States, seriously menaced by crises, on the decline and opposed by the world's broad masses.

这样译也有一个缺点，那就是破折号前面的部分显得没有着落，使人感觉句子结构松懈。《毛泽东选集》第四卷英译本把这个句子做了如下的处理，是比较好的：

The socialist Soviet Union is free from crises, on the ascendant and cherished by the world's broad masses; its strength has already surpassed that of the imperialist United States, which is seriously menaced by crises, on the decline and opposed by the world's broad masses.（p.172）

下面两个例子也有同样的问题。不同的地方，是英译本把它们都断了句。

"现在农村中流行的一种破坏工商业、在分配土地问题上主张绝对平均主义的思想，它的性质是反动的、落后的、倒退的。"（第1312页第11行）

There is a kind of thinking now current in the countryside which undermines industry and commerce and advocates absolute equalitarianism in land distribution. Such thinking is reactionary, backward and retrogressive in nature.（p.236）

"另一批桃子是双方要争夺的。太原以北的同蒲，平绥中段，北宁，郑州以北的平汉，正太，白晋，德石，津浦，胶济，郑州以东的陇海，这些地方的中小城市是必争的，这一批中小桃子都是解放区人民流血流汗灌溉起来的。"（第1129页第7行）

Another bunch of peaches will be contested by both sides. These are the medium and small towns situated along the section of the Tatung-Puchow Railway north of Taiyuan, the middle section of the Peiping-Suiyuan Railway, the Peiping-Liaoning Railway, the section of the Peiping-

Hankow Railway north of Chengchow, the Chengting-Taiyuan Railway, the Paikuei-Chincheng Railway, the Tehchow-Shihchiachuang Railway, the Tientsin-Pukow Railway, the Tsingtao-Tsinan Railway and the section of the Lunghai Railway east of Chengchow. These medium and small towns must be contested; they are the medium and small peaches watered by the people of the Liberated Areas with their sweat and blood.（p.17）

以上三个例子都是以很长的名词短语做外位定语的，因为它们本身太长，但又必须突出，所以有的译成分句，有的就断句了。

从《毛泽东选集》第四卷英译本的学习中，我们体会到处理一个外位语结构，还有许多其他有关问题需要统一考虑，在具体翻译一个句子时，纵然有了以上这些方法，也还会遇到一些具体问题。这就要靠译者灵活处理了。以上关于处理外位语结构的几点体会，是很肤浅的，而且也不一定合乎译者的原意，整理出来，是想向从事翻译工作的同志们请教。

（原载于《外语教学与研究》1962年，第4期。）

《通天塔》[1] 摘译

编译者言

打开中国文学史,比如1962年中国科学院文学研究所编写的《中国文学史》,涉及翻译的地方很少,只在"佛经翻译"一章里谈到东汉至隋唐翻译佛经的情况。翻译事业在我国是在19世纪末才开始兴盛起来的。然而在英国,在欧洲,情况却大不相同。看一看《剑桥英国文学简史》[2],提到翻译的地方竟有206处之多,提到译者182人,译作234种。看一看《文学史纲》[3],提到翻译的地方有91处,提到各国译者65人,译作106种。我们从这两本书里了解到,许多文学史上的名人如德莱顿(John Dryden)、蒲伯(Alexander Pope)、约翰逊(Samuel Johnson)、莫里斯(William Morris)、莫里哀(Molière)、歌德(Johann Wolfgang von Goethe)都曾做过翻译工作。我国翻译界对他们的翻译经验一定很感兴趣。但是文学史一般只说他们译过哪些作

---

[1] 《通天塔——文学翻译理论研究》,乔治·斯坦纳著,由本书作者从Oxford University Press1975年版编译而成,中国对外翻译出版公司1987年出版。
[2] George Sampson, *The Concise Cambridge History of English Literature*, Cambridge, 1953.
[3] John Drinkwater(ed.), *The Outline of Literature*, London, 1957.

品。如要知道他们译得如何,他们对翻译发表过些什么议论,那就要读一读乔治·斯坦纳所著的 After Babel 了。

原书共分六章:(1) Understanding as Translation, (2) Language and Gnosis, (3) Word against Object, (4) The Claims of Theory, (5) The Hermeneutic Motion, (6) Topologies of Culture.

关于"翻译"这一概念涉及的范围,作者采取了美国语言学家雅各布森(Roman Jakobson)的提法,即翻译包括语内翻译(intralingual translation)、语际翻译(interlingual translation)和符际翻译(intersemiotic translation)。[1] 语内翻译,我们并不生疏。如1980年上海古籍出版社出版的赵浩如的《诗经选译》,1981年贵州人民出版社出版的袁愈荌、唐莫尧的《诗经全译》,都属于这一类。然而斯坦纳不限于此,进一步提出"理解也是翻译"。语言是不断变化的。每一个语言现象都具有时间性。每当我们读或听一段发表了的话语或书文,无论是古代的经书,还是当前的畅销书,我们都是在进行翻译。他举了莎士比亚、奥斯汀、罗塞蒂和考沃德的作品为例,说明理解一段作品是多么不容易。比如,要理解《辛白林》一剧中的一段话,就不但要分析这段话里的词汇和语法,而且要联系到整个剧本,要联系到莎士比亚以及伊丽莎白时代其他剧作家的传统手法,还要联系到17世纪初人们说话的习惯。斯坦纳认为:要做到"透彻理解",从理论上说是没有止境的。他还认为文学艺术之存在,一个社会的历史之存在,有赖于永不完结的同一语言内部的翻译。我们之所以能够保持我们的文明,就因为我们学会了翻译过去的东西。

---

[1] 参看本书第三章"翻译理论种种"第三节。并参看Roman Jakobson, "On Linguistic Aspects of Translation" in R. Brower (ed.), *On Translation* (Harvard University Press, 1959), pp.232—9; 谭载喜,"雅可布逊论翻译的语言问题",载于《外国翻译理论评介文集》(中国对外翻译出版公司,1983年版)。

"理解也是翻译"这一提法对于从事两种语言翻译的人来说似乎还有待进一步商榷,然而,理解之困难,从多方面理解原作之必要性,却是无论怎样强调也不为过的。

第三章"翻译理论种种"是原书的第四章。作者在这一章里介绍了欧洲从古至今若干译者和他们的理论。作者认为翻译理论的发展可以划分为四个时期。从公元前1世纪到19世纪初为第一时期,这一时期的主要特点是译者根据自己的实践来总结经验。从19世纪初到20世纪中叶是第二时期,这一时期的主要特点是进行理论的探讨。从40年代末进入第三时期,即现代时期,这是翻译界大发展的时期,机器翻译出现,职业翻译家成立国际组织,出版刊物,在理论方面结合语言学的发展出现了百家争鸣的局面。第四时期何时开始,作者没有说得很明确。罗伯特·亚当斯在评论斯坦纳提出的四个时期时指出,斯坦纳所说的第三时期是1946年至1960年,1960年以后又构成一个新的时期。[1]其根据大概是作者在谈论第三时期时所说的一句话:"但是自从60年代初期,各种方法的研究重点有些不同。"渥太华大学路易斯·凯利同意斯坦纳关于四个时期的划分,他明确指出我们仍处于第四时期的开始。这第四时期的主要特点是充实理论。[2]

作者对于可译性与不可译性的争论做了详细的论述。这一争论,无论是在宗教界,还是在世俗译者中间都已进行了许多年。作者引了歌德的一句话:"无论说翻译有什么不足之处,它仍然不失为世界上各项事务中最重要、最有价值的一项工作。"这句话颇能反映作者本人的看法。他认为不能说任何东西都是可以翻译的,也不可能做到尽善尽美,然而如果因此就否认翻译是可行的,那就太荒谬了。我认为这

---

[1] Robert M. Adams, "Language Unlimited", in *The American Scholar*, winter 1975—1976, p.833.

[2] L. G. Kelly, *The True Interpreter* (Oxford, 1979) Ch.9.

个看法是合乎实际的。

作者在讨论了可译性的问题之后指出：翻译的正确道路既不应是直译，也不应是模仿，而应是意译（paraphrase）。他还借用德莱顿的话说，所谓意译就是"译者有一定限度的自由，他要时刻看到作者，这样就不至于迷失方向，但他主要是紧跟作者的意思，而不死扣字眼，他可以对作者的意思加以发挥，但不能改变。"他的这一看法和奈达的看法是一致的。奈达写道："翻译的主要目的在于'重述内容'。"[1]"要想使译文保持原作的内容，就必须在形式上有所改变。"[2]最近美国出版的一本翻译教程也表达了同样的看法。该书作者 M. L. 拉森在序言中写道："翻译的首要原则是以意思为根据，而不以形式为根据。译者一旦弄清原作的意思，就应致力于用译语把同样的意思表达出来，而其形式则可能与原作大不相同。"[3]

第四章"翻译之过程"是原书的第五章。作者认为翻译应包括四个步骤：信任（trust）、进攻（aggression）、吸收（incorporation）、恢复（restitution）。关于这四个步骤，L. G. 凯利也是同意的，并且做了进一步的发挥。[4]最后一个步骤，作者有时也称之为"补偿"（compensation），和"恢复"是一个意思。翻译者在理解方面向原作发起攻势并进行掠取，打破了译作与原作之间的平衡、打破了原语与译语之间的平衡，但译作能给原作带来新的生命，对原作有所补偿，这就使失去的平衡得到恢复。要恢复平衡，主要还是靠译文充分表达原作的内容。在绝大多数情况下译文都是不及原文的，有时译文也会超过原

---

[1] Eugene A. Nida and Charles R. Taber, *The Theory and Practice of Translation* (Leiden, 1969), p.12.

[2] *Ibid.*, p.5.

[3] Mildred L. Larson, *Meaning-based Translation: A Guide to Cross-language Equivalence* (Lanham, 1984), p.ix.

[4] L. G. Kelly, *The True Interpreter* (Oxford, 1979), pp.56—61.

文。完全吻合的情况可以说是没有的。怎样才算忠实？是否直译就能充分表达原作的内容？是否要用与原作同时代的语言进行翻译？相距甚远的两种语言、两种文化是否能够进行交流？不懂原作语言的译者为什么能产生好的译作？在两种相近的语言之间进行翻译是否比较容易？什么样的翻译才是完美的翻译？作者通过分析大量的译例对这些问题做了深入的探讨。

原书有个副标题："语言与翻译面面观" Aspects of Language and Translation，可见作者是把语言和翻译结合起来考虑的。作者在第一章的结尾写道："无论是同一语言之内还是不同语言之间，人的交往就等于翻译。研究翻译就是研究语言。"原书刚刚发表时，有人评论说：斯坦纳在书中提出的问题很多，但这些问题都是无法回答的。[1] 有人说：此书有许多段落没有把问题说清楚，反而使人更糊涂了。[2] 英国著名翻译家彼得·纽马克却说："G. Steiner（1975）的著作值得注意。他列举过许多文学翻译实例，总结过各种翻译理论。他认为翻译的作用很大，谁要研究思想问题，意义问题，语言问题，人类交际问题，语言比较法问题，都要拿翻译作为一把钥匙。"[3] 为了适应我国读者的需要，编译者本着"撮其要旨"的方针，略去原书第三章（主要涉及语言学问题）和第六章（主要涉及符号翻译）不译，而只摘译了第一、二、四、五章中关于文学翻译的主要部分论述。

乔治·斯坦纳教授在剑桥大学及日内瓦大学任教，并经常到美国

---

[1] Robert M. Adams, "Language Unlimited", in *The American Scholar*, winter 1975—1976, p.832.

[2] *The Economist*, Feb.3, 1975, p.88.

[3] 转引自王宗炎，"纽马克论翻译理论和翻译技巧"，载于《外国翻译理论评介文集》（中国对外翻译出版公司，1983年版），第8页。

各大学讲学。他对文学、语言学和翻译有很深的造诣。*After Babel* 一书涉及多种外语，涉及的面也很广，而且分析深刻，论述精辟。译者深感学识不足，力不从心。或许这个简略的译本能引起读者对原作的兴趣，从而去钻研原作。还希望将来有高明的译者对原书做更全面的介绍和评述。

庄绎传

1986年2月

于北京外国语学院

理解也是翻译

莎士比亚的剧作《辛白林》(*Cymbeline*)第二幕的末尾有波塞摩斯的一段独白。这时，波塞摩斯确以为自己的妻子伊摩琴已失身于阿埃基摩，便咒骂起女人来：

Is there no way for man [1] to be, but women

Must be half-workers? We are all bastards.

And that most venerable man, which I

Did call my father, was I know not where

When I was stamp'd. Some coiner with his tools

Made me a counterfeit: yet my mother seem'd

The Dian of that time: so doth my wife

The nonpareil of this. O vengeance, vengeance!

Me of my lawful pleasure she restrain'd,

And pray'd me oft forbearance: did it with

---

1 根据1955年Arden版《莎士比亚全集·辛白林》，此处的man应为men。——译者

A pudency so rosy, the sweet view on't
Might well have warm'd old Saturn; that I thought her
As chaste as unsunn'd snow. O, all the devils!
This yellow Iachimo, in an hour, was't not?
Or less; at first? Perchance he spoke not, but
Like a full-acorn'd boar, a German one,
Cried 'O!' and mounted; found no opposition
But what he look'd for should oppose and she
Should from encounter guard. Could I find out
That[1] woman's part in me—for there's no motion
That tends to vice in man, but I affirm
It is the woman's part: be it lying, note it,
The woman's: flattering, hers; deceiving, hers:
Lust, and rank thoughts, hers, hers: revenges, hers:
Ambitions, covetings, change of prides, disdain,
Nice longing, slanders, mutability;
All faults that name, nay, that hell knows, why, hers
In part, or all: but rather all. For even to vice
They are not constant, but are changing still;
One vice, but of a minute old, for one
Not half so old as that. I'll write against them,
Detest them, curse them: yet' tis greater skill
In a true hate, to pray they have their will:
The very devils cannot plague them better.

---

1 根据同一出处，此处的that应为the。——译者

(难道男人们生到这世上来,一定要靠女人的合作的吗?我们都是私生子,全都是。被我称为父亲的那位最可尊敬的人,当我的母亲生我的时候,谁也不知道他在什么地方;不知道哪一个人造下了我这冒牌的赝品;可是我的母亲在当时却是像狄安娜一般圣洁的,正像现在我的妻子擅着无双美誉一样。啊,报复!报复!她不让我享受我的合法的欢娱,常常劝诫我忍耐自制,她的神情是那样的贞静幽娴,带着满脸的羞涩,那楚楚可怜的样子,便是铁石心肠的人,也不能不见了心软;我以为她是像没有被太阳照临的白雪一般皎洁的。啊,一切的魔鬼们!这卑鄙的阿埃基摩在一小时之内——也许还不到一小时的工夫?——也许他没有说什么话,只是像一头日耳曼的野猪似的,一声叫喊,一下就扑了上去,除了照例的半推半就以外,并没有遭遇任何的反抗。但愿我能够在我自己的一身之内找到哪一部分是女人给我的!因为我断定男人的罪恶的行动,全都是女人遗留给他的性质所造成的:说谎是女人的天性;谄媚也是她的;欺骗也是她的;淫邪和猥亵的思想,都是她的、她的;报复也是她的本能;野心、贪欲、好胜、傲慢、虚荣、诽谤、反复,凡是一切男人所能列举、地狱中所知道的罪恶,或者一部分,或者全部分,都是属于她的;不,简直是全部分;因为她们即使对于罪恶也没有恒心,每一分钟都要更换一种新的花样。我要写文章痛骂她们、厌恶她们、咒诅她们。可是这还不是表示真正的痛恨的最好的办法,我应该祈求神明让她们如愿以偿,因为她们自己招来的痛苦,是远胜于魔鬼所能给与她们的灾祸的。)[1]

莎士比亚并不完全是这样写的。《辛白林》一剧,最早刊印的版本是1623年的对开本。莎士比亚的"手稿"和最早印行的版本之间

---

[1] 译文引自朱生豪译《莎士比亚全集》卷十。——译者

是有差距的,这差距至今仍使研究莎士比亚的学者感到头疼。我在这里引的实际上也不是对开本,而是诺斯沃西(J. M. Nosworthy)编辑的阿登版。在这个版本里,波塞摩斯的这段话体现了编者个人的理解,在文字上的揣测,以及学术水平和编辑工作开创的先例。出版这个版本,是为了测试 20 世纪中期一般受过教育的读者需要什么,他们的理解能力如何。这个版本,在标点、分行、拼法、大小写诸方面都与1623 年的对开本有所不同。看这个版本和看对开本,眼睛的感觉是迥然不同的。有一个地方,编者认为原来的版本有误,便根据他本人以及在他以前的学者的意见,以他们认为最可能的说法作了校订。在这种情况下,编者的职责就是要充分理解原作,而且要有创造性。

波塞摩斯这一顿咒骂,其总的精神和主要的修辞手段是很明显的。但是,只有细读才能发现有许多细节和各种因素在起作用。第一步要先看一看主要词语的含义,看一看这些词语在 1611 年(这个剧本可能就是在这一年创作的)的含义可能是怎样的。这一步就不容易,因为现在的含义不一定与莎士比亚的本义相符,也许只部分相符。不过话又说回来了,莎士比亚同时代的人中又有几人完全理解他的剧作呢?这就既要考虑个人的因素,又要考虑历史的因素了。

我们就先来看看这几个生动的词吧: stamp'd, coiner, tools 和 counterfeit。这几个词有许多含义交织在一起,使人联想到性的关系和金钱关系以及这二者之间强有力的但往往是隐蔽的联系。counterfeit 这个词,有一个含义就是 to pretend to be another(冒充另外一个人),用来形容阿埃基摩倒是恰当的。《牛津英语词典》列举了 counterfeit 在 1577 年的用法,意思是 to adulterate。把 adulterate 所包含的 adulteration(作假)和 adultery(通奸)这两种含义整合在一起,这种做法可以说明莎士比亚善于利用词语在意义上的互相关联和词语暗含的意思,而词语就是这样复杂。tools 是一个粗俗的字眼,具有性的色彩。而 stamp

一词在这里的意思肯定与"在文件上盖印章"和"打上烙印"有关。

pudency 一词，在《牛津英语词典》里就是根据它在《辛白林》一剧中的用法来确定其含义的，解释为 susceptibility to shame（羞耻之心）。所谓 rosy pudency，指的是因感到羞耻而脸红。这个短语与 pudenda（女子阴部）不无关系。Pudenda 一词，据记载，最早于 1398 年开始使用，到 17 世纪 30 年代才广泛使用起来。虽然如此，它与这里用的 pudency 一词还是有联系的。"羞耻"和"因男女关系而感到羞耻"，这两层意思都包含在 pudic 一词之中，pudic 一词是凯克斯顿[1]于 1490 年从法国人那里引入的，当时的意思是 chaste（贞洁）。事实上，莎士比亚在这段话里往下隔了一行就用了 chaste 这个词，是和 unsunn'd snow 这个鲜明的形象连用的。

用 yellow 这个词来形容阿埃基摩是很生动的，一看就使人产生一种厌恶的感觉。但是它的含义究竟是什么？虽然用 green 表示"嫉妒"更为多见，然而 1602 年米德尔顿[2]就曾用 yellow 表示"产生了嫉妒之心"。莎士比亚在与《辛白林》同一时期创作的《冬天的故事》(The Winter's Tale) 里，在《温莎的风流娘儿们》(The Merry Wives of Windsor) 第一幕第三场里，都用 yellow 表示"嫉妒"。阿埃基摩的确是在嫉妒，他嫉妒波塞摩斯的贵族身份，嫉妒波塞摩斯幸福地得到伊摩琴的忠贞与爱情。但是波塞摩斯知道这一点吗？这个形容词之所以生动有力，难道不正是因为波塞摩斯并没有意识到这一点吗？许多年以后，美国人把 yellow 一词用来表示怯懦与虚假，比如 yellow press（喜欢发表耸人听闻的消息的报纸）。虽然这两个意思用来描写阿埃基摩都是合适的，但是据我们所知，莎士比亚用这个词的时候，它并没

---

1 William Caxton（1422？—1491）英国翻译家、出版商，于1476年在伦敦开办第一家印刷厂，将印刷术引进英国。——译者
2 Thomas Middleton（1570？—1627）英国剧作家。——译者

有这两层意思。[1]

motion 在这里的意思是 impulse（感情冲动）。

Nice longing 在对开本里印作 Nice-longing。这可能是莎士比亚的创造，也可能是承印人这样处理的。莎士比亚在波塞摩斯这段话里用 nice 一词，因为这个词有双重含义，既可以表示文质彬彬、善于应变，又可以表示追求享乐、趋于腐化。这里显然带有贬义，相当于 wanton（荒淫）和 lascivious（淫荡）。

关于 mutability 一词，也需要多说几句。这个词的含义，自乔叟[2]的《特罗伊勒斯和克丽西达》(Troilus and Criseyde)到斯宾塞[3]未完成的《仙后》(Faerie Queene)第七部，经历了一段有趣的发展史。它具有哲学的可能还有星象学的含义，即万物俱变，人的命运变幻无常。不过，早在乔叟时期，以及李德格[4]的《特洛伊书》(1412—20年)中，这个词就显然与妇女的所谓不忠联系在一起了："They say that chaunge and mutabylyte / Apropred ben to femynyte." Mutability 一词使波塞摩斯对妇女的谴责达到了顶点。如果伊摩琴屈从了阿埃基摩，人世间谁还相信她，只好准备下地狱吧。

这样处理一下词汇，即或对词本身以及对历史因素做尽量详细的分析，也还只是初步的。要全面理解这一段话，下一步就要研究它的句子结构。研究莎士比亚的语法，这本身就是个很大的课题。在他晚期的剧作中，他似乎形成了一种速记式的句子结构，正常的句子结构受到了很大的影响。他往往把发表议论和表达感情看得比保持正常

---

[1] 根据 Graham S. May 为英国广播公司1983年出版的《辛白林》电视演出本所做的注释，yellow 一词在这里指的是面色发黄。——译者
[2] Geoffrey Chaucer（1340?—1400）英国诗人，英国人文主义作家最早的代表。——译者
[3] Edmund Spenser（1552—1599）英国诗人。——译者
[4] John Lydgate 生卒年月不详，约在1370—1450年之间。英国诗人，曾翻译大量外国诗歌，《特洛伊书》(Troy Book) 便是其中的一部。——译者

的语法关系更为重要。《科里奥兰纳斯》(Coriolanus) 一剧中就有许多这样的例子。在波塞摩斯这段话里，有两处违反了正常的语法关系。有些编者认为 All faults that name, nay, that hell knows 应当读作 All faults that may be named, that hell knows。也有些编者则宁可保留对开本的措词，认为波塞摩斯讲话不连贯，是作者为了达到戏剧效果而有意采取的一种手段。

不断进行语法分析是必要的，有助于深入理解。但是分析词句不过是手段。要想真正读懂，就要尽一切努力去弄明白波塞摩斯这段独白的用意何在，这首先要联系到这个剧本本身，第二要联系到人们已知的莎士比亚以及伊丽莎白时代其他剧作家的传统手法，第三，也是最困难的一点，就是要进而联系到17世纪初人们说话的习惯。这里涉及的问题可以说是理解过程的核心。为了弄清楚波塞摩斯这段话的含义以及他本人与这段话之含义的关系，我们要设法确定其"语气价值"(tone-values 或 valuations)。

波塞摩斯是否真是这样想的？他是否相信自己说的话，还是只在一定程度上相信？我们在这一方面应该掌握什么分寸？这些问题的答案，部分取决于我们对波塞摩斯的性格的"理解"。但是他的性格是由语义构成的，是由语言和手势发出的信号合成的。此人易于发怒，易于悲观。可能我们还会从他的言谈中发现他喜欢夸大，有言过其实的毛病。他这段话在舞台上的作用如何呢？格兰威尔-巴克[1]认为这段话是在舞台上比较靠后的地方讲的，讲完以后，还要走到舞台的前边来。阿埃基摩和菲拉里奥是能够听得见的。如果是这样，这段话就不完全是自言自语，至少有一部分是说给别人听的，也就是说给阿埃基摩听的。这能不能说明为什么这段话里有语法压缩的现象，能不能说

---

[1] Harley Granville-Barker (1877—1946) 英国剧作家，曾于1907年主持演出莎士比亚的剧作。著有《莎士比亚戏剧序言集》(Prefaces to Shakespeare) 多卷。——译者

明为什么在这段话的中间显然有焦点不集中的地方呢？还是说波塞摩斯的确是独自一人，用了自言自语这一传统手法，故意让全体观众"偷听"呢？

仔细看一看这段话，我想我们会清楚地看出它在文体和节奏方面有些地方破坏了整段话的严肃性。他发的这一通怒气有些让人发笑。他这段话大部分是严肃的，表现了他的厌恶心情。但是反复用 hers，而且怒气越来越大，却不知不觉产生了相反的效果。"I'll write against them" 也有一种近乎喜剧的效果。的确，在这段话的末尾，那种轻快而可笑的效果使得不少编辑认为最后一行并没有真正增加什么内容。波塞摩斯是不是并不完全相信阿埃基摩的谎言？如果他在内心里毫无保留地相信了，他还有什么理由和伊摩琴破镜重圆呢？

确定语气价值，彻底了解波塞摩斯这段话的含义，完全弄清这段话的内在关系和它与其他人以及观众的关系，这几件事好像是几个同心圆，一个比一个大。我们从第二幕末尾的波塞摩斯开始，进而看到《辛白林》全剧，进而看到莎士比亚的全部剧作，以及为他提供素材的整个文化领域与文学作品。

联系有没有止境？莎士比亚以前的任何作品或与莎士比亚同时代的任何作品都不能说与莎士比亚的作品无关。伊丽莎白时代的文化和欧洲文化的任何方面都为莎士比亚作品中的一段话提供了一定的背景。要做到"透彻理解"，从理论上说是没有止境的。

简·奥斯汀的《理智与情感》(*Sense and Sensibility*) 发表于1813年，比《辛白林》晚两个世纪。现在我们来看一下第二卷第一章里埃莉诺·达什伍德听到爱德华·费拉尔斯订婚的消息时产生的感想：

The youthful infatuation of nineteen would naturally blind him to everything but her beauty and good nature; but the four succeeding years — years, which if rationally spent, give such improvement to the understanding, must have opened his eyes to her defects of education, while the same period of time, spent on her side in inferior society and more frivolous pursuits, had perhaps robbed her of that simplicity, which might once have given an interesting character to her beauty.

If in the supposition of his seeking to marry herself, his difficulties from his mother had seemed great, how much greater were they now likely to be, when the object of his engagement was undoubtedly inferior in connections, and probably inferior in fortune to herself. These difficulties, indeed, with an heart so alienated from Lucy, might not press very hard upon his patience; but melancholy was the state of the person, by whom the expectation of family opposition and unkindness, could be felt as relief !

（19岁的年轻人的冲动会很自然地使爱德华看不到别的，只看到露西的美丽和温柔；但是，以后的四年，如果是很有理智地度过的话，就会使爱德华的认识有所提高，就一定会使他睁开双眼，看到露西在教育上的缺陷；同时，在这段时间内，露西在比较低级的社会中度过时日，追求比较轻薄的东西，这会使她不复单纯。而这种单纯本来有可能给她的美丽增添一种有趣的色彩。

如果假设爱德华想和她自己结婚，来自他母亲方面的阻力是很大的，那么当他订婚的对象无疑地比她的地位更低下，并且可能比她更贫穷时，那种阻力将会大多少啊！这些阻力，对一个与露西的心灵如此格格不入的人来说，可能不会给他的耐心增加很大的压力；但是这个人的性情实在是太忧郁了，所以，对他来说，家庭的反对与不仁慈的前景反而会使他不那么忧郁呢！）[1]

---

[1] 译文引自吴力励译《理智与情感》第23章。——译者

这比莎士比亚后期的诗剧似乎容易理解得多。从表面上看，奥斯汀的文字总是不难读的，因为她的作品有一种明晰畅达的特点。那么，我们岂不是在自找麻烦吗？我以为不然，不过也许正是因为有人制造困难，才使"古典作品"得以保持其生命力。此外，几乎是随手选来的这两段并不引人注目的话，却比波塞摩斯那段花哨的文字难以理解，难以阐述。关于这一点，也许有人会有不同的看法。

奥斯汀的用词表面上很文雅，其实不然。她与亨利·詹姆斯[1]一样，用自己的风格划出了完整的强行确定的范围。奥斯汀的小说描绘的世界具有明显的语言特点：全部现实都是以一种带有明显特点的词语加以"编码"的。在这编码系统以外的东西便超出了奥斯汀的标准，说得更确切一些，也就是超出了她认为的"小说之生命"应有的范围。这就是为什么她的词汇和语法都起着限制的作用。人生的种种方面，如政治、社会、两性关系、潜意识等，在她的作品里一概付之阙如。虽然奥斯汀生活在政治革命和产业革命的高潮之中，生活在哲学思想有很大发展的时期，她写的小说却几乎与这一段历史无关。然而她的小说涉及的时间和地点却是确定得十分恰当的。《理智与情感》和《傲慢与偏见》(Pride and Prejudice)所描绘的世界都巧妙地反映了18世纪中、末叶的"田园生活"，稍微掺杂了19世纪第二个十年摄政时期的观点。

埃莉诺·达什伍德心烦意乱，她想到爱德华，又想到"愚昧无知、狡猾、自私"的露西·斯蒂尔。这段心理描写似乎无需加以解释。然而，第二段的句子结构却是值得注意的。这一段里一共有两句话，都在一定程度上显得臃肿。相比之下，第一段虽然只有一个长句，但是十分巧妙，节奏顺畅而有变化。第二段一开始是这样说的："If in the

---

[1] Henry James（1843—1916）美国小说家，主要有长篇小说《一位妇女的画像》(The Portrait of a Lady)、《鸽翼》(The Wings of the Dove)等。——译者

supposition of his seeking to marry herself...",这句话就很别扭。句尾重复 herself,使我们更加感到其中的利害冲突与不安的心情。下面一个句子,前后两部分都很啰嗦,一下子不易看明白。人们产生疑问,不知最后那个惊叹号是否是用来在一定程度上把句子加以简化,从而恢复到叙述的语气。这种难以解释的语法现象,其用意是很明显的。这些难读的句子是为了表现埃莉诺不肯承认自己感情上的痛苦与混乱。她想尽力以合乎理智的形式来表现她那复杂的惊奇的心情。同时她又是那样明显地跟这件事纠缠在一起,一看就知道她是故意装出慎重考虑、实事求是的样子。这番话庄重适度,用了大量抽象的字眼,一个接一个的从属短语和条件短语,构成了喜剧色彩。对于这场感情与虚荣心受到挫折的风波,作者无疑是采取了轻蔑的态度。在下面一段("当这些想法一个接一个痛苦地出现在埃莉诺的脑海中时,她哭了,但更多的是为爱德华难过,而不是为她自己。……")刚才说的那种古怪的幽默就变成了温和的讽刺。

即便我们对这段引文做了详细的句法分析,仍不能解决主要困难。分析奥斯汀的作品,经常会遇到这种情况。问题的症结在于色调,在于关键性词语产生的总体效果。这些关键性词语包含着复杂的语义价值与伦理价值。要透彻地理解达什伍德小姐的想法,就不仅会碰到涉及当代词汇的问题,而且需要知道奥斯汀以各种方式融汇在她以前的两大语言传统:一是 1660 年以后复辟时期的喜剧,一是理查生[1]以后的伤感小说。更大的难处还在于许多关键性的词好像"没有时间性",现在仍然适用。其实这些词有很大的局限性,是属于一个过渡性的、在一定程度上可以说是人为的反映意识的符号系统。

我们在读到 "good nature" 和 time "rationally spent" 的时候,究竟应

---

[1] Samuel Richardson(1689—1761)英国小说家。他的作品具有伤感主义因素。——译者

该用什么语调,怎样划"重读符号"呢? Nature, reason, understanding 这些词现在讲话时都可以使用,同时又是哲学术语。它们在句子里互相作用,产生了一种特殊类型的性格和正当行为的标准。奥斯汀处理得很简洁,她认为她自己、她塑造的人物和她的读者都能够理解这些抽象词语,因为它们背后具有大量的传统的基督教术语和洛克的心理学的影响。至于"defects of education","inferior society","frivolous pursuits",这几个短语也是一种使人容易上当的地方。现代没有现成的对应词。其贬义的确切程度如何,要看以什么具体标准来衡量社会方面和教育方面的细微差别。只有熟读奥斯汀的几本小说,才能衡量出露西·斯蒂尔的缺陷达到了什么程度。此外,这几个短语出自一个失望了的情敌之口,难免有夸张或牵强之处。这就造成了困难,困难的程度并不亚于从《辛白林》一剧引出的那一段话里的任何问题。

有些语言学家,在涉及必要的与充分的上下文这一问题时,在涉及要理解一段文章事先需要掌握多少材料的问题时,提出了"事先材料"(pre-information)这个说法。那么,我们事先需要掌握多少材料,才能确切地理解 simplicity 和 interesting character 这些概念,才能想象出它们与露西·斯蒂尔的 beauty 有什么关系呢?这个句子的节奏古雅,而其内容偏俗,使我们觉得它可能略带讽刺意味。埃莉诺所作的假定是以伤感小说使用的那种语言表现出来的,模仿的是艾迪生[1]和哥尔斯密[2]所写的在家庭中谈论道德的方式。它在这里表现出一种略为过时的乡村色彩。埃莉诺感到非常痛苦,这也是十分清楚的。如果说 simplicity 这个词意味着 freedom of artifice(不施诡计),那么它就也

---

1 Joseph Addison(1672—1719)英国散文作家,曾与斯蒂尔合作办过一个刊物,名叫《旁观者》(*The Spectator*)。——译者

2 Oliver Goldsmith(1730—1774)英国文学家,著有《威克菲牧师传》(*Vicar of Wakefield*)等。——译者

包含着 rusticity（质朴）和 uncouthness（粗鲁）的意思。接下来，我们应该怎样理解 an interesting charater to her beauty 呢？在马尔萨斯和李嘉图使用的功利主义与实用主义的词汇里，interest 一词的含义跟我们通常理解的意思截然相反，它可以表示"that which excites pathos"（引起怜悯的），"that which attracts amorous, benevolent sympathies"（引起爱慕与亲切同情的）。1778年[1]斯泰恩[2]所著《伤感旅行》，其用词对奥斯汀是有影响的。该书中讲故事的人，面容就是 interesting 而不 handsome，此处 interest 的意思就是精神方面的可爱之处。只有在这样一类的上下文里，simplicity 一词才谈得上给她的美貌以 interesting character。同时，只有注意到埃莉诺使用的语言具有郑重的语气，我们才能衡量其险恶的用心，看出她虽然力图克制自己，却是掩盖不住的。

细读但丁·迦百列·罗塞蒂[3]的十四行诗《在卢森堡看英格利斯所作〈海怪拯救安吉利卡图〉》，便会遇到另外一些困难。

> A remote sky, prolonged to the sea's brim:
>   One rock-point standing buffeted alone,
>   Vexed at its base with a foul beast unknown,
> Hell-spurge of geomaunt and teraphim:
> A knight, and a winged creature bearing him,
>   Reared at the rock: a woman fettered there,
>   Leaning into the hollow with loose hair
> And throat let back and heartsick trail of limb.

---

[1] 应为1768年。——译者
[2] Laurence Sterne（1713—1768）英国小说家，著有《商第传》（*Tristram Shandy*）、《伤感旅行》（*Sentimental Journey*）。——译者
[3] Dante Gabriel Rossetti（1828—1882）英国诗人、画家，是"前拉斐尔派"诗歌的主要代表。——译者

> The sky is harsh, and the sea shrewd and salt.
>   Under his lord, the griffin-horse ramps blind
>   With rigid wings and tail. The spear's lithe stem
> Thrills in the roaring of those jaws: behind,
>   The evil length of body chafes at fault.
>   She does not hear nor see—she knows of them.

罗塞蒂的几首"绘画诗"于1850年发表在《萌芽》(The Germ)杂志上。题目的含义并不清楚。这些诗也许是诗人为了对弗兰德、意大利、法国的画家表示敬意，表示惊讶或兴奋？也许是诗人在布鲁日和巴黎看到这些绘画以后，只是用语言加以描绘？这些诗是不是再现了绘画的内容呢？诗与画的关系，说不定这几种可能性都是存在的。

这首诗里的动词用的是现在时，这就使人强烈地感到诗人当时眼前就放着英格利斯所作的《海怪拯救安吉利卡图》。(但 reared 一词是过去时，这又使得上面这种说法不能自圆其说。)读者的目光——一方面看着诗，一方面又看着画——需要从地平线移到汹涌的波涛，然后落到裸体的安吉利卡身上，而画家正是把光线集中在她身上的。原画是画得很细腻的，线条十分刚健。它采用了古典的和文艺复兴时期的圣像画法。罗塞蒂对这幅画描写得怎么样呢？除了追求韵律以外，"The evil length of body chafes at fault"说明什么呢？英格利斯所画的丰满的裸女又是怎样"trail"她的"limbs"的呢？hell-spurge 这个词显得有点怪。spurge 一词，用于植物，可以比喻"发芽"。不过人们认为在这里用这个词是因为它与 surge 的音和形相近。在1870年出版的诗集里，就改为 hell-birth 了。geomaunt（星象家）和 teraphim（家神）放在一起也显得有点怪。在这里用 geomaunt 一词，说不定是因为罗塞蒂想到了但丁的诗句：

quando i geomanti lor maggior fortuna

veggiono in oriente, innanzi all' alba,

surger per via che poco le sta bruna. ...

(*Purgatorio*, XIX.4—6)

(那时尘土卜者,在天晓之前,看见他们的"洪福"已上升在东方,知道黑暗是不会长久了;就在那时我梦见一个妇人……)[1]

在这几行诗里,surger 和 geomanti 靠得这样近,使人感到与其说是英格利斯的画,倒不如说是但丁的诗促使罗塞蒂写下了那一行诗。teraphim 一词来源于希伯来语,带有多神教的味道。星象家和家神究竟与海怪有什么关系呢?

罗塞蒂的这首诗是不值得费力气去研究的。用20世纪中叶关于诗的标准来衡量,几乎没有这首诗的地位。它与英格利斯的画有些联系,这也未必就是诗人写诗的缘由。实际上这十四行诗什么也没说,也看不出这首诗是为适应一种什么样的需要而写的。有好几处只是以音乐效果来充数。对现代人的感受来说,罗塞蒂这首诗可以说是个肥皂泡,是空的。他那几首关于绘画的十四行诗,都令人难以卒读。

语气价值最难确定的莫过于看上去属于"中性"的段落,因为在用词方面,就连词典学家和语法家都不能从中得到任何启示。请看怎样才能确定诺埃尔・考沃德[2]的《私生活》(*Private Lives*)一剧中非常有名的一段对话写于什么年代呢?

Amanda. And India, the burning Ghars, or Ghats, or whatever they are, and the Taj Mahal. How was the Taj Mahal?

*Elyo*t. Unbelievable, a sort of dream.

Amanda. That was the moonlight I expect, you must have seen it in

---

[1] 译文引自王维克译《神曲・净界》第19篇。——译者
[2] Nöel Coward(1899—1973)英国剧作家。——译者

the moonlight.

Elyot. Yes, moonlight is cruelly deceptive.

Amanda. And it didn't look like a biscuit box, did it? I've always felt that it might.

Elyot. Darling, darling, I love you so.

Amanda. And I do hope you met a sacred Elephant. They're lint white I believe, and very, very sweet.

Elyot. I've never loved anyone else for an instant.

Amanda. No, no, you musn't — Elyot — stop.

Elyot. You love me, too, don't you? There's no doubt about it anywhere, is there?

Amanda. No, no doubt anywhere.

Elyot. You're looking very lovely you know, in this damned moonlight. Your skin is clear and cool, and your eyes are shining, and you're growing lovelier and lovelier every second as I look at you. You don't hold any mystery for me, darling, do you mind? There isn't a particle of you that I don't know, remember, and want.

Amanda. I'm glad, my sweet.

Elyot. More than any desire anywhere, deep down in my deepest heart I want you back again — please —

Amanda. Don't say any more, you're making me cry so dreadfully.

这段对话是一段玲珑剔透的杰作，虽然内容并不重要，却是一段完美的对话，可以与康格利夫[1]的剧作中类似的片段相媲美，而且同样具有明显的时代特色。这段对话没有一处不说明它是1930年的产物。

1　William Congreve（1670—1729）英国剧作家。——译者

不过要把这一点说清楚，却极其困难。当然，有些词语是可以看得出属于什么时代的，比如 biscuit box，比如那个不甚明显的 lint white。假如用心想一想，那具体的含义是能够立刻看清楚的，然而如果说在 1974 年能自然地浮上脑海，就多少有点奇怪了。damned moonlight 也是过时了的，虽然难以说出道理。particle 一词，自从 40 年代末以来，已经产生了一种较为特殊的、不祥的含义。You're making me cry so dreadfully 也略微有些陈旧的味道，我觉得我们就不会这样用那个副词，也不会像 Amanda 那样加以强调。另外还有一些能够说明作品时代的地方，不过那就更加难以捉摸了。

然而这段对话的时代特点主要还是体现在作者使用的节奏上。作者本人既是演员，又是歌曲作家，他使用的语言显然带有音乐感。音的高低与节奏都表现得很细腻。在这段对话里，and 一词的使用是很明显的，与他的同时代作家海明威[1]使用 and 的情况相似。有时这个词用得像是乐谱里的小节线。在艾略特表白爱情的时候，这个词有助于产生呼吸急促、感情激动的效果。逗号的使用也产生了异乎寻常的效果。要是拿当前的标准来衡量，这段对话里的逗号是用得太多了。但是每一处停顿或不停顿（比如在 deepest heart 之后）都是非常明显的。《私生活》一剧节奏的快慢完全合乎节拍，宛如四步舞曲。我们今天讲话的节奏却与此截然不同。

上面这些例子都是为了说明一个简单的道理。对于本族语过去的文学作品要想彻底弄懂，就要从多方面加以理解。在大多数情况下，人们不大这样做，甚至并不意识到需要这样做。一般的读者最多只是依赖脚注或词汇表。在读 1800 年以来的英文散文作品的时候，或在读大部分诗作的时候，一般读者认为除了几个难词或怪词以外，

---

[1] Ernest Hemingway（1899—1961），美国作家，主要作品有《战地钟声》、《老人与海》等。——译者

每个词的意思和他们自己使用这些词时意思是一样的。有人甚至把这种想法进一步用于18世纪初期的古典文学作品,如笛福[1]和斯威夫特[2]的作品。甚至几乎用于德莱顿[3]的作品,不过这当然是异想天开的事情。

语言是不断变化的。1869年亨利·西奇威克[4]谈到克劳[5]时曾说:"在英国,他的观点和思想方法在1869年就不像在1859年显得那么怪,比1849年就更不显得怪了。我们正在逐年变得趋于内向。目前的哲学引导我们对自己的思想过程做耐心细致的不带偏见的观察与分析:我们越来越倾向于使我们所说的、所写的符合我们所想的和感觉到的,而不是符合我们希望怎样想或怎样感觉。"西奇威克这个提法可以用于英国语言与意识发展史上的任何一个十年。如果画一张图表来显示语言的变化,那就不能以十年为单位,而要画得更细。语言无时无刻不在变化。每出现一个新的语言现象,就不但增加了语言现象的总数量,而且使之发生变化。

语言的变化有各种形式。新词出现,旧词消失。在习惯用法的压力下,或由于文化方面的原因,传统的语法也发生变化。哪些字眼是可以用的,哪些字眼是因粗俗而忌用的,这个界线也是不断变化的。口语和非口语的范围也是变化的。

语言变化的速度如何?围绕着这个问题已经产生了一个新的学科,叫做"词汇统计学"(lexico-statistics)。不过现在还不能提供一个

---

1 Daniel Defoe(1660?—1731)英国小说家,著有《鲁滨孙飘流记》(*Robinson Crusoe*)等。——译者
2 Jonathan Swift(1667?—1745)英国小说家,著有《格列佛游记》(*Gulliver's Travel*)等。——译者
3 John Dryden(1631—1700)英国文学中古典主义流派的创始人。——译者
4 Henry Sidgwick(1838—1900)英国哲学家。——译者
5 Arthur Hugh Clough(1819—1861)英国诗人。——译者

概括的答案，也不能指望有什么普遍适用的规律可循。拿任何一种语言或一组语言来看，在其整个发展过程中变化的速度是完全不一样的。有时语言以异乎寻常的速度变化着，新的词汇和语法现象很快就吸收了，陈旧的也很快抛弃了。根据在电影、幽默作品、新闻风格、小说等方面能够做出的判断而言，当前美国英语不断吸收新的东西，同时也是不稳定的，而英国英语则可能正在丧失活力。

有时候语言也是非常保守的。法国浪漫派作家自称叛逆者、开拓者，他们的剧作却仍是传统的文笔，对法国散文的面貌几乎没有什么影响。在18世纪60年代，英国散文似乎达到了体现出自信与雅致的高度。它不愿再有所创新，对相当一部分诗的创作产生了很大的影响。奥古斯都后期的诗作就具有在语言方面颇为自负的特点。人们还常常提到，中国历史上不少时期都在语言方面表现出保守主义，甚至故意保持古老的说法。战后的意大利，虽然有写实主义的压力，而且其他传播工具如电影也有意识地采取现代手法，但意大利语却纹丝不动，真是奇怪。

有一点是很清楚的：每一个语言现象都具有时间性。我们每用一个词，就等于是打开了它的全部历史。每一段话都是属于一定的历史时期的，它具有语言学家所说的历时语言结构。要透彻地理解一段话，就是要尽一切可能恢复原来说话时它所具有的价值和用意。

要做到这一点，是有工具可以利用的。只有勤于查词典的人才能真正弄懂。在这一方面，英语有特别有利的条件，有 Bosworth 编的 *Anglo-Saxon Dictionary*，有 Kurath 和 Kuhn 合编的 *Middle English Dictionary*，还有那几乎无与伦比的 O. E. D.。罗塞蒂的诗里用的 geomaunt 一词使我们想到 Shipley 编的 *Dictionary of Early English*，其中有这样一句话："在这一方面，最后还有一个词，就是 moromancy, 意思是愚昧的占卜，这是17世纪用的一个词，可以包括所有这类词的含义。"要想了解词的发展史，Skeat 编的 *Etymological Dictionary* 和 *Principles of English Etymology* 是两本不可缺少的入门书。不过，关于每个时期还有专门的词书。如果要读从斯克尔顿[1]到马维尔[2]的英国文学作品，那么，Skeat 和 Mayhew 合编的 *Glossary of Tudor and Stuart Words* 就是必备的参考书。如果不参考 H. Yule 爵士和 A. C. Burnell 合编的 *Hobson-Jobson*，谁也无法深入了解吉卜林[3]的作品，也无法弄明白吉尔伯特和萨利文[4]作品中的某些关键性字眼儿。谚语词典和地名词典也都非常重要。除一般场合下通用的语言外，还有五花八门的俚语和禁忌词语需要弄清意思。如果不参考 Champion 编的 *L'Argot Ancien* 和 Eric Partridge 编的下层社会用法词典，西方文学的很大一部分，从维庸[5]到热内[6]的作品，便不能彻底了解。

除了上述重要词书以外，还有专门的词书。认真的读者在读 18 世纪中叶的诗作时，会经常查阅皇家园艺学会编的 *Dictionary of Gardening*。S. William Beck 所编的旧的 *Drapers' Dictionary* 解释了不少复辟时期的喜剧中暗指男女关系的词语。Fox-Davies 编的 *Armorial Families* 以及其他纹章集不仅有助于理解莎士比亚的剧作《温莎的风流娘儿们》，而且可以澄清司各特爵士[7]诗作中的某些段落。莎士比亚的剧作涉及人的各方面的活动。包括打猎、航海、法律、医学、性生活、占星术。从《驯悍记》(*The Taming of the Shrew*) 到《暴风雨》(*The Tempest*)，几乎没有一出不是广泛地采用了伊丽莎白时代的音乐

1　John Skelton（1460？—1529）英国诗人。——译者
2　Andrew Marvell（1621—1678）英国诗人。——译者
3　Rudyard Kipling（1865—1936）英国诗人、小说家。——译者
4　William Schwenck Gilbert（1836—1911）英国剧作家。Sir Arthur Sullivan（1842—1900）英国作曲家。他们共同创作歌剧多种。——译者
5　François Villon（1431—1463？）法国诗人。——译者
6　Jean Genet（1910—86）法国小说家、剧作家。——译者
7　Sir Walter Scott（1771—1832）英国诗人、小说家，著有历史小说多种。——译者

术语来说明人的动机与行为。简·奥斯汀的作品中,有不少地方需要知道英国摄政时期(1811—1820)的写字台是什么样子、信是怎样寄的才能弄明白,而这一方面的知识是不容易取得的。狄更斯的作品非常注重细节,在《荒凉山庄》(*Bleak House*)和《董贝父子》(*Dombey and Son*)这两本小说里,关于维多利亚时代怎样打官司、怎样处理钱财问题都做了大量的描述。

但是,以上说的都是表面的东西。要完全深入地掌握一段文字,要完全发现并理解能够体现其生命的东西,这个过程虽可意会,却难以言传。柯勒律治[1]是以洞察力强而著称的,这里就用得着他所说的"推测手段"(speculative instruments)。熟悉有关语言的历史,意识到遣词造句法乃是社会存在的反映,这是绝对必要的。对于一段文字,一定要掌握其有关的时间和地点,要掌握哪怕是最古怪的表达方式和当时一般语言之间的关系。熟悉一位作家,熟悉他的全部作品,包括好的和不好的,包括早期的和死后发表的,都会有助于理解每一个细节。读莎士比亚和荷尔德林[2]的作品,实际上要看准备得怎么样。但是,学识和勤奋都不能代替洞察力,不能代替看问题一针见血的本能。豪斯曼[3]曾说道:"专心攻读,正确思考,不忘细节,杜绝主观,这都是难得的品质。"不过这还不够,还需要有"文学方面的观察力,对作家的熟悉,通过学习而积累起来的经验,以及从娘胎里带来的天生的智慧。"约翰逊博士在编辑莎士比亚的作品时,还进一步指出:校勘一事"需有过人的才能。"

批评家、编辑、演员、读者,就使用"推测手段"而言,其所处

1　Samuel Taylor Coleridge(1772—1834)英国诗人。——译者
2　Friedrich Hölderlin(1770—1843)德国诗人,与歌德、席勒齐名。——译者
3　Alfred Edward Housman(1859—1936)英国诗人。——译者

的地位是相同的。他们各有不同的侧重，但又有共同的需要，这就使得书面语继续获得生命力。正是他们——借用庞德[1]的话来说——使得文学作品成为永不过时的新闻。演员的作用是特别有趣的。《辛白林》每次上演，波塞摩斯那段独白都会有不同的处理。演员可以用"对开本"的台词，他认为伊丽莎白时代的英语怎样读音，就可以怎样读音。他也可以采用一种不新不旧的基本上是19世纪的严肃的语调，并使用颤音。他还可以控制停顿和元音的高度，造成一种现代的印象。负责演出的人选择什么服装，这也是对剧本所做的一种具体的评论。如果把波塞摩斯打扮成罗马时代的人，这就可以纠正伊丽莎白时代经常发生的人物与时代背景不符的现象。如果用詹姆士一世国王时代的服装，则强调说明这个剧是莎士比亚的作品。如果用现代服装，说明这出戏具有"永恒的价值"，无论詹姆士一世时代的语言多么奇特，波塞摩斯这番激烈的言词至今仍未失去它的意义。演出《辛白林》当然还可以用而且的确用过其他时代的服装，如奥古斯都时代、拜伦时代、爱德华时代的服装。不同的服装具有不同的含义，产生不同的效果。

我所关心的是这样一种解释（interpretation），它能够使得语言在说出或写出的时间和地点以外仍保持其生命力。法语 interprète 一词包含着全部有关的含义。一位演员可以是拉辛[2]的剧作的 interprète。一位钢琴家演奏贝多芬的奏鸣曲，这一场演奏可以叫 une interprétation。一位文艺批评家如果对蒙田[3]或马拉美[4]的作品进行评论，就可以成为他们的 un interprète。英语 interpreter 一词没有那么多的含义，它不能用来指演员，即便是用于音乐家，也只是借用而已。然而法语 interprète

---

1　Ezra Pound（1885—1972），美国诗人。——译者
2　Jean Racine（1639—1699）法国剧作家。——译者
3　Michel Eyquem de Montaigne（1533—1592）法国人文主义作家。——译者
4　Stéphane Mallarmé（1842—1898）法国诗人。——译者

和英语 interpreter 都可以指译者。

下面这个论点,我认为是最重要的出发点。

每当我们读或听一段过去的话,无论是《圣经》里的"利未记",还是去年出版的畅销书,我们都是在进行翻译。读者、演员、编辑都是过去的语言的翻译者。翻译的模式便是使一条信息经过改造的过程,由源语过渡到译语。障碍显然就在于一种语言和另一种语言不同,要经过解释性的移植,这一信息才能"传递过去"。在同一种语言里进行翻译也需要完全同样的模式,只是障碍在于源语与译语的时间上的差距罢了。我们可以看到,这两种翻译使用的工具也是有联系的:两种译者都需要借助于词典、历史语法、某时期、某行业或某种社会环境的词语汇编、俚语词典、技术术语手册等。两种译者都要有学问,熟悉有关材料,并且有再创造的能力。两种译者都会有典型的欠缺或失误。原文中有些成分是无法彻底了解的,或是无法再现的。时间的距离可能比语言的差异更难处理。从事两种语言翻译的人都知道"假朋友"这种现象。法语 habit 和英语 habit 拼法相同,意思几乎完全不同。英语的 home 和德语的 Heim,虽然来源相同,却不能互译。在同一种语言中进行翻译的人还要躲避更隐蔽的陷阱。词义的演变往往在表面上看不出来,只有在十分明确的上下文里才显示出来。年代久远的文字,如乔叟的作品,译成现代英语就和译成另外一种语言差不多,需要聚精会神地揣摩它的意思。越是看起来显得规范化的语言,越不容易在语义方面确定它的年代,而从德莱顿那时候开始,语言现代化的进程是很快的。我们的许多戏剧和目前大量的文字都是出自懒惰的译者。人们得到的信息是冲淡了的,是歪曲了的。不过,在不同语言之间的翻译也往往如此。

总之,文学艺术的存在,一个社会的历史真实感,有赖于没完没了的同一语言内部的翻译,尽管我们往往并不意识到我们是在进行翻译。我们之所以能够保持我们的文明，就因为我们学会了翻译过去的东西。这样说并非言过其实。

自从索绪尔[1]以来，语言学家区分历时（纵的）语言结构和共时（横的）语言结构。这一区分同样适用于同一语言内部的翻译。如果说文化之存在有赖于跨越时间的意义转移，那么，它也同样有赖于跨越空间的意义转移。

语言具有离心力。一种语言在一个广大的地区里使用便会产生各种方言土语。在广播和电视开始起规范化的作用以前，语音学家津津乐道的是他们能把来自美国边境各州的美国人或来自英格兰北部的英国人的确切籍贯说出来，有时误差只有几十英里。法国北部的诺曼底人讲的法语和西部都兰人或南部卡马尔格人讲的法语就不一样。德国中南部讲的高地德语和北部讲的德语也有很大差别。实际上，世界上许多重要的语言，其方言的差别越来越大，几乎成了不同的语言。大家知道，汉语的各个分支，如广东话和中国普通话，就互不相通。在意大利，米兰人也很难听懂邻近的贝尔加莫人说的意大利语。在这种情况下，要彼此了解，就要翻译，而且这种翻译越来越接近于不同语言之间的翻译。威尼斯语、那不勒斯语、贝尔加莫语都有自己的词典和语法。

各地区不同方言之间的差别是最容易识别的。但在一个比较复杂的社会里同时使用的语言也还有许多更为细微的差别。这些差别涉及社会地位、思想、行业、年龄和性别。

社会里不同等级、不同阶层的人使用的词语是不同的。18世纪时，蒙古人提供了一个突出的例子。他们当时使用的宗教语言是藏语，政府使用的是满语，商人讲汉语，文学作品用古典蒙语，口头上用蒙语

---

[1] Ferdinand de Saussure（1857—1913），瑞士语言学家，心理社会语言学派创始人，其理论对结构主义语言学派有重大影响，有遗著《普通语言学教程》。——译者

中的柯尔克方言。

儿童的语言非常有趣，也非常值得研究。在许多语言里，儿童的语言有明显的界限。日本儿童对任何东西都有单独的词汇，一直用到一定的年龄。更常见的是儿童把成人的词法和句法抽出一部分，建立自己的语言体系。

在研究儿童语言方面，亨利·詹姆斯是先驱者。他深入研究了边境地区儿童语言接近于成人语言的情况。《小学生》(The Pupil)一剧生动地对比了成人语言和儿童语言的句子结构。儿童也有说假话的办法，但与我们成人不同。《螺丝在拧紧》(The Turn of the Screw)这个寓言使用了四种不同水平的语言：有叙事者的腔调，他提供了各种可能性，但对任何可能性都不加以肯定；有家庭教师流利的语言，但她时而来一段舞台上的华丽的台词；还有仆人使用的语言，他们什么都想知道。这三种语言交织在一起，使儿童的语言受到影响，失去了它的特色。不完整的句子，偷看的信件，用偶尔听到的片言只语拼凑起来的话，简直无法翻译。《未成熟的少年时代》(The Awkward Age)和《梅西所知道的》(What Maisie Knew)这两本书集中描写了边境地区的儿童，描写了青年和成年人交往过程中使用的语言。

儿童和青年的语言也引起陀斯妥耶夫斯基[1]极大的兴趣。那极端的无知，那正在成熟的孩子故意闪烁其词，都在《卡拉马佐夫兄弟》(The Brothers Karamazov)一书中反映出来。阿廖沙能够了解柯莉亚和孩子们，这和相传13世纪圣弗兰西斯和鸟类对话的情况十分相像。詹姆斯和陀斯妥耶夫斯基的小说里的孩子们虽然都很生动，很真实，却在很大程度上仍是些小大人儿。他们都表现出弗莱德艺术中"老成"

---

[1] Feodor Mikhailovich Dostoevsky（1821—1881），俄罗斯小说家。主要作品有《被侮辱和被损害的》、《罪与罚》等。——译者

的婴儿基督所具有的那种不可思议的洞察力。马可·吐温[1]所表现的儿童的语言，无论是孩子们自己说话，还是跟别人说话，都刻画得比较好。哈克贝利·费恩和汤姆·索亚具有天赋的机敏，这就使他们显得特别生动。他们使用的语言很美，他们彼此责怪，又互相亲近，他们巧妙地重话轻说，其复杂程度与成人说话完全一样。但是他们又成功地体现了孩子的说话方式。这说话方式，由于黑人讲话带有另外一种"孩子气"，相比之下，显得愈加真切。在西方的文学中，儿童语言这个领域第一次得到开拓。马克·吐温写了这两本书之后，儿童心理学便发展起来。

当我们对小孩说话的时候，我们选用简单的词，而且把句子加以简化，回答孩子的问话时往往借用孩子自己使用的词语。我们还常常对他们躬着身子说话。孩子们在跟大人说话的时候也与他们自己说话时使用的词语、语调、手势都不一样。所有这一切都是翻译时应当注意的。

男人使用的语言和女人使用的语言之间的差别也是一个重要的方面。有些民族语言学家说，有一些语言，男人和女人使用的句子结构不同，一部分词汇也不相同。有人对美国路易斯安那州西南部马斯科吉语族的一个分支科萨蒂语做了研究，研究了男人和女人使用的语言有何差别。[2] 据观察，其差别主要在语法方面。女人通过抚养男孩子，也知道男人使用的语言，男人在引用女人的话时也会使用女人的语言。有些例子说明女人使用的语言比男人的语言显得有些陈旧。

在言语习惯方面，男人女人互相指责，由来已久。男人指责女人饶舌，指责她们说起话来没完没了，世界各国莫不如此。朱文纳尔[3]讽

---

[1] Mark Twain（1835—1910），原名 Samuel Langhorne Clemens，美国小说家，著有《汤姆·索亚历险记》、《哈克贝利·费恩历险记》、《王子与贫儿》等。——译者

[2] 参看 Mary R. Haas, "Men's and Women's Speech in Koasati"（*Language*, XX, 1944）.

[3] Decimus Junius Juvenalis（60?—127?）罗马帝国时期的诗人。——译者

刺女人饶舌，有这样一段话：

> 语法家要让步，修辞学家要屈服，在场的人都一声不响。就连律师，就连主持拍卖的人，也别想插进一句话，别的女人也没办法。她口若悬河，滔滔不绝，仿佛铁锅、铜钟一齐敲打。不用请人吹喇叭，不用找人来敲钗，光这一个女人发出的声音就足以使将蚀之月免失光华。

男人和女人使用的语言有差别，主要是经济和社会原因造成的。他们在社会上的劳动分工不同，职责不同，消遣的方式也不同，结果他们使用的语言也有所不同。

任何一种方式的交流都是一种翻译，都是意思的转化，纵的或横的。任何两个历史时期，任何两个社会阶级，或任何两个地区都不可能用词汇和句子结构来表示完全相同的东西，发出相同的信号。任何两个人也不可能做到这一点。

当一个人从另一个人那里收到一则由语言构成的信息时，他就要进行翻译，而且是不折不扣的翻译。时间、距离、思想观点的差异使得翻译多少有些困难。

我想说明的是一个很简单而又极为重要的论点：不同语言之间的翻译是本书主要兴趣之所在，但这也是对语言本身进行研究的一条途径。"翻译"，如果正确加以理解的话，乃是人们交往的一部分，这种交往通常是在同一语言中进行的。不同语言之间的翻译提出许多难以解决的问题，这些问题在同一语言之中进行翻译时也是会遇到的，不过不那么明显，因而常被人们忽略罢了。符号学和语义学所说的"发出者—接受者"模式，实质上相当于翻译理论中所说的"源语—译语"模式。这两种模式在"中间环节"都存在一个解释的过程，一个"编码—译码"（encoding-decoding）的过程。如果在两种语言或多种语言之间进行翻译，在中间环节遇到的障碍就更明显，就更要有意识地努力把意思表达清楚。但是"心灵的活动"——借用但丁的说法——是非常相似的。造成误解，或者说造成误译的最常见的原因也是非常相似的。总之，**无论是同一语言之内还是不同语言之间，人的交往就等于翻译**。研究翻译就是研究语言。

翻译理论种种

关于翻译理论、翻译实践和翻译史，有大量的著作问世。[1] 这些著作可以分为四个时期，不过其界线的划分也并不是绝对的。

第一个时期从西塞罗[2]和贺拉斯[3]开始，到荷尔德林结束。公元前46年，西塞罗在《论演说术》（*Libellus de optimo genere oratorum*）一文中提出一个著名的论点，即不要逐字翻译。大约过了二十年，贺拉斯在《诗艺》（*Ars poetica*）一文中重申了这一论点。1804年荷尔德林对自己所译的索福克勒斯[4]的作品做了难以理解的说明。在这漫长的时期里，从事翻译的人直接根据自己的实践对翻译做了初步的分析和论述。这一时期的著作包括哲罗姆[5]的论述，1530年路德[6]的权威性的《论翻译书》（*Sendbrief vom Dolmetschen*），杜·贝雷[7]、蒙田、查普曼[8]

1　参看参考书要目。
2　Marcus Tullius Cicero（公元前106—前43）古罗马政治家、雄辩家和哲学家。——译者
3　Quintus Horatius Flaceus，通称Horace（公元前65—前8）古罗马诗人和文艺批评家。——译者
4　Sophocles（公元前496?—前406）古希腊三大悲剧家之一。——译者
5　Saint Jerome（340?—420）古罗马宗教作家，基督教教父之一。他根据《圣经》的拉丁文旧译而订定的译本称为"通俗拉丁文译本"，后于16世纪中叶由特兰托会议规定为天主教会的法定本。——译者
6　Martin Luther（1483—1546）16世纪德国宗教改革运动的发起者，基督教（新教）路德宗的创始人。曾将《圣经》译成德语。——译者
7　Joachim du Bellay（1525—1560）法国诗人，七星诗社成员，1549年草拟七星诗社宣言《保卫和发扬法兰西语言》——译者
8　George Chapman（1559—1634）英国诗人、戏剧家和翻译家，曾将荷马的《伊利亚特》和《奥德赛》译成英语。——译者

的论述，杰克·阿米奥[1]就他译的普鲁塔克[2]的著作致读者书，本·琼生[3]论模仿，德莱顿论贺拉斯、昆体良[4]、琼生，蒲伯[5]论荷马，罗契福[6]论《伊利亚特》。弗洛里奥[7]的释译理论是直接从他释译蒙田的著作过程中产生的。考利[8]的概括性论点也是在他完成英译品达的赞歌这一艰巨任务的过程中产生的。在这一时期产生了几篇重要的理论著作：莱奥纳尔多·布鲁尼[9]大约在1420年发表的《论正确的翻译》(De interpretatione recta)，皮埃尔·达尼埃尔·于埃[10]于1680年在巴黎发表的《论最优秀的翻译》(De optimo genere interpretandi)。于埃的论文实际上是关于翻译的性质和问题的最完整、最合乎情理的一篇论述。总之，这第一个时期的主要特点是集中反映了直接来自实践的经验。

1792年，亚历山大·弗雷泽·泰特勒[11]在伦敦发表《论翻译的原则》(Essay on the Principles of Translation)，1813年，弗莱德里希·施

1　Jacques Amyot（1513—1593）法国学者，曾将普鲁塔克所著《希腊、罗马名人传》译成法语。1579年托马斯·诺思爵士又根据这一译本译成英语。——译者

2　Plutarch（公元46?—120?）古希腊传记作家、散文家。代表作有《希腊、罗马名人列传》，共50篇，成为欧洲传记文学的先驱。——译者

3　Ben Jonson（1572?—1637）英国文艺复兴时期的剧作家和诗人。——译者

4　Quintilian(Marcus Fabius Quintilianus, 35?—95?)古罗马教育家、演说家。——译者

5　Alexander Pope（1688—1744）英国诗人，曾英译荷马的史诗《伊利亚特》和《奥德赛》。——译者

6　Henri Rochefort, Marquis de Rochefort-Lucay（1831—1913）法国记者、政治活动家。——译者

7　John Florio（1553?—1625）英国翻译家，曾译法国人文主义作家蒙田的散文。——译者

8　Abraham Cowley（1618—1667）英国诗人，曾翻译古希腊诗人品达（Pindar，公元前518?—前438?）的作品。——译者

9　Leonardo Bruni（1370—1444）意大利佛罗伦萨行政长官。——译者

10　Pierre Daniel Huet（1630—1721）法国学者。——译者

11　Alexander Fraser Tytler（1747—1814）英国历史学家、翻译家、翻译理论家，曾提出著名的翻译三原则。据人人丛书所出《论翻译的原则》一书的前言，此论文是于1791年发表的。1797年出第二版，1813年出增订第三版。——译者

莱尔马赫[1]发表题为《论翻译之方法》(*Ueber die verschiedenen Methoden des Uebersetzens*)的重要论文,这第一个时期便可以说结束了。

第二个时期是阐述理论和在理解方面进行探索的时期。关于翻译的性质这一问题,是在关于语言与思想的理论这一更大的范围内提出来的。这个课题有了一定的术语,有了它本身的研究方法,而不限于谈论某一篇具体的作品了。这种着重理解的研究方法(the hermeneutic approach)——即调查何为"理解"一段口头的或书面的话语,并力图通过一般的语义模式来说明这一过程——是施莱尔马赫首先提出,施莱格尔[2]和洪堡[3]加以发挥的。这就使得翻译这一课题具有明显的哲学色彩。结果我们便看到了许多精彩的报告,有的说明译者的活动,有的说明不同语言之间的关系。这包括下列各位名家的论述:歌德、叔本华、[4]马修·阿诺德、[5]保罗·瓦莱里、[6]埃兹拉·庞德、I. A. 理查兹、[7]本尼德托·克罗齐、[8]瓦尔特·本雅明、奥尔特加-加塞特。[9]1946年,瓦莱里·拉尔博[10]发表《圣·哲罗姆的奉献》(*Sous L'invocation de Saint Jérome*),标志着第二个时期的结束。

从此,我们便完全进入了现代的潮流。40年代末,第一批关于机器翻译的论文发表了。苏联和捷克的学者和批评家把语言学的理

---

1 Friedrich Daniel Ernst Schleiermacher(1768—1834)德国神学家、哲学家。——译者
2 August Wilhelm von Schlegel(1767—1845)德国文艺理论家、翻译家,翻译过莎士比亚剧本多种。——译者
3 Wilhelm von Humboldt(1767—1835)德国语言学家。——译者
4 Arthur Schopenhauer(1788—1860)德国哲学家。——译者
5 Matthew Arnold(1822—1888)英国散文家、诗人、文学批评家。——译者
6 Paul Valéry(1871—1945)法国诗人、哲学家。——译者
7 Ivor Armstrong Richards(1893—1979)英国文学批评家。——译者
8 Benedetto Croce(1866—1952)意大利哲学家、历史学家。——译者
9 José Ortegay Gasset(1883—1955)西班牙散文家、哲学家。——译者
10 Valery Larbaud(1881—1957)法国文学家、翻译家,曾将英国作家柯勒律治、康拉德、哈代、乔伊斯的作品译成法语。——译者

论和统计学用于翻译。有人试图说明形式逻辑与语言转化模式之间的关系，奎因[1]的《词与物》(Word and Object)(1960)便是一个突出的例子。结构语言学和信息论，在讨论不同语言之间转化的问题时也谈到了。职业译者结成了国际性的组织，以讨论翻译问题为主或经常涉及翻译问题的杂志越来越多。在这一时期，人们进行了紧张的探索，这种探索也往往是合作进行的。安德烈·费道罗夫的《翻译理论概要》(莫斯科，1953年版)便是一本有代表性的著作。还有两本颇有影响的论文集为研究工作确定了新的方向：一本是鲁本·A. 布劳尔编辑的《论翻译》(On Translation)，此书于1959年由哈佛大学出版；一本是威廉·阿罗史密斯和罗杰·沙特克合编的《翻译之艺术和上下文关系：讨论会论文集》(The Craft and Context of Translation; A Critical Symposium)，此书于1961年由得克萨斯大学出版社出版。

就许多方面而言，我们现在还处于这第三时期。上述两本论文集阐明的研究方法——包括逻辑的、对比的、文学的、语义的、比较的方法——还在不断发展。但是自60年代初期以来，各种方法的研究重点有些不同。瓦尔特·本雅明题为《翻译者的任务》的论文（原发表于1923年）"发现"以后，再加上海德格尔[2]和汉斯-格奥尔格·加达默尔（Hans-Georg Gadamer）的影响，使得研究方法重新回到对翻译在理解方面进行探索的做法。50年代以及60年代初期人们对机器翻译的使用范围所具有的信心大部分已经消失。转换生成语法的发展使得"普遍派"与"相对派"之间的争论在语言学界重新突出起来。我们知道，翻译可以为检验各种问题提供重要的场所。关于翻译理论和实践的研究比50年代更明显地成了已经建立的学科和正在新建的

---

1 Willard van Orman Quine（1908—2000）美国哲学家。——译者
2 Martin Heidegger（1889—1976）德国哲学家、作家。——译者

学科之间的纽带。它把心理学、人类学、社会学以及民族语言学和社会语言学等联系起来。《人类语言学》(Anthropological Linguistics)一类的期刊以及《语言的心理-生物学》(Psycho-Biology of Language)一类的论文集都可以说明这种情况。一切交际都是翻译,这一名言有了更为具体、更有哲学根据的含义。1969年英国应用语言学协会举行大会,在翻译理论部分宣读的论文就说明目前研究翻译问题的方法涉及的范围和具体要求。古典语言学和比较文学,词汇统计学和人种学,研究不同阶级的语言的社会学,修辞学,诗学,语法研究等都集中力量来解释翻译活动,来解释不同语言间交流的过程。

虽然翻译有这么悠久的历史,又有那么多有学问的人就翻译之艺术和翻译理论写过文章,在这门学科里有重大意义的独到的见解却很少。罗纳德·诺克斯[1]把整个题目归结为两个问题。第一个问题是以何为主:文学翻译还是逐字翻译?第二个问题是译者是否有权选择任何文体与词语来表达原文的意思?[2]把翻译理论局限于这样两个问题,而且这两个问题实际上也只是一个问题,就未免过于简单化了,但是诺克斯的论点是提得适当的。大约两千年来,关于翻译之性质的看法与争论几乎始终是一样的。

翻译是否可能,这个问题是有很深的根源的。古代宗教界就怀疑是否应当把一种语言转变为另一种语言。他们认为语言是神圣的,是神秘的,它包含着神的启示,因此,有意识地把它转变为另一种语言可以说是罪恶的行为。根据《圣经·新约》"哥林多后书"第十二章第四节的记载,翻译是亵渎神明的。犹太教更是明令禁止的。据说公元1世纪有过记载,把《律法书》译成希腊语时,黑暗笼罩全世界达三天之久。

---

[1] Ronald Knox(1888—1957)英国神学家。——译者
[2] 参见R. A. Knox, *On English Translation*(Oxford, 1957), p.4.

在大多数情况下，特别是从 15 世纪末开始，不可译论与宗教无关，完全是一种世俗的见解。这种理论的依据是一种形式主义的实用主义信念，认为两种不同的语义体系之间不可能有真正的对应，不可能做恰当的反映。这一看法和宗教界的传统看法有共同之处，即翻译过程中是有损失的。原文所具有的活力、光彩和感人之处在翻译过程中不但有所减弱，而且变得俗气了。海涅[1]曾说他用德语写的诗译成法语后好像"皎洁的月光塞满了稻草"。纳博科夫[2]也在题为《译〈叶甫盖尼·奥涅金〉》的诗中写道：

何谓翻译？无非是
诗人头颅盘中盛，
一张灰脸阴惨惨，
两只怒目圆睁睁。
鹦鹉学舌唧喳叫，
猴子絮叨嘈杂声。
死者何堪此凌辱，
九泉之下目难瞑。

人类的语言都是由各种信号组成的，这些信号既是随意选择的，又是非常固定的，因此意思就不可能完全脱离形式。就连最简单的词语，表面上看起来是中性的词语，也具有语言特征，具有某种复杂的文化－历史的习惯字型。法语 soixante-dix（意思是"七十"）一词产生的途径和英语 seventy 一词产生的途径，从语义学的角度来说是不同的。匈牙利语有两个词，batya 的意思是"哥哥"，öccs 的意思是"弟弟"。英语也有办法表现出这两个词的不同含义，但找不到适当的对等词来表现匈牙利语里这两个词固有的价值和它们引

---

[1] Heinrich Heine（1797—1856）德国诗人。——译者
[2] Vladimir Vladimirovich Nabokov（1899—1977）美籍俄国诗人、文学家。——译者

起的联想。"因此,就连'基本概念',即人的生活的各项核心内容,也不能不经过任意的分割、排列,随后固定下来。由语言形式和用法确定的语义界限和我们周围世界的实际界限相吻合的程度是微乎其微的。"[1]

但丁在《飨宴》(*Convivio*)一书中说过:凡是生动的话,凡是缪斯[2]接触过的话,都不可能转变成另一种语言而不失去其韵味与和谐。

不可译论一向主要是针对译诗而言的。内容与形式在诗里结合得最紧,二者不能分开。

任何语言,经过翻译之后,都不能不蒙受重大的损失——这种说法在涉及诗译时表现得最为尖锐。这种说法也可以用于散文的翻译,尤其是哲学著作的翻译。读柏拉图或康德的著作,研究笛卡尔或叔本华的著作,要花很大的功夫领会其含义,终于还是不能肯定。

从最纯粹的诗或玄奥的哲学,到最平庸的散文,所谓可译性只是个程度问题而已。克罗齐说道,语言是出自本能的;每说一句话,总的说来,都是没有先例的。它是当场创造出来的,因为它利用、发展、改变了思想和感情所具有的潜力。严格说来,没有一句话是可以完全重复的,因为时间业已流逝。翻译只是通过第二道手或第三道手加剧这种不可重复的特性。[3] 不可译性乃是语言的生命之所在。

"可译论"和上面说的"不可译论"一样,也有其宗教根源。西方国家的翻译理论和实践大都直接出于传播基督教经书之必要性。把基督的意旨翻译成通俗的语言,这是教会初期活动的主要内容。从哲罗姆到马丁·路德,这是一件不断宣扬、不断进行的事。他们

---

[1] Werner Winter, "Impossibilities of Translation", in William Arrowsmith and Roger Shattuck (eds.), *The Craft and Context of Translation* (Anchor Books, New York, 1964), p.97.

[2] 希腊神话中的九位文艺和科学女神的通称。——译者

[3] 克罗齐将这一论点在他的《美学》(*Estetica*, 意大利巴里,1926年版)一书中做了发挥。

认为任何人都不应因语言的障碍而得不到上帝的拯救。因此,把经书译成未开化的语言就成了最紧迫的善行。教会内部任何一次改革的要求都伴随着一种呼声,要求把经书译成更确切更简明易懂的语言。所谓宗教改革,实际上可以说是把基督的教导翻译成日常的言语,体现在日常生活之中。1529年廷代尔[1]翻译了伊拉斯谟[2]的《劝读经》(Exhortations to the Diligent Study of Scripture),其中有这样一段话:

我愿所有的妇女都来读福音和使徒保罗的书信,我希望这些经书译成所有人都能懂的语言。这样,经书就不仅苏格兰人和爱尔兰人能读懂,而且土耳其人和阿拉伯人也能读懂。只要略读经书,哪怕只有肤浅的了解,也是向着美好生活前进了一步……我愿农夫边唱经边耕耘,我愿纺织工人边唱经边织布,以免感到无聊。

翻译对于人在精神方面的进步是十分重要的,这一点不但宗教界而且世俗之人也逐渐有所认识。二者都是借助于教会的学识,而且受到教会的支持。虽然几乎自从教会一出现就不时有非宗教读物是否应读应译之争,但传播古典作品最力者还是西方国家之教会。尼古拉五世担任教皇的时间(1447—1455)并不长,但却成了文明传播史上的一个转折点。洛伦佐·瓦拉(Lorenzo Valla)翻译了修昔底德[3]的著作,古阿利诺(Guarino da Verona)翻译了斯特拉波[4]的著作,尼科罗·佩罗蒂(Niccolò Perotti)因翻译波里比阿[5]的作品而得到五百块硬币的报酬。瓦拉和皮耶罗·坎迪多·德琴布里奥(Pierro Candido Decembrio)曾试图把荷马的《伊利亚特》翻译成拉丁文散文。接着色诺芬[6]和托

1　William Tyndale(1492?—1536)英国宗教改革者,曾将《圣经》译成英语。——译者
2　Desiderius Erasmus(1466?—1536)荷兰神学家、作家。——译者
3　Thucydides(公元前460?—400?)希腊历史作家。著有《伯罗奔尼撒战争史》。——译者
4　Strabo(公元前63?—公元21)古希腊地理学家和历史学家。——译者
5　Polybius(公元前200?—前118?)古希腊历史学家。——译者
6　Xenophon(公元前430?—前355?)古希腊历史学家、散文家。——译者

勒密[1]的著作也有了比较完整、比较确切的译本。亚里士多德[2]的著作经过修订，也有了完整的译本。西蒙兹[3]在《意大利的文艺复兴》(*Renaissance in Italy*)一文中写道：整个罗马城变成了一座"生产译文的工厂，专门从事从希腊语到拉丁语的翻译工作。"其必要性是不言而喻的。只有通过翻译才能使当代人受益于前人。人的尊严、人类的智慧的超越现实性得到了肯定，因为新世界能够在古代的成就中认识自己。虽然菲奇诺[4]对于柏拉图的译述有许多错误，但他从柏拉图的著作中看到一面镜子。通过这面镜子，他更清楚地看到了自己和同时代人的面貌。人类具有共性，因此翻译是可以进行的。

从尼古拉教皇到1653年厄克特[5]翻译拉伯雷[6]的作品这二百年间，翻译事业的发展是与西方思想感情的发展紧密相连的。没有哪一篇"新颖的"作品比伊拉斯谟翻译的《新约》(1516)和马丁·路德翻译的《圣经》(1522—34)在思想和社会实践方面更具有创造性了。我们无法把都铎时期、伊丽莎白时期、詹姆士一世时期英国的民族感情的发展和新的观点截然分开，而引进这些新观点的有亚瑟·戈尔丁（Arthur Golding）1565年翻译凯撒[7]所著的《高卢战纪》(*Gallic War*)，诺思（Sir Thomas North）1579年翻译的普鲁塔克著作，菲利蒙·霍兰（Philemon Holland）1600年翻译的李维[8]著作，还有钦定本《圣经》。16及17世纪的翻译家采取的标准，他们自觉或不自觉地在理解上的距离，是不同的，而且有时是互相矛盾的。古代文化毕竟一直是存在的，虽然在中世纪人们的心

1　Ptolemy（90？—168）古希腊天文学家、数学家、地理学家和地图学家。——译者
2　Aristotle（公元前384—前322）古希腊哲学家、科学家。——译者
3　John Addington Symonds（1840—1893）英国诗人、散文家、文学批评家。——译者
4　Marsilio Ficino（1433—1499）意大利哲学家。——译者
5　Sir Thomas Urquhart（1611—1660）苏格兰作家、翻译家。——译者
6　François Rabelais（1495？—1553）法国人文主义作家。——译者
7　Gaius Julius Caesar（公元前102？—前44）古罗马统帅、政治家、作家。——译者
8　Titus Livius（公元前59—公元17）古罗马历史学家。——译者

目中有时是模糊的,然而与其说古代文化后来被发现,不如说是被"发明"出来,而这一发明又使人们对现在及未来产生了新的看法。翻译为文艺复兴时期直到18世纪中叶的欧洲增添了力量。拉伯雷、蒙田以及莎士比亚在一定程度上都曾借助于古典作品。

由此可见,宗教改革和文艺复兴时期的翻译家——自菲奇诺翻译《理想国》(Republic)一书,中经克洛德·德塞希尔[1]翻译修昔底德的作品,一直到路易·勒洛伊[2]——他们是翻译历代年表里的重要人物,提供了西方文化发展的背景,他们的威望直到近代才略为逊色。当时人们的信心如此之大,理想译文如此之需要,即便是间接的翻译也是成功的。诺思翻译普鲁塔克的著作不是根据希腊语原著,而是根据二十年以前出版的杰克·阿米奥的法文译本重新创作而成的。查普曼翻译荷马的著作(《伊利亚特》的前七部于1598年出版),拉丁语译本和法语译本起了很大的作用。翻译为过去同现在建立了联系,为在民族主义和宗教冲突的影响下越来越疏远的不同语言和传统之间建立了联系。弥尔顿[3]曾用英语、拉丁语、意大利语写诗,使用希伯来语和希腊语也是得心应手,1645年出版的弥尔顿诗集极好地体现了古代与现代的结合,体现了欧洲各国不同特点的统一,宛如一块水晶石各个侧面合成一体,这是翻译工作延续了二百年的结果。

在这样一个翻译事业蓬勃发展的时期,关于翻译工作的颂扬不是言过其实,便是为颂扬而颂扬。据弗洛里奥说,焦尔达诺·布鲁诺[4]曾说:"一切科学都借助于翻译才开花结果。"这句话的意思不用发挥就很清楚。弗洛里奥翻译蒙田的著作于1603年出版时,请塞缪尔·丹

---

1 Claude de Seyssel,文艺复兴时期的法国翻译家。——译者
2 Louis Le Roy,文艺复兴时期的法国翻译家。——译者
3 John Milton(1608—1674)英国诗人、政论家。著有《为英国人民声辩》和《失乐园》等。——译者
4 Giordano Bruno(1548?—1600)意大利哲学家。——译者

尼尔[1]写了一首诗为序。赞扬翻译工作的作品很多，这首诗就是一个典型。不过还是值得在这里引用其中的一部分，因为这首诗集中体现了人文主义的思想。

> It being the portion of a happie Pen,
>
> Not to b'invassal'd to one Monarchie,
>
> But dwell with all the better world of men
>
> Whose spirits are all of one communitie.
>
> Whom neither Ocean, Desarts, Rockes nor Sands,
>
> Can keepe from th' intertraffique of the minde,
>
> But that it vents her treasure in all lands,
>
> And doth a most secure commencement finde.
>
> Wrap Excellencie up never so much,
>
> In Hierogliphicques, Ciphers, Caracters,
>
> And let her speake never so strange a speach,
>
> Her Genius yet finds apt decipherers...[2]

1　Samuel Daniel（1562—1619）英国诗人、历史学家。——译者
2　译文：
　　作为妙笔之随从，
　　它不能只为君主效劳，
　　而应与更高尚的众人同在，
　　他们具有大同精神。
　　无论海洋、沙漠和岩石，
　　都不能阻挡思想的交流。
　　它将思想之珍宝撒遍五洲，
　　得到的是最妥善的交流。
　　勿将那卓越的思想裹上
　　难懂的象形文字或秘密符号，
　　愿她不再使用那样古怪的语言，
　　她的天才会得到应有的理解……
　　　　　　——译者

每逢讲同一种语言、拥有同一种文化的民族想借外力来充实自己，并通过对比来显示自己的力量，诗人总要赞扬翻译者在"思想的交流"过程中所起的作用。歌德为把欧洲古典和现代文化以及东方文化介绍到德国做了大量的工作，他在1827年7月写给卡莱尔[1]的信中说道："无论说翻译有什么不足之处，它仍然不失为世界上各项事务中最重要、最有价值的一项工作。"在俄国那种与世隔绝的环境中，普希金[2]说翻译工作者乃是传播人类精神的使者。

然而，即使从伦理和文化方面可以肯定翻译是一种高尚的事业，也还需要在理论上和实践上反驳翻译是不可能的这种说法。这一方面的主要论点不多，而且都是老生常谈。

不能说任何东西都是可以翻译的。神学和神秘的作品规定了上限。有些神秘的作品只能逐字音译，解释性的翻译是亵渎神明的，而且极不确切。在这种情况下，最好还是保持原样，不可理解就不可理解吧。另外，不是任何东西现在都可以翻译。时过境迁，原来所指的许多东西现在不清楚了，这就使得原来可以理解的作品现在却无法理解。我们不能完全体验前人的思想感情。从某种意义上来说，有些作品我们现在尚不能翻译，但是将来由于语言的变化，经过解释方法的提高和接受能力的变化，也许就可以翻译了。源语和译语都在经历两种变化，它们自身都在变化，它们的相互关系也在变化。永远不能把理解看成是固定的、一成不变的。可能是狄尔泰[3]首先强调指出，理解总是离不开历史，离不开一定的角度。这就是为什么人们常说：每个时代都要重新进行翻译；理解，除在最初的短暂时间外，总是双重理解，即不但要理解原作，而且要理解自原作出现以来它所受到的评

---

1 Thomas Carlyle（1795—1881）苏格兰散文家、历史学家。——译者
2 Aleksandre Pushkin（1799—1837）俄国诗人。——译者
3 Wilhelm Dilthey（1833—1911）德国哲学家。——译者

论。瓦尔特·本雅明把将来的可译性这一概念做了神秘主义的解释:在我们谈到一个人的生活经历时,即使是人们都已把它忘却,它只存在于"上帝的记忆"之中,我们仍然可以说它是"无法忘却的";与此相似的情况是,有些著作,人们现在尚不能翻译,但是将来在彻底理解的情况下,在语言之间的障碍消除以后,可能是可以翻译的。其实,我们所谈的是一种极其平常的现象。19世纪后半叶,人们认为阿里斯托芬[1]的作品"不可译",绝不是因为人们过于谨慎。那时,人们认为他的剧作在许多地方,其语言含义和舞台之处理似乎是"无法弄明白的"。过了不到一百年,原作所表现的情趣、爱好、社会情调、形式方面的要求等因素都变得清楚了。我们可以请当代一位英国诗人或德国诗人来翻译克罗卜史托克[2]的《救世主》(Messias)这部在欧洲风行一时的史诗,要求他在读的时候做出应有的反应。因此,反对可译性的论点所依据的往往不过是一种片面的、只看一时而缺乏远见的见解。

还有一个论点是要求尽善尽美。这个论点主要是杜·贝雷、约翰逊博士[3]、纳博科夫和其他许多人提出来的。这话说说是容易的,但人做的任何一件东西却不可能尽善尽美。一件复制的东西,尽管使用的材料人们都轻易认为是相同的,也不可能与原作完全一样。细微的差别、不完全对应的地方总是存在的。如果因为并不是什么都可以翻译,也不可能做到尽善尽美,就否认翻译是可行的,那就太荒谬了。从事翻译的人们认为:需要弄清楚的是在每一种具体情况下究竟应该忠实到什么程度,不同种类的翻译之间在忠实方面容许有多大的差别。

在翻译史上,在翻译实践中,历来存在着一种粗略的简便划分方

---

1 Aristophanes(公元前446?—前385?)古希腊喜剧作家。——译者
2 Friedrich Gottlieb Klopstock(1724—1803)德国诗人。——译者
3 Samuel Johnson(1709—1784)英国作家、文学批评家,曾编纂第一部英语词典。——译者

法。有关的论述无不把翻译分为两大类：一类是普通事务的翻译，这指的是私人的、商业的、文书方面的以及没有长远价值的事务。一类是创造性地把一段文学、哲学、宗教方面的文字转化成另一种语言。昆体良在《演说术原理》(*Institutiones oratoriae*)一文中就提出了这一分野。施莱尔马赫更进一步正式把 *Dolmetschen*（口译）从 *Uebersetzen*（翻译）或 *Uebertragen*（转化）中划分出来（路德曾用 *Dolmetschen* 一词来泛指译者具有的各种翻译才能）。德语保留了这一区别，并使之固定下来。*Dolmetscher* 相当于英语里的 interpreter（口译者），但是只相当于 interpreter 一词的低级含义，这种人只翻译商业文书、旅游者的问话、外交官和旅馆老板的谈话等。他们在口译学校接受训练，学校可能在语言方面要求很严格，但不涉及"高级的"翻译工作。法语有三种说法：*interprète, traducteur* 和 *truchement*。这三种说法的区别是比较清楚的，但是它们的意思也有互相交错的地方。法语的 *interprète* 与德语的 *Dolmetscher* 和英语的 interpreter 通常使用的含义一样。但在一定的场合却恰恰指阐释者，指对诗文加以阐述和发挥的人。英语的 interpreter 和意大利语的 *interprete* 也是这样具有双重含义，既可以指在银行、企业、旅行社担任翻译的人，也可以指能够对艰深的文字阐述、发挥的人。*truchement* 一词比较复杂，它涉及翻译的各个方面和各种问题。它来源于阿拉伯语的 *tardjemān*，原指是非洲西北部的摩尔人和西班牙人之间从事翻译的人。这个词在帕斯卡[1]的《致外省人书》(*Provinciales*)第十五篇里用时带有贬义，指中间人，这种人不可能不图私利而译得准确无误。但这个词也表示更广义的翻译，它可以指眼睛，传递心里发出的无声的信息。*traducteur* 一词则与英语的 translator 或意大利语的 *traduttore* 一样，意思相当清楚，指

---

[1] Blaise Pascal（1623—1662）法国数学家、物理学家、哲学家、散文家。——译者

的是翻译普鲁塔克作品的阿米奥和翻译荷马史诗《伊利亚特》的克里斯托弗·洛格（Christopher Logue）这样的译者。

总之，翻译是可取的，也是可能的。其方法与标准需要结合有实质内容的、主要是"困难的"篇章来进行研究。这些都是需要首先考虑的问题。各种翻译理论，有的认真对待，有的简单地加以处理，这就要看它们对理应存在的陷阱认识程度的深浅了。然而，究竟什么才是适当的技巧呢，什么才是应当追求的目标呢？

自 17 世纪以来，翻译理论几乎总是把翻译分为三种。

第一种是严格的直译，包括双语词典及外语初级读本里的逐字对译。

第二种是通过忠实而又自由地重新述说来进行翻译，翻译大都是这样进行的。译者紧扣原文进行复制，但是写出的文字是译者自己的自然语言，是可以独立存在的。

第三种是模仿、再创造、变化、解释性的对应。这一类别花样繁多，从把原作变成一种易于接受的文字，一直到最自由地、甚至可能只是通过暗指或以讽刺的口吻反映原作。根据现代的观点，模仿理应包括庞德之借助于普罗佩提乌斯，[1] 甚至包括乔伊斯[2]之借助于荷马。

这三种翻译之间的界线是划不清的，这是不可避免的。直译可能变成谨慎的但是自成一体的再创造，这种再创造也可能变成更为自由的模仿。这种三分法只是一个大略的划分，但其应用的范围很广，看来大体上还是符合理论与技巧的实际情况的。

德莱顿在论说中使用的术语都是前人使用过的。过去谈论修辞就常使用这些术语，至少可以追溯到昆体良，他就曾把翻译（translation）和意译（paraphrase）做过区分。但是德莱顿所做的分析却令人难忘。他驳斥了盲目的直译。约翰逊博士在《德莱顿传》一文中就说他"打

1　Sextus Propertius（公元前50？—前15？）古罗马的抒情诗人。——译者
2　James Joyce（1882—1941）爱尔兰作家。——译者

破了逐字翻译的桎梏"。不仅如此，他提出的理想和讨论问题的路子，我们至今还在采用。[1]

1680年德莱顿为《众人合译奥维德诗简》(*Ovid's Epistles, Translated by Several Hands*) 写了一篇序言。这篇序言突出地表现出了德莱顿的天才。他主张折中。他的整个文学思想就是致力于中间道路，按常理办事，即在亚里士多德的戏剧理论和莎士比亚之间，在近代的法国模式和本国传统之间走中间道路。在翻译方面，他也力图走中间道路，既反对纯真的神学家和语法家要求的逐词翻译的路子，也反对考利在1656年翻译的《品达的颂歌》(*Pindarique Odes*) 里面显示出来的奇怪的笔法。德莱顿作为翻译家和翻译理论家，认为以上两种路子都不是正确的途径。现代的译者也应该像这位古典主义诗人一样，明确地采取中间道路。

词对词，行对行，把一种语言翻译成另一种语言，德莱顿管这种做法叫做直译（metaphrase）。1640年发表的本·琼生翻译的贺拉斯所著《诗艺》就是一个例子。琼生本人以及他作为贺拉斯作品的译者在德莱顿的全部评论中占有特殊的位置。无论是琼生的译作，还是常理，都告诉我们：直译是不行的。又想逐字翻译，又想译好，谁也做不到。德莱顿打了一个比方，至今还很生动。他说："这好比把两腿捆起来，在绳子上跳舞。他可能谨慎小心，不至于摔下来，但是不能指望他动作优美。即使我们给以最高的评价，也只有糊涂人才干这样的事，因为头脑清醒的人是不会为了博得一阵掌声而去冒摔断脖颈的危险的。"

另一个极端便是模仿（imitation）。这指的是"译者（如果他还能称为译者的话）不仅任意改动词句和意思，而且只要他认为有理由便二者都不顾"。例如考利对品达和贺拉斯的作品就是这样处理的，我们应该引以为戒。考利在介绍他译的品达的作品时为自己辩解说，

---

[1] 详见W. Frost, *Dryden and the Art of Translation*（Yale University Press, 1955）.

如果有人直译品达的作品，人们就会以为他发疯了，因为希腊语和英语区别很大，谁也无法使自己的译文做到既忠实又高雅。因此，他就"随意取舍，随意增删"。墨守成规的人肯定要指责这种做法，"语法家也许不同意把这样自由地处理外国作家的作品称之为翻译，但是我毫不介意，因为我并不羡慕翻译家这个称呼，而希望得到一个比这更好的称呼，虽然这样一个称呼现在尚不存在。"考利的希望是有预见性的，20世纪的确有人有这种想法，但是德莱顿对考利的做法是不同意的。模仿者好比作曲家把别人的主旋律拿过来加以改编，而且往往做得比这还要差。这种做法也能产生相当精彩的作品，显得译者颇为高明，然而"就怀念已故的作者而言，就维护他的声誉而言，这样做是最不应该的了"。

翻译的正确道路，既不应是直译，也不应是模仿，而应是意译（paraphrase）。所谓意译，就是"译者有一定限度的自由，他要时刻看到作者，这样就不至于迷失方向，但他主要是紧跟作者的意思而不死扣字眼，他可以对作者的意思加以引申，但不能改变。"据德莱顿说，这就是埃德蒙·沃勒[1]和西德尼·戈多尔芬[2]1658年翻译维吉尔[3]的史诗《埃涅阿斯纪》（Aeneid）第四卷时采取的方法。更重要的是，德莱顿本人翻译维吉尔、贺拉斯、奥维德、朱文纳尔、乔叟等人的著作时，也采用了这种方法，在他评论别人的译者时（如1685年出版的 Sylvae 一书的序言）所阐述的也是这种方法。通过意译，"作者的精神可以得到传播，而不会遭受损失。"好的翻译好比是"一种写生"。最理想的情况是，译作不剥夺原作的权威，而能向我们表明假如原作本来就是用我们的语言创作的，它会是个什么样子。德莱顿在1697

---

[1] Edmund Waller（1607—1687）英国诗人。——译者
[2] Sidney Godolphin（1645—1712）英国政治家、金融家。——译者
[3] Virgil（Publius Vergilius Maro, 公元前70—前19）古罗马诗人。——译者

年出版的他译的维吉尔作品的序言中总结了自己毕生在这方面的思想和实践经验。他写道：

总的说来，我认为应在意译与直译这两个极端之间进行，尽量接近原文，不要失去原作的优美。最突出的优美之处在于用词。而他的用词又总是形象性的。有些这样的词语译成我们的语言之后仍能保持其高雅，我就尽量把它们移植过来。但是大部分词语必然要丢掉，因为这些词语离开原来的语言就失去其光彩。维吉尔的作品中有时一行之内有两个形象性的词语，但我们的英雄诗却较为平淡，一行之内只能容纳一个这样的词语，而且这一行里用了，另外许多行就不能再用。语言之间就是有这些差别，要不就是我如此缺乏选词的能力。然而我可以大胆地说……在我掌握了这位虔诚的作者的全部材料之后，我是尽量使他说这样一种英语：倘若他生在英国，而且生在当代，他自己说话就会使用这种英语。

德莱顿没有用"模仿"这个又别扭又含糊不清的词。但他的意思还是一样的。"在英国"，"在当代"：这就是翻译这项工作的限度与理想。要遵守这个限度，实现这个理想，他只有持中庸之道。

歌德为翻译工作献出了毕生的精力。他所翻译的切利尼[1]的自传，他所翻译的卡尔德隆[2]的作品和狄德罗[3]的《拉摩的侄儿》(*Neveu de Rameau*)，对欧洲文学的发展产生过极大的影响。他翻译的有拉丁语、希腊语、西班牙语、意大利语、英语、法语、中古高地德语、波斯语以及南部的各种斯拉夫语。在他的作品中到处可以看到他对翻译理论和技巧的论述，他的若干诗作本身就是对翻译问题的评论，或以形象的手法谈论翻译问题。

---

[1] Benvenuto Cellini（1500—1571）意大利雕刻家、金饰匠和作家。——译者
[2] Pedro Calderón de la Barca（1600—1681）西班牙剧作家。——译者
[3] Denis Diderot（1713—1784）法国启蒙思想家、唯物主义哲学家、无神论者、文学家，《百科全书》主编。——译者

歌德和德莱顿一样，也把翻译分为三种。第一种翻译可以使我们了解外国的义化。这种翻译最好是用简明易懂的散文。这样翻译过来的外国作品，其内容通过潜移默化，渗透到我们的民族特性之中。第二种翻译便是取而代之。译者把外国作品的内容加以吸收，以便用其本族语并利用本国的文化背景构成一件新的东西以代替原作。第三种也是最高级的一种翻译，便是力求做到译文和原作完全一致。这种翻译要求译者放弃本民族的特点，它可以产生一个新的第三者。因此这种翻译就会遇到广大读者的反对。然而这是最高尚的翻译。

歌德提出的模式虽然很简略，但也很复杂，也许是正因为其简略，所以并非无懈可击。从表面上看，第一种翻译好像是简朴的媒介，普通的译者几乎可以以此为目标。这种翻译的目的主要是提供情况。然而歌德在这一方面举的例子却是路德译的《圣经》。怎么能说路德那样精雕细刻而又往往是高亢的言词不过是一种平淡的文体，通过潜移默化，把外国的精神和知识悄悄地传到德国呢？第二种翻译，歌德说指的是模仿。法国人最善于使用这种"为我所用"的技巧。请看那位德利尔教士（Abbé Delille）的大量"译作"。歌德提到他显然是带有贬义的，而且德利尔的模仿之作，总的说来，也确实很不高明。不过歌德所说的这种做法——把原作转化成译者的当代语言并适合他当时的环境——肯定是一种最基本的做法，甚至可以说是翻译艺术的理想。此外，歌德还提到维兰[1]。我们从歌德的著作和谈话中知道，他对叙事诗《欧布朗》（Oberon）的作者维兰是很推崇的。他认为维兰模仿塞万提斯[2]和理查生写的作品，以及他翻译西塞罗、贺拉斯和莎士比亚的作品，对于德国文学的成熟发挥了作用。这可能是歌德从道义和美学的角度做出的评论。"模仿者"可以丰富自己民族的文化，对

---

[1] Christoph Martin Wieland（1733—1813）德国启蒙运动时期作家。——译者
[2] Miguel de Cervantes Saavedra（1547—1616）西班牙作家，著有《堂吉诃德》等。——译者

于时代精神之形成起很大作用,这是毫无疑义的。但是"模仿者"只从原作吸取与自己的思想感情和当时的环境一致的东西,而不会强迫我们接受新的乃至难以理解的生活经历。他不会保持原作的特点和异国情调。

这样的要求,只有第三种译者才能做到。关于第三种翻译,歌德举了约翰·亨利希·沃斯(Johann Heinrich Voss)的译作为例。歌德认为沃斯翻译的《奥德赛》(1781)和《伊利亚特》(1793)是欧洲翻译作品的精华,是向德国介绍希腊文化的重要作品。就是这第三种方法使德国人了解了莎士比亚、塔索[1]、卡尔德隆、阿利奥斯托[2],使得这些陌生人成了德国语言学界、文学界重要的启蒙者。歌德本人在翻译《西东合集》(West-Östlicher Divan)时,也是用的这第三种方法。他引用的以及提到的例子,如沃斯、施莱格尔、蒂克[3]和他本人,都是很说明问题的。然而,要想确切地了解他要表达的意思,却非常困难。

还有许多人也提出过分为三类的翻译理论。在他们当中,罗曼·雅各布森[4]值得注意。[5]他提出的理论远比德莱顿和歌德的理论全面。

雅各布森采取了皮尔斯(Pierce)关于符号与含义的理论。他认为文字符号的翻译可以分为三类。第一类是"改变说法"。在同一语言中,将某一文字符号翻译成其他文字符号,这就是改变说法。根据皮尔斯提出的模式,凡是下定义,凡是进行解释,都是翻译。第二类是"语际翻译"。这就是把文字符号用另一种语言的文字符号加以解释。第三类是"转化",即用非义字符号解释文字符号,如图画、手

---

1 Torquato Tasso(1544—1594)意大利诗人。——译者
2 Ludovico Ariosto(1474—1533)意大利诗人。——译者
3 Johann Ludwig Tiek(1773—1853)德国作家。——译者
4 Roman Jakobson,美国语言学家。——译者
5 Roman Jakobson, "On Linguistic Aspects of Translation", in Reuben A Brower (ed.), *On Translation*.

势、数学符号、音乐符号。前两类有相似之处。在同一种语言中，意义完全相同的情况是很少的。"改变说法"以后，"不是多了点什么，就是少了点什么"，这是不可避免的。"语际翻译也是这样，完全等同的符号一般是没有的"。第一类和第二类的区别在于前者是用一种符号单位来代替另一种符号单位，而后者则是用较大的符号单位来代替，雅各布森管这种较大的符号单位叫做"信息"（messages）。翻译就是"转述，译者从一处得到信息以后，把它变成符号，传送过去。因此翻译涉及用两种不同的符号所表示的两个等同的信息。"雅各布森用了"涉及"这个中性的词，这就回避了一个难以解决的根本问题：既然符号不同，能不能说信息完全等同。至于"转化"，因为翻译就是解释，所以就不限于文字。翻译实际上就是理解与表达，因此可以包括图表的设计、通过舞蹈表现某种要求，把文字谱成乐曲、甚至单纯通过音乐来表达某种情绪或意思。

雅各布森认为诗严格来说是不能译的，因为它受制于音素单位与语义单位之间的关系。诗只能进行创造性的移植：或是在同一种语言中把一种诗的形式变成另一种形式，或是从一种语言变成另一种语言，或是在十分不同的符号之间进行移植。虽然诗一向是个最突出的例子，任何一种语言符号的翻译都在不同程度上是一种"创造性的移植"。所谓"创造性的移植"就是改变事物的面貌及其相互关系。

翻译理论多种多样，有的着眼于形式，有的着眼于应用，有的着眼于时间先后，但都是以不同的形式提出一个简单的不可回避的问题。怎样才能或者说才应该做到忠实？原文和译文之间最理想的相互关系是什么？这个问题已经争论了两千多年了。哲罗姆曾提出两种不同的要求，对于经典来说，要逐词翻译（*verbum e verbo*），对于其他作品来说，则按意思来翻译（*sed sensum exprimere de sensu*）。此外还有什么重要的话可说呢？

我们看到的任何一篇谈论翻译之艺术的文章，都提到两个方面："文字"与"精神"，或者说"词句"与"意思"。翻译宗教经典涉及的问题既有其特殊性，对于整个翻译理论来说也是至为重要的，然而实际上绝对直译的人却很少。尼古拉·冯·怀尔（Nicholas von Wyle）在15世纪中期翻译拉丁语著作的时候，曾要求完全吻合，一个词对一个词。甚至原文里的错误也照样译过来，因为这是原文不可分割的一部分。另一方面，也很少有人像庞德那样在实行彻底的模仿自由的理论方面走得那么远，他认为他的《人物》（Personae）诗集之中的诗是"一系列的译作，这些译作只是更为细致的脸谱而已"。[1]

我们几乎总是听到赞成折中和反对折中这两种意见的争论。理想的做法，即在文字与精神之间周旋的做法，在十六七世纪就产生了。起初多雷[2]于1540年发表了《翻译之道》（Manière de bien traduire d'une langue en autre），后来皮埃尔-达尼埃尔·于埃又于1680年出版了《论翻译》（De interpretatione）一文的增订第二版。法国在这一时期在翻译理论方面表现得比较突出，这不是偶然的。这反映了拉丁语统治欧洲的状况结束的过程中和结束以后，法国文化在政治和语言方面处于主导地位。多雷为译者作了五条规定，这五条规定可以上溯到16世纪初意大利的语法家和修辞学家，也许可以上溯到莱奥纳尔多·布鲁尼。这五条规定的优点是显而易见的。动手翻译之前，译者必须很好地掌握原作的"意思与精神"。他对自己的语言和原作者的语言都必须有深厚的基础。他应当像贺拉斯要求的那样，忠实于整个句子的意思，而不是忠实于词的顺序。第四，译者应在译文中使用朴实的语言，避免采用16世纪学者和拉丁语作家喜爱的生僻字眼和只有少数人才能欣赏的花哨的句子结构。最后一条规则适用于一切好的

---

[1] Ezra Pound, *Gaudier-Brzeska: A Memoir*（London, 1916），p. 98.
[2] Étienne Dolet（1519—1546）法国语言学家。——译者

作品：译者必须使译文节奏和谐，以优美而平稳的风格使读者感到既悦耳，又增长知识。[1]

多雷未能详细说明如何应用这些明显的道理就去世了。1559年在瑞士的巴塞尔出版了一本名气不大但很有趣的著作。这本书使我们对人文主义者在翻译方面所倡导的标准的中间道路有了全面的了解。这就是劳伦斯·汉弗莱（Lawrence Humphrey）所著的《语言翻译》（*Interpretatio linguarum*）。此人是一位清教徒神学家，担任过牛津大学马格达伦学院院长。他这本书长达六百页，是翻译史上总结经验的著作之一。此书大部分是老生常谈，但也不无独到之处。他也像前人一样，把翻译分为三种：直译、任意改写和中间道路。汉弗莱对于中间道路所下的定义值得我们注意，因为他把"折中"这个平庸的提法提到了方法论的高度。既简洁又深邃，既高雅又忠实，严格限制在文雅方面的提高，既不过分，又不粗俗，汉弗莱把这一切归结为"适度"（aptitude）。好的译者所追求的是"丰满、纯洁与恰当"，但首先是"适度"。要想做到这一点，便要选择适合自己思想感情的原文。"适度"这一理想可以使译者选择适当的风格。最重要的是它可以说明哪些语言通过翻译能或不能产生良好的效果。这是汉弗莱独到的见解之一。他把各种语言根据其历史、哲学和文学作品划分为"主要的"和"次要的"。只有主要语言之间的互译才是有意义的。这就是为什么汉弗莱只在希伯来语、希腊语、拉丁语之中选择两种文本来加以分析。但是即便在主要语言之间也会有失误之处。汉弗莱认为这就是为什么西塞罗在翻译希腊哲学术语的时候往往不肯定、不明确。然而在这位译者做得好的地方，他是极为可贵的，他是一位真正具有识别能力的人。"如果通晓不同语言是有用的，其最大的用处就在于翻译。"

---

[1] 参看Marc Chassaigne, *Étienne Dolet*（Paris, 1930）, pp.230–3, 272.

于埃是知道《语言翻译》一书的。他把汉弗莱与莫尔（Sir Thomas More）、李纳克（Thomas Linacre）、切克（Sir John Cheke）相提并论，认为汉弗莱是对翻译事业认真做出贡献的少数几位英国人之一。于埃提出的关于风格一致的原则非常接近于汉弗莱提出的关于适度的理想。于埃和汉弗莱一样，也是从实际需要出发来探讨翻译理论问题的。他在斯德哥尔摩逗留时，在皇家图书馆里看到奥利金（Origen）对马太福音的阐述，感到有必要把它从希腊语译成拉丁语。于埃提出的在直译与自由翻译之间持中庸之道的理论并没有超过他的先辈，没有从根本上提出什么新的东西。好的译者"尽可能地保持原作的内在精神，致力于忠实地反映原作的全貌，不增也不减。"但于埃的论述要比汉弗莱为成熟。正如豪斯曼在为古罗马诗人马尼留斯的著作写的前言里所说的，于埃"乃是一位杰出的评论家，他异常精确、恰如其分，而且毫不留情。"他善于识别那些以翻译为名而行提高个人声誉之实的人，对牺牲原文擅自发挥的译者进行了严厉的批评。他对一切翻译的基本的哲学问题有深刻的了解。他通晓多种语言，深知各种不同语言的特点。此外他还对科学文献的翻译有所研究。他认为科学文献的翻译是人类文明的最重要的任务之一，但一直没有受到重视，这是非常荒谬的。科学文献对译者来说，有其特殊性，有些科技术语难以翻译。于埃说，在这种情况下，不如保持原来的术语，而在页边的空白处加以说明。在有些地方，于埃的意见竟与三百年后李约瑟[1]翻译中国科学和数学术语时规定的原则相吻合。

赫尔德[2]、施莱尔马赫和洪堡在讨论翻译理论时使用的术语和方法是颇为新颖的。他们坦率地把可译性问题完全作为认识论的一部分来处理。和17世纪相比，比较语言学家可以利用的有关语言学的资

---

1 Joseph Needham（1900—1995）英国科学家，著有《中国科学技术史》。——译者
2 Johann Gottfried von Herder（1744—1803）德国文艺理论家。——译者

料水平大大提高。当时，德语处于主导地位。德国诗人和学者常说：翻译乃是德语本身"最后的归宿。"[1] 近代德语的发展是与路德翻译的《圣经》，沃斯翻译的荷马史诗，维兰、施莱格尔和蒂克先后翻译的莎士比亚密切联系在一起的。因此，这时的翻译理论就具有空前巨大的权威和哲学的特征。

虽然有了新的术语和心理学的研究方法，传统的两极依然不变。所不同的是"文字"与"精神"相对立的局面转变为译文和原文的距离怎样才算适当的问题。什么样的译文才是好的译文？是应该使译文的语言接近于原文的语言，从而有意识地造成异国的风味，意思也不那么明确呢？还是应该将原文的语言加以归化，在译成译者和读者使用的语言之后通顺自然呢？赫尔德巧妙地用 Uebersetzung（翻译）一个词概括了这两种情况。强调前半个词 Uebersetzung，指的是译者致力于最大限度地与原文融合。强调后半个词 Ueber*setzung*，指的是译者着重用本族语进行再创造。施莱尔马赫也对翻译做了与此类似的区分。我们在前面提到，他曾把 Dolmetschen（口译）与真正的 Uebersetzen（翻译）加以区别。他的独到之处在于他的力图重现原作的结构和语气方面准备走到什么地步。在这一点上，他与荷尔德林是一致的。根据施莱尔马赫的看法，译者需要使本族语在词汇和句法方面朝着原作的方向有所变化。这就是为什么荷尔德林翻译的索福克勒斯的作品和施莱尔马赫自己翻译的柏拉图的作品用的都是希腊式的德语。

然而传统的二极论依然存在。弗洛里奥、多雷、汉弗莱、于埃等人所做的比喻至今仍然适用。译者和作者的关系应该是肖像画家和被画者的关系。好的译作好比一件新衣裳，既能译出我们所熟悉的固有

---

[1] 关于这个问题的详细论述，请参看1962年夏季巴伐利亚艺术学院举行的翻译问题讨论会记录，题为《翻译之艺术》(*Die Kunst der Uebersetzung* 慕尼黑，1963年版)。

形式，又不损害其完整的神态。

问题在于**怎样做**。怎样才能实现这种兼而有之的理想，并且，如果可能的话，归纳出一定方法？译者用什么具体的办法才能产生那种微妙的平衡。

我们在下面可以看到，许多人做出成品，但很少有人开出处方。

斯蒂芬·麦克纳（Stephen Mackenna）比任何译者都留下了更详尽的材料，说明他在不同语言之间进行翻译时脑子活动的情况，更引起人们注意"文字"与"精神"之间的关系。他把自己虚弱的身体和有限的精力贡献给了翻译普罗提诺[1]的《九章集》（Enneades）的工作。自1917年至1930年，译文五大卷相继问世。他独自完成了这部巨著的翻译工作，得到的报酬却很低，然而这部著作却是现代英语散文中的杰作。他在翻译过程中把与翻译有关的各方面的问题做了检验。

1926年10月25日，麦克纳在一封重要的信中最明确地谈到翻译古典作品要使用现代语言的问题。一切文体都应当是现代的。"柏拉图的作品对他所处的时代而言也是现代的。"如果译者在开始工作时参考某一位老作家的作品，那也只是为了得到启发，"**通过对照，看出应当如何在遣词造句方面**使用当今的语言……即便在这一方面，译者也必须十分小心：遣词造句显得过于陈旧是不好的，不仅过于陈旧不好，过于简洁或造作也是不好的。"

虽然麦克纳明确地阐述翻译问题，对原文采取非常负责的态度，然而他知道在翻译这门艺术之中还有许多模糊不清的地方，还有"奇迹"。麦克纳在1907年12月5日的日记中写道："我每一次读普罗提诺的作品都感到从一开始就产生的激动心情，我感到我一定是为

---

[1] Plotinus（204？—270？）古罗马时期希腊的唯心主义哲学家。——译者

他而降生在这个世界上,将来总有一天我会把他的著作翻译过来。我的心并未远行,仍时时惦念着他。每离开一步,那连在我心上的链条也随着延长一步。"在这项翻译工作的后期,麦克纳又写道:"对于普罗提诺,我创造了一个奇迹:我的脑筋本来时起时伏、忽隐忽现,就像你那岛湾的波浪里漂浮的瓶塞,但是我竟然将它稳住,并且坚持了下来。"[1]

然而"奇迹"也不会是完美的。每篇译作总有缺陷。于埃写道:最好的译文也只能经过不断的修改,逐渐接近原作的要求。完全吻合是不可能的。由于总是看到不足之处,人们产生了一种悲观情绪。这种悲观情绪贯串着翻译理论和翻译史。

哲罗姆、路德、德莱顿、荷尔德林、诺瓦利斯、[2]施莱尔马赫、尼采、埃兹拉·庞德、瓦莱里、麦克纳、弗朗兹·罗森茨韦克(Franz Rosenzweig)、沃尔特·本雅明、奎因——这样一个名单就差不多列举了所有在翻译方面做过重要论述或提出新的见解的人士。虽然在实践方面有大量的记载,理论阐述的范围却依然很少,这究竟是什么原因造成的呢?

在文学史和文学理论中,翻译从来不是首要的课题。如果说它占有什么地位的话,也只是沾一点边儿而已。研究《圣经》的翻译和传播则是例外。但是,这显然是一个特殊的领域,在这个领域里,翻译只是整个阐释工作的一部分。关于翻译的论述,没有比亚里士多德的《诗学》(*Poetics*)和郎吉努斯[3]对诗的论述更有影响了。只是近年来(1953年国际翻译工作者联合会在巴黎成立以后),翻译工作者才充分表现出其行业的特点,在世界各地取得了一定的地位。在此以前,

---

1 E. R. Dodds(ed.), *Journal and Letters of Stephen MacKenna*(London, 1936), p. 187.
2 Novalis(原名Friedrich von Hardenberg, 1772—1801)德国浪漫主义作家。——译者
3 Longinus(213?—273?)古希腊哲学家、演说家。——译者

瓦莱里·拉尔博说过，译者好比教堂门口的叫花子，这个说法大体上是正确的。直到今天，翻译工作的报酬和它的困难与重要性相比，是很低微的。虽然联合国教育、科学及文化组织每年发表的《译作索引》（*Index translationum*）说明翻译作品的数量和质量都有很大的提高，虽然翻译工作可能是不发达国家在寻求知识和觉醒的斗争中唯一的最有力的武器，译者的地位也往往是微不足道的。他的名字写在扉页的背面，有谁会注意呢？有谁会理解译者的甘苦，从而对他的工作表示感激呢？

情况大体上历来如此。弗洛利奥和诺思作为学者和诗人在英国文学界所占的地位并不高，但是如果莎士比亚没有取材于他们翻译的蒙田和普鲁塔克的作品，那就很难说他们是否能保持这样的地位。查普曼译的荷马虽然不像济慈[1]在诗里称赞的那么好，却正因这首诗才至今仍闻名于世。培根、笛卡尔、洛克、康德、卢梭、马克思等人的著作，主要有哪些译者，谁能说得出来呢？是谁使得马基雅维里[2]和尼采的著作为不懂意大利语和德语的人所了解呢？对于这些人的著作来说，翻译是十分重要的，因为通过翻译，这些著作便不只在一个地区发挥作用，而具有普遍的意义。我们常常谈到歌德所著《少年维特的烦恼》（*Werther*）一书产生的"巨大影响"，常常谈到司各特[3]所著的《韦佛利》（*Waverley*）及其他小说怎样改变了欧洲人对历史的认识。那些翻译过歌德和司各特著作的人才是真正发挥影响的人，但是我们还记得他们什么呢？小说史和社会史使我们认识到库柏[4]和狄更斯对欧洲的影响。这影响是通过翻译产生的，但是译者奥古斯特－让－巴蒂斯特·德

---

1 John Keats（1795—1821）英国诗人。他在题为"On First Looking into Chapman's Homer"的诗中对查普曼翻译的荷马大加赞赏。——译者
2 Niccolò Machiavelli（1469—1527）意大利政治思想家、历史学家。——译者
3 Walter Scott（1771—1832）英国诗人、历史小说家。——译者
4 James Fenimore Cooper（1789—1851）美国小说家。——译者

方柯普利(Auguste-Jean-Baptiste Defaucompret)的名字并不见提到。在法国、俄国和地中海国家，关于拜伦[1]的研究，主要是因为有了阿梅代·皮肖(Amédée Pichot)的译本才开展起来。马杜(Pierre Antoine Motteux)、斯摩莱特(Tobias George Smollett)、蒂克分别把塞万提斯的作品译成法语、英语和德语，才使得《堂吉诃德》具有更大的生命力和更丰富的文学想象力。然而只是最近，译者如康斯坦斯·加尼特(Constance Garnett)、斯科特·蒙克里夫(C. K. Scott Moncrieff)、亚瑟·韦利(Arthur Waley)才开始从默默无闻地干苦差使的境地中解脱出来。即使在这种情况下，译者的地位也往往是众矢之的：他们使我们能够接触陀斯妥耶夫斯基或普鲁斯特[2]的作品，所起的作用之所以特别明显，不是由于别的原因，而是因为人们感到需要重译。

人们停下来想一想就会明显地看出，思想史、艺术史以及任何文学或哲学传统都是离不开翻译的。然而只是在最近这几十年中，人们才密切注意翻译的历史和理论。哲学、科学、心理学的关键词语的演变在哪些方面取决于最初提法或规范提法的不同译法呢？西方的柏拉图主义的演变、"社会契约"的含义的演变、黑格尔的辩证法在各国共产主义运动中的演变，在多大程度上是由于译文有所选择或有所变化或完全错误而引起的呢？柯伊莱(Alexandre Koyré)曾对哥白尼、伽利略和帕斯卡的著作是怎样翻译的进行过调查，加达默尔曾对康德和黑格尔的关键性词语在理论上和实践上是否可译进行过调查，波科克(J. G. A. Pocock)曾对佛罗伦萨文艺复兴至洛克和伯克的政治术语是怎样继承下来的进行过研究，他们在这些方面做了探索。人们至今对思想史的语言方面的问题只有初步的了解，然而这却是十分重要的。

因此，可以说翻译是一个重要的题目，然而却是一个被人忽略了

---

1 George Gordon Byron（1788—1824）英国浪漫主义诗人。——译者
2 Marcel Proust（1871—1922）法国小说家。——译者

的题目。正如威廉·阿罗史密斯和罗杰·沙特克在他们为得克萨斯大学讨论会论文集写的前言里所说的："关于翻译的有见识的论述是难得见到的,有时不定在什么意想不到的地方看到一点零星的议论,其论点也是很分散的。以探索的精神写出有分量的全面的论述,还有待于后人来做。"

然而翻译究竟是不是一个课题呢？是不是可以通过理论的分析而无须考察其历史和现状就可以解决的呢？也许根本就无所谓抽象的"翻译"。翻译的实例很多,种类繁杂,无法纳入单一的模式。人们可以把从利维斯·安德罗尼库斯[1]翻译《奥德赛》到现在的各种文学翻译的例子集中起来加以研究。人们可以把科学术语和哲学术语的曲折的翻译过程做些调查。把商业、法律、外交等方面的翻译工作的发展情况集中起来,研究译者在经济史、社会史上的作用,这不但是可能的,而且也是很有趣的。培养翻译人材的学校,例如据说公元2世纪时在埃及的亚历山大港兴盛起来的翻译学校,以及9世纪在巴格达由胡乃因·伊本·伊莎克（Hunain ibn Ishaq）领导的学校,都是值得分析比较的。把重要的哲学和文学著作加以研究,研究某一段文字先后的不同译文,以便对其传播、影响与理解（或曲解）的历史提供坚实的物质基础,这是非常必要的。但是上述各个领域——几乎每个领域都还有待于开展活动——只有暂时的不固定的范围,只包括局部的经验之中的现象。公理化的概念是没有的。

我们已经看到,翻译工作者在理论方面的素养往往很差,经验也不多。研究翻译的人,或研究翻译史的人,他们所能提供的是他们对具体的译作所做的深刻的评价。我们可以校勘亚里士多德或盖仑[2]的作品的某种阿拉伯语译本。我们可以把罗伊·坎贝尔（Roy Campbell）

---

1 Livius Andronicus,生于公元前3世纪,古罗马的希腊诗人。——译者
2 Claudius Galen（129—199）古罗马医师、自然科学家、哲学家。——译者

英译的波德莱尔[1]的十四行诗与罗伯特·洛厄尔（Robert Lowell）和理查德·威尔伯（Richard Wilbur）的译文相对照。我们可以把斯蒂芬·乔治（Stefan George）译的莎士比亚和卡尔·克劳斯（Karl Kraus）的译本相比较。我们可以研究拉辛[2]的亚历山大诗句（每行十二音节）是怎样译成席勒[3]的六步韵的《费德尔》（Phädra）的。我们惊奇地看到列宁关于经验批判主义的论述译成了乌尔都语和萨摩耶语。阿罗史密斯和沙特克说过："迫切需要的是耐心细致地阐述适用于每一种'体裁'的原则，因为每种体裁都有其历史表现形式；而且要意识到各种体裁不同的作用以及它们各自的长处和局限性。"这当然是一项十分重要的目标，需要有很深的学识和语言修养。但是这样的阐述还不构成对"翻译这一课题"的正式的理论研究。它不能导致不同语言之间语义转换的普遍的系统模式。

也许根本就不可能有这种模式。耐心地积累各种类型的说明，收集具体的论点，按照时间、地点和具体体裁加以排列，关于翻译的研究大概也就到此为止了。

但是，即便我们采取保守的看法，即便我们认为对翻译的研究是描写性的，是属于动植物分类学一类的研究而不是真正的理论研究（所谓理论研究，指的是可以引出概括的结论，可以预言，而且可以被相反的例子推翻），仍然存在严重的困难。在绝大多数情况下，研究的对象是一部成品。我们面前摆着一本原作，还有一种或几种译本。我们是在事后从旁进行分析并做出判断的。我们几乎全然不知道译者的翻译过程，不知道译者是根据一套固定的原则和方法，还是全凭经验来决定用这个等同词而不用另外一个等同词，用这一种风格而不用

1　Charles Pierre Baudelaire（1821—1867）法国诗人。——译者
2　Jean Racine（1639—1699）法国剧作家。——译者
3　Johann Christoph Friedrich von Schiller（1759—1805）德国剧作家、诗人。——译者

另外一种风格，为什么用 X 和 Y 搭配。我们只能偶尔说出一些道理。也许是因为人们认为翻译不过是雕虫小技，如此大量的翻译工作竟然没有留下记录。厄克特翻译拉伯雷的作品没有留下草稿。阿米奥翻译普鲁塔克也没有留下草稿。《圣经》钦定本在准备过程中有大量的草稿、试译稿、订正稿，但只留下一小部分笔记。[1] 蒲伯译荷马，这是重要译作留下底稿的最早的例子之一。[2] 但是，即便是 18 世纪以后，积累的材料依然很少。

对翻译进行剖析，对译作的原始材料进行系统的研究，这只是近年来的事。这的确可以说是翻译这个课题的一场革命。我们现在可以看到的有：庞德谈怎样翻译荷马的著作写给 W. H. D. 劳斯的信；罗伯特·菲茨杰拉德（Robert Fitzgerald）翻译《奥德赛》的后记，这篇后记说明他在具体场合是怎样决定取舍的；纳博科夫的回忆录，叙说他是怎样把《奥涅金》译成英语的，这篇回忆录对不经心的读者来说可能是布满了陷阱，然而却很有启发；皮埃尔·莱瑞（Pierre Leyris）关于翻译霍普金斯作品的简短而一针见血的论述；克里斯托弗·米德尔顿（Christopher Middleton）在 1968 年 Delos 第一期上发表的《论翻译弗朗兹·蒙的一篇作品》；约翰·弗雷德里克·尼姆斯（John Frederick Nims）在《翻译诗集》(Poems in Translation)里对这项专长及其理想所做的论述；奥克塔维奥·帕斯（Octavio Paz）为将马拉美的第九篇十四行诗译成西班牙语在 Delos 第四期上发表而写下的工作笔记。法国维希的瓦莱里·拉尔博档案馆收藏着《白鲸》(Moby Dick) 和《尤利西斯》(Ulysses) 这两本书精彩的法语译本在准备过程中积累的大量材料，至今尚无人加以研究。从 20 年代开始，译者注意保存自己的草稿、底稿，二次世界大战以后，他们尤其自觉地系

---

[1] 参看 Ward Allen（ed.）*Translating for King James*（Vanderbilt University Press, 1969）.
[2] 蒲伯翻译荷马的手稿现存大英博物馆。

统地这样做。

虽然在积累材料方面的这种新情况使得人们有可能对译者的活动做更细致的考察，对他这种艺术究竟是怎样进行的做更细致的考察，人们所做的分析依然只能是从侧面加以描述。具体的例子增多了，情况也看得更清楚了，但这并没有使翻译领域的研究工作更为精确，或具有连续性。它仍然"取决于个人的口味和性格，而不取决于了解多少情况。"[1] 阿罗史密斯和沙特克企图逐渐实现系统化，把局部的做法和看法加以概括，提高到理论的高度，这肯定是错误的。维特根斯坦[2] 说过："从一种语言翻译成另一种语言是一项数学任务，把一首抒情诗翻译成外语好比解一道数学题。你可以这样提出问题：'比方说，这个笑话在另一种语言里应该怎样来表达？'这个问题是可以解决的，但并无系统的解决办法。"[3] 掌握维特根斯坦提出的这一特点，认识到既可以解决，又没有系统的解决办法，这是极其重要的。我认为这不仅是翻译本身的特点，我们对翻译所做的描述和判断也应该有这样的特点。本书下面就要尽可能清楚地说明这一点，并说明为什么是这样的。

从根本上说，这显然是一个哲学问题。我们已经看到，许多翻译理论都是千篇一律地围绕着两个含义不清的东西：不是"文字"，就是"精神"；不是"词句"，就是"意思"。"意思"寓于原文的"词句之中"，但对使用这一语言的人来说，意义显然大大超过词典所给定义之总和。译者必须把原文各种暗含的意思表达出来，这种意思在原文里却并未表现出来或只是部分地表现出来，因为本族的听众或读者会自然而然地了解。本族人对于本族语是熟悉的，这往往是下意识

---

[1] E. S. Bates, *Intertraffic, Studies in Translation*（London, 1943），p.15.

[2] Ludwig Wittgenstein（1889—1951）奥地利唯心主义哲学家、逻辑学家。——译者

[3] Ludwig Wittgenstein, *Zettel*, 698（Oxford, 1967），p.121.

的，因为这是继承下来的，并属于特定的文化。本族人长期处于那种语言环境之中，因此使用简略的语言是可以的。在翻译过程中，会在不同程度上丧失内在的含义。因此，翻译主要是详细阐述，尽量把原文的内在含义充分显露出来。译者所求的是把"已有的内容"显示出来。因为阐述就要有所增益，因为不只重述原来的内容，还要重新创造一个能说明问题的环境，译文就得膨胀。没有理由认为原文和译文可以用同样的词语表达同样的意思。就其自然的形式而言，译文总要超过原文。

从西塞罗和哲罗姆到现在，关于译者在翻译过程中忠实到什么程度的争论，在哲学上看来是天真的，或者说是不实际的。它把"词句"和"意思"作为两极，然后就争论如何最适当地利用这"二者之间的空间地带"。不应责怪翻译理论没有解决意义的问题，没有解决词与世界构成成分之关系问题，因为逻辑学和形而上学也仍在为这些问题做出临时的而且往往是互相矛盾的答案。就翻译理论而言，它的问题在于它觉得仿佛这些关系问题都已解决，或者在翻译过程中根据推理是显而易见的。实践在继续，而且要在上述"仿佛"的情况下继续下去，而理论却不能这样做。

假定我们以最简要的方式提出问题："翻译究竟是什么？""人的脑子究竟怎样从一种语言转到另一种语言？"这些问题需要什么样的回答呢？要使得对这些问题的回答可信或者可用，事先需要确定些什么呢？从翻译理论以及对翻译的分析到目前为止的发展情况来看，仿佛我们是清楚的，或者说，将来经过一定的时间，随着心理学、语言学及其他学科的发展，会逐渐清楚起来。然而，我认为，对于我们追求的究竟是什么，能说明问题的答案究竟是什么样子，我们并不十分清楚，也并无很大的把握。问题、答案以及我们对这二者之间关系的了解，都是含糊不清的。这就是我对上文的概括。

所谓翻译理论，可以有两种含义。它可以指一切形式的意义转换，包括雅各布森提出的符号之间的转换。它也可以指上述理论的一部分，专指不同语言之间的翻译。第一种含义更有指导意义，因为它认为无论是同一语言之内还是不同语言之间，一切从表达意思到理解接受的过程都是翻译。第二种含义，即翻译涉及两种语言，人们通常就是这样理解的。不过我认为这种看法有其局限性，是很有害的。但这并不是问题之所在。关于翻译理论的这两种概念，如果和某种语言理论联系起来，都是可以系统加以应用的。这里所谓联系包括两种情况，一是完全重叠，即"翻译理论也就是语言理论"，一是从属关系，即"语言理论是整体，而翻译理论则是其中的一部分。"这好比几何学。几何学的总体包括研究空间一切图形的特性与关系。这属于第一种联系。专门研究某一方面的几何学，例如投影几何学，则是从总体演变而来的，是总体的一部分。这属于第二联系。如果首先没有几何学原理，便不可能有投影几何学原理。

这虽然是老生常谈，却仍有必要说一说。翻译为什么是可能的，翻译是怎样进行的，脑子是按照一种什么样的模式来工作的，涉及这些问题的比较成熟的理论，都离不开系统的语言理论。这两种理论可能是完全重叠的，也可能前者是由后者演变而来的。然而事实上我们还没有这样一种语言理论，甚至就连语言理论这个名称涉及哪些内容也还没有了解清楚。语言理论要对关键性的东西下定义或定原理，其所需的根据尚不充分，已有的主要是些零碎的材料，互相矛盾的假设，凭直觉做出的猜测和杂乱无章的印象。在重大的问题上，比如关于翻译的系统理解，语言学大致还处于假设的阶段。我们有一些资料，有一些诀窍，还有各种各样的推测。但是还没有任何东西能与欧几里德的《几何原本》(*Elements*)一书相媲美。

理解离不开解释。就连一句最浅显的话也是需要解释的。它的含义可能多于也可能少于字面上的意思，也可能完全不是字面上的意思。只有完全重复的话才能与原话完全一样。在自然语言中，纯粹重复的话是很少见的。时间变了，就连重复的话也无法保证完全等同。

总而言之，我们不了解人类的言语在脑子里的活动情况。我们没有在人类学方面找出根据以说明为什么世界上有几千种语言。我们对学习过程的了解以及对记忆的了解是有创造性的，然而却是极初步的，而且是推测性的。如果几种语言在同一个人的脑子里同时并存，它们是怎样安排、怎样储存的，我们几乎一无所知，在这种情况下，怎么会有像样的翻译理论呢？

我想说明的是关于语言的研究不能说是一门科学，我甚至想说它永远也不可能成为一门科学。语言怎样使用，怎样理解，在关键性的地方因人而异。我们所研究的不是一门科学，而完全是一门艺术。

《圣经》的新译本与关于翻译的新概念

一

在我面前放着三本《圣经》，是三个不同的英文译本。

一个是大家熟悉的"钦定本"，即 Authorized Version of the *Bible*，以下简称 AV。这个译本从 1607 年开始准备，1611 年出版。《旧约》的原文是希伯来文，《新约》的原文是希腊文。但钦定本并不是完全从原文直接译出的，而是以当时已有的译本为基础，加工而成的。

另一个译本叫做《新英语圣经》(*the New English Bible*)，以下简称 NEB。二次大战结束以后，英国基督教各教派决定用现代英语重新翻译《圣经》。经过一年多的酝酿，1948 年初正式开始工作。1961 年出版了《新约》，1966 年出版了《旧约》，1970 年出版了合订本，是由牛津大学出版社和剑桥大学出版社联合出版的，足见教会方面对此译本之重视。

第三个译本叫做《好消息圣经》(*Good News Bible*)，以下简称 GNB[1]。

---

[1] 我来到悉尼以后，发现 *Good News Bible* 这个版本很流行，出售圣经的地方都有，有平装本，也有精装本。有一次我和一位悉尼的教长谈话，谈到圣经版本的问题。他说，*Good News Bible* 通俗易懂，适合于青年教徒。如果从事研究工作，主要还是依靠 Authorized Version。他本人使用的是 New International Version。——译者

这是一个美国译本,也是直接从原文翻译的。这个译本也是二次大战以后着手准备的。美国圣经学会于1966年出版了《新约》的新译本。随后又受联合圣经学会的委托,组织翻译《旧约》。从1971年开始,英国有两家圣经学会派出一名代表,作为顾问参加工作。1976年《旧约》出版。

这三个译本各有些什么特点呢?后两个译本都是六七十年代出版的,又有些什么不同呢?

下面请先看几段引文。第一段是叙事文,第二段是对话,第三段是寓言,第四段是诗歌。因为篇幅关系,这里只引 GNB。

Excerpts from *Good News Bible*

1. When Noah was six hundred years old, on the seventeenth day of the second month all the outlets of the vast body of water beneath the earth burst open, all the floodgates of the sky were opened, and rain fell on the earth for forty days and nights. On that same day Noah and his wife went into the boat with their three sons, Shem, Ham, and Japheth, and their wives. With them went every kind of animal, domestic and wild, large and small, and every kind of bird. A male and a female of each kind of living being went into the boat with Noah, as God had commanded. Then the Lord shut the door behind Noah.

...Every living being on the earth died every bird, every animal, and every person. Everything on earth that breathed died. The Lord destroyed all living beings on the earth—human beings, animals, and birds. The only ones left were Noah and those who were with him in the boat. The water did not start going down for a hundred and fifty days. (*Genesis*, vii, 11—24)

2. As they went on their way, a man said to Jesus, "I will follow you wherever you go."

Jesus said to him, "Foxes have holes, and birds have nests, but the Son of Man has nowhere to lie down and rest."

He said to another man, "Follow me."

But that man said, "Sir, first let me go back and bury my father."

Jesus answered, "Let the dead bury their own dead. You go and proclaim the Kingdom of God." (*St. Luke*, ix, 57—62)

3. That same day Jesus left the house and went to the lake-side, where he sat down to teach. The crowd that gathered round him was so large that he got into a boat and sat in it, while the crowd stood on the shore. He used parables to tell them many things.

"Once there was a man who went out to sow corn. As he scattered the seed in the field, some of it fell along the path, and the birds came and ate it up. Some of it fell on rocky ground, where there was little soil. The seeds soon sprouted, because the soil wasn't deep. But when the sun came up, it burnt the young plants; and because the roots had not grown deep enough, the plants soon dried up. Some of the seed fell among thorn bushes, which grew up and choked the plants. But some seeds fell in good soil, and the plants produced corn; some produced a hundred grains, others sixty, and others thirty."

And Jesus concluded, "Listen, then, if you have ears!" (*St. Matthew*, xiii, 1—9)

4. Close your heart to every love but mine;

    hold no one in your arms but me.

Love is as powerful as death;

passion is as strong as death itself.

It bursts into flame

and burns like a raging fire.

Water cannot put it out;

no flood can drown it.

But if anyone tried to buy love with his wealth,

contempt is all he would get. (*Song of Songs*, viii, 6—7)

如果把这几段引文与 AV 和 NEB 相比较，可以明显地看出下列两个特点：

一、AV 是 17 世纪初出版的，虽然按照英语历史分期，属于早期近代英语（Early Modern English），但总归是三百五十年前的英语，显得陈旧了。而 NEB 和 GNB 都是用的当代英语（contemporary English）。就两个新译本而言，GNB 尤为浅显易懂。

例 1：AV: In the six hundredth year of Noah's life

NEB: In the year when Noah was six hundred years old

GNB: When Noah was six hundred years old

例 2：AV: And it came to pass, that, as they went in the way, a certain man said unto him, Lord, I will follow thee whithersoever thou goest.

NEB: As they were going along the road a man said to him, "I will follow you wherever you go."

GNB: As they went on their way, a man said to Jesus, "I will follow you wherever you go."

And it came to pass 是《圣经》里常用的一种古老的说法，没有多少实际的意思，相当于 It happened，后两种译文都把它略去了。Whithersoever 也是一个古字，后两种译文都译作现在通用的 wherever。

例3：AV: ...suffer me first to go and bury my father.

　　　NEB: Let me go and bury my father first.

　　　GNB: ...first let me go back and bury my father.

suffer 当时等于 let，现在已不用来表示这个意思了。

例4：AV: ...saying, Behold, a sower went forth to sow;...

　　　NEB: He said: 'A sower went out to sow...'

　　　GNB: "Once there was a man who went out to sow corn."

在这个例子里，AV 用了一个古字 Behold，NEB 什么也没有用，而 GNB 却用了 Once there was....。这句话是一段寓言的开头，GNB 的译法符合现在讲故事的口气。此外，AV 和 NEB 都说 to sow，而 GNB 说 to sow corn。看来这句话的原文里本无表示 corn 的字样，GNB 根据下文加了这个词。至于为什么加这个词，我想这是现代英语节奏上的需要。

例5：AV：...go thou and preach the kingdom of God.

　　　NEB: ...you must go and announce the Kingdom of God.

　　　GNB: You go and proclaim the Kingdom of God.

三个译本除了用词方面不同，在结构上也有变化。像 go thou 这种把动词放在主语之前的祈使句，在当代英语中已不使用。

例6：AV:...if a man would giue all the substance of his house for loue, it would vtterly be contemned.

　　　NEB: if a man were to offer for love the whole wealth of his house, it would be utterly scorned.

　　　GNB: But if anyone tried to buy love with his wealth, contempt is all he would get.

在这里，AV 译文选自 *Oxford Book of English Prose* 提供的文本。这个文本保存了 17 世纪初的拼法。当时 u、v 不分，是同一字母的两个形式，有时代表元音，有时代表辅音，词头多用 v，词中（除非在 m、n 前后）多用 u。（i、j 也有类似情形，见后面例 11）动词 contemn 现在很少用。*Longman Dictionary of Contemporary English*（1978）就没有收这个词。NEB 没有改变结构，只把这个词换成了 scorned。GNB 则用了现在常见的名词 contempt，并相应地调整了结构。

二、NEB 和 GNB 都宣称自己是根据原文重译的新译本，但 NEB 在用词和句子结构上更接近于 AV。看来 AV 和 NEB 在形式上是比较接近于原文的。而 GNB 在形式上则不太受原文的限制，是比较放手的。

例 7：AV: In the selfsame day entered Noah, and Shem, and Ham, and Japheth, the sons of Noah, and Noah's wife, and the three wives of his sons with them, into the ark;...

NEB:...on that very day Noah entered the ark with his sons, Shem, Ham and Japheth, his own wife, and his three sons' wives.

GNB: On that same day Noah and his wife went into the boat with their three sons, Shem, Ham, and Japheth, and their wives.

首先，AV 和 NEB 都把诺亚方舟译作 the ark，而 GNB 则译作 the boat。其次，AV 和 NEB 大概都是照原文的次序，先说男的，后说女的。而 GNB 则把 Noah and his wife 并提，然后再提儿子和儿媳。可能这样更符合现代美国人的思路。

例 8：AV: ...they, and every beast after his kind, and all the cattle after their kind, and every creeping thing that creepeth upon the earth after his kind, every bird of every sort. And they went in unto Noah into his ark, two and two of all flesh, wherein is the breath of life.

NEB: Wild animals of every kind, cattle of every kind, reptiles of every kind, that move upon the ground, and birds of every kind — all come to Noah in the ark, two by two of all creatures that had life in them.

GNB: With them went every kind of animal, domestic and wild, large and small, and every kind of bird.

前两个译文比较接近，第三个译文则大大简化了。"成双成对"的意思根本没有译出来。如果说，因为下面还有一句 A male and a female of each kind of living being...，此处删去问题不大，那么前半句里 beast、cattle、creeping thing 等都不提，而只概括为 every kind of animal, domestic and wild, large and small，这种做法是值得商榷的。诚然，在翻译过程中，有时可以把具体事物加以概括，比如"布帛菽粟"就可以概括为 food and clothing。但此处有必要说明哪些动物上了 Noah 的船，如此概括就不一定适当了。

例 9：AV: And all flesh died that moved upon the earth, both of fowl, and of cattle, and of beast, and of every creeping thing, that creepeth upon the earth, and every man: all in whose nostrils was the breath of life, of all that was in the dry land, died.

NEB: Every living creature that moves on earth perished, birds, cattle, wild animals, all reptiles, and all mankind. Everything died that had the breath of life in its nostrils, everything on dry land.

GNB: Every living being on the earth died — every bird, every animal, and every person. Everything on earth that breathed died.

这个例子和前面一个例子有相似之处。NEB 与 AV 相近，保留了 "that moves on earth"、"that had breath of life in its nostrils" 等形象性说法。而 GNB 则大大简化，译成了 "on the earth" 和 "that breathed"。AV 原有 49 个词，GNB 只有 20 个词，压缩了五分之三。

例 10：AV: Foxes have holes, and birds of the air have nests, but the Son of Man hath not where to lay his head.

NEB: Foxes have their holes, the birds their roosts; but the Son of Man has nowhere to lay his head.

GNB: Foxes have holes, and birds have nests, but the Son of Man has nowhere to lie down and rest.

AV 和 NEB 都用了 to lay his head，看来这两个译本都保留了原文的比喻，而 GNB 则舍弃了这一形象性的说法，直接说出了其中的含义，译作 to lie down and rest。

例 11：AV: Set mee as a seale vpon thine heart, as a seale vpon thine arme: for loue is strong as death, iealousie is cruel as the graue: the coales thereof are coales of fire, which hath a most vehement flame.

NEB: Wear me as a seal upon your heart,
　　　as a seal upon your arm;
for love is strong as death,
passion cruel as the grave;
　　　it blazes up like blazing fire,
　　　fiercer than any flame.

GNB: Close your heart to every love but mine;
　　　hold no one in your arms but me.
love is as powerful as death;

> passion is as strong as death itself.
> It bursts into flame
> and burns like a raging fire.

AV 和 NEB 都保留了 seal 这个形象，而 GNB 则使用了更为简明的语言，直接表达了原文的含义。由于使用了 close 和 no one 等词语，可以说 GNB 是从相反的角度表达原文的。可见 GNB 在使用形象方面也是很放手的。此外，两个新译本都没有用 AV 里的 coal 这一形象。看来在现代英语里，在表达爱情的诗歌里 coal 不是一个理想的比喻。

例 12：AV:...but other fell into good ground, and brought forth fruit, some an hundredfold, some sixtyfold, some thirtyfold.

NEB: And some of the seed fell into good soil, where it bore fruit, yielding a hundredfold or, it might be, sixtyfold or thirtyfold.

GNB: But some seeds fell into good soil, and the plants produced corn; some produced a hundred grains, others sixty, and others thirty.

前两个译文都是用的 fruit（果实）。究竟是什么果实，整个寓言没有一处说得清楚。但从 a hundredfold 等词语可知种的是粮食。GNB 用了较为具体的词，译作 corn，后面不说多少倍，而说 a hundred grains（粒），可以使读者或听众得到一个明确的印象。

例 13：AV:...and forthwith they sprang up, because they had no deepness of earth:...

NEB:... it sprouted quickly because it had no depth of earth,...

GNB: The seeds soon sprouted, because the soil wasn't deep.

前两个译文用了 had no deepness（或 depth）of earth，这是一种相当文的说法。GNB 则译作 the soil wasn't deep，特别是用了口语里常用的 wasn't 这种紧缩形式，文字活泼多了。这句话引自口头上说的一段寓言，用这样的文体是很恰当的。

例 14：AV: Who hath ears to hear, let him hear.

> NEB: If you have ears, then hear.

> GNB: And Jesus concluded, "Listen, then, if you have ears!"

这是在寓言结束时说的一句话。GNB 在这句话前面加了 And Jesus concluded 这样的"话语标记"（discourse marker），表示这个寓言到此结束。在译文中增加"话语标记"以帮助听讲的人理解，也是 GNB 的特点之一。

三个译本在段落的划分上也不相同。引文 1，AV 和 NEB 都是一段，而 GNB 分成了两段。引文 2 是对话，AV 和 NEB 都用了一个自然段，而 GNB 则分为五段，每人说的话各自成段。这是符合当代英语行文的习惯的。

《圣经》里有许多典故，久已为人们所熟悉。新的译本是如何处理的呢？

例 15：AV: Give not that which is holy unto the dogs, neither cast ye your pearls before swine, lest they trample them under their feet, and turn again and rend you.（*St. Matthew*, vii, 6）

> NEB: Do not give dogs what is holy; do not feed your pearls to pigs: they will only trample on them, and turn and tear you to pieces.

> GNB: Do not give what is holy to dogs — they will only turn and attack you. Do not throw your pearls in front of pigs — they will only trample them underfoot.

to cast pearls before swine 已经成了英语中一个常见的成语。GNB 为了照顾文体上的一致，毅然割爱，译作 throw your pearls in front of pigs, 用词更为通俗。此外，还有一点值得注意。AV 和 NEB 都是先说做两件事，后说产生两个后果，而 GNB 则是每件事各接一个后果。这样安排，意思清楚。认为狗会向你扑来，猪会把珍珠踩在蹄下，是合乎情理的。

例 16：AV: It is easier for a camel to go through the eye of a needle, than for a rich man to enter into the Kingdom of God.（*St. Mark*, x, 25）

NEB: It is easier for a camel to pass through the eye of a needle than for a rich man to enter the kingdom of God.

GNB: It is much harder for a rich person to enter the Kingdom of God than for a camel to go through the eye of a needle.

AV 和 NEB 都用了 easier。但这句话的重点是富人进天国很难，GNB 变换次序，改用 harder，更为直接而有力。此外，GNB 不用 rich man，而用 rich person，大概是不仅要指男人，还要包括女人吧。从这两个例来看，GNB 在处理成语、典故的时候也是比较放手的。

二

《好消息圣经》是尤金·奈达（Eugene A. Nida）主持翻译的。他是美国圣经学会翻译部主任。他不仅在美国主持《圣经》的英译工作，还在世界各地指导许多其他语言的翻译工作，是一位颇有影响的翻译家。

为了总结经验，指导工作，奈达和查尔斯·泰伯（Charles R. Taber）合写了一本书，题为《翻译理论与实践》(*The Theory and Practice of Translation*)，于 1969 年出版。他们在书中对翻译工作提出了一套新的概念。他们认为，过去人们在翻译过程中过于重视与原文在形式上保持一致，而他们主张着重考虑读者对译文的反应，应使译文的读者和原文的读者产生同样的感受。

实际上，奈达在讨论翻译问题的时候并不提"读者"，他想到的主要是"听众"，统称之为"接受者"（receptor）。翻译涉及的两种语言，一般称为 source language（源语、译出语）和 target language（目的语、译入语）。但奈达管后者叫做 receptor language（接受者使用的语言或简称"接受语"）。

关于"源语"，就《圣经》而言，也就是希伯来语和希腊语，奈达认为它们既不是天国的语言，也不是圣灵使用的语言，它们和世界上的其他语言一样，有自己的美妙之处，也有各种不足之处，它们也不过是工具，被人们用来表达《圣经》里包含的意思而已。因此，它们既不神圣，也不神秘。

关于"接受语"，奈达认为每一种语言都有自己的特点，在构词法、语序、句子结构、谚语诸方面各不相同。各个民族的文化背景不同，对各自的语言也产生不同的影响。译者不必因为"接受语"缺少某种表达方式而抱怨；相反地，他应该尊重这一语言的特点，最大限度地发掘其潜力，以找出适当的表达方式。他认为一个能干的译者不会把一种语言的形式强加于另一种语言，非要以名词译名词，以动词译动词，在结构方面保持原来的语序，而是随时准备在形式上做一切必要的变动，以求用符合"接受语"特点的表达方式来表现原作的内容。他的结论是，要想使译文保持原作的内容，就必须在形式上有所改变。

奈达认为最好的翻译作品应该听起来不像是翻译作品。这就要求译者在"接受语"中尽力寻求最自然、最切近的表达方式。

奈达对于《圣经》的翻译提出了三项要求。一曰：传授知识

(informative)。这相当于我国翻译家严复提出的所谓"信"。奈达认为,要起到传授知识的作用,译文必须清楚易懂。二曰:生动得体(expressive)。这相当于严复提出的所谓"达"。奈达认为,好的译文远远不只是准确地传授知识,而且文字要生动得体,因为它不仅要使人们知道内容,而且要使人们有所感受。译诗要像诗,如果读起来像散文,就没有味道了。三曰:导致行动(imperative)。这就与严复的所谓"雅"全然无关了。如果用一个字来概括,似可归结为一个"行"字,即要身体力行。奈达认为,这一点对于翻译《圣经》来说,尤为重要,因为《圣经》不只是描述上帝的活动,而且规定了人们处世所应遵循的原则。

为了达到上述要求,奈达认为不能消极地追求"形似",而要积极地寻求真正对等的表达方式。也许有人会说,这样的翻译是不"确切"的,因为它在形式上可能与原文距离很远。奈达认为这样的提法纯粹是从形式看问题,因为译文是否确切只能取决于人们对于译文和对于原文是否能产生基本上一样的反应。

就连风格问题也是这样。奈达认为机械的翻译并不一定能保持原作的风格。比如"钦定本"里有许多句子是以 And 开始的。这是因为原文就是以一个相当于 and 的词开始的。但在英语里,这种 and 用多了便形成一种孩子腔,而这并不是原来的风格。

奈达对于译文的语言还有一些具体的考虑。由于人们往往不是自己阅读,而是在宗教集会上或者通过电视、广播、听人宣讲,译文就要少用书面语,多用适合于听的语言,使人一听就懂。这样,选词就要多考虑其读音,句子结构也不能过于复杂。此外,奈达认为译文的语言还要特别照顾非教徒的需要。如果非教徒容易理解,教徒就更不成问题了。从年龄方面来考虑,译文的语言主要是适合二十五岁至三十岁的人,而不是着眼于老人或小孩。老人的语言偏于陈旧,孩童的语言不够规范，用来翻译《圣经》都是不合适的。在某些场合，要注意使用妇女的语言，因为男人的活动范围广，男人可以理解的语言，妇女不一定都能理解。

奈达还非常重视对译文的检验。但这种检验不限于拿译文与原文进行核对，看译文是否确切、易懂、得体，而且要看读者如何反应。人们可以对内容持不同意见，但译文不应使他们感到文不得体、结构臃肿、不自然、有歧义、或难以理解。

检验的方法主要是通过口头进行。一是以不同的译法征求意见；二是请一个人把译文读给另外一个人听，然后请他把内容转述出来；三是请人在众人面前朗读；四是抽样发表。通过这些途径，发现问题，再进行修改。

奈达认为，如果有人说，"我发现上帝也是用我的语言说话的"，这便是对译者最大的褒奖。

三

近年来，我国的翻译工作也发生了一些变化，变化的趋势与奈达提出的翻译理论颇有相似之处。

我国翻译界一度相当机械，希望译文的每个字都能与原文对上，生怕不忠实。现在则较多地考虑译文语言本身的特点，较多地照顾读者的需要了。

1949年建国初期，翻译《毛泽东选集》的时候曾有一条规定：原文一句译成英语还要保持一句，不能断句。其实，汉英两种语言在句子结构方面有很大的不同，勉强一句对一句，有时很不自然。在60年代进行修订的时候，就打破了这一条规矩，该断句的地方断句，句子就顺当多了。

在用词方面，也趋向于用小词，能够上口的词。例如"曹刿论战"，原文是古文，最后几句是这样说的：

既克，公问其故。对曰：夫战，勇气也。一鼓作气，再而衰，三而竭。彼竭我盈，故克之。夫大国难测也，惧有伏焉。吾视其辙乱，望其旗靡，故逐之。

这段话有两个译文：

1. After the victory the Duke inquired. Ts'ao explained: 'A battle depends upon courage. The first drum arouses the spirit, at the second it flags, and with the third it is exhausted. When the enemy's spirit runs out, ours is full, hence we win. But it is difficult to fathom the moves of a big state, and I was afraid that there might be an ambush. But when I found the enemy's tracks crisscrossed and his banners drooping in disorder, I recommended pursuit.（1954 edition）

2. After the victory the Duke asked Tsao why he had given such advice. Tsao replied, "A battle depends upon courage. At the first drum courage is aroused, at the second it flags, and with the third it runs out. When the enemy's courage ran out, ours was still high and so we won. It is difficult to fathom the moves of a great state, and I feared an ambush. But when I examined the enemy's wheeltracks and found them criss-crossing and looked afar and saw his banners drooping, I advised pursuit."（1965 edition）

第二个译文是在第一个译文的基础上修改而成的。通过把 inquired 改为 asked Tsao why he had given such advice，把 is exhausted 改为 runs out，把 hence 改为 so，把 recommended 改为 advised，再加上其他方面的改动，译文更加浅显易懂了。

汉英两种语言在使用形容词和副词方面有很大差别。往往汉语可以这样搭配，译成英语则不能这样搭配，或者英语可以这样搭配，译成汉语就不能这样搭配。这就要求译者能够摆脱原文的框框，找出既自然又确切的说法来。例如：

……那种看不到我们目前仍然存在的困难，看不到我们的任务非常艰巨复杂，企图速胜的不切实际的幻想。（引自五届人大四次会议文件）

...the unrealistic expectation of quick results stemming from failure to see existing difficulties and the extreme arduousness and complexity of our tasks.

"幻想"通常译作 illusion，但它不能与 unrealistic 连用，所以改用 expectation。在其他场合，"不切实际的幻想"只译作 illusion，因为其中已经包含着 unrealistic 的意思了。再如：

We believe that it is right and necessary that peoples with different political and social systems should live side by side — not just in a passive way but as active friends.（Mr. Edward Heath's Speech）

我们认为具有不同政治、社会制度的各国人民应该并存，不只是消极地并存，而且要积极地友好相处，这才是正确的和必要的。

在这个例子里，as active friends 译作"积极地友好相处"是非常恰当的。如果拘泥于原文的形式，译为"做积极的朋友"，那就很别扭，也很不好懂了。

如果不是努力贯彻执行中共十一届三中全会以来党和政府对农村的各项方针政策，这一切是不可想象的。（引自五届人大四次会议文件）

Our achievements would be inconceivable without the conscientious fulfillment of the principles and policies on rural work put forward by the

Party and government since the Third Plenary Session of the 11th Central Committee of the Party in December 1978.

葛洲坝水利枢纽工程、龙羊峡水电工程和刘家峡水电站都胜利地经受住了考验。（同上）

The Gezhou Dam water-control project on the Changjiang and the Longyangxia and Liujiaxia hydro-electric power stations along the Huanghe withstood extraordinary flood crests.

在这两个例子里，译文分别加了表示时间的 in December 1978 和表示地点的 on the Changjiang 和 along the Huanghe。这些补充会有助于外国读者了解文章的内容。

我国的翻译工作虽然有了以上这些变化，过于机械的现象仍然存在。这有两方面的原因，一是在指导思想上认为，如果译文在形式上变动太大，就可能不忠实于原文；二是图省事，没有花力气去弄懂原文的真正含义，或不肯花力气去找出最自然、最贴切的译法，满足于形式上的对等。不论是哪一种原因造成的，研究一下奈达的理论，对于克服过于机械的倾向都会是有帮助的。当然，奈达谈的是怎样翻译《圣经》，不能说他的理论一定适用于任何翻译工作。

除了以上三个译本，最近还看到一个译本，名叫 *The New American Bible*，是美国天主教圣经协会主持，从原文翻译的，1950 年出版。这个译本的特点与《新英语圣经》相近，既是标准的现代英语，又在选词和结构方面较多地保留了原来的表达方式。这里就不准备多谈了。

（原载《外语教学与研究》1982 年第 2 期，
后收入《外国翻译理论评介文集》。）

外国译者追求什么样的译文

这次有机会先后在英国和美国进行访问并做研究工作，接触了一些译界同行，看到了几本国内尚未见过的专著，但是更能引起我的兴趣的还是大量的译者为自己的译本写的前言。我每到一地，便到图书馆里去细心搜寻。几个月下来竟得一百五十余篇，涉及的翻译问题很广。有些问题如翻译的标准、风格能不能译、直译还是意译等，我们在国内也经常议论。看一看外国译者怎样考虑这些问题，也许是不无好处的。

今天我想谈的问题是：外国译者追求什么样的译文？

在我看到的前言和论文中，所提到的翻译标准都比较具体。最常见的是两个词：一个是"确切"（accurate），一个是"通顺"（readable）。

引文 1　关于译文本身，我只需要说我的目标一直是既确切（accurate），又通顺（readable），但我充分意识到往往二者都没有做到。

> K. J. Maidment: Preface(1940)
> *Minor Attic Orators*, Vol, I, Antiphon, Andocides（4th century B. C.）
> Loeb Classical Library.

引文 2　我在本书中主要是力图以可靠的拉丁文本和优美、确切的（graceful and accurate）英译本把普洛佩提乌斯介绍给尽可能多的读者：当然首先是介绍给古典文学学者和研究人员，但也同样介绍给一般的文学爱好者。为了照顾一般文学爱好者的需要，我扩充了索引，增加了许多解释性的内容，否则这些材料就要到参考书里去查找，或者通过冗长的脚注来提供。

> G. P. Goold: Preface（1990）
> Propertius: *Elegies*（late 1st century B. C.）
> Loeb Classical Library.

引文 3　出版这个新译本，是为了提供方便，使英国和美国读者第一次看到车尔尼雪夫斯基的《怎么办？》一书的完整译本……我们希望这个完整、确切、通顺的（complete, accurate and readable）译本能使英美读者不仅了解车尔尼雪夫斯基这本小说对人类生活产生了多大的影响，而且了解它推动历史前进的动力是从哪里来的。

> Michael R. Katz and William G. Wagner: Introduction（1989）
> Nikolai Chernyshevsky: *What Is to Be Done*?（1863）
> Cornell University Press.

Loeb Classical Library 是美国银行家 James Loeb 资助出版的一套丛书，专门介绍古希腊、罗马时代的著作，原文与英译文对照，前面有详细的介绍，后面有注释和索引，是一个很有权威的版本。原文为希腊文者，用绿色封面；原文为拉丁文者，用红色封面。由美国哈佛大学出版社和英国海涅曼出版公司出版，在英国印刷，大约从 1912 年开始出版，现仍陆续出书。

G. P. Goold 在耶鲁大学任教，是 Loeb Classical Library 的现任总编辑。他译的这本 *Elegies*，原作是诗，他译成了散文，大概就是因为这个原因，他追求的是"优美、确切"的英译本，而没有满足于"通顺"。

Michael R. Katz在"确切、通顺"之外又提出了"完整",这是因为在此以前的译本多有删节,不能使读者看到全貌。

引文4　主要目的是为舞台演出提供脚本。译者一向以高度确切(strict accuracy)为宗旨,但希望避免学究气。译者从未有意识地为了字面上的忠实而使得台词不能上口,或违背原作的精神。译本可供演出使用,也可供阅读,但这并不需要采取不同的译法,因为译者认为最适宜于演出的版本自然也是最适宜于阅读的版本。译者还认为,对于一个剧本来说,最好的演出本必然是真正学术水平最高的版本。

译者力图使用生动的现代英语而不用俚语。最主要的是尽力避免那种不动脑筋的翻译腔,这种翻译腔过去往往使得俄国文学的译文明显地具有一种"苍白"的风格,而这样的风格是与俄文原作的风格没有多少联系的。

> Ronald Hingley: Preface(1964)
> *The Oxford Chekhov*, Vol. III(1903)
> Oxford University Press.

引文5　本书所收的七篇演说,有五篇是西塞罗任执政官时发表的。这七篇演说不仅为研究当时的历史提供了极有价值的资料,而且体现了西塞罗的一部分最精彩的演说艺术。在当前庄重、华丽的演说风格不吃香的情况下,要想抓住那些比较生动的段落的精神而又不至于听起来不悦耳,是很不容易的。不要忘记这些演说是向地中海一带的听众发表的,往往人数很多,也很嘈杂。这个译本希望一方面确切(accurate)地翻译拉丁文原文,同时又体现西塞罗作为演说家、政治家、为被告辩护的律师所具有的各种品质。要把这两方面结合起来往往是不容易做到的,因为我们这两个社会的口味和看法实在太不一样了。

C. Macdonald: Preface（1976）

Cicero, Vol. X, In Catilinam, etc.（1st century B. C.）

Loeb Classical Library.

引文 6　译者的主要任务之一是使译文通顺（readable），否则就没有人看，也就不能达到介绍原作者的目的。在今天如果译者使用修辞色彩很浓的英语，他的译文就不会通顺，也就没有人看。对于翻译西塞罗的译者来说，这个想法增加了一条新的理由，特别容易使他相信人们常说的那句话：翻译是一项无法完成的任务。西塞罗的演说涉及的语言学及其他方面的问题的确令人望而生畏。"一页纸上体现的深思熟虑、生活经验和语言训练比现代演说家一生掌握的还要多。"（Gilbert Highet, *The Art of Teaching*, p. 99.——原注）西塞罗的修辞手段是他所受的语言训练的产物，是他的风格中不可分割的一部分。如果丢掉它，你就丢掉了人们最赞赏他的一个方面，损失还不止于此。如果保留它，我在前面已经指出，你就丢掉了另外一样东西——当代通顺的英语。这种进退两难的困境是没有折中办法可以解决的。因此，我既然不准备放弃努力，要尽可能地接近真正的现代英语，就不得不放弃西塞罗的修辞手段。至于读者遭受的损失，我是非常清楚的。

Michael Grant: Introduction（1960）

Cicero: *Selected Works*（1st century B. C.）

Penguin Classics.

这三段引文的侧重点有所不同。

Dr. Ronald Hingley 在英国牛津大学任教。他翻译了九卷的《契诃夫全集》，前三卷为戏剧，后六卷为短篇小说，由牛津大学出版社从 1964 年开始出版，到 1980 年出齐。引文 4 摘自最先出版的第三卷。他强调确切，用他自己的话说是"以高度确切为宗旨"，但他并不机械地遵循这一宗旨,以至于台词不上口。他明确地提出反对那种不动脑筋的"翻译腔"。

引文5一方面强调确切,一方面又想把西塞罗特有的品质表现出来。虽然他知道这是很难做到的,但他仍努力把二者结合起来。

Michael Grant 曾在剑桥、爱丁堡等大学任教,曾任维吉尔研究会和古典文学协会的主席,翻译过西塞罗和塔西陀的著作,并有关于古希腊罗马文化的著作多种。他在翻译西塞罗的作品时,显然是强调通顺,放手地使用当代通顺的英语,而不受西塞罗的风格的束缚。

Michael Grant 译的西塞罗的作品是在 Penguin Classics 这套丛书里发表的。这套丛书于1944年由 Dr. E. V. Rieu 创始,选题极广,强调译文通顺好读,为普及古今各国名著起了很好的作用。

引文7《布登勃洛克一家》这部小说是在19世纪末写成的,1902年发表,一举而成为德国文学的典范。它属于这样一类作品:既是一件艺术杰作,又是一个时代一个地区的难得的记录,我们有不少用英语出版的这类作品。《布登勃洛克一家》是一部了不起的作品,不仅是因为它的心理描写,也不仅是因为它记载了一种消失了的文化传统,而且因为它的完美的艺术:它的风格具有经典作品的纯真特性,而且既严肃又优美。

如果一部作品的原文在风格上达到了登峰造极的地步,翻译这部作品真是大胆妄为之举。《布登勃洛克一家》这部书是那样从容不迫,又经过那样的细心雕琢,人战(指第一次世界大战(1914—1918年)——译者注)形成的鸿沟又使得这部书的创作方法与我们时代的创作方法迥然不同。此外,作者还采用了大量的方言。这个困难是无法克服的,方言是没有办法译的。

因此,这个译本虽然拿出来发表,却有不足之处。一方面不能不承认难度很大,同时也不能不大胆地给自己规定这样一个任务:

首先要表达原作的精神（the spirit），尽可能地照顾原作的文字（the letter），最重要的是既然这件用德语写成的艺术品听起来仿佛是过去时代发出的音乐，译成英语之后，至少也不能听起来像翻译——因为翻译"上帝保佑，是没有价值的"。

H. T. Lowe-Porter: Translator's Note（1924）
Thomas Mann: *Buddenbrooks*（1902）
Alfred A. Knopf, Inc.

引文 8　任何一篇译文都包含着妥协（compromise）的成分。一个句子在这种语言里通顺流畅，在另一种语言里就会拖沓累赘。一个精彩的短语如果按字面译成另外一种语言就可能不像样子。一个单词在另一种语言里也可能难以找到相应的词。

译者如果愿意，当然可以不顾一切地保持字面上的确切，每个句子都逐词翻译，其结果虽然很保险，却不过是一本学生作弊用的参考译本，这是最最要不得的。还有另外一个极端，那就是把学术方面碍事的东西通通撇在一边，遣词造句随心所欲，只求在英语的外衣之下保存原作的意思和思路，这个办法很危险，因为它很容易演变成不动脑筋脱离原文的意译。第三种办法更超出了翻译的范围，只是借助于原有的形象创作新的作品。蒲柏和恰普曼对《伊利亚特》和《奥德赛》就是这样处理的。这个办法用于荷马的诗句也许是可以的，但用于西塞罗的散文恐怕就不行了。不管怎么说，这一做法会使译者显得人才出众，可以与原作者等量齐观。

因此我的目标是真正的翻译，然而是低标准的，我有一定程度的自由，可以改变原来的语言形式，但绝不有意识地脱离原作的意思和语气。最主要的是我力图使西塞罗的英文译本和拉丁文原文一样通顺（readable）。诚然，在本书末尾有几段话，西塞罗写得有些枯燥，用了近乎电报式的风格，但是即便在这些地方，虽然文字可能不顺，意思却并不模糊。

> Horace C. P. McGregor: A Note on the Translation（1970）
> Cicero: *The Nature of the Gods*（1st century B. C.）
> Penguin Classics.

　　H. T. Lowe-Porter 专门翻译托马斯·曼的作品，前后达28年之久。托马斯·曼非常喜欢她的译文，称之为"精彩译文"。她虽有很多翻译经验，但很少谈翻译问题。在这里引的这篇前言里，她提出"首先要表达原作的精神"，"原作的文字"则只能"尽可能地照顾"。她还说："方言是没有办法译的。"可见她的注意力集中于原作的精神，而不拘泥于原作的文字，否则托马斯·曼也不会称她的译文为"精彩译文"了。

　　引文8提到妥协。所谓妥协，意思是在"绝不有意识地脱离原作的意思和语气"的前提下，"可以改变原来的语言形式"。这与 H. T. Lowe-Porter 所说的"尽可能地照顾原文的文字"是一个意思，只是角度不同而已。

　　引文9　在翻译本书的过程中，我尽力遵守忠实于原作语气（tone）的原则，也就是 E. V. Rieu 博士所说的"等效法则"，意思就是：译者有责任使英译本在其读者身上产生的效果与原作发表时在其读者身上产生的效果相同。《萌芽》这本小说是一部粗野、愤怒的作品，讲的是粗野、愤怒的人，他们使用的语言粗鲁、直截了当、甚至污秽下流。如果把这样的语言变成温文尔雅的语言，也就违背了作者的意图。

> Leonard Tancock: Note on this Translation（1954）
> Emile Zola: *Germinal*（1885）
> Penguin Classics.

　　引文10　古典巨著出版新的译本是不需要申述理由的。鼎鼎大名的作家翻译鼎鼎大名的作家的作品，然后又有别人的译本取而代之，情况一向如此。一部复杂的文学作品恐怕是不会有完美的译本的，因此人们会觉得译本越多越好。然而 Arthur Waley 翻译的《源氏物语》(*The Tale of Genji*) 许多年来对我影响很大，我感到不能不简单地说一说我为什么承担提供新译本的任务。Waley 的译本曾引导我开始研究日本文学，经过反复阅读——读了多少遍，我也说不清——我感到一股强大的压力，仿佛准备新的译本就是冒犯神明。

但是 Waley 的译本是很自由的，这也是事实。他做了大胆的删节。他把第 38 章全部删去了。如果仔细看一看，就会发现至少第 30 和第 41 这两章的题目在他的译文里是没有意义的，因为他把产生这两个题目的有关情节删掉了。可能有人说他通过删节使得情节更为紧凑，因此有所"提高"。有些地方可能是这样的。他对有关服装、饮食、礼节的描写显得不耐烦，人们会有同感，甚至希望作者也有同感。然而就整体而言，他似乎是随意删节的。第 38 章优雅动人，却删掉了，第 44 章在各方面都略逊一筹，却译了出来，令人百思不得其解。

增补和删节相比，更为复杂，可能也更为有趣。Waley 善于辞令，有时改变一段情节的语调，有时改变一个人物的心理特征。也许他在这一方面有时也是在"提高"，然而他连续不断地增补与美化，这就使人觉得作者紫式部总不至于处处都不行。对于 Waley 这种做法，整个新译本都体现着对它的批评，只是没有明说而已。若要明说，只需指出一点：新译本可以称得上是个全译本，但其字数比 Waley 大加删节的译本还要少。这就说明无论 Waley 取得了多么精彩的效果，我本人就曾看到不少精彩之处，但他的节奏（rhythms）是与原作迥然不同的，原作较为明快、凝练，用词节省，不啰嗦。如果说翻译的目标应该是在一切重要方面包括节奏在内模仿原作的话，那么这里提供的译文规定要达到的目标可以说比 Waley 的译文所要达到的目标多得多。至于实现的程度如何，那就留待旁人来评说吧。

Edward G. Seidensticker: Introduction（1976）
Murasaki Shikibu: *The Tale of Genji*（early 11th century）
Alfred A. Knopf, Inc., New York.

Leonard Tancock 曾在伦敦大学任职，对研究翻译问题有浓厚的兴趣，曾译左拉、莫泊桑、狄德罗的作品多种。他在引文 9 中提出了"忠实于原作语气的原则"，意思是如果原文粗俗，译文也不应文雅。E. Seidensticker 提出了节奏问题，他认为原作节奏"明快、凝练，用词节省，不啰嗦"，实际上这是谈的风格。

至于 Tancock 所说"使英译本在其读者身上产生的效果与原作发表时在其读者身上产生的效果相同"，这是一个理想的提法，然而是做不到的。原作对现代读者也不可能产生它在发表时在读者身上产生的效果，何况再译成另外一种语言。

引文 11 我们选择《罪与罚》一书的英译本，标准是这个译本能用当代英语确切地（accurately）体现陀思妥耶夫斯基的 19 世纪俄语原作，能用今天的英语表现出和原作相一致的风格（style），不以现代词语或维多利亚时代的词语歪曲原作，而且译文本身是通顺的（readable）。根据这些原则，我们认为 Jessie Coulson 的译本似乎是最好的译本，经与牛津大学出版社接洽，在这里重印出版。

George Gibian（editor）: Preface（1989）
Feodor Dostoevsky: *Crime and Punishment*（1866）
Norton Critical Edition.

引文 12 《战争与和平》一书已经译成许多种语言，有关此书的专著和文章多得难以计数。此处采用的是 Aylmer 和 Louise Maude

的译本。编者认为这个译本对托尔斯泰的俄语原作来说，最接近其文字与精神（the letter and spirit），其风格（style）平易、质朴、开门见山，和托尔斯泰的风格一样。Aylmer Maude 曾在俄国生活达二十三年之久。他的妻子生于莫斯科，四十岁以前一直住在那里。他们对俄语的细微含意了如指掌，这是没有问题的。他们追随托尔斯泰，与他过往甚密，在确定最佳版本以及后来花费大量时间认真翻译的过程中，他们专心致志，一丝不苟，他们的研究工作达到了可能达到的最高水平。Maude 的译本首次改正了其译者许久以来造成的误译（甚至包括俄文版里的错误）。我为在这套丛书里能够使用 Maude 的译文而感到荣幸。

George Gibian（editor）: Introduction（1966）
Leo Tolstoy: *War and Peace*（1865）
Norton Critical Edition.

George Gibian 在美国康奈尔大学任职，他参加了 Norton Critical Edition 这套丛书的编辑工作。这套丛书有英文原著，也有英文译本，书后附有若干篇评论性文章，是一个较好的版本。编者选用 Aylmer 和 Louise Maude 译的《战争与和平》，因为这个译本最接近原作的文字与精神，风格也和原作一样。编者选用 Jessie Coulson 译的《罪与罚》，因为译文通顺，能体现原作，风格与原作一致。风格是个复杂的问题，只好留待下次再谈。

（原载《中国翻译》，1992年，第4期。）

外国翻译家对原作风格的探讨

一书译毕，外国译者除了常在前言中介绍原作的内容外，还对原作的风格做简单的评论，人们可以从中探知他们对作品的理解，而这种理解对其翻译是有作用的。下面我们看看译者如何分析原作者和原作的风格。

引文1　屠格涅夫是一位风格大师。他认为艺术家只有"向世人提供美的形象"才能对人有所教益。他与同时代的大多数人不同，不遗余力地使自己的作品达到艺术上完美的程度。他热爱俄罗斯语言。使用起来准确无误……他甚至把某个词用斜体排印，以强调这个词用在这里多么恰当。在他对祖国的命运有所怀疑，感到忧虑的时候，"伟大、有力、真实、自由的俄罗斯语言"对他来说是一种安慰，因为他坚信这样的语言"必定属于一个伟大的民族。"

　　　　　Posemary Edmonds: Introduction（1965）
　　　　　Turgenev: *Fathers and Sons*（1862）
　　　　　Penguin Classics

引文2　俄罗斯文学语言在普希金的作品中发展到了顶峰。他的散文如同巴赫的赋格[1]那样严格，那样精确。他的句子短，雕琢得

---

[1] 巴赫（1685—1750）是著名德国作曲家。赋格（fugue）是一种西洋的复调曲式。巴赫留下了许多动人的赋格。——译者注

很精致。绝没有含糊不清的地方,绝没有多余的字眼和用得不当的标点符号。廉价的装饰品是不合他的口味的。

对于前辈使用的沉重、古旧、含混的语言,普希金赋予了古典文学语言所具有的纯净、高雅、精确的特点,他创造的形式和节奏可供后人使用几百年。

  Rosemary Edmonds: Introduction(1962)
  Pushkin: *The Queen of Spades and Other Stories*(1834)
  Penguin Classics

引文3 读者可能觉得《日记》的内容更有吸引力,而不注意其风格。然而可以看出,即便是在写日记的时候,纪德也在有意识地锤炼一种风格,既是古典主义的,又有个人的特点,就连最细微的事物在他的笔下也常有特殊的印记。从1889年到1949年,他稳步地朝着自然与自信的方向发展,虽然有时明显地是在运用技巧,段落却更加灵活。作者时常在日记中讨论自己的风格问题。他解释了为什么在自己的第一本书里使用的语言完全没有比喻,随后又从司汤达得到启发,追求一种更为简朴无华的风格。后来他坦白承认他想悄悄地使自己的句子达到完美的程度,叫别人无法模仿。另一方面,他常把写日记看作练习自然的快速写作的一种途径。他不喜欢写得很快,所以在写日记的时候迫使自己快点写。他在青年时代和在非洲的经历中有许多事情可以证明,用束缚自己的办法来摆脱束缚,这件事最能反映出纪德的特点了。

  Justin O'Brian: Introduction(1967)
  André Gide: *Journals*(1889—1949)
  Penguin Modern Classics

引文4 夏多布里昂死后只有几个月,他的《回忆录》问世,人们立刻认为这将是他的传世之作。它也的确是这样一部著作。这部书涉及的内容很广，说明作者既通晓历史，又会写自传，既会写讽刺文章，又会写日记，既是诗人，又是预言家。一方面，它展示了一幅巨大的历史画卷，涉及世界史上最激动人心的时期之一，在这一时期中，夏多布里昂本人发挥了自己的作用，同时他也与许多领袖人物有过交往。另一方面，它也向我们提供了每天发生的重大事情的记录和一位作家的印象。这是一位思想敏锐、饱经世故、笔锋犀利的现代作家，他有惊人的勇气，骇人的傲气，他故作谦虚令人愤怒，他天真纯朴感人至深。这部作品无疑是一个统一的整体，这主要归功于作者的语气。作者的语气是与法文书名 *Mémoires d'outre-tombe*（《墓畔回忆录》）相吻合的，自始至终听起来真像是来自"墓畔"。正如波德莱尔所说，这语气"听起来一半是在阳间，一半是在阴间"。这种语气表达了一个充满人性的个性，有时亲切，有时让人生气，但绝不枯燥乏味。

> Robert Baldick: Introduction（1961）
> *The Memories of Chateaubriand*（1850）
> Penguin Classics

Rosemary Edmonds 出生在伦敦，通晓英、俄、法、意等语言，二次大战期间曾在伦敦任戴高乐将军的翻译。她于 1954 至 1966 年间翻译俄国文学作品多种，其中有托尔斯泰的作品 *Anna Karenin*（1954）、*War and Peace*（1957）、*The Cossacks*、*Happy Ever After*、*The Death of Ivan Ilyich*（1960）、*Childhood, Boyhood, Youth*（1964）、*Resurrection*（1966）；有屠格涅夫的作品 *Fathers and Sons*（1965）；有普希金的作品 *The Captain's Daughter*、*The Negro of Peter the Great*（1958）、*The Queen of Spades*（1962）。1978 年她又根据权威性的俄文版本修订了 *Anna Karenin* 和 *War and Peace*。她是一位很有经验的翻译家，为每个译本都写了相当详细的前言，分析作品的内容，但对翻译本身谈得不

多。在引文1和引文2这两段简短的话里，她对屠格涅夫和普希金做了高度的评价，赞扬他们使用语言精确，发展了俄语的节奏。

Robert Baldick 曾在牛津大学学习，是英国皇家文学学会成员。从1964年到1972年去世时为止，他与 Betty Radice 共同主编 Penguin Classics。他翻译过龚古尔、蒙泰朗、拉迪盖、拉布列塔尼、萨特、西默农和儒勒·凡尔纳的作品，曾为 Penguin Classics 翻译福楼拜的《三故事》和《情感教育》，夏多布里昂的《回忆录》和于斯曼的《逆流》。他在引文4中指出，夏多布里昂的《回忆录》之所以能够成为一个统一的整体，就是因为作者自始至终使用了同样的语气。

有的译者先对作者的风格做一般性论述，然后具体谈某一作品。

引文5　施托姆的作品，无论是抒情，还是叙事，其最大的特点是充满了回顾、沉思、"在宁静的环境中追忆往昔"的气氛。作品的主题都是个人秘事，作品之所以能够成立，能够站得住脚，也是个人因素决定的；作者本人把这种情调的中短篇小说称为"情景故事"。这些作品之所以有力量，就是因为它们写得真实，其无法摆脱的危险则是过于伤感，这是因为拖托姆从一开始就想借发挥想象力来逃避他一度所说的"这令人烦恼的现实。"他用梦幻做面纱，把现实生活的狰狞面貌遮盖起来，使它显得较为温和，这样他就可以想象自己在时间或空间上拉开距离，从远处观察，这时他所看到的一切都具有理想的特征，而此时此地"真情实况"的具体特征则大部消失。

《茵梦湖》一书，作于1849年，就是上面说的这种情况。书中人物生活在施托姆所了解的中产阶级社会里，把自己的活动限制在社会认可的保守的范围之内，然而他们似乎过于软弱，过于 weltfremd（不明事理），因而不能体现中产阶级社会的生活，也不能解决中产阶级社会的实际问题。……作者语气低沉，行文从容不迫，结局无可非议。这部作品感情变化的范围不大，然而也许正因为如此，其所表达的感情便愈加强烈，使得施托姆在19世纪德国文坛上虽然不是首屈一指的大作家，却特别受到读者的喜爱。

<blockquote>
Ronald Taylor: Introduction（1966）
Theodor Storm: <i>Immensee</i>（1851）
Calder and Boyars Ltd.
</blockquote>

引文6　凯勒的短篇小说最能体现他的长处，最能打动读者的心。他的题材往往并不宏伟，以乡村为背景，但他那无情的洞察力和他那坚定而猛烈的笔触——他对人是毫不客气的——使他在作品中不留情面，把人物刻画得淋漓尽致，并通过情景产生巨大的感染力。他与同时代的瑞士作家康拉德·费尔迪南·迈耶不同，不是精心雕琢以表现风格的作家。实际上他的描写往往重复，技巧也不成熟，有时令人担心这样的描写会不会严重影响作品的效果。但是作品所具有的强烈的现实主义精神丝毫没有受到影响，因为他的作品是他把自己对所写人物的观察与对重要细节孜孜不倦的追求相结合的产物。

<blockquote>
Ronald Taylor: Introduction（1966）
Gottfried Keller: <i>A Village Romeo and Juliet</i>（1856）
Calder and Boyars Ltd.
</blockquote>

《茵梦湖》最先由郭沫若译成中文，后来又有巴金的译本，因此中国读者是熟悉的。通过 Ronald Taylor 的说明，我们可以了解到，原作这种语气低沉、从容不迫的叙事方法，这种回顾沉思的气氛，不只是《茵梦湖》一本书的特点，而且是施托姆作品的共同特点。

凯勒是瑞士的一位德语作家，擅长写以乡村为背景的短篇小说，对社会有深刻的了解，抨击起来猛烈有力。<i>A Village Romeo and Juliet</i> 这个短篇就体现了凯勒这种直言不讳的特点。

有些译者从社会背景和作者当时的思想情绪入手来分析作品的风格。

引文 7　自司汤达写了愤世嫉俗的《红与黑》，又过了将近 9 年。这时他已 56 岁，精力衰退，也可能是因为上了年纪的缘故，性情更为温和，对人也更加容忍。在这种情况下，他动手写这本小说，书中几乎看不到讥讽的痕迹，但仍能看到他一生中那不寻常的经历：他在拿破仑的军队里作战的情形、意大利风光的魅力、常使公职人员感到困扰的无聊生活和他们之间的钩心斗角、难得有美好结局的爱情故事。他把自己记得的情况编成一个惊险故事，既谈到坏人坏事，又不过分尖刻以至于使人感到难以卒读，同时他还以自己的爱情生活为依据，对各种不同形式的爱情做了精辟的分析。

> Margaret R. B. Shaw: Introduction（1958）
> Stendhal: *The Charterhouse of Parma*（1839）
> Penguin Classics

引文 8　在遣词造句方面，福楼拜比在他以前的任何小说家，甚至比任何法国小说家都更为细心。他的目标是使句子有节奏感，听起来悦耳，表达力强，能把散文提高到诗的高度。他为追求这一目标而做的努力很快就变成了传奇故事，同时也产生了一个新的概念：文学生涯要求像圣徒那样专心致志。福楼拜连续五年坐在塞纳河畔克罗塞镇上自己的书房里，敲着桌子琢磨他的句子，把稿子弄得到处都是改动。"一个礼拜两页！"这样的叹息声在他的书信里屡次出现。他在快写完这本书的时候说过一句话，可以说明他多么重视节奏。他说他已为最后一部分定下了轮廓，虽然还未来得及写成文字，却可以听到下面几页的"词句落在纸上的声音。"

这样写成的散文是好读的，因为它是费了力气写成的。但其"风格"不是单纯的装饰品，也不是什么束缚，这种东西是与作者格格不入的（虽然他有些话说得也未必恰当）。"一种思想的表现形式就是它的肉体"，这种说法并不表明形式取代了内容，而是表明福楼拜的思想非常含蓄，每种思想都需要有其特殊的表现形式，而不能用其他表现形式。……

福楼拜自认为是在"驱赶困扰文坛的浪漫派恶魔"。当时浪漫主义与现实主义之冲突令人十分伤脑筋，如果认为福楼拜解决了或回避了这一冲突，可能更合乎实际情况。他像浪漫派那样了解人的性格和情绪，但他给以既客观又细腻的自然主义的描述。他注重风格，然而这不等于回到从伟大的法国古典主义演变而来的枯燥的理性主义。他不但讲究文字，而且细心观察典型情况，准确选择各项细节。他对《包法利夫人》一书里的人物和生活状况是一清二楚的。福楼拜的艺术完全是属于"象牙之塔"那种类型的，然而它并没有脱离生活，虽然他和生活打交道的确遇到了很多困难。

Alan Russell: Introduction（1949）

Flaubert: *Madame Bovary*（1846）

Penguin Classics

Margaret Shaw（1890—1963）曾在牛津大学、巴黎大学学习，并在牛津大学圣休学院任导师。译作有司汤达的《红与黑》和《巴马修道院》，儒安维尔和维拉杜安的十字军编年史。译者在引文 7 中指出，司汤达写这最后一部作品时已是 56 岁的老人，到了老年，性格有很大的变化，不像过去那样愤世嫉俗，而是变得温和容忍，这种情况必然体现在作品的风格之中。

Alan Russell 在引文 8 中指出福楼拜是在与浪漫派做斗争的情况下进行写作的，他注重现实，甚至到了对现实做自然主义描写的程度。他字斟句酌，写成的东西富有音乐感。从《包法利夫人》到《三故事》相隔近三十年。如果说福楼拜在创作《包法利夫人》时就对文字十分讲究,那么到了暮年写《三故事》的时候就更是这样。

引文9 1857年托尔斯泰这三部曲的最后一部出版了,文学批评家、莎士比亚翻译家德鲁日宁给他写了一封信,说道:"你有一种倾向,好做过细的分析,你的每一个缺点都包含着一定的力量和美,同时几乎你的每一个好的品质都蕴藏着一个缺点。"

"你的风格也是这样。你的文字非常不合语法,有时很像任意改造语言的革新家和大诗人那样不讲语法,有时又像一位军官在碉堡里给好友写信时那样不讲语法。可以肯定,你怀着热情写的章节都很精彩,可是一旦你冷漠了,你就语无伦次,写出极不像样的东西来……最重要的是要避免长句。把一个长句分成两句或三句;不要舍不得用句号……不要不肯用小品词。要把大量的which、who和that删掉。"

> Rosemary Edmonds: Intorduction(1964)
> Leo Tolstoy: *Childhood, Boyhood, Youth*(1852—7)
> Penguin Classics

引文10 高尔基在《我的学徒生活》(中译本题为《在人间》。——庄注)一书中提供了一幅关于俄罗斯生活的生动的画卷,详尽地描绘了那里的痛苦与欢乐,那里的野蛮行径和十分感人的斯多噶主义。在这广阔的画卷中,每个人物都画得非常真实,细节令人非常信服,因此每个人物都是活生生的,读者的确能感觉到他们的存在,其中有画圣像的,有厨师,有妓女,有被生活的重担压垮了的男男女女。据记载,托尔斯泰曾这样议论过高尔基:"……这个人好像浑身都长着眼睛……令人惊讶的是他能看到别人看不到的东西、记下别人即或看到也没有能力记下的东西。"

> Ronald Wilks: Introduction(1974)
> Gorky: *My Apprenticeship*(1916)

Penguin Classics

引文 11　契诃夫的作品最突出的特点是善于引出情绪和气氛,善于描写转瞬即逝的思想活动和飘忽不定的感觉。在这方面,他是一位真正的大师,能够利用词义的细微差别,利用精心选择的细节,来创造可意会而不可言传的效果。托尔斯泰显然是很欣赏契诃夫驾驭风格的本领,欣赏他有能力创造一种气氛,这种气氛比任何别的东西都更能体现他的作品的特点。伊万·布宁和契诃夫一样,也是一位风格大师,善于创造一种既抒情又感人的独特气氛。他曾把契诃夫称作"苍茫暮色中的歌手",这是很恰当的。也许是高尔基对契诃夫的评价最高。他说:"契诃夫在风格方面达到的境界,别人是无法达到的……将来编写文学史的人会说俄罗斯语言是普希金、屠格涅夫、契诃夫创造的。"契诃夫那纯净的风格,那伤感的情调,很像屠格涅夫,因为屠格涅夫对他的影响肯定是很大的,特别是他在中年写的作品。契诃夫和屠格涅夫一样,对自然界之美极为敏感;契诃夫描写光的微妙变化,描写云的形状,描写洒满月光的乡村,描写林中动物那难以捉摸的神秘叫声,其文笔很像那位伟大作家屠格涅夫。然而在塑造人物方面,契诃夫与屠格涅夫不同,他不以很多篇幅来回忆人物的过去,以至于延缓情节的发展。他精心选择重要的细节,用他那有力的笔触,几下子就把人物塑造出来了。

　　　　Ronald Wilks: Introduction（1982）
　　　　Chekhov: *The Kiss and Other Stories*（1887）
　　　　Penguin Classics

在这三段引文里,译者借用名人的话对托尔斯泰、高尔基和契诃夫做了评价。借用名家的话,分量自然就比较重。Rosemary Edmonds 本人恐怕就不好对托尔斯泰的语言做那样的评价。在借用名家评语的同时,译者仍可发表自己的看法。Ronald Wilks 在引文 11 中就指出契诃夫虽然深受屠格涅夫的影响,两人都是语言大师,但又有很大的不同。契诃夫写短篇小说,就不可能像屠格涅夫那样靠大段的回忆来塑造人物,而是通过精心选择细节,几笔就把人物勾画出来了。Ronald Wilks 曾在剑桥大学学习俄罗斯语言文学,他的译作有高尔基的 *My Childhood*(1966)、*My Apprenticeship*(1974)、*My University*(1979),有果戈理的 *Diary of a Madman and Other Stories*(1972),还有契诃夫的 *The Kiss and Other Stories*(1982)。

以上引文虽然都对原作的风格做了评论,但还趋于笼统,不很具体。译者能否把原作的风格分析得更具体一点呢?

引文 12 凯撒对语言之高雅有他自己的看法。他写了一部书,分为两册,献给西塞罗,书名是 *de Analogia*(《论选词》)。从现存的有关这部书的资料来看,凯撒主张慎重选词,而不主张全盘接受日常口语中的词语。演讲者一方面应在演说中避免外来语和口语中不规范的说法,另一方面,应避免生疏、古怪的字眼儿。目标应该是清一色的拉丁词语。他写的战记可在一定程度上说明他为实现这一目标而取得的成绩如何。如有人实行他的理论,很容易落入一个陷阱,那就是用词单调、重复;凯撒本人倒很少有这种现象,不过那些接着写《亚历山大战记》和《非洲战记》的不大知名的作家就不同了。

> Jane F. Mitchell: Introduction(1967)
> Caesar: *The civil War*(1st century B. C.)
> Penguin Classics

引文 13 萨卢斯特的风格非常独特,而且有些造作,句子大都简短精练,内容却很丰富,仿佛他没有耐心来从容地表达——这种风格既不同于西塞罗高谈阔论的演说,又有别于李维那优美、流畅的细腻的叙述。他喜欢排比(至少在这一点上来说,他是模仿修昔底德的希腊风格的，因为他非常欣赏这种风格），但又不要对称，不要流畅，甚至到了使人感到突然的地步。他偏爱古旧词语，曾受到数位古代批评家的指责，然而他是认真地有时甚至花很大力气避免用常见词语的——塔西陀模仿这一特点，虽有时不能尽如人意，也可以说是十分成功的。

> S. A. Handford: Life and Writings of Sallust（1963）
> Sallust: *The Jugurthine War, The Conspiracy of Catiline*
> （1st century B. C.）
>
> **Penguin Classics**

引文 14 小普林尼的书信集，自 1746 年 William Melmoth 出版英译本以来，一直无人认真准备再出一个完整的译本。1915 年 Loeb 丛书将此书重印出版，是经过 W. M. L. Hutchinson 修订、压缩的，这是因为"虽然当时对翻译的要求不高，然而即使用这样的标准来衡量，Melmoth 的译文也是过于自由、极不确切的；许多地方只译大意，许多地方造成误译，到了惊人的地步。"但是 Melmoth 的译文基本保留下来了，普林尼从不使用的冗词赘语像云雾一样笼罩着全书，使人透过这云雾看到的形象不是作者本人，而像一位 18 世纪一知半解的文化人。Melmoth 使用了当时风行的精雕细刻的文笔，这就使得原来与每一封信的情绪相配合的风格所具有的细微差别荡然无存。……这些短信里有双关语，有典故……，他有时高雅庄重，有时通俗上口，评论条理清楚，描写简洁明快。他可以用法律语言和同行朋友开玩笑，可以用希腊文、拉丁文引用诗句，还能用精确的术语描写一个场面或一个科学问题。

> Betty Radice: Introduction（1963）
> *The Letters of Young Pliny*（late 1st and early 2nd centuries）
> **Penguin Classics**

Jane F. Mitchell（1934— ）曾在哥拉斯格大学和牛津大学攻读古典文学，在瑞丁大学（Reading University）任古典文学讲师。除翻译凯撒的《内战记》外，她还修订了 S. A. Handford 翻译的凯撒另一本著作《高卢战记》，修订译本于 1982 年出版，署名 Jane F. Gardner。她在引文 12 中不但指出凯撒的风格朴实无华，而且具体讨论了凯撒的选词标准。凯撒选词很严，但并不单调、重复，这一点别人是很难做到的。

S. A. Handford（1898—1978）曾在牛津大学巴利奥学院攻读古典文学，后在伦敦大学任教。出版过关于古典文学研究的专著若干种，并为 Penguin Classics 翻译了凯撒、萨卢斯特、伊索的著作。在引文 13 中，他指出萨卢斯特的句子简练、内容丰富，喜欢排比句式和古旧词语等风格方面的特点。

Betty Radice 曾在牛津大学攻读古典文学。自 1964 年开始与 Robert Baldick 共同主持 Penguin Classics 的编辑工作，同时翻译古希腊罗马文学作品。在引文 14 中，Betty Radice 指出旧的译本存在的主要问题是内容不准确，语言啰嗦，而普林尼的风格丰富多彩，有典故，有双关语，有时高雅，有时通俗，条理清楚，简洁明快，是一位大散文家。

上述 14 段引文都对原作的风格做了分析，有的比较笼统概括，有的比较详细具体。译者对原作风格做这样的分析，在翻译过程中必然有所考虑。关于他们在翻译过程中怎样处理风格问题下次再谈。

（原载《外语教学与研究》，1993 年，第 2 期。）

外国翻译家论原作风格的体现

文学作品的风格能不能译,怎样译,在国内历来是有争论的。一派意见可以说以茅盾为代表,他在20年代就说:"直译的意义若就浅处说,只是'不妄改原文的字句';就深处说,还求'能保留原文的情调与风格'。"(罗新璋编《翻译论集》第343页)到了80年代,他还说:"很重要的一点是要能将他的风格翻译出来。"(同上书,第519页)另一派意见可以说以周煦良为代表,他认为"风格是无法翻译的"。(同上书,第978页)他于50年代提出了这一看法,到了80年代依然坚持这一看法。

外国翻译家对风格问题大致有三种看法:一是尽量体现原作风格;二是体现原作一部分风格;三是不可能体现原作风格。我们先谈第一种看法:译者尽量体现原作的风格。

一、尽量体现原作风格

引文1 果戈理比19世纪其他伟大俄罗斯作家为译者造成的困难大得多。他的散文有节奏,有音乐感,音调高亢,涉及文学风格的各个方面。我在这个集子里尽力体现原作独特的"味道",原作者乃是19世纪伟大俄罗斯作家之中最有魅力——同时也是最难以捉摸——的作家之一。

    Ronald Wilks: Introduction（1972）
    Gogol: *Diary of a Madman and Other Stories*（1836）
    Penguin Classics

  引文2　几年前，Nancy Mitford曾在一次广播采访节目中以自我批评的语气说，她认为所有最伟大的文学作品都有难读的甚至枯燥乏味的段落，要求读者集中注意力，并且密切配合。她还认为自己的缺点在于过分地想免除读者冥思苦想之劳，使读者感到过于轻松易读。在她写作其他东西的时候，情况也许是这样，也许不是这样。但是在翻译的时候，这样一种态度是错误的。翻译不仅是艺术，而且总是一门严格的学科。译者总是要忠实于原作，丝毫没有权利擅自改动。他是一个译者，不是编辑，也不是转述大意的人，或者推广普及的人。他也没有权利为了替读者扫清道路就把"枯燥乏味"之处删去，改变衔接关系，增加解释性的话语，前后颠倒，或改变顺序。

    Leonard Tancock: Note on the Revision of this Text
      （1978）
    Madame de la Fayette: *The Princesse de Clèves*（1678）
    Originally translated by Nancy Mitford for Euphorion
      Books, 1950 and for Penguin Books, 1962.
    Penguin Classics

  这两段引文表明如果原作风格有缺陷，译者只照译，而不设法克服这些缺陷。

  引文2是Tancock在修订时针对Nancy Mitford的译本而发的一番议论，他认为译者要忠实于原作，无权擅自改动，不能把"枯燥乏味"之处删去，不能改变衔接关系，不能增加解释性话语，不能前后颠倒或改变顺序。

但 Tancock 不是一位机械论者。他无非是强调译者必须首先忠实于原作的内容，其次才考虑风格问题。他在"法英翻译中的若干风格问题"[1]一文中指出："我故意把文学翻译的这两个方面按这样的顺序排列，就是想一劳永逸地排除那种为了追求风格特点而改变原作意思的所谓翻译。"（第 29 页）但是接下去，他又说必须从词的束缚下解脱出来，从词类的奴役下解脱出来，将句内成分进行调整，以达到法文原文的效果。（第 31—33 页）

引文 3 《巴黎圣母院》一书自 19 世纪 30 年代第一批英译本问世以来，不断有人重译。我没有参看所有的译本，但仅就我参看过的几个译本而言，我觉得它们都在一定程度上歪曲了雨果的原貌，读起来好像他是一位非常生硬、古奥的历史小说家，而实际上他并不那样生硬、古奥。《巴黎圣母院》一书使用的法语，雨果的风格笼统说来也是这样，其最突出的一点就是直截了当和变化多端。他的句法是直截了当的，他的语汇是变化多端的。在风格上，雨果的民主精神使他有志于使书面法语更接近于口头法语，因为在古典主义占统治地位的漫长岁月里，书面法语渐渐脱离了口头法语。今天来读《巴黎圣母院》，并不明显地感到这是用 1830 年的法语写成的故事，因此用平易的口头英语来翻译这本小说，就丝毫不能说是不忠实于原作了。

    John Sturrock: Introduction（1978）
    Victor Hugo: *Notre-Dame of Paris*, 1831.
    Penguin Classics

引文 4 原作出版时曾遭到非议。浪漫派认为它缺少美的成分，古典派认为它庸俗平淡。他们这样看不上这本书，使得司汤达大为

---

[1] Leonard Tancock, "Some Problems of Style in Translation from French", A. H. Smith（ed）, *Aspects of Translation*, Secker and Warburg, London, 1958, pp. 29—51.

不快，但他不能容许人们得到一种印象，似乎这是理所当然的。他写了一本小册子，题为《拉辛与莎士比亚》，说明他为什么采用这种风格。他认为19世纪的作家描写"日常生活"，使用当时的口语风格较为自然，因此也更能真实地表达思想感情，而不应使用更为动荡的时代即或是更富于英雄气概的时代所使用的"修辞手段"，无论这种修辞手段多么富有诗意。这样确定风格是有道理的，只要作品本身是有"激情"的——这个附加条件很重要。在一部严肃的小说里使用口语风格，这是一种革新，但是司汤达并未因此而感到犹豫，实际上，他为自己能成为一个革新者而感到自豪。

司汤达很少使用俚语，如果使用，不是在下面加上一条横线，就是说明这是一种"粗俗"的说法。他的风格主要是文雅交谈的风格。……我在翻译这本小说的过程中尽力保持原作这种平易文雅的风格。我用的是现代英语，这不仅是因为这是这套丛书所要求的，而且因为就这位作家而言，现代英语最符合他所提出的"当时的口语"这一想法。因此我在表现亲近的人之间谈话时避免使用古语，如 egad、albeit、thee、thou（这些词在1830年就已过时了），避免使用 will not、cannot 等词语，因为使用简略的说法 won't、can't 等更为自然，而在过去出版的一个译本里，所有这些词都使用过。关于称呼，我使用了 M.、Madame、Mademoiselle（法语，意思是"先生"、"夫人"、"小姐"），并保留了法语里的小品词 de（如 Comte de Caylus，但 Count Altamira 例外）；我保留了饱经世故的 Abbé de Frilair 未译，但对教区的牧师和其他人员则给以通常的称呼：神父。关于这些问题，我曾询问比我更熟悉教会和法律的朋友如何找到正确的对应词，我还把那个时代出版的词典 *Dictionnaire de l'Académie* 和一本现代词典一起使用，以检验我译得是否正确。虽然我不能说处处都抓住了确切的细微含意——有些地方，不同的译法也是完全可以的——但是我敢说我的译文比过去发表的任何译本都更忠实于原文。

  Margaret R. B. Shaw: Introduction（1953）
  Stendhal: *Scarlet and Black*（1831）
  Penguin Classics

  John Sturrock 是泰晤士报文学副刊的副主编。他曾在牛津大学和萨塞克斯大学学习现代语言，并将法文和西班牙文作品译成英文。他在引文 3 中指出：雨果的风格并不生硬、古奥，他的句法直截了当，语汇变化多端。雨果用接近口头法语的语言写作，因此译者就用平易的口头英语来翻译了。

  Margaret R. B. Shaw 在引文 4 中指出司汤达描写的是 19 世纪 30 年代法国的文雅社会，人们为了照顾体面，说起话来婉转、含蓄，因此作家的风格主要是文雅交谈的风格，作者遵循的原则是"思想应是浪漫主义的，而风格应是古典主义的"。Shaw 在翻译过程中尽力保持原作这种平易文雅的风格，她使用现代英语，因为这最符合作者所说的"当时的口语"。为此译者避免使用过时的词语和书面语，尽量采用口语里常见的简略说法。最后她还满怀信心地说："我敢说我的译文比过去发表的任何译本都更忠实于原文。"

  以上两段引文都提到"使用现代英语"，这当然是因为原作者都是力求使用接近当时口语的语言来进行创作的，使用现代英语是符合原作的语言特点的，另一方面，只有使用现代英语才能表现出译文的时代特点，满足现代读者的需要。

  引文 5　巴尔扎克是位开拓甚广的作家，这本身就提出了许多问题需要译者去解决，他塑造的人物多种多样，而且各有特性，这就使得问题更为复杂……

  巴尔扎克在一段段这样的对话后面或中间插上一些自己的具有深刻含意的话，插上一些他或许会称之为抒发"高尚感情"的话，而不至于使读者丝毫感到不顺耳，或风格上不协调。这是因为他无论说什么都说得自然、有力，我在这个英译本里尽量保存这种自然、有力的效果，即使做得不够，我也是尽了最大努力的。翻译这本小说，在处理巴尔扎克的风格方面，困难之处不在于批评家有时所指责的原文过于啰嗦而在于他的长句寓意丰富，包含许多比喻和典故，这是大家都知道的，处理这样的句子就需要把它拆开、理顺，而出来的英文句子可能更长。

Marion Ayton Crawford: Introduction（1951）
Honoré de Balzac: *Old Goriot*（1834）
Penguin Classics

引文6　本书的风格是本书之结构的必然结果，因为风格本身只是创作方法不可分割的外部表现形式。然而译者直接处理的乃是方法的具体形式。现在把由风格引起的几个问题简单归纳一下，也许是有好处的。

布罗赫的句法是其作品的重要组成部分，必须忠实地加以保留，尽管德语和英语在表现形式上存在着深刻的广泛的不同。布罗赫之所以使用这种句法，是密切联系的两个主要思想发生作用的结果，这两个主要思想一方面来源于这部著作的音乐结构，一方面来源于内心的独白。

在英语里，要想表现这样的节奏和这样的长句是很不容易的，因为英语的特点往往是使用较短的句子。困难还不止于此。最严重的挑战来自这两种语言固有的差异。德语有大量的合成词，布罗赫又特别重视名词，这就可以把意思集中起来，在词义联想方面和在语法方面，都可以出现多方面的表达方式；一个德语句子可以同时具有具体的含义和概括的含义。虽然严格说来任何一种语言都不是单一方面的，英语有丰富的诗的遗产，就尤其如此，然而人们一向认为清楚、明确的表达方式是英语文章的一大优点。……

如果译者使用的节奏和原作的节奏不同，那就是歪曲了原作；如果在使用英语方面有更大的越规行为，那就是罪上加罪。这个译本竭尽全力模仿德文原作的句子，模仿原作节奏的总的格局，并在英语允许的范围内尽可能保持多层次的意思。译文没有用不断重复重点词的办法来表现不断重复出现的意思，而是通过使用同义词来体现细微的差别，以便大体上符合德文原作的多层次的意思。……

本书译者尽了自己最大的努力，步步紧跟原作，希望能将原作的魅力完整地从一种语言转移到另一种语言；使用的方法与翻译抒情诗的方法相同。

>Jean Starr Untermeyer: Translator's Note（1946）
>Hermann Broch: *The Death of Virgil*（1945）
>Routledge & Kegan Paul, London and Henley

Marion Ayton Crawford 生前在北爱尔兰利马瓦迪技术学院教授英语和英国文学。她曾为 Penguin Classics 翻译巴尔扎克的作品五种：*Cousin Bette*、*Domestic Peace and Other Stories*、*Eugénie Grandet*、*Old Goriet*、*The Chouans*。她于1973年去世。她在引文5中说明自己是尽量保存原作那种自然、有力的效果的，但同时她也提出了在翻译长句时遇到的困难，因为巴尔扎克的"长句寓意丰富，包含许多比喻和典故"，要处理得好，很不容易。

Jean Starr Untermeyer 翻译的奥地利作家赫尔曼·布罗赫的《维吉尔之死》于1946年在英国出版。译者在引文6中谈到原作的风格时，集中谈了布罗赫的句法，她说："布罗赫的句法是其作品的重要组成部分，必须忠实地加以保留。"这是因为诗人维吉尔弥留之际，有时清醒，有时昏迷，作者打破常规，采取与之相适应的句子结构，有时句子拖得很长。虽然译者充分意识到德文和英文在词法和句法方面存在着重大的不同，她仍然"竭尽全力模仿德文原作的句子，模仿原作节奏的总的格局，并在英语允许的范围内尽可能保持多层次的意思"。

综上所述，这几位译者都是主张尽量保持原作风格的。有的主张照搬原作的修辞手段，即便原作有缺陷，也不要去"提高"；有的强调使用现代英语，一方面因为原作用的就是接近当时口语的文体，一方面因为用现代英语翻译，具有时代的特色，也易于为读者所接受；有的则强调保持原作的句法特点，纵然不同的语言在不同的时代各有其不同的特点。

二、体现原作部分风格

引文 7 托尔斯泰的风格，无论是在写小说的时候，还是在写信的时候，都有一个明显的特点，他喜欢重复使用同一个词，而别的作家遇到这种场合，为了使文字有所变化，就往往使用意思相近的同义词了。我尽量体现这一特点。我的做法是反复出现的词语确定一个等同语，然后就坚持用下去。比如碰到 *voperykh*，我就译作 firstly，而不译作 in the first place，或 first of all。不言而喻，这个做法不是在任何英文上下文里都行得通（即便行得通，在耗时四年才完成的这样一部作品中保持绝对一致也是极其困难的）。因此，碰到 *otritsayu* 一词，除了译作 deny，我有时也译作 repudiate 或 renounce；碰到 *ispolnyayu*，除了译作 fulfil，也译作 carry out……这就要看出现在什么场合，要看说话的对象是什么人了。我意识到自己有时为了抓住原作的味道而放弃了好的英文；但有时我也有为了追求通顺（readability）而有"提高"原作之嫌，特别是当托尔斯泰显然是因为粗心或者笔误而造成了语法或句法错误时，情况就更是如此，因为在英文译文中故意制造一个类似的语法错误是毫无意义的。

R. F. Christian: Preface（1978）

Tolstoy's Letters, Volume I（1828—1879）

University of London; The Athlone Press

引文 8　托尔斯泰的日记，任凭你怎样发挥想象力，也不能称之为文学作品。日记中使用的语言肯定是粗糙的，有时叠床架屋重复啰嗦，有时又过于简练显得突然。句子别扭，条理不清，语法也不是无可挑剔。日记中有许多缩略语、拼法错误和其他笔误。标点符号的用法也不合乎正规。他的书法令人难以形容。别人指出他风格不佳，他肯定会说他只关心自己想说什么，而不关心怎样去说，同时也没有一边写一边惦记着广大读者（这种情况一直延续到老年才有所变化）。

在翻译托尔斯泰日记的过程中，我尽量贴近原文的意思，同时把有些句法上粗糙的地方理顺，把明显的笔误加以改正。为了使读者读起来省力，我根据上下文在托尔斯泰省略的地方增加了一些第一人称的代词，在标点符号方面我也做了一些改动……总的说来，和我翻译托尔斯泰书信集时的情况一样，我在翻译过程中，尽量抓住托尔斯泰重复同一个词而不用同义词的习惯，我在书信集前言中所说的话，在这里也同样适用。

R. F. Christian: Introduction（1984）

Tolstoy's Diaries（1847—1910）

The Athlone Press, London

R. F. Christian 教授是英国圣安得鲁斯大学俄语系主任，是一位杰出的研究托尔斯泰的专家。他先从三十二卷八千五百多封书信中选编、翻译了《托尔斯泰通信集》（两卷集），于 1978 年在伦敦出版。后来又从十三卷前后六十三年的日记中选编、翻译了《托尔斯泰日记》（两卷集），于 1985 年在伦敦出版。他在引文 7 中指出，托尔斯泰喜欢重复同一个词，而不用同义词。译者为了保持原作的风格，尽量体现这一特点，但并不走极端。另一方面，对于原作在语言上的不足之处，则予以改正，使译文通顺好读。他在引文8中列举了托尔斯泰在日记中使用语言粗糙的地方。日记本来就不是为了给别人看的，语言粗糙是情有可原的。在翻译过程中，译者主要是扣住原文的意思，把语言上不顺的地方理顺，使读者读起来省力。

引文9 对于一篇译文，对于一位译者的宗旨和方法（如果这位译者胆子大，敢于亮明自己的宗旨和方法）提出批评，总是很容易的。但是，不管翻译家们对翻译古典作品的原则意见多么分歧，有头脑的读者已经不再满足于直译的东西，即以旧式难读的逐词对照学生用书为蓝本的译文，也不再满足于凭一时心血来潮只表大意的意译的东西，不管这种译法在诗人译诗的时候其成果有时多么诱人。理想的翻译介乎二者之间，其宗旨我认为应该是准确地重现原作，既不删除，也不增加，不仅抓住原作的意思（内容、含义），也要抓住原作的声音（形式、风格）。

重现原作的风格，除了普通的对话体或口语体的散文外，会遇到很难解决的问题。译者感到，如果是译诗，重现原作的风格就要涉及原作韵律格式这样的难点。但是译文绝不能是一种极不自然或极为造作的英文（除非原作清楚表明追求这种效果），以至于到了读者无法接受的程度。有了这个想法，我就不再坚持认为塞内加的风格中简练的特点，或修辞手段，或其他特点应该逐项加以细致模仿。在风格方面，永远不能说译文"没有丢掉"原作的任何特点。

因为说到底，一部文学作品的译文必须是通顺的。为了使读者不至于因为有刺耳的东西而感到自己是在读翻译作品，所有古典作品的译本除了少数具有永恒价值的以外，大概每隔半个世纪就应修订一次，或者重译一次。根据同样的原则，我们顺便还可以看出，意思含糊不清的地方（比如有些典故只有会拉丁文的人才会注意到，才会欣赏）可以通过稍加补充的办法来澄清或加以消除。我就偶尔采取这个办法，而不加注，因为加注会分散读者的注意力。

> Robin Campbell: Introduction（1969）
> Seneca: *Letters from a Stoic*（1st century）
> Penguin Classics

Robin Campbell 在牛津大学攻读过古典文学，他分析塞内加的风格时指出，塞内加"语言精练，表达方式新颖"，这可以说是当年的一种时尚。此外塞内加还喜欢用大众化的语言和日常口头用语，这在当时的作家中就不多见了。他在引文9中指出：译文绝不能是一种极不自然的英文，有时要把原作简练的特点重现出来几乎是不可能的。因此也就不勉强去——模仿原作的风格特点。他强调"一部文学作品的译文必须是通顺的"。这一主张是符合 Penguin Classics 对译文的总的要求的。

引文10　翻译西塞罗写给熟人的信，有两个特殊问题需要说一说。西塞罗素以机敏著称，认为熟人之间写信，笑料是必不可少的。这种笑料大都以双关语或其他文字游戏的形式出现，因此译成另外一种语言之后，能令人满意的不多。译者只能一方面尽力而为，一方面祈求谅解。第二个困难是西塞罗有一个习惯，特别是写信给他的朋友那位"雅典人"的时候，好在他的拉丁文中夹杂一些希腊文，有时是从荷马或其他作家的作品中引来的引文，有时不是引文。遇到后面这种情况，译者如完全不考虑这种语言的变化，就会使这些书信失去其最重要的特点之一。若使用法语（或其他某种外国语），像 G. E. Jeans 所做的那样，则会产生古怪的效果。我采取了妥协的办法。如果我想不出合适的法文（或拉丁文）词语，我就不理睬西塞罗的希腊文，也不加标记（引文本身自然都是有标记的）。有时为了弥补一下,我也使用希腊词语,虽然西塞罗用的是拉丁文。

> D. R. Shackleton Bailey: Introduction（1982）
> Cicero: *Selected Letters*（1st century B. C.）
> Penguin Classics

D. R. Shackleton Bailey 出生于1917年,曾在剑桥大学学习并任职。1948至1968年,他在剑桥大学任藏语讲师;1968至1974年,在密歇根大学任拉丁文教授;1975至1982年,在哈佛大学任希腊文、拉丁文教授;1982年以来在哈佛大学任拉丁语言文学教授。他有关于西塞罗的著作多种。他在引文10中说,在对待原作者在拉丁文中夹杂希腊文的做法时,"采取了妥协的办法"。其实译者在前面提到的对待双关语的做法,尽力而为,祈求谅解,不也是一种"妥协的办法"吗?

以上四篇谈的都是日记、书信的翻译,文学、历史、哲学著作的翻译又怎样呢?

引文11　陀斯妥耶夫斯基特别喜欢用某些词,他的风格有一个特点,就是一再重复使用关键词。suddenly 是《罪与罚》一书中用得最频繁的一个词。我有时用 all of a sudden 以代之,但这并不是因为我认为作者是偶然重复使用这个词,也不是因为我认为这是风格上存在的毛病。正如陀斯妥耶夫斯基重复使用 perhaps 以引起话题,他重复使用 suddenly 是为了强调非连续性,强调未料到的似乎不合理的无意识的动作。suddenly 是一个表示有所启示的副词。

书中的每一个人物都以某种方式与一定的词语联系在一起,就像歌剧里暗示某个角色出场的信号一样。对索尼亚来说,together 一词十分重要。译者经常面临一种选择,是放弃重复所能产生的效果呢?还是放弃某一方面的含意——在英译里无法用一个词甚至一个词组来表达的含意。比如我决定保留 disgust 一词,专门用于和拉斯克尔尼科夫有关的场合,虽然有些地方用 revulsion 可能更为适宜。在与波菲利·彼得洛维奇有关的场合，作者故意使用包含词根 kon-（意为 end、finish）的字眼。波菲利虽然只有 35 岁，却自称已经 used up（zakonchenny）或 finished（nakonchenny）——俄文里这种弦外之音在译文里是无法保存的。

Sidney Monas: Translator's Preface（1968）

Fyodor Dostoyevsky: *Crime and Punishment*（1866）

New American Library, a Signet Classic

Sidney Monas 翻译的《罪与罚》是美国出版的一个译本。他指出，作者喜欢重复用一些词，译者不一定总是重复，因为有时单靠重复不一定能充分表达原作的含意。至于作者在词根上面作文章，创造一种弦外之音，译者就只好望洋兴叹了。

引文 12　因此，当 Mr. Rieu 给我提供机会，要求我为广大读者提供一个价格公道的新译本时，我觉得仍有用武之地，于是就像我的各位前辈一样，给自己提出了这样一个任务：一方面要忠实于塞万提斯，一方面要使用当代英语，要把二者结合起来。成功与否，请读者评判。

最后关于翻译本身再说几句。我对原文尽量少做改动，力图使用现代语汇、现代语序，除了有些段落原文故意使用了古语。Sancho 使用的谚语，有时能在英语中找到意思相近的谚语，但绝大多数是需要翻译的。我的主要困难在于如何处理关于乡间的描写，因为原作的语言往往是陈旧的，无论怎样加工，也做不到通顺流畅。有些脏话必须加以冲淡，过去我们在这一方面的词语也是很丰富的，但自 17 世纪以来已大减少。

J. M. Cohen: Translator's Introduction（1947）

Cervantes: *Don Quixote*（1615）

Penguin Classics

引文 13　卢梭作品的风格，大体上是平易的，文章逐渐展开以后显得有些草率。他善于描写，写得美极了……。他喜欢在没有对象的情况下空自抒发感情，特别是在表达悔恨之情的时候，他非常希望引起人们的同情，但是在今天，这种文笔却适得其反，不能唤起人们的同情。他所使用的修辞手段常有明显的时代特点，在翻译过程中适当减少这种特点是可能的。

J. M. Cohen: Introduction（1952）

The Confessions of Jean-Jacques Rousseau（1788）

Penguin Classics

J. M. Cohen 于 1903 年出生于伦敦，曾在剑桥大学学习。有一段时间，他曾协助 Dr. E. V. Rieu 编辑 Penguin Classics。他翻译过西班牙和法国作家塞万提斯、卢梭、拉伯雷、蒙田的作品多种。他在引文 12 中指出，他为自己规定的任务是既要忠实于作者塞万提斯，又要使用当代英语。过分陈旧的语言需要加工，脏话要冲淡。他在引文 13 中指出，卢梭那种空自抒发感情的文笔在今天效果适得其反，翻译过程中应适当减少这种特点。

引文 14　任何一位译者翻译塔西佗的作品时，面对自己的劳动成果，没有不感到有些内疚和后悔的。他可能使原作者成了他屠刀下的牺牲品。他一定破坏了原作特有的品质——活的语言。George Moore 在 Epistle to the Cymry 一文中写道："一种语言只有在产生这种语言的国度里才丰富多彩，具有强大的表现力，一旦越出国境，就变得软弱无力，支离破碎，土崩瓦解。亚洲人无法用英语表达自己的意思，我们说的法语也不值一提。一本书的中心思想只是那本书的一小部分。思想是属于大家的，然而词句是属于作者的……一个想法今天是我的，明天就成了你的，后天就成了全世界的。然而一个漂亮的句子却永远属于它的作者。"

Kenneth Wellesley: Introduction（1963）
Tacitus: *The Histories*（1st century）
Penguin Classics

引文 15　翻译是一种不引人注目的艺术，然而它总归还是一种艺术。它和其他各种艺术一样，要根据需要而定，即巧妙地调节互相竞争的各种因素，而不能对每一种因素都给以充分的照顾。换言之，一切翻译，至少是哲学著作和文学作品的翻译，都离不开妥协。甚至英语和法语这种现代语言之间的翻译，情况也是这样。

文学巨著的译文本身也应当是文学作品，或者至少是文化产品，应当尽可能保持原作风格的特点与奥妙，原作的节奏与音乐感，以及原作的生动与高雅。柏拉图作为一个作家可以与莎士比亚相媲美，然而他的译者却没有这么高明，因此这是一项无法完成的任务。另一方面，此事又非做不可。Gilbert Murray 在回忆翻译过程时说道，"Hamlet, I am thy father's spirit" 译成南非荷兰语就成了 "Omlet, eek bin dein papa's Spook."有些人翻译柏拉图的著作就有点这样的味道。名家的散文体现一种艺术，柏拉图是最著名的而且变化最多的散文家。翻译柏拉图的作品，必然是想文字出众，达到一定的水平，在风格方面的变化，即使赶不上，至少也得体现出一点儿原作语言的丰富多彩。

R. E. Allen: Preface（1984）
The Dialogues of Plato, Vol. I.（4th century B. C.）
Yale University Press

以上两段引文谈的都是古希腊、罗马时代作品的翻译。

Kenneth Wellesley 是一位研究塔西佗的专家，发表译、著多种。他曾在剑桥大学攻读古典文学，后在爱丁堡大学任教。他在引文 14 中指出，他是紧跟原作的简洁、明快、流畅等特点的，但是既用现代英语，原作中排比、押头韵等花哨的东西便不能大量照搬，而只能偶尔用之。

R. E. Allen 翻译的柏拉图于1984年由美国耶鲁大学出版社出版，也是一个相当新的译本。他也强调使用现代英语。他认为译者总没有原作者高明，因此翻译是一项无法完成的任务，然而又不能不译，出路在于"妥协"，在于巧妙地调节互相竞争的各种因素。在风格方面，即使不能与原作相媲美，也要体现出一点原作语言的丰姿。

以上各位译者都认为无法充分表现原作的风格，必须"妥协"，采取折中的办法。有些译者则认为原作的风格根本无法表现或不宜表现。

三、原作风格无法体现

引文 16　在古典作家中，普卢塔克并不以其风格著称。他讲述一件事情或描绘一个场面，那是非常生动的。他分析人物、动机及思想状况，无论是在内容还是在词语方面，都独具匠心。但他的句子结构往往过于松散、累赘，不便于译成切近的英语，译者需要不断地把句子弄短，或重新组织，才能使译文通顺流畅。早就应该出版一个新的译本了。我的译本主要是想利用现代语言材料尽可能忠实地表达普卢塔克的思想。另外他在选词方面故意显得庄重，这就限制了译者，使他不能过于随便。如果 Langhorne、Clough 或其他译者用了恰如其分的词语，我是毫不犹豫地借用的。

　　　　Ian Scott-Kilvert: Translator's Foreword（1973）
　　　　Plutarch: *The Age of Alexander*（1st-2nd centuries）
　　　　Penguin Classics

引文 17　把修昔底德的作品译成英语，这是一项困难、愉快、大胆的举动。困难是各种各样的。不但是因为他的作品长，需要连续工作很长时间。而且尽管作品的意思通常是相当清楚的（虽然也不一定总是这样），然而要把他表达意思所使用的风格译成另外一种语言却是极其困难的。起初译者有时不喜欢原作仿佛过多地使用对称的文笔，在句子的衔接方面也显得过于粗糙。但译者很快就会尊重这些特点，因为这些特点体现着一位真正伟大的思想家以前所未有的方式表达全新的、出人意料又发人深省的思想。这种猛然发人深省的风格，这种唐突有力的风格，我认为是无法用英语来表现的。即使是翻译柏拉图的著作也没有这么困难。

> Rex Warner: Translator's Note（1970）
> Thucydides: *History of Peloponnesian War*（5th century B.C.）
> Penguin Classics

Ian Scott-Kilvert 曾在剑桥大学攻读古典文学，曾任英国文化协会文学部主任，为 Penguin Classics 翻译过普卢塔克、波利比奥斯和卡修斯的著作多种。他强调忠实地表达原作者的思想，用的是现代语言材料，因此他不囿于原作过于松散、累赘的句子，断然使用短句，或重新组织。

Rex Warner 生于 1905 年，曾在牛津大学攻读古典文学，自 1964 年至 1974 年退休，他在美国康涅狄格大学任教，曾为 Penguin Classics 翻译色诺芬和普卢塔克的作品多种。他在引文 17 中指出，修昔底德有些写作特点乍一看是缺点，再一看，正是这些特点体现了作者的风格，这样的风格自然是难以用英语来表现的。

引文 18 然而即使译者已经找出一定的方法来翻译西塞罗的演说，也远没有解决全部问题。因为西塞罗的风格是丰富多彩的，他的演说结尾庄严、洪亮，他的论文节奏清晰而庄重，他的书信又是不同程度的口语体。一般说来，翻译散文所遇到的困难近来不像翻译诗所遇到的困难那样受到重视。虽然这两类问题是不同的，而且都是十分有趣的。比如，这两种翻译活动都遇到拉丁文词序造成的困难，但是各有各的困难。散文和诗要遵循不同的章法，但若不进行大量的词序颠倒，都是无法译成英语的。特别是翻译西塞罗的作品，还会遇到另外一个问题，那就是译者很容易丧失警惕，完全盲目地相信西塞罗的语言和某种陈旧英语在表面上存在的相似之处。

    Michael Grant: Introduction（1960）
    Cicero: *Selected Works*（1st century B. C.）
    Penguin Classics

  Michael Grant 认为西塞罗的文风和 18 世纪英国的文风有相似之处，因此 18 世纪的人感到西塞罗的风格很熟悉。但是到了 20 世纪，文风有了很大的变化，这时翻译西塞罗的作品，如果还设法保留原作的风格，便显得陈旧过时，因此要使用当代通顺的英文。

  引文 19 塔西佗之所以长期没有受到重视，其主要原因无疑是他写的那种独特难懂的拉丁文。塔西佗的突出特点是他是一位杰出的文学艺术家……。他的艺术很大一部分寓于他的风格之中，而他的天才的这一侧面是译者最没有希望能重新表现的。古代读者通常能够识别在风格方面有天才的人，而且决不认为历史著作如包含大量的修辞手段会影响他们读书的乐趣。然而塔西佗的风格在这部历史著作中发展到了登峰造极的地步，的确是非常之特殊。这风格与西塞罗的丰满的长句和李维的流畅、"柔和"的用词形成鲜明的对照，作者肯定是故意和他们形成对照的。

  塔西佗的散文随着感情强烈程度的变化而呈现出极为不同的色彩。有时为了使我们得到休息，就出现松散的写实的段落。如果内容不是写实，而是表达一种激动的心情，他的风格就最为奇特了……

  但是这种光辉的风格向译者提出了多么大的难题啊！许多人曾

试图解决这个难题。然而较为谨慎的译者总要在前言中以表示歉意的口吻对读者说："塔西佗的著作从未有人翻译过，可能今后也不会有人翻译"，说塔西佗"使译者望而却步"，塔西佗的作品是"une cauvre impossible"。[1]

  首先，原文含混不清之处往往使得译者难以确定塔西佗究竟写的什么。既然此书只有一个中世纪的文本作依据，人们便有充分的理由怀疑此文本可能有错误。不过我们姑且采取乐观的态度，假定意思是清楚的。下一个问题就是如何表达，如何尽可能细致地表达内容的实质，换言之，如何用英语重现原作的内容；如何尽可能忠实地表达塔西佗著作的主要思想和意义。但是译者难道不应当也力图重现原作的表现方式吗？在理论上讲，译者不同于只顾翻译意思的人，是应该这样做的。在实践中，他也应当力图这样做——至少在一定限度内这样做。比如，翻译塔西佗的作品一定要致力于精练。如果译文屈从于我们的民族倾向，要求"作者表达各种思想时要拉开距离"，那就和塔西佗的精神相违背了。但是如果把塔西佗那奇特的拉丁文译成奇特的英文，那就糟了，那就无法满足另外一项至为重要的要求。因为当今20世纪中叶，不可能认为这样的译文是通顺的（readable）。除非用作逐字对译的学生用书，否则为一位伟大作家的作品提供一个不通顺的译文，显然不能算是完成了任务。

  用"文雅"一词来形容阿普列乌斯作品或塔西佗作品的好译文，这个目标肯定不能算是太高；但他说20世纪的英文必须是朴素的英文，这个说法在这里仍然用得上。任何色彩鲜艳或花样繁多的语言都不能使当代读者理解塔西佗的奇特的个性，因为当代读者认为修辞手段和宏伟的风格是不自然的、不通顺的。今天要翻译塔西佗的复杂的作品，译者只有尽可能使用简朴的语言才有一点点希望。

---

[1] 法文，意思是：一本无法对付的书。——译者注

Michael Grant: Translator's Introduction（1971）
Tacitus: *The Annals of Imperial Rome*（1st century）
Penguin Classics

在引文 19 中，Michael Grant 指出"如果把塔西佗那奇特的拉丁文译成奇特的英文，那就糟了……因为当今 20 世纪中叶，不可能认为这样的译文是通顺的。"他的结论是"尽可能使用简朴的语言"。接着他便采取一系列措施，在处理人名、技术名词、河流城镇的名字时注意现代化，使当代读者感到容易接受。

从最后几段引文来看，译文不是不可能保持原文的风格，而是不宜于再用原文的风格。时代不同了，译文总要合乎 20 世纪的文风，才容易为当代读者所接受。读者会有什么样的反应，这是任何一个译者在处理风格问题时不能不考虑的。

（原载于《外语教学与研究》，1993 年，第 3 期。）

《李岚清教育访谈录》英译本学习札记

2003年11月，人民教育出版社出版了《李岚清教育访谈录》。2004年金秋时节，不到一年的时间，便有英译本问世。英译本取名 *Education for 1.3 Billion*（《为了13亿人的教育》），是由我国的外语教学与研究出版社和英国的培生教育出版集团（Pearson Education）共同出版的。

作者专为英译本写了一篇序言，对出版英译本的背景和意图做了说明，并且提到，鉴于读者的文化背景和教育背景不同，而且中文和英文之间也存在差异，英译本有一些变通的地方，但这不影响读者了解本书的内容。

更多考虑外国读者的不同情况而在译文的文字上有所变通，这无疑代表一种新的翻译思路，必将对我国译界产生深远的影响。这一方面的情况很值得进一步研究。本文只想利用以下几个选段，以注释的形式谈一谈有关汉译英的一些基本问题的体会。

4.6 "尚方宝剑"和"借东风"

记者：高校宏观结构调整和管理体制改革，几乎涉及到所有高校。有的学校办了几十年被并掉了，有的高校的校名因合并被改掉了，但总体进展比较平稳。推动这样大的改革，您有何感受？

4.6 Applying the 'imperial sword' and seizing the opportunities'

Interviewer:

Virtually all China's universities have been involved in the overall restructuring and administrative reform. Some have been merged despite the fact that they were around for decades. Some have been renamed after they were merged. Progress, however, has largely been smooth. How do you feel about orchestrating such massive reform?

注1. 这一节的题目非常生动，用了两个典故。第一个典故，译文保留了原文的形象，第二个典故则没有保留。这是为什么？也许我们看到下面就明白了。

李岚清：改革之所以能这样平稳，我的体会主要有以下几方面。

一是抓学习，讲形势，统一思想认识。邓小平同志关于教育改革问题有许多科学论述。江泽民同志在接见四所交通大学负责人时指出："我们的教育工作必须进一步解决好两大重要问题，一是教育要全面适应现代化建设对各级各类人才培养的需要，二是要全面提高办学的质量和效益。这也可以说是当前全国教育工作面临的两个重要转变。"对于处在教育事业龙头地位的高等教育来说，要实现这"两个重要转变"，必须进一步深化高等教育管理体制改革。中共中央和国务院印发的《中国教育改革和发展纲要》和党的十四大、十五大报告，以及两届政府总理在全国人代会上所作的政府工作报告中，都有一系列关于教育改革的方针、政策，还有全国人大及其常委会通过的关于教育的法律，我们都抓住不放，组织大家认真学习，不厌其烦地反复讲，目的就是为了统一各级领导干部的思想。这些重要的方针、政策、法律、文件，我把它们比做"尚方宝剑"。我们要善于运用这些"尚方宝剑"来统一思想。形势发展呼唤着高等教育的改革。随着社会主义现代化建设的不断前进，社会主义市场经济体制的逐步建立，科学技术的迅速发展，高等教育只有改革才能适应经济和社会发展的要求，才能肩负起中华民族伟大复兴的历史使命。形势任务搞清楚了，大家的认识就容易统一了。

Li Lanqing:

The smooth progress of reform can be attributed to the following factors.[2]

First, we have organized studies of government policies to clarify the situation and reach a consensus on what we wanted to accomplish.[3] Deng Xiaoping had put forward many scientific viewpoints on education reform. During a meeting with leaders of the four Jiaotong universities (Beijing, Shanghai, Southwest and Xi'an),[4] Jiang Zemin said, "In our work on education we must tackle two major issues.[5] One is that education must meet the demand of the modernization drive for qualified professionals at all levels and of all types; the other is that managerial quality and efficiency has to be raised across the board in school administration. These two issues may be seen as the two major changes essential to China's work on education." [6]

To effect the "two major changes" in higher education, which is pivotal to education as a whole, reform of the administrative system has to be deepened.[7] A series of principles and policies on education reform are featured in the *Program for China's Education Reform and Development* issued by the central government, the reports to the 14th and 15th National Congresses of CPC. and the reports on government work delivered by the premiers of the two successive central governments to the National People's Congress. The NPC and its Standing Committee have passed several laws on education. We have organized careful studies of all these principles, policies, documents and laws for the single purpose of reaching a consensus among leaders at all levels.[8] I likened these principles, policies, documents and laws to the "imperial sword" — symbols of supreme authority.[9] We need the "imperial sword" to focus our minds and actions. The situation cries for higher education reform. At a time when the socialist modernization drive is going strong, with the socialist market economy here to stay, and science and technology progressing apace, higher education has to be transformed—both to meet the demands of socioeconomic development and to shoulder the great historical mission of rejuvenating China.[10] Once the situation and tasks come into focus, reaching a consensus becomes simple.

注 2. 这句译文值得注意的是 attribute 一词。英语需要表达"归功于……"之类的意思时，经常用这个词。

注 3. 这句原文像个小标题，用分词来译也是可以的。但译文加了东西，比较长，更像一个句子，所以还是用 we 作主语较好。此外，"抓学习"若只译作 organized studies，不够具体，所以译文加了 of government policies。这也不是随便加的，看一看下文就明白了。加在这里，也可以与下文有所呼应。consensus 后面加了 on what we wanted to accomplish，也是因为同样的道理。

注 4. 这句译文在 four Jiaotong universities 后面略作解释，就是照顾外国读者的需要。

注 5. 原文以"我们的教育工作"为主语，但在英文里，以 we 作主语更便于和动词搭配。

注6. 中文的段落比较长,而英文不太喜欢很长的段落。因此,中译英时,常需在适当的地方将一段分为两段,甚至分为更多的段落。

注7. 这句原文无主语,译文没有加we,而是用了被动语态。这也是常见的一种译法。

注8. 这里原文是一句,而译文分成了三句,这样译比较清楚。

注9. 这一句把"尚方宝剑"之所指做了说明,译者更对其含义做了解释。有这句话在这里与本节的题目相呼应,意思就很清楚了,因此题目的译文保留了原文的形象。其实,即便没有这句话,题目这样译,意思也是清楚的。

注10. 原文"随着"后面有三个名词词组,译文若只用with来引导,显得结构过于单调。现在译文先用At a time when引出一个从句,然后再用with,就比较灵活。

二是向前看,不争论,少宣扬,多实干。改革之初,有些同志曾提出,要改革,首先就要批判过去高等教育体制的弊端。对此我坚决不同意,并说服这些同志要用历史唯物主义的观点看问题,否则我们就永远没有正确的是非标准。中国共产党之所以是个成熟的政党,其中重要的一条就是我们善于用辩证唯物主义和历史唯物主义来正确地处理"继承与发展"的关系问题。不管你的成就多大,都有历史的局限,不能当事后诸葛亮。我们今天的改革,大家认为是正确的,甚至是很有前瞻性的。但过多少年以后,用那时的标准来看今天的改革,也许会被后人认为是难以理解的"古董"。但你能否认今天的改革成果吗?所以,不必要的争论不但对推进改革无益,反而会影响改革进程。我们只有从实际出发,针对现存的问题进行改革,尽量做好在当前时代条件下能做到的事。

Second, we must look forward, waste absolutely no time on unnecessary arguing and hype, and work more in a down-to-earth way.[11]

In the beginning, some people had suggested criticizing the drawbacks in higher education prior to reform.[12] I said no and persuaded them to look at things from the perspective of historical materialism, otherwise we could never find the criteria for telling right from wrong.[13] A major reason why the Communist Party of China is a mature party is because we are good at applying dialectical materialism and historical materialism when handling the relationship between inheriting and developing. All achievements, no matter how big, have historical limits, and the "I told you so" attitude gets us nowhere.[14] Today, everyone is saying the reform is correct and rather farsighted. However, many years in the future, if people use their contemporary standards to judge the reform of today, they may see it as some sort of unfathomable "antique". But can you negate the reform and its results today because of that? Therefore, unnecessary arguments can do nothing for the progress of reform but hinder it.[15] We can only proceed from reality, carry out reform to redress existing problems, and do what we can under the circumstances.[16]

注11. 此处与注3所谈情况一样，加we作主语。此外，arguing前面加了unnecessary一词，这也不是译者随意加的。本段倒数第二句提到unnecessary arguments，前后呼应。

注12. 此句原文两次提到"改革"，译文都没有用reform，而把它与prior to连用，修饰the drawbacks in higher education，真可以说用在了该用的地方。

注13. "对此我坚决不同意"译作I said no，这是一个非常简洁有力的译法。此外，"正确的是非标准"译作the criteria for telling right from wrong，表面上"正确的"没有译，实际上已经意在其中了。这是翻译中常见的一种现象，许多形容词和副词的含义已经包含在

它所修饰的词里了，就不必单独用一个词来表示。这种现象值得注意。

注14. 此处原文用了一个典故"事后诸葛亮"，若照字面译，不能使外国读者产生同样的联想，因此译文用了英语里一个相应的说法。

注15. 译文用 it，避免重复"改革"。

注16. 原文是一个主语带三个并列谓语动词，译文也是一样，但原文没有用连词，译文里这个 and 却是必需的。

与此同时，这十年来，我一直要求大家少宣扬，多实干。这是因为改革是一个不断探索的进程，孰是孰非，还要经过一段实践的检验，不宜做不必要的宣传，更不应事情还没有做好就先吹一通。何况宣传不适当还会引发不必要的争论或简单的"刮风"，影响改革的进程，甚至把好事变坏。

Over this decade I always asked my colleagues to cut the hype and do more solid work. This is because reform is a process of progressive exploration. Whether we are doing things right or wrong, only time and practice can tell. Hype is unnecessary; we should not brag before our accomplishments are in place.[17] Untimely publicity can trigger avoidable controversy or simplistic "campaigning," thus affecting the progress of reform or even damaging the good results we have achieved.[18]

注17. 这一句说明提出上述要求的原因，内容比较多，因此译文分了三句，这样译比较清楚。

注18. simplistic 有贬义，意思是"过于简单化的"，用在这里正合适。后半句译文用了两个分词短语，说明上述做法可能产生的后果。

三是"借东风"，抓机遇。要推动改革，每一个重大的机遇都要抓住不放。例如上面我提到的，1998年国务院进行机构改革，撤销了九个部门，"皮之不存，毛将焉附？"部门都没有了，部门所属的那些高校怎么办？我们就抓住这一机遇，整体推进了部门所属高校以地方管理为主共建的改革,受到地方和这些高校的普遍欢迎。改革后,我去这些学校考察,有些校领导对我说,改由地方为主管理后,他们受到地方政府的重视和种种优待,发展比过去快多了,早该这样改革了!

Third, don't let a good opportunity slip through your fingers.[19] To promote reform you've got to act every time a good opportunity presents itself. One such opportunity appeared during the 1998 State Council organizational reshuffle, in which nine ministries were abolished.[20] Now that these ministries were gone, what was to be done with the universities under their charge?[21] We acted immediately and launched a wholesale reform by delegating reconstruction responsibilities for these universities to the local authorities, a decision well received by the localities and the universities themselves. When I visited these universities toward the end of the reform, some leaders told me that they won much attention and preferential treatment from local governments, and that their development was much faster than before. This reform was long overdue, they said.[22]

注19. 在这里"借东风"和"抓机遇"是同样的意思。这就是为什么本节的题目中"借东风"只译作 seizing the opportunities。"借东风"本是汉语里的一个典故,来自《三国演义》,但翻译起来,很难对外国读者说清楚,只好把它要表达的意思译出来算了。但这个典故用在这里确实很生动。于是译者在英文里找了一个与之相对应的习语。根据 Oxford Advanced Learner's English-Chinese Dictionary(《牛津高阶英汉双解词典》)第 6 版,let sth slip(through your fingers)意思是 to miss or fail to use an opportunity,因此用在这里是非常恰当的。

注20. reshuffle 一词很有用,谈到政府的重大人事或机构变动,最常用的就是这个词。

注21. 这句译文具体说明了前面引语"皮之不存,毛将焉附?"

在这里的含义，因此这句引语就没有译，若译出来就显得重复了。此外，请注意后半句 what was to be done...。此处不能用 what to do，因为它只是一个短语，不能独立构成一个问句。

注22. 最后一句译文加了 they said。若不加，读者就可能认为最后一句是作者的话了。

四是要进行充分的调查研究和科学的评估。"尚方宝剑"也要慎用。既要把工作抓紧、做细、做深，统一认识，又要善于等待，不能强迫命令。工作不能简单化。合并难度最大的莫过于强强联合。但实践证明，只要经过充分论证，确认合并有其客观合理性，有关领导决心大，工作细，并给予必要的支持，也是完全可行的。

当然，大学并不是越大越好。该合的合，不该合的就不合。

Fourth, making thorough studies and investigations and conducting scientific assessment.[23] When we wield the "imperial sword" we should do it with prudence. We need to press ahead with our work in a meticulous and thoroughgoing manner.[24] But we need also be good at biding our time and refrain from coercion. In other words, our work tolerates no simple-mindedness. Of all the types of mergers, none is more difficult than those between good universities. Practice, however,[25] has proved that so long as we are confident of its feasibility on the basis of thorough study, and so long as leaders of all the parties involved are committed, work carefully and are supportive, such mergers can definitely happen and happen successfully.

Naturally, it does not necessarily follow[26] that the larger a university the better. Mergers can only happen when and where it makes sense. Otherwise they must not happen at all.[27]

注23. 第4点和第5点译文与前三点不同，没有用完整的句子，

而用了分词短语来翻译第一句话,这就是把第一句话译作小标题了。

注24. 此处"工作"一词恐不是指一般的具体工作,而是指思想工作,其目的是"统一认识"。译文未能体现"统一认识"的意思。也许把 our work 改为 persuasion 就行了。不过这样一来,因为搭配的关系,可能要把 and thoroughgoing 删去。其实,前面有 press ahead,后面有 meticulous,强调的语气已经表现得很充分了。

注25. 据我观察,在英语中,however 在大多数情况下不是放在句首,而是放在较后的位置。此处,虽然原文以"但"字开始,译文把 however 放在 Practice 后面,是合乎英文的用法的。

注26. follow 一词非常有用,它在这里的意思是 to be the logical result of sth。原文"并不是"的意思是"不能从上文得出结论,认为……",因此,译文 it does not necessarily follow that... 是十分恰当的。

注27. 这句原文很短,但很有中文的特色。"合"字重复出现四次,译文绝不能照搬,只有另想办法。《邓小平文选》第三卷有这样一句话:"农业实行多种经营,因地制宜,该种粮食的地方种粮食,该种经济作物的地方种经济作物,不仅粮食大幅度增长,经济作物也大幅度增长。"译文是: By diversifying agriculture in accordance with local conditions, the peasants have grown grain and cash crops in places suited to them and have substantially increased the output of both.

五是抓典型,因势利导。前面曾提到,国务院办公厅曾先后在上海、南昌、北戴河、扬州四次召开座谈会总结推广各地的好经验,用典型推动,形成改革的氛围。同时,我们对一些影响大的学校的调整、合并给予特别关注,并且我和教育部门的领导还到一些地方实地考察了解,及时给予指导。

Fifth, setting good examples and making the most of the situation. As I said before, the General Office of the State Council had held meetings in

Shanghai, Nanchang, Beidaihe and Yangzhou to summarize and share the best practices and solutions from each situation. The idea was to set good examples and foster a friendly atmosphere for reform.[28] In the meantime, we paid special attention to the regrouping and amalgamation of prestigious universities. Leaders of the Ministry of Education and I[29] went on fact-finding tours to offer needed guidance.

注28. 这一句原文较长，最后才说出这样做的目的，若译成一句，目的就不突出。现在译文使后半句单独成句，而且用 The idea 作主语。这个短语的意思是 the aim or purpose（of sth），用在这里是很恰当的。

注29. 中文总是说"我和某某人"，把"我"字放在前头。英文则总是把 I 放在后头。我们要写地道的英文，这一点，不可不注意。我觉得这纯粹是一个使用语言的习惯问题，不涉及是否尊重别人。1987年，美国前总统卡特访华，在欢迎他的宴会上讲话，他说：My wife and I... 译文是"我的夫人和我……"。我觉得，还是"我和我的夫人"听起来顺耳一些。你说呢？

（2005年8月）

《公民道德建设实施纲要》英译本学习札记

2002年，中央编译局翻译出版了《公民道德建设实施纲要》的英译本，题目是 *Program for Improving Civic Morality*。这是一个很好的译本。把原文和译文对照学习，一方面可以更好地领会文件的精神，一方面也可借以提高翻译能力，真是一举两得。

全文共40条。下面我只就第1条中的前两点以注释的形式谈谈我的学习体会。

1. 社会主义道德建设是发展先进文化的重要内容。在新世纪全面建设小康社会，加快改革开放和现代化建设步伐，顺利实现第三步战略目标，必须在加强社会主义法制建设、依法治国的同时，切实加强社会主义道德建设、以德治国，把法制建设与道德建设、依法治国与以德治国紧密结合起来，通过公民道德建设的不断深化和拓展，逐步形成与发展社会主义市场经济相适应的社会主义道德体系。这是提高全民族素质的一项基础性工程，对弘扬民族精神和时代精神，形成良好的社会道德风尚，促进物质文明与精神文明协调发展，全面推进建设有中国特色社会主义伟大事业，具有十分重要的意义。

1. Improving[1] socialist morality is an important aspect[2] of developing an advanced culture. In the new century, we are building a society in

which people lead a fairly comfortable life, quickening the pace of reform, opening up and modernization, and attaining the strategic goals for the third stage. While we are strengthening the socialist legal system and the rule of the country by law, we must earnestly improve socialist morality, rule the country by virtue, and closely integrate the improvement of the legal system with the improvement of morality and the rule of the country by law with the rule of the country by virtue. Through a continuous process of deepening and broadening the improvement of civic morality, a socialist moral system suitable for our socialist market economy will gradually take shape and develop.[3] This is a basic program for improving the quality of the whole Chinese nation. It has great significance for enhancing national spirit and a spirit of the times, cultivating good moral habits, coordinating material civilization with spiritual civilization, and advancing the great cause of building socialism with Chinese characteristics.[4]

注1. "建设"一词在这里译作 improve 是很恰当的，improving socialist morality 是一个很好的搭配。我们一看见"建设"，往往首先想到 construction，其实在很多情况下是不用这个词的。"建设"一词在这一段里多次出现。"建设小康社会"译作 building a society in which people lead a fairly comfortable life，"现代化建设"译作 modernization，"加强社会主义法制建设"译作 strengthening the socialist legal system，有时也译作 improvement of the legal system。究竟怎样译，全看具体情况而定。

注2. "内容"一词在这里译作 aspect，也是一个很好的选词。我们一看见"内容"二字，往往首先想到 content，有时可以用，有时则不行，此处就不能用。翻译不能追求表面上词语的对应。

注3. 原文第2句很长，有140字，以极其精练的语言对公民道

德建设的重要性做了高度的概括。句中包含的汉语概念和术语很多，译文若也用一句话来表述，句子可能会很臃肿，外国读者也难以领会。仔细分析一下，这句话包含三部分。"必须"之前是第一部分，说的是我们正在做的事，也就是提出这一文件的背景。"必须"引出的是第二部分，说的是我们要做的事。"通过"引出的是第三部分，说的是所要达到的目的。因此，译者就把这一句译成了三句。第一句和第二句都加 we 作主语，第三句以 a socialist moral system... 为主语，和谓语 will gradually take shape and develop 搭配。

注4. 原文第3句也较长，先说这是一项什么工程，又说它在四个方面的重要意义。译文分成了两句。第2句根据英语的习惯，评价性的话要先说，然后再说多项细节，因此译文以 It has great significance 开始。此外，"时代精神"译作 spirit of the times，这是最常见的一种译法。

2. 党的十一届三中全会特别是十四大以来，随着改革开放和现代化建设事业的深入发展，社会主义精神文明建设呈现出积极健康向上的良好态势，公民道德建设迈出了新的步伐。爱国主义、集体主义、社会主义思想日益深入人心，为人民服务精神不断发扬光大，崇尚先进、学习先进蔚然成风，追求科学、文明、健康生活方式已成为人民群众的自觉行动，社会道德风尚发生了可喜变化，中华民族的传统美德与体现时代要求的新的道德观念相融合，成为我国公民道德建设发展的主流。

2. Since the Third Plenary Session of the Eleventh Central Committee, and especially since the Fourteenth National Congress of the CPC, along with the deepening of the reform and opening up and the modernization drive, positive, healthy improvements have occurred in the development of socialist spiritual civilization, and significant progress has been made in

the improvement of civic morality.[5] Patriotism, collectivism and socialist ideology increasingly fill people's hearts. The spirit of serving the people is growing. Admiration and emulation of models have become commonplace.[6] The people have begun pursuing scientific, culturally advanced and healthy lifestyles on their own initiative.[7] Gratifying changes are occurring in the prevailing customs of social morality.[8] The traditional morality of the Chinese people and new moral viewpoints that embody the needs of the times are merging. This becomes the main trend in the improvement of civic morality.[9]

注5. 这一句说明近年来精神文明建设和公民道德建设取得的成就。原文先是两个状语，接着是两个并列分句。译文基本上保留了这一结构，但两个并列分句的主语都发生了变化。这主要是考虑到主谓搭配的问题。因为在英文里若以 the development of socialist spiritual civilization 作主语，或就以 socialist spiritual civilization 作主语，都难以和谓语 make improvements 相衔接。若以 the improvement of civic morality 作主语，也难以和谓语 make progress 相衔接。因此，这两个分句就分别以 improvements 和 progress 作主语了。

注6. 本段原文第二句从六个方面具体说明第一句所做的论断，最后指出这就是主流。译文用了六个独立的句子表述这六个方面。前三句都保留了原来的主语，值得注意的是第三句，译文没有用动宾结构，而是用的抽象名词，Admiration and emulation of models。

注7. 这一句译文若以"追求……"或"自觉行动"作主语，都不如以"人民群众"作主语具体生动，一目了然。

注8. 这一句和注5所说的情况是一样的，因此译文以 Gratifying changes 作主语。

注9. 六个方面说完以后，用 This 加以归纳，作为最后一句译文

的主语。这样，译文就把原文一句分成了七句，有的保留原文的主语，有的变换了主语，照顾到了主谓的搭配，语言也比较流畅，比译成一个长句要好。

但是，我国公民道德建设方面仍然存在着不少问题。社会的一些领域和一些地方道德失范，是非、善恶、美丑界限混淆，拜金主义、享乐主义、极端个人主义有所滋长，见利忘义、损公肥私行为时有发生，不讲信用、欺骗欺诈成为社会公害，以权谋私、腐化堕落现象严重存在。这些问题如果得不到及时有效解决，必然损害正常的经济和社会秩序，损害改革发展稳定的大局，应当引起全党全社会高度重视。

However, there are still a number of problems in the improvement of civic morality.[10] There are poor moral standards in some sectors of society and areas of the country.[11] There, the distinctions between right and wrong, good and evil, and beauty and ugliness are blurred; and money worship, hedonism and extreme individualism are growing.[12] Forsaking principle for profit and lining one's pocket at public expense are frequent occurrences.[13] Deceit and fraud have become a public scourge, and abuse of power for personal benefit and corrupt and degenerate phenomena are very serious.[14] If these problems cannot be solved in a timely and effective way, they will inevitably disrupt the normal economic and social orders and adversely affect reform, development and stability. Therefore, the whole Party and society at large should attach great importance to them.[15]

注10．"存在"没有译作 exist，而是用了 there are 这一句型，这是一种常见的译法。

注11．这一句提到"道德失范"，这是一个概括性的提法，下面才谈具体情况，因此译文在这里断句。此外，译者没有逐字翻译"道德失范"，而译作 There are poor moral standards，这样译比较流畅。

注12. 接下来，原文列举了道德失范的种种表现。译文用三句话来表述。有的一句话谈两种表现，有的一句话只谈一种表现。这样句子有长有短，也不至于太单调。这第一句谈了两种表现，句子并不太长，但用了六个 and。分析一下，都是用得有道理的。前半句，between 后面有三组词，一组是 right and wrong，一组是 good and evil，一组是 beauty and ugliness，这三组里面的 and 自然是必不可少的。根据英译的习惯，应列举一连串的项目，最后两个项目之间需加 and，因此第二组和第三组之间这个 and 也是必要的。分号代表一个较大的停顿，从语法的角度来说，分号后面这个 and 是可以不要的。我想这个 and 用在这里是节奏的需要，否则 blurred 和 money 两个重读音节连在一起，不好读。

注13. 这一句用两个动名词短语作主语，用 and 相连，这个 and 也是必不可少的。

注14. 这个句子有点复杂，第二个 and 连接前后两个并列分句，第三个 and 在后面的分句里连接两个主语，一个主语是 abuse of power for personal benefit，另一个主语是 corrupt and degenerate phenomena。另外两个 and 就不言而喻了。因此，分析一下，这四个 and 都是必要的。

注15. 此处译文独立成句，比较有力，可以达到强调的目的。Therefore 放在句首，也有助于加强语气。你同意吗？

（2005年8月）

《鹿鼎记》英译本学习札记

最近看到牛津大学出版社 1997 年出版的一本书，题目是 *The Deer and the Cauldron*，作者是 Louis Cha，译者是 John Minford。这位译者，虽不认识，却很熟悉，因为读过他和 David Hawkes 合译的 *The Story of the Stone*（《红楼梦》）。我还知道他在香港理工大学（Hong Kong Polytechnic University）任教。但我没有想到他又将这本书译成了英文，把书打开一看，我立刻被那流畅的译文吸引住了，句句都是地道的英文。于是我就想去找一本中文原文，对照着学一下，一定会提高自己的翻译能力。

中文本很快就找到了。那不是别的书，正是鼎鼎大名的金庸所著的《鹿鼎记》。这中文本虽然比不上英文本印制精良，那文字却是极好的，句句都是地道的中文，而且处处都发着传统的章回小说的气息。

这时我脑子里就产生了一个问题，译者是怎样把这地道的中文变成地道的英文的呢？可能你对这个问题也感兴趣。那我们就一起从头读一读吧。

1. 北风如刀，满地冰霜。

2. 江南近海滨的一条大路上，一队清兵手执刀枪，押着七辆囚车，冲风冒寒，向北而行。

3. 前面三辆囚车中分别监禁的是三个男子，都作书生打扮，一个是白发老者，两个是中年人。后面四辆中坐的是女子，最后一辆囚车中是个少妇，怀中抱着个女婴。女婴啼哭不休。她母亲温言相呵，女婴只是大哭。囚车旁一名清兵恼了，伸腿在车上踢了一脚，喝道："再哭，再哭！老子踢死你！"那女婴一惊，哭得更加响了。

Along a coastal road somewhere south of the Yangtze River, a detachment of soldiers, each of them armed with a halberd, was escorting a line of seven prison carts, trudging northwards in the teeth of a bitter wind.[1] In each of the first three carts a single male prisoner was caged, identifiable by his dress as a member of the scholar class. One was a white-haired old man. The other two were men of middle years. The four rear carts were occupied by women, the last of them by a young mother holding a baby girl at her breast. The little girl was crying in a continuous wail which her mother's gentle words of comfort were powerless to console.[2] One of the soldiers marching alongside, irritated by the baby's crying, aimed a mighty kick at the cart.[3]

'Stop it! Shut up! Or I'll really give you something to cry about!'

The baby, startled by this sudden violence, cried even louder.[4]

原文每一段前面的编号，是我为了叙述方便而加的。我一共取了六段原文，译成英文就成了十三段了。这里面有合有分，主要是分，一个重要原因是英文喜欢把对话与叙述分开，而且各人的话都独立成段。因此译文的段落与原文的段落是不对应的。

我在译文里需要说明的地方加了注号。下面我就以注释的形式来谈一谈我的学习体会。

注1. 原文第1段只有一句话，而且很短，但里面包含两个分句，讲的都是自然条件。作者的意图大概是借以烘托气氛吧。这一段，译

者没有单独处理，而是把它揉在下面一句话里，其中有 in the teeth of a bitter wind，放在句末。至于他为什么这样处理，我也说不好。我想也许是外国人写书喜欢开门见山，于是我就找了几本书看了看。

卡夫卡的《城堡》是这样开始的：

It was late evening when K. arrived. The village lay under deep snow. There was no sign of the Castle hill, fog and darkness surrounded it, not even the faintest gleam of light suggested the large Castle.（Franz Kafka, *The Castle*）

迪内森的《走出非洲》是这样开始的：

I had a farm in Africa, at the foot of the Ngong Hills. The Equator runs across these highlands, a hundred miles to the North, and the farm lay at an altitude of over six thousand feet.（Isak Dinesen, *Out of Africa*）

帕斯捷尔纳克的《日瓦戈医生》是这样开始的：

On they went, singing "Rest Eternal," and whenever they stopped, their feet, the horses, and the gusts of wind seemed to carry on their singing.（Boris Pasternak, *Dr. Zhivago*）

这三个例子选自不同的欧洲国家的文学作品，但都是先说什么人做什么事，然后再说周围的环境。这也算是个参考吧。

原文第 2 段也只有一句话。主语是"一队清兵"，后接四个并列谓语，其中最主要的应该是"押着七辆囚车"。译文就突出了这一点，用句子的主要动词来表示，译作 was escorting a line of seven prison carts。"手执刀枪"译作同位语加分词短语，即 each of them armed with a halberd，语法家可能管这种结构叫"独立结构"。"向北而行"译作分词短语 trudging northwards。"冲风冒寒"译作介词短语 in the teeth of a bitter wind，作状语。总之，原文是并列结构，译成英文成了主从结构。

注2. 这句译文的原文是两个句子，先说女婴啼哭，接着说母亲温言相呵，最后又说女婴大哭。因此，说原文用了三个并列的主谓结构也未尝不可。译文用了一个 which 引导的宾语从句，这就避免了重复一个"哭"字，也避免了连续更换主语的毛病。译文用的 console 一词，非常之妙，将母女之情表现得淋漓尽致。我们可能会用 stop，那就大为逊色了。

注3. 这一句的原文，主语是"一名清兵"，后带三个并列谓语，其中最主要的是"踢了一脚"。译者就把第一个谓语译作分词短语 irritated by the baby's crying。下面的引语，译文另起一段，"喝道"二字也就不一定译了。此外，"囚车旁"译得很妙。若是静止状态，可译作 beside the cart，但此处说的是车队行进中的情况，故译作 marching alongside，这样译，也免得重复 cart 一词。

注4. 这一句的原文，主语是"女婴"，后接两个并列谓语。译者又把第一个谓语译作分词短语 startled by this sudden violence，整个句子紧凑而生动。细想一下，此句中的"一惊"，和前面一句中的"恼了"，都表示原因，和后面的动作有因果关系，因此译为分词短语是十分恰当的。这句译文如用并列结构，译作 The baby was startled by this sudden violence and cried even louder，就逊色多了。

此外还有一点值得注意。原文第3段后半段，"女婴"一词先后出现四次。译文用了 a baby girl、the little girl 和 the baby 等三种译法。中文"女婴"一词只有两个字，两个音节，重复几次，不觉得有何不妥。英文则不行，a baby girl、the baby girl，重复起来，就觉得受不了。可见替代之法（substitution）在这里还是有用的。

4．离开道路数十丈处有座大屋，屋檐下站着一个中年文士，一个十一二岁的小孩。那文士见到这等情景，不禁长叹一声，眼眶也红了，说道："可怜，可怜！"

《鹿鼎记》英译本学习札记

Under the eaves of a large house, some hundred yards from the road, a middle-aged scholar was standing with a ten- or eleven-year-old boy at his side.⁵ He was evidently affected by this little scene, for a groan escaped his lips and he appeared to be very close to tears.

'Poor creatures!' he murmured to himself.⁶

注5．这一句原文有两个并列分句，先说某处有座大屋，再说檐下站着两个人。叙事的顺序可以说是由远及近。译文则从 under the eaves 开始，然后再处理第一个分句里的内容 of a large house, some hundred yards from the road。原文"站着一个中年文士，一个十一二岁的小孩"，也是并列结构，而译文却是 with a ten- or eleven-year-old boy at his side。这样，原文的并列结构就变成了译文的主从结构，突出了 a middle-aged scholar。

注6．原文主语是"那文士"，后面带四个谓语。译文突出第一个谓语，然后用 for 引出两个从句，最后另起一段处理引语。

5．那小孩子问道："爹爹，他们犯了什么罪？"那文士道："又犯了什么罪？昨日和今朝，已逮去了三十几人，都是我们浙江有名的读书人，个个都是无辜株连。"他说到"无辜株连"四字，声音压得甚低，生怕给押送囚车的官兵听见了。那小孩道："那个小女孩还在吃奶，难道也犯了罪？真没道理。"那文士道："你懂得官兵没道理，真是好孩子，唉，人为刀俎，我为鱼肉，人为鼎镬，我为麋鹿！"

'Papa,' said the little boy, 'what have they done wrong?'⁷

'What indeed!' said the man, bitterly. 'During these last two days they must have made more than thirty arrests. All our best scholars. And all of them innocents, caught up in the net,' he added in an undertone, for fear that the soldiers might hear him.⁸

'That girl's only a baby,' said the boy. 'What can she possibly be guilty of?'⁹ It's very wrong.'

'So you understand that what the Government soldiers do is wrong,' said the man. 'Good for you, my son!' He sighed. 'They are the cleaver and we are the meat. They are the cauldron and we are the deer.' ¹⁰

注7. 英语除了先出引语，后出说话人，还经常把一句引语分成两截，把说话人插在中间。

注8. All our best scholars. And all of them innocents... 都是省略句。这在口语里是常见的。这样译正体现了口语的特点。此外，原文"生怕……"在结构上是前面谓语的并列谓语，但其含义是说明压低声音的原因。因此译文用介词短语加 that 从句 for fear that...，这在句子里叫状语，表示原因。

注9. 原文"那个小女孩还在吃奶，难道也犯了罪？"前半句是陈述句，后半句是疑问句，可以放在一起。英语则不然，前半句和后半句在文字上没有联系，便要分成两句，在陈述句后加句号，问题另起一句。像中文那样用逗号把它们连在一起是不行的。

注10. 最后两句译文中间都加了 and。请注意，我们自己译的时候，不要把它丢掉。

6. 那孩子道："爹，你前几天教过我，'人为刀俎，我为鱼肉'，就是给人家斩割屠杀的意思。人家是切菜刀，是砧板，我们就是鱼和肉。'人为鼎镬，我为麋鹿'这两句话，意思也差不多么？"那文士道："正是！"眼见官兵和囚车已经去远，拉着小孩的手道："外面风大，我们回屋里去。"当下父子二人走进书房。

'You explained "they are the cleaver and we are the meat" the other day, papa,' said the boy. 'It's what they say when people are massacred or beheaded. Like meat or fish being sliced up on the chopping-board.¹¹ Does "they are the cauldron and we are the deer" mean the same thing?'

'Yes, more or less,' said the man; and since the train of soldiers and prison carts was now fast receding, he took the boy by the hand.[12]

'Let's go indoors now,' he said.[13] 'It's too windy for standing outside.'

Indoors the two of them went, and into his study.

注 11. It's 和泛指的 they 都是口语里常用的说法。Like meat or fish being... 也是省略句。这都体现了口语的特点。叙事像叙事，对话像对话，不是很容易做到的，值得注意。

注 12. train 一词很有用，我们往往想不起它来。它可以指 a number of people or animals moving in a line，也可以指 a series of events or actions that are connected，用在这里是很恰当的。

此外，"拉着小孩的手"不要译作 He took the boy's hand，那是中国式的英文，He took the boy by the hand，这才是地道的英文。

注 13. 从原文第 4 段到第 6 段，"文士"一词共出现五次。第一次出现时译为 scholar，随后便不再重复这一译法，而交替使用 he（his, him）和 the man。这一点，你注意到了吗？

（2005 年 8 月）

在"英若诚名剧译丛"
出版座谈会上的发言

我今天特意来向英若诚先生表示热烈的祝贺,祝贺他在外语界和翻译界做出这样重大的贡献。

我想谈两点。

作为一个英译教师,我首先想到这套书对英语教学的价值。钱锺书先生说,他自己就是看了林纾翻译的外国文学作品而增加学习外国语文的兴趣的(见《林纾的翻译》)。如果在20世纪初林琴南的翻译曾推动当时的年轻人学习外语,那么在21世纪初英先生的译本就会起到更大的作用。因为英先生译的是剧本,而剧本对发展口语是十分重要的。北外英语系就演过莎士比亚的《奥赛罗》(Shakespeare, *Othello*)、王尔德的《认真的重要》(Oscar wilde, *The Importance of Being Earnest*)、谢立丹的《造谣学校》(Richard Sheridan, *The School for Scandal*)、郝登的《故去的亲人》(William Houghton, *The Dear Departed*),还用英文演过契诃夫的独幕剧《求婚》(Anton Chekhov, *The Proposal*)和改编的鲁迅的《孔乙己》。参加过演出的师生,口语都得到了很大的提高,得到的是切切实实的好处。在学习英语注重听说的今天,广大中国读者可以朗诵,可以演出,不但口语可以说得更流利,文化修养也会得到提高。英先生在序言中说,希望这些译本"对学习外文能有一些帮助",这个愿望是一定能够实现的。

作为一个业余的译者,我认为这套书的译文是高标准的。严复提出"信、达、雅"。后人对"雅"字有各种解释。我认为最恰当的解释是已故周煦良教授提出的"得体"二字。译剧本应该能上口,应该符合人物的性格,这就是"得体"。在这方面,这套书取得了很高的成就。为什么译者能取得这么大的成就?我想,他在翻译的时候,虽然身在书房,心却在舞台上,在每一个角色里。只有像译者这样有丰富舞台经验的人,才能产生这样好的译本。因此,这一套书和它的译者都可以说是译界的楷模。

我相信,这么好的译本一定会与中国对外翻译出版公司出版的其他英文读物一样,受到广大读者的热烈欢迎。

(2000年1月)

贺 新 春

——在全国翻译专业资格（水平）考试2005年
新春专家招待会上的讲话

各位领导，各位同行：

前不久，听天气预报说今年将是一个暖冬，后来来了寒流，也弄不清究竟算不算暖冬了。就在这众说纷纭的时候，冬天已在悄悄离去，我们已能听到春天的脚步声。再过一个星期就要立春了。立春以后，紧接着就是新年，我在这里向大家拜一个早年。

翻译资格考试已进入第三个年头了。回顾这一段历程，我们已经从一个语种扩大到三个语种，英语已考过三次，法语、日语也各考过一次。每次考试以后，开总结会，一方面对这次考试做出评估，一方面讨论下次如何改进，因此我们的考试工作不断有所提高，有所前进。

我们取得这样的成绩，首先归功于部领导和局领导的重视。局领导有时亲自主持会议，亲自参加审题，使我深受感动。其次要归功于全体工作人员的共同努力。每一个人都在兢兢业业地工作，各司其职，完成自己的任务。有时大家也有不同的意见。这是很正常的，并没有影响工作，因为大家的目标是一致的，都是为了做好工作。

我和大家一起工作,感受最深的就是,无论是领导,还是一般工作人员,都非常认真,这"认真"二字使我们取得了成绩,也正是这"认真"二字保证我们在新的一年里把考评工作做得更好。

新的一年是鸡年,是我的本命年。如果说12年算一圈,我已经快跑完第6圈,就要开始跑第7圈了。曹操说,"老骥伏枥。"我不能和曹操比。不过我可以做到"老鸡慢慢跑"。如果考评中心觉得我这只老鸡还有用,我就再跑一阵子。等我真的跑不动了,我还可以早上叫几声:"卢敏,该起床了!"

谢谢大家。

（2005年1月28日）

阅读之重要

——祝贺《英语世界》出版发行 200 期

《英语世界》出版发行 200 期了,我愿向编辑部的全体同志表示热烈的祝贺。

一册《英语世界》在手,首先映入眼帘的就是钱锺书先生题写的书名——《英语世界》四个大字。这四个字我们看了二百遍,已经很熟悉了。然而钱先生小时候是怎样学英语的,我们就可能不太熟悉了。

二十四年前,也就是《英语世界》创刊的那一年,商务印书馆推出了一套林译小说丛书,重印了林纾翻译的外国小说,共十种。同时还出版了一小本论文集,题为《林纾的翻译》,书中有钱先生的一篇文章,题目就是"林纾的翻译"。钱先生在文中说:

"我自己就是读了他的翻译而增加学习外国语文的兴趣的。……接触了林译,我才知道西洋小说会那么迷人。我把林译里哈葛德、欧文、司各特、迭更司的作品津津不厌地阅览。假如我当时学习英文有什么自己意识到的动机,其中之一就是有一天能够痛痛快快地读遍哈葛德的及旁人的探险小说。"

钱先生后来在学术上取得那么大的成就,阅读起了很大的作用。

在这里我还要提到另一位学者杨宪益先生。他做了大量的翻译,却很少谈论翻译问题。1990年他为单其昌所著《汉英翻译技巧》一书写了一篇序言。他写道：

"主要还是要多读一些好的英美文学作品，逐步理解这种外国语言的内在规律。……在我掌握了基本语法之后，到了我上高中时，我就完全丢开了语法书，只去广泛阅读外国文学作品了。"

以上两位学者都强调了阅读外国文学作品的重要性。如今时代不同了，改革开放以来，学习英语的途径、方法和内容都发生了很大的变化，然而不论怎样变，杨先生所说的"逐步理解这种外国语言的内在规律"依然是必要的。而在中国的条件下，要做到这一点，阅读依然是最简单易行的方法。二百期《英语世界》摞起来有一米多高，为广大读者提供了丰富多彩的读物，而且配有译文，帮助读者提高理解力。在这一方面，《英语世界》是功不可没的。《英语世界》培养了一批一批的读者，他们在回顾自己学习英语的历程时，不会不感到得益于《英语世界》，不会不感谢编辑部的同志们为他们付出的辛勤劳动。

另外，《英语世界》也是翻译家的园地和摇篮，有经验的译者笔耕不辍，年轻的译者不断涌现，使我国的翻译队伍不断壮大。

最后，祝《英语世界》编辑部的同志们身体健康，事业发达。

（2005年1月）

据 我 所 知

——热烈祝贺《牛津高阶英汉双解词典》(第6版)出版

  我盼望已久的《牛津高阶英汉双解词典》(第6版)终于先后于4月在香港、8月在北京出版了。为此,我向牛津大学出版社和商务印书馆表示热烈的祝贺,祝贺他们出版了这样一本高质量的词典。

  关于这本词典的质量,最好留给读者去评说。我想,他们在使用之后,会说这是一本不错的词典。但他们看到的是我们的产品,我们的劳动成果,而不会知道这样的高质量是如何得来的。我就想谈一谈这方面的情况。

  我并没有参加全过程,只是在2001年8月至2003年7月看了一部分稿子。但听说整个项目在2000年就启动了。就译稿来说,大致分四个步骤:翻译、修订、审订、编辑。但对组织工作而言,第一步就是物色人选,组织班子了。

  听说编辑部从2000年就在全国物色译者。编辑部没有把这项任务交给某个学校或机构,由他们组织班子,而是直接在各地通过试译选拔译者,确定一定数量的译者担任词典的翻译任务,并从译者之中选拔优秀者担任第二道工序——修订的任务。这就保证修订后的译文已经相当不错了。有些照顾不够周到的地方,也是很自然的。

下面一道工序就是我参加完成的审订工作了。回想那两年的工作，我主要做了两件事。

一件事就是看译文对不对，是否符合原文的意思。使用词典的人总是希望从词典中找到正确的答案。如果编者弄错了，那就对不起读者。但词典中的例句都是孤立的，没有上下文；有时定义可能对理解例句有所帮助，有时也无济于事，那就要全靠深入理解例句了。

例 1：We want to get all the parties back to the negotiating table.

译文：我们想把所有的政党拉回到谈判桌上来。

改译：我们想把有关各方拉回到谈判桌上来。

此处 parties 一词指"有关各方"，可用于任何一种谈判，不限于政党之间的谈判。

例 2：Many national newspapers rallied to his support.

译文：许多国有的报纸联合起来支持他。

改译：许多全国性报纸一致对他表示支持。

此处 national 一词不是指报纸的所有权，而是指其发行的范围和影响。

另一件事就是看每句话是在什么场合下说的，语气对不对，在当时的场合下，这句话会不会这么说，应该怎么说。

例 3：That was a cracking goal.

译文：那真是个精彩的进球。

改译：这球进得真精彩。

在非常兴奋的情况下，一般不会说一句文绉绉的话。

例 4：Phew! That was a near thing! It could have been a disaster.

译文 1：哎呀！真是危险至极！这本来是会成为一场灾难的。

译文 2：哎呀！好险哪！这有可能成为一场灾难。

改译：哎呀！好险哪！差一点儿出事儿。

侥幸躲过一场灾难,惊魂未定,说话一定简洁,不会啰嗦。

在审订这本词典和其他一些词典的过程中,我发现一个突出的问题是定语处理不好,扩大一点儿,也可以说修饰语处理不好,跟原文跟得太紧。若能改变句式,把修饰语处理好,就能把译文的质量提高一大步。

再下面一道工序就是编辑了。译稿经过审订,又回到编辑部,而且两个编辑部都要对译稿进行加工。我发现编辑部并不满足于技术性加工,如照顾前后一致、消灭错误等,而是进一步改进译文,以保证词典的质量。我有二例为证。

例 5:The number of reported crimes is increasing at an alarming rate.

审订:经过报案的犯罪数量正在以惊人的速度增长。

编辑:报警案件的数量正在以惊人的速度增长。

"报警案件"这一说法,显然比"经过报案的犯罪"更为确切,也更为内行。

例 6:They were not able to take up residence in their new home until the spring.

审订:他们要到来年春天才能入住新居。

编辑:他们到第二年春天才住进了新家。

这句话说的是过去的事。until the spring 肯定不是指那年春天,"第二年春天"是对的。"来年"指"明年",从现在算起,就不对了。

我为审订过的译稿仍有不妥之处感到抱歉,同时也为编辑部为我补了漏洞,提高了译文的质量,表示感谢。

还有一事值得一提。编辑部编写了详尽的《翻译原则》、《审订原则》、"较理想的译例"、"未如理想的译例",还不断发了补充规定和建议。这对保证译文的质量也起了很大的作用。

最后我要说明一下，我看到样书之后，一方面感到很高兴，一方面也深为不安，因为在扉页上审订一栏里只写了我一人的名字。能与几位著名学者一起工作就已经感到非常荣幸，实不敢企求如此殊荣。特向两社编辑部再次表示衷心的感谢。

（2004年9月）

热烈祝贺商务印书馆出版
《牛津高阶英语词典》（第8版）

各位领导、各位同行：

下午好！

不久以前，从广播里听到商务印书馆出版了《现代汉语词典》第6版，消息传来，不胜欣喜。现在商务印书馆又在推出引进的英国原版 *Oxford Advanced Learner's Dictionary* 第8版，更是令人兴奋。我愿借此机会，为这两件盛事一并向商务的各位领导、各位编辑和全体工作人员表示衷心的祝贺。

说起原版词典，也就是用英文释义的英文词典，我首先想起的就是商务的老作者、我的老师已故许国璋教授。我是1951年来到北外，学习英语的。上到高年级的时候，许国璋教授给我们上精读课，他发现我用的是一本英汉词典，就对我说："你要学会使用原版词典啊。"当时能够买到的原版词典只有 *Concise Oxford Dictionary*，简称 C. O. D.。但这是英国的出版社为英国的老百姓编的一本词典，而且是把一套多卷的词典 OED 压缩而成，我这个远在中国的 learner 用起来就非常吃力，但也只好硬着头皮用。

到了1954年，我读研究生的时候，买到了 *Advanced Learner's*

Dictionary 第 1 版，据说此书原来是为日本人学英语而编的。这是我见到的第一本英国人为非英语国家的人编写的词典。我也觉得这本词典好用，从此我就和这本 *Advanced Learner's Dictionary* 结下了不解之缘。

在将近 60 年的时间里，我用过这本词典的第 1 版、第 2 版、第 3 版和第 4 版。第 6 版我最熟悉，因为我参加了其双语版的审订工作。第 7 版，我现在正在使用。回忆我在学习英语、使用英语的过程中，使我受益最大的就是这本词典了。

胡（壮麟）教授在序言中把这本用英语释义的词典称为英英词典，这个提法既简洁又准确，而且使用方便。现在我就来借用一下，谈一谈我们为什么要用英英词典。

我们学英语，都喜欢跟外国老师学，说得准确一点，是跟以英语为母语的老师学。和他对话，听他讲解，觉得可以学到地道的英语。我们面前这部英英词典不就是这样一位老师吗？英国人为非英语国家的学生编这本词典，考虑到学生的英语水平，用词尽量控制在一定的范围之内；预见到学生可能遇到的问题，尽量详细地说明词义的区别，或给以用法方面的提示。总之，人家给你提供一个机会，让你通过英语学英语，你为什么弃之不用，非要依靠那个汉语等同语呢？双语词典是有用的，汉语等同语也是有用的，尤其是遇到科技语时，你就是想知道这个词汉语怎么说，因此不能否认它们的价值。但有时候，特别是在做英译汉的时候，你会发现双语词典里的几个等同语都不适合你的上下文，需要你根据你对词义的理解，创造性地解决问题。这时你会发现一本英英词典的释义会给你更多的信息，使你对词义有更深入的了解，更好地处理你手上的问题。我们面前这本英英词典就是一位难得的好老师。

也许有个别读者对使用英英词典有畏难情绪。翻开词典一看，满篇全是英文，一个汉字都没有，觉得生疏，很不习惯，甚至觉得太难，怀疑自己能不能用。这是一种心理障碍。一回生，二回熟，多用几次，习惯了，就好了。至于难不难，开始时也许会有些难，但如果你沉下心来，坚持下去，经过一段时间，就觉得它未必那么难了，就会尝到甜头了。

关于这本词典本身有哪些特点，胡教授已在序言中做了详尽的介绍，我只想着重说一说词典中的用法说明（Notes on usage）。

一般说来，一本词典对一个个词加以处理也就够了，但这本词典在词条之间插了若干浅蓝色的方块，这就是用法说明出现的地方。用法说明共计438条，分属于8个栏目。同义词辨析最多，有204条，怎样选词占70条，词语搭配占43条，其余5个栏目共121条。

为什么词条之外还要加这么些用法说明呢？仔细一看，就发现这里处理的不是单个的词，而是词与词之间的关系。这就使你感到一个词不是死板的、孤立的，而是鲜活的、有关联的。你会觉得词典将一组组、一串串丰满的有活力的词语展现在你面前，使你对它们有更深刻、更全面的了解，从而更准确地选择使用。比如在 however 条目下，告诉你六种表示语气转折的方法。因此，我觉得我们在闲暇的时候，在不急于解决什么问题的时候，打开这本词典，随便看上几条印在浅蓝色方块里的用法说明，都会体验人们常说的"开卷有益"。

谈到用法，我想起英国学者 Michael Swan，他为第8版写了一篇序言。Swan 先生写过一本专门讲英语用法的书，书名是 *Practical English Usage*（中文译本叫做《英语用法指南》）。中国读者即便不记得作者的名字，对他的著作也是熟悉的。

Swan 先生在序言中写道："第8版的编者是杰出的熟悉教学的词

典学家,出版者是业绩卓著的辞书出版社,他们再次联手,产生了一本经典词典的最新版,这是他们对语言教学这一重大任务做出的极大贡献。"这段话可以帮助我们认识这本词典的价值,更好地利用这本词典。

谢谢大家。

(2012年8月)

《牛津英语同义词学习词典》序言

到书店看看,外语工具书专柜琳琅满目,从国外引进的专为帮助非英语国家的学子学习英语的辞书不一而足,虽然各具特色,但均属同一类型,大同小异。唯有这本同义词词典 Oxford Learner's Thesaurus 一枝独秀。

谈起同义词词典,过去国外也出版过一些。有的简略,只列举若干意思相近的词语,不加解释;有的详尽,细论词义之间的差别。但这些辞书都是为本国人编写的,并不考虑非英语国家的人学习、工作的需要。唯有 Oxford Learner's Thesaurus 独树一帜。

这本词典是为什么人编写的呢?

编者开宗明义,把 Learner's 一词放在书名中,就是为了突出本书的特色,它是专为 learners 编写的。编者在前言中提到 learners 时,是与 native speakers 相对而言的,指的是不以英语为母语的人,也就是我们这些非英语国家中学习英语的人了。

这本词典是怎样为读者服务的呢?

首先,它以最常见的词立条,词目下面把本条要讨论的同义词用黑体醒目地罗列出来,接着用一句话简单说明这几个词共同的含义是什么。这样的编排可以起到一个小目录的作用,让读者一看便知本条要讨论哪些词。另一方面，这也方便水平较高的读者查阅，因为他们掌握的词汇量大，只是有些词一时想不起来，提醒一下就够了。

第二，它以近乎公式的形式介绍本条涉及的同义词语所常用的句型和搭配。读者在什么情况下会查同义词词典呢？阅读时一般只顾读下去，不大会停下来考虑词义的差别。对话时没有时间可能也没有条件停下来查词典。因此，只有在写作或笔译时使用同义词词典的几率最大。在这种情况下，要查的这个词是用在什么场合，上下文是什么，和什么词连用，就显得十分重要。另外，既然是要落笔，白纸上写黑字，这个词应该用在怎样的句子结构，也是不容忽视的。在这方面，词典做了详细的说明。

例如动词 act 及相关的同义词，后面可以跟介词 against，可以跟不定式 to do sth，可以跟副词 immediately 或 quickly。

再如形容词 beautiful 及相关的同义词，先分两大类，一类用来描述人，一类用来描述景物，然后分别介绍。哪几个可以用来形容女人和女孩，哪几个可以用来形容男人和男孩，哪几个可用于脸庞，哪几个可用于体形，可以与之连用的副词有哪一些。用于景物的形容词也做了类似的介绍。这就为读者提供了很大的方便，读者可以根据自己的上下文很快找到所需的词，而且比较准确地加以使用。

同义词在意思和用法方面既有相似之处，也存在着差异。以上所说这本词典每一条的前两部分说的是相似之处，接下去就要讨论差异了。

第三，它将相关的同义词逐个加以整理，先给定义，接着以大量的例句说明用法。这是每个词条的最主要部分，内容丰富。

1　定义前面有关于使用场合的说明。既是同义词，定义就大同小异。因此关于使用场合的说明显得特别重要。还是以 act 一词为例。在同义词 do something 定义前加了 *phrase*（*rather informal, especially spoken*），在同义词 take action 定义前加了 *phrase*（*especially journalism*），在同义词 take steps 定义前加了 *phrase*（*especially written*），在 move 定义前加了（*especially journalism*）。可见这一组同义词，有的较为正式，多见于书面语，有的较为非正式，多见于口语，有的多见于新闻体，其差异一目了然。定义后面都有一个乃至数个例子，如何使用，在什么情况下使用，就更清楚了。

2 例句后面有补充说明。编者预见到只靠定义和关于使用场合的说明也许还不够清楚，因此还在某些例句后面设计了以❶为标记的补充说明。例如 act 一词的例句后面有这样一句说明：**Act** in this meaning is often followed by an adverb relating to speed or urgency, 并举例 They acted at once/immediately/promptly/quickly/swiftly. 再如 take steps 的例句后面有：Unlike other verbs in this group, **take steps** does not necessarily suggest that sth is very urgent. 这样的说明有助于读者对相关词语的深入了解和准确使用。

3 通过注释对容易混淆的词语进行对比。我们都知道，actor 是男演员，actress 是女演员。那么 actor 能不能用于女演员？如果有人这样用，算不算错？如果不算错，与 actress 又有什么区别？问题很简单，却很不好回答。编者预见到这一类的问题，就在 actress 这一条下面加了一个 NOTE，注文是：**ACTOR OR ACTRESS**? An **actor** can be a man or a woman. Using **actor** for a woman emphasizes professional acting abilities. Using **actress** emphasizes that the actor is a woman. 这样的回答，真是既简洁，又清楚。

此外，查找方便也是本书一大特色。书末有索引，将全书涉及的同义词统一按字母顺序排列，并说明每个词出现在哪一组同义词里，以便查阅。

由于以上这些特点，这本词典虽在定义和例句方面有借助于其他牛津词典之处，但因它大量特有的信息和作用，并不影响它作为同义词词典独立存在的价值。

工具书一般都是放在案头，以备在遇到问题时查阅。而这本同义词词典，除在遇到问题时查阅，平时也不妨把它打开，看上几条。我们往往感到自己能支配的词语有限，想变换说法，就会觉得很困难。这本词典把意思相近的单词和短语一组一组地介绍给你，经常看一看，既会整理你已有的语言知识，又能增强你的表达能力，真是一举两得。

国人学英语，喜欢跟以英语为母语的老师学地道的英语。把这本同义词词典摆在书房里，宛如一位操英语的老师随时陪在你身边，为你解惑释疑，帮你梳理头绪，使你用词准确，行文流畅，写出漂亮的英文。

（2010年2月）

怎样才能活得老（汉译）*

原文：

How to Grow Old

by Bertrand Russell

In spite of the title, this article will really be on how not to grow old, which, at my time of life, is a much more important subject. My first advice would be to choose your ancestors carefully. Although both my parents died young, I have done well in this respect as regards my other ancestors. My maternal grandfather, it is true, was cut off in the flower of his youth at the age of sixty-seven, but my other three grandparents all lived to be over eighty. Of remoter ancestors I can only discover one who did not live to a great age, and he died of a disease which is now rare, namely, having his head cut off. A great-grandmother of mine, who was a friend of Gibbon, lived to the age of ninety-two, and to her last day remained a terror to all her descendants. My maternal grandmother, after having nine children who survived, one who died in infancy, and many miscarriages, as soon as she became a widow devoted herself to women's higher education. She was one of the founders of Girton College, and worked hard at opening the medical profession

---

* 此文原载于《翻译通讯》1980年第5期。收入教程时，为了使用方便，分为两部分，并重新做了解说。解说中的星号表示此条有普遍意义，值得注意。

to women. She used to relate how she met in Italy an elderly gentleman who was looking very sad. She inquired the cause of his melancholy and he said that he had just parted from his two grandchildren. "Good gracious," she exclaimed, "I have seventy-two grandchildren, and if I were sad each time I parted from one of them, I should have a dismal existence!" "Madre snaturale," he replied. But speaking as one of the seventy-two, I prefer her recipe. After the age of eighty she found she had some difficulty in getting to sleep, so she habitually spent the hours from midnight to 3 a.m. in reading popular science. I do not believe that she ever had time to notice that she was growing old. This, I think, is the proper recipe for remaining young. If you have wide and keen interests and activities in which you can still be effective, you will have no reason to think about the merely statistical fact of the number of years you have already lived, still less of the probable brevity of your future.

As regards health, I have nothing useful to say since I have little experience of illness. I eat and drink whatever I like, and sleep when I cannot keep awake. I never do anything whatever on the ground that it is good for health, though in actual fact the things I like doing are mostly wholesome.

Psychologically there are two dangers to be guarded against in old age. One of these is undue absorption in the past. It does not do to live in memories, in regrets for the good old days, or in sadness about friends who are dead. One's thoughts must be directed to the future, and to things about which there is something to be done. This is not always easy; one's own past is a gradually increasing weight. It is easy to think to oneself that one's emotions used to be more vivid than they are, and one's mind more keen. If this is true it should be forgotten, and if it is forgotten it will probably not be true.

The other thing to be avoided is clinging to youth in the hope of sucking vigour from its vitality. When your children are grown up they want to live their own lives, and if you continue to be as interested in them as you were when they were young, you are likely to become a burden to them, unless they are unusually callous. I do not mean that one should be without interest in them, but one's interest should be contemplative and, if possible, philanthropic, but not unduly emotional. Animals become indifferent to their young as soon as their young can look after themselves, but human beings, owing to the length of infancy, find this difficult. (to be continued)

(from *Portraits from Memory and Other Essays*)

参考译文:

怎样才能活得老
罗 素

　　题目虽然这样写,[1]实际上本文所要谈的却是人怎样才可以不老。对于像我这样年纪的人来说,这个问题[2]就更是重要得多了。我的头一条[3]忠告是,你可得要挑选好你的先人[4]啊。我的父母年纪轻轻就去世了,可是说到祖辈,[5]我还是选得不错的。[6]我外祖父固然是在风华正茂之年就弃世了,当时他只有六十七岁,[7]但是我的祖父、祖母和外祖母[8]却都活到了八十以上。再往远一点说,在我的先人之中,我发现只有一位活得不长,他得了一种现在已不多见的病,那就是头让人砍掉了。我的一位曾祖母,和吉本*是朋友,活到了九十二岁,她直到临终都使儿孙望而生畏。我外祖母有九个孩子活了下来,有一个孩子很小就死了,她还流产过多次。

---

* 吉本(Edward Gibbon, 1737—1794)是英国历史学家,著有《罗马帝国衰亡史》(*The Decline and Fall of the Roman Empire*)。——译注

丈夫一死，她就致力于女子高等教育。[9]她是戈登学院的创办人之一，曾竭力使医学专业对妇女开放。她常对人说，她在意大利碰到过一位愁容满面的老先生，就问他为什么闷闷不乐，他说两个小孙孙刚刚离开他。"我的天哪！"我外祖母就说，"我的孙子孙女有七十二个，要是每离开一个都要难过，我的生活可就太痛苦了。"听了这话，[10]老先生竟说，"Madre snaturale"。* 但是我作为七十二人中的一员，倒是赞成她的办法的。她过了八十以后，常睡不着觉，所以从午夜到凌晨3点总要读些科普读物。我相信她从来没有工夫[11]去注意自己是不是在日益衰老。我认为，要想永葆青春，这是最好的办法。你要是有广泛的爱好和强烈的兴趣，而且还有能力参加一些活动，你就没有理由去考虑自己已经活了多少岁这样的具体数字，更没有理由去考虑自己的余年大概是很有限的了。[12]

谈到健康问题，我就没有什么可说的了，因为我没怎么生过病。我想吃什么就吃什么，想喝什么就喝什么，[13]眼睛睁不开了就睡觉，从来不为对身体有益而搞什么活动，然而实际上我喜欢做的事大都是有助于增进身体健康的。

从心理方面来说，到了老年，有两种危险倾向需要注意防止。一是过分地怀念过去。[14]老想着过去，总觉得过去怎么好怎么好，或者总是为已故的朋友而忧伤，这是不妥的。[15]一个人应当考虑未来，考虑一些可以有所作为的事情。要做到这一点并非总是很容易的；自己过去的经历就是一个越来越沉重的包袱。[16]人们往往会对自己说，我过去感情多么丰富，思想多么敏锐，现在不行了。[17]如果真是这样的话，那就不要去想它，[18]而如果你不去想它，情形就很可能不是这样了。

另一件需要避免的事就是老想和年轻人待在一起，希望从青年的活力中汲取力量。孩子们长大之后，就希望独立生活，如果你还像在他们年幼时那样关心他们，你就会成为他们的累赘，除非他们特别麻木不仁。我不是说一个人不应当关心孩子，而是说这种关心主要应该是多为他们

---

* 这句话是意大利语，意思是："这个做母亲的真怪呀！"——译注

着想，可能的话，给他们一些接济，而不应该过分地动感情。[19] 动物，一旦它们的后代能够自己照料自己，它们就不管了；但是人，由于抚养子女的时间长，[20] 是难以这样做的。　　　　　　　　　　（待续）

（译自《记忆中的肖像及其他》）

解说：

1. in spite of 用作介词，后面可以跟名词。在汉语里，"尽管"或"虽然"后面却不能直接用名词，因此译文用了主谓结构。

★ 2. which 指前面提出的问题，用在这里很方便。译文将一句分两句，汉语也没有类似 which 的词，因此用"这个问题"来概括前面的话。

3. my first advice 若译作"我的第一条忠告"，就显得过于正式，译作"我的头一条忠告"，语气就比较灵活，合乎整个第一段话的风格。

4. 看到 ancestor 一词，往往容易联想到"祖先"，但"祖先"的含义是指年代比较久远的上代，而从下文看，ancestors 在这里要包括父亲，所以译作"先人"。

5. other ancestors 在这里显然不包括父母，所以译作"祖辈"。

★ 6. 原文前面一句说了 to choose your ancestors carefully，这一句为了避免重复，换了一个说法，I have done well in this respect。汉语不怕重复，而且译文把这一部分调到了句末，因此译作"我还是选得不错的"，而没有译作"我在这一方面还是做得不错的"。

7. 此处若译作"在风华正茂的六十七岁就弃世了"，则显得过于局促，不如分开译较为从容。

★ 8. 汉语没有一个适当的词能够兼顾祖父、祖母、外祖父、外祖母。所以这里只好把 grandparents 具体化，根据上下文，译为"祖父、祖母和外祖母"。

★ 9. 原文这一句较长，主语和动词之间有好几个定语、状语从句和短语，译文无法保持这样的结构，将一句分为两句，先说她生过几个孩子，再说她在丈夫死后的生活。

10. 这里加了"听了这话"四个字,这是为了语气上的连贯。

★ 11. 原文 I do not believe that she ever had time to... 否定词跟第一个动词连用,这是英语的用法。汉语则是否定词与第二个动词连用,因此译作"我相信她从来没有工夫去……"。

12. 原文为了避免重复,用了一个省略的说法。汉语无法省略,只好重复"没有理由去考虑自己……"。

13. I eat and drink whatever I like,英语把吃喝连在一起说,汉语则不能说"我想吃喝什么就吃喝什么",而只好分开译作"我想吃什么就吃什么,想喝什么就喝什么"。

★ 14. undue absorption in the past 是一个名词短语,其中包含一个抽象名词。若照字面译作"对过去的过分怀念",则不顺。因此译文用了一个动宾结构,译作"过分地怀念过去"。处理抽象名词,这是一个常用的方法。

★ 15. It does not do to... 英语是先表态,后说明情况,汉语则往往先说明情况,后表态,因此译文最后才说"这是不妥的"。

16. weight 的本意是"重物"或"负担",汉语"包袱"二字正是此意。

17. 这一句也可照原文的结构译作"我过去感情比现在丰富,思想比现在敏锐"。但考虑到与下文的连接,就不如译作"我过去感情多么丰富,思想多么敏锐,现在不行了"。

★ 18. it should be forgotten 没有照字面译作"那就应该把它忘掉",而译作"那就不要去想它",也是反译之一例。

★ 19. 原文用了三个形容词: contemplative, philanthropic 和 emotional,这三个形容词含义比较丰富,汉语很难找到与之相对应的形容词,因此分别译作"多为他们着想","给他们一些接济"和"动感情"。

★ 20. 看到 infancy 一词,往往容易想到婴儿时期。但从上下文看,此处的 infancy 指一个人能独立生活以前的整个时期,对父母来讲,也就是"抚养子女的时间"了。

原文：

How to Grow Old

(Continued)

by Bertrand Russell

I think that a successful old age is easiest for those who have strong impersonal interests involving appropriate activities. It is in this sphere that long experience is really fruitful, and it is in this sphere that the wisdom born of experience can be exercised without being oppressive. It is no use telling grown-up children not to make mistakes, both because they will not believe you, and because mistakes are an essential part of education. But if you are one of those who are incapable of impersonal interests, you may find that your life will be empty unless you concern yourself with your children and grandchildren. In that case you must realize that while you can still render them material service, such as making them an allowance or knitting them jumpers, you must not expect that they will enjoy your company.

Some old people are oppressed by the fear of death. In the young there is a justification for this feeling. Young men who have reason to fear that they will be killed in battle may justifiably feel bitter in the thought that they have been cheated of the best things that life has to offer. But in an old man who has known human joys and sorrows, and has achieved whatever work it was in him to do, the fear of death is somewhat abject and ignoble. The best way to overcome it—so at least it seems to me—is to make your interests gradually wider and more impersonal, until bit by bit the walls of the ego recede, and your life becomes increasingly merged in the universal life. An individual human existence should be like a river—small at first, narrowly contained within its banks, and rushing passionately past boulders and over waterfalls. Gradually the river grows wider, the banks recede, the waters flow more quietly, and in the end, without any visible break, they become merged in the sea, and painlessly lose their individual being. The man who, in old age, can see his life in this way, will not suffer from the fear of death, since the things he cares for will continue. And if, with the decay of vitality, weariness increases, the thought of rest will be not unwelcome. I should wish to die while still at work, knowing that others will carry on what I can no longer do, and content in the thought that what was possible has been done.

(from *Portraits from Memory and Other Essays*)

参考译文:

怎样才能活得老
(续)
罗 素

我认为,如果[1]老年人对于个人以外的事情怀有强烈的兴趣,并参加适当的活动,他们的晚年是最容易过得好的。在这一方面,他们[2]由于阅历深,是能够真正做得卓有成效的,也正是在这一方面,他们从经验中得出的智慧既可以发挥作用,又不致使人感到强加于人。告诫成年子女不要犯错误,那是没有用的,一来[3]他们不听你的,二来犯错误本身也是受教育的一个重要方面。但是如果你这个人对于个人以外的事情不发生兴趣[4],就会感到生活空虚,要不你就老是惦记着儿孙。在这种情况下,你可要明白,虽然你还可以在物质方面给他们以帮助,比如给他们零用钱,或者为他们织毛衣,但你决不要指望他们会喜欢跟你做伴。

有些老年人因怕死而惶惶不安[5]。年轻人有这种情绪是情有可原的。如果[6]青年人由于某种原因认为自己有可能在战斗中死去,想到生活所能提供的最美好的东西自己都无法享受,觉得受了骗,因而感到痛苦,这是无可指责的⁷。但是对老年人来说，他经历了人生的酸甜苦辣，自己能做的事情都做到了，怕死就未免有些可鄙，有些不光彩了⁸。要克服这种怕死的念头⁹，最好的办法——至少在我看来——就是要逐渐使自己关心更多的事情，关心那些不跟自己直接有关的事情¹⁰，到后来，个人主义的壁垒就会慢慢消失，个人的生活也就越来越和社会生活融合在一起了。人生应当像条河，开头河身狭窄¹¹，夹在两岸之间，河水奔腾咆哮，流过巨石，飞下悬崖。后来河面逐渐展宽，两岸离得越来越远¹²，河水也流得较为平缓，最后流进大海，与海水浑然一体，看不出任何界线¹³，从而结束其单独存在的那一段历程，但毫无痛苦之感¹⁴。如果¹⁵一个人到了老年能够这样看待自己的一生，他就不会怕死了，因为他所关心的一切将会继续下去。如果随着精力的衰退，日见倦怠，就会觉得长眠¹⁶未尝不是一件好事。我就希望工作时死去，知道自己不再能做的事有人会继续做下去，并且怀着满意的心情想到，自己能做的事都已做到了。

（译自《记忆中的肖像及其他》）

解说：

　★ 1. 原文 who have... 是一个定语从句，概括地说明某些老年人的情况，并不专指任何人，若译作定语则因太长而显得累赘，因此在前面加了"如果"二字。

　　2. 原文先以 experience 为主语，又以 wisdom 为主语，后接被动语态，说得比较笼统，不涉及任何人。译文用了"他们"，这样前后呼应，语气比较连贯。

　★ 3. both because... and because... 看见 because，往往容易想到"因为"。但"因为"、"所以"之类的词用多了，会使人觉得文字生硬。据《现代汉语词典》，"来"字"用在'一、二、三'等数词后面，列举理由"。因此，这里译作"一来……，二来……"，文字就显得比较灵活些。

　★ 4. 原文 incapable of 后面接名词就行了，但汉语没有类似的结构，因此后面用了动宾结构,译作"对于个人以外的事情不发生兴趣"。

5. 这一句原文中的 oppressed 和前面一段里的 oppressive,其基本意思是一样的,都表示"引起烦恼"。不同之处在于 oppressive 是主动的,是使人烦恼,所以译作"使人感到强加于人"。而 are oppressed by 是被动的,是自己感到烦恼,所以译作"惶惶不安"。

6. 原文 who have reason to fear that they will be killed in battle 是个定语从句,译文也用了"如果"二字来引导,理由同注 1.

★ 7. 原文 justifiably feel... 这个状语和动词的搭配在英语里是可以的,但在汉语里就不行。如果勉强译作"正当地感到","有理由的感到",或者"无可指责的感到",都不好。在这种情况下,可以把状语拿出来,单独处理,放在全句末尾,译作"这是无可指责的"。下面还有一句,根据同样的原因,把 painlessly lose... 译为"结束……但毫无痛苦之感"。

★ 8. somewhat abject and ignoble,两个形容词用 and 连接,这是英语中极为普通的一种说法。译成汉语就不一定保留这个结构,而可以分开说,译作"有些可鄙,有些不光彩了"。这样说较为自然,重复"有些"也没关系。

★ 9. 原文 The best way to overcome it,此处 it 指前面一句里的 the fear of death。译成汉语,不可能用代称。译成"这种念头"也不清楚。所以,不怕重复,译作"这种怕死的念头"。

★ 10. wider and more impersonal,又是两个形容词,用 and 相连。译文参照注 8 所说的办法,分开处理,所以译作"关心更多的事情,关心那些不跟自己直接有关的事情"。

11. small 怎样译,要看它指的是什么。若指源头,可以说"源头很小"。但从上下文看,small at first 是指河的上游,因此译作"开头河身狭窄"。

12. the banks recede 是描写乘船航行所见景色常用的说法。recede 的本意是"向后退去",河岸并不能退,因此这种感觉完全是航行时视觉造成的。此处译作"两岸离得越来越远",也保留了原文的形象。

★ 13. without any visible break 的意思是:在河流入海的地方,很难看出河到哪里为止,海从哪里开始,海与河是难以划分的,所以这个词组译为"看不出任何界线"。此外,这个词组里本来没有动词,译成汉语却成了动宾词组,这也是汉语多用动词之一例。

★ 14. painlessly lose their individnal being 译作"结束其单独存在的那一段历程,但毫无痛苦之感"。副词拿出来,在后面单独处理。能看注 7.

15. 这里又用了一个"如果",情况如注 1 和注 6.

★ 16. 此处 rest 是"死"的一种委婉说法,并不是指"休息",所以译作"长眠"。

我和丈夫是怎样相识的（汉译）

〔加拿大〕艾丽丝·蒙罗[1] 著

中午时分，收音机里正在播新闻，我们忽然听见飞机飞来的声音，心想这飞机准会掉在我们住的房子上，就都跑到院子里去了。我们看着那飞机擦着树梢飞过，只见一片红色和灰色，我还从来没有这样近看过飞机哩。皮布斯太太发出了刺耳的叫声。

"紧急着陆。"这家的小男孩说道。这孩子名叫乔伊。

"没事儿，"皮布斯医生说道，"他这么开，是有把握的。"皮布斯医生不过是个兽医，可是他和别的医生一样，说起话来让人觉得心里踏实。

这是我头一回出来干活，伺候皮布斯医生和他太太。他们在五号公路上买了一所旧房子，离镇子大约五英里。那时候，刚时兴镇上的人购置旧农场，不是为了种地，而是要在那儿住。

我们看着飞机在马路对面着了陆，那个地方过去是集市。在这里降落倒是挺不错的，因为早先在这里举行比赛，有平平整整的跑道，货栈和货摊也都拆了，当废木料用了，所以这里没有碍事的东西。就

---

[1] 现多译作艾丽丝·门罗，2013年诺贝尔文学奖得主。本文原载于《加拿大研究论文集》，1991。

连原来的看台也已经烧毁了。

"好啦。"皮布斯太太说道。这时候,她不紧张了,说起话来和平时一样,简洁有力。"咱们回屋里去吧。别像一伙乡下人似的站在这里傻看了。"

她这样说并不是有意刺伤我的心,她根本就没想到这一层。

我正在准备甜食,忽然看见洛雷塔·伯德气喘吁吁地出现在纱门前。

"我寻思准得掉在你们房上,把你们都砸死了!"

洛雷塔·伯德就住在邻近的农场上。皮布斯两口子觉得她是个乡下女人,其实他们也分不清楚。她和她丈夫都不是种地的,她丈夫在公路上干活儿,名声不好,因为他好喝酒。他们家有七个孩子,公路杂货店也不让他们赊账。皮布斯两口子让她不要客气,请她吃甜食,我看他们也不知道怎样招待她才好。

写家信的时候,皮布斯家的甜食是从来不值一提的。无非是一碟吉露牌果子冻,要不就是切成片的香蕉,或者是罐头水果。我常听母亲说:"家中无甜饼,叫人难为情。"可是皮布斯太太却与众不同。

洛雷塔·伯德看见我开的是桃子罐头。

"噢,不客气,"她说,"我的胃不行,吃这种罐头里的东西,怕不受用。我只能吃家里装的罐头。"

我差点儿给她一巴掌。我敢说,要是吃水果,她是从来不说不吃的。

"我知道他为什么在这里降落,"她说,"他得到允许,可以用这块空地,把大家送到天上转一转。一次一块钱。就是这个人,他上星期在帕默斯顿镇上待过,在那以前还在湖边待过呢。我可不去,你给我钱,我也不去。"

"我可不放过这个机会,"皮布斯医生说道,"我想到空中去看一看周围的环境。"

皮布斯太太说她宁可在地上看看就算了。乔伊说他想去，希瑟也说要去。乔伊今年九岁，希瑟七岁。

"伊迪，你去不去？"希瑟问道。

我说不知道。其实，我很害怕，不过从来不肯承认。我照顾这两个孩子，当着他们的面，我就更不肯承认了。

"那些人开着汽车来，弄得尘土飞扬，还要踩坏你家的地。要是我，非去告他们不可。"洛雷塔说道。她把两只脚搭在椅子凳上，我就知道她这是要坐下去了。随后皮布斯医生回办公室去了，也许是又出诊了，皮布斯太太睡午觉去了，她就在旁边看我洗碟子。她竟然在人家家里议论人家两口子。

"她要是像我这样有七个孩子，晌午就没工夫睡觉了。"

她问我他们吵架不吵架，他们在梳妆台抽屉里是不是放着避免生孩子的东西。她说，要是有，那可真是罪过。我就假装不明白她说的是什么意思。

那年我十五，头一次离开家。父母也想过办法，送我上高中，念了一年，可是我不愿意念。我怕见生人，功课也很重，他们不想办法让你学起来省力，也不像现在讲得这么清楚。一年学下来，学生的平均分在报纸上公布，我排在尽底下，只有37分。父亲说，算了，我也没有埋怨他。反正我最讨厌再学下去，最后在学校里当老师。报纸上登出我的丑事的那一天，碰巧皮布斯医生在我们家吃饭，因为他给我们的一头牛接了个双胞胎。他说他觉得我长得不错，他太太正想找一个女孩子帮忙，他还说他太太带着这两个孩子住在乡下，感到闷得难受。母亲出于礼貌，接着说我想也是这样。不过我从她的神色上看得出她在纳闷，只有两个孩子，又不用在场院干活，还要抱怨，究竟是一种什么样的情况。

后来我回家的时候，把我干的活儿给他们描绘了一番，没有一个不笑的。皮布斯太太有一套自动的洗衣烘干机,我还是头一次看见这样的机器哩。现在我们家用机器用了这么长时间,也说不清当时我觉得她这机器有多么神了:用不着使那个费劲的拧干机,用不着晾,用不着收,且不说还用不着烧热水呢。另外,他们家也很少做烤饼吃。皮布斯太太说她不会做烤饼上面那层甜皮儿。一个女人说自己连这个也不会做,真叫我吃惊。我当然会做,我还会做酥脆饼干和黑白两色糕点呢,不过他们不让我做,说他们要注意体形,免得发胖。其实,我在那里干活儿,最不满意的就是老觉得饿得慌。我常捎上一盒家里炸的面圈儿,藏在床底下。那两个孩子发现了,我就和他们分着吃,这倒也没什么,不过我觉得还是得让他们保守秘密。

飞机降落的第二天,皮布斯太太让两个孩子都坐到车上,带他们到切斯利理发去了。当时切斯利有一个女理发师,手艺不错,皮布斯太太也是找她理发,这样一来,他们就得去好半天呢。皮布斯太太去理发,要赶在先生不到乡下去的日子才行,因为她自己没有车。战后那一阵子,汽车还不好买。

我喜欢一个人留在家里干活,比较清闲。厨房里看上去是一片白色和鲜艳的黄色,点的是日光灯。后来他们才想到把各种用具漆成不同的颜色,把柜子弄成深色旧木板的样子,灯也不露在外面了。我喜欢亮。我还喜欢那一对儿洗碗池。要是原来在铺着油布的台子上用抹布堵住洗碗盆的出水口,点着煤油灯刷碗,乍一用上两个洗碗池,谁能不喜欢呢?我把所有的东西都擦得锃亮。

还有那浴室。我每星期在那里洗个澡。要是多洗一次,他们也不会介意,不过我觉得那就有点过分了,说不定也不感到那么舒服了。洗手池、浴缸和马桶都是粉红色的。两扇玻璃门上画着火烈鸟,把浴缸隔在里面。灯光有点发红,地上的垫子踩上去就像踩在雪地上一样柔软,不过不冷,而是温暖的。那镜子有三个不同的角度。有时镜子蒙上一层水蒸气，周围好像有一团香雾，因为有些东西他们是让我用的。这时候，我就站在浴缸旁边，从三个方面来照我那光着的身子，感到很得意。我有时想到在家里过的生活，也想到在这里过的生活，你过的要是这种生活，就很难体会过另一种生活是什么滋味。不过我觉得要是让过惯了我们家那种生活的人想象这样的生活，例如门上画着火烈鸟，里面热气腾腾，脚底下踩着柔软的垫子，是比较容易想象得出的，可是要让只过过这种生活的人想象过另一种生活是怎么回事，那就困难多了。这是为什么呢？

我的活儿，一会儿就干完了，我还把晚饭用的菜也去了皮，泡在凉水里了。随后我就来到皮布斯太太的卧室。这间卧室我不知来打扫过多少次，每一次都要开开壁橱，把她挂在那里的衣服看了又看。要说我不想看她的抽屉，认为只有壁橱可以随便看，那是瞎话。我是想看抽屉的，不过我觉得那样更不好，也更怕她发觉。

壁橱里有些衣服她经常穿，我很熟悉。有些衣服她从来不穿，就挂在后面。看看没有结婚礼服，我觉得有些扫兴。不过有一件长裙，只露着下边一部分，我很想看看上边那一半。于是我就认准了挂的地方，拿了下来。那是一件缎子衣服，搭在胳臂上沉甸甸的，好极了，浅浅的颜色，介乎蓝绿之间，有点像银灰色。紧紧的腰身，上宽下尖，下面是宽松的裙子。上边有一块宽边儿从肩头垂下，压在短短的袖子上。

下一步很简单，我把衣服一脱，就把这件长裙穿上了。你要是看我现在这个样子，就很难相信我十五岁的时候要瘦得多，穿那件衣服合适极了。我当时自然没戴那种没有带子的奶罩，而穿这样的衣服就需要这种奶罩，我只好把带子顺着胳臂往下拉，压在衣服下面。随后我就用卡子把头发往上别起来，别得高高的，这才像个样子。我一不做，二不休，于是就搽上胭脂，涂上口红，还从梳妆台里拿出描眉的笔描了眉。那一天很热，我又穿着一件很有些分量的缎子衣服，再加上兴奋，感到一阵口渴，于是就来到厨房，既然打扮得这么漂亮，也想来一杯姜麦酒，再从冰箱里拿几块冰块儿搁在里面。皮布斯一家人都是整天喝姜麦酒，要不就喝果汁，像喝水一样，我也照办。反正用冰块也不受限制，我特喜欢冰块儿，甚至喝牛奶也想放冰块儿。

我把盛冰块儿的小盘子放回去，一转身，看见一个男人在纱门外盯着我。我当时竟然没把姜麦酒洒一身，也真是万幸。

"我并不想吓你一跳。我敲门了，可是你在拿冰块儿，没有听见。"

他长得怎么样，我看不清楚，因为他在暗处，外面光线强的时候，任何人把脸贴在纱门上，都会是这个样子。我只知道他不是本地人。

"我是那边开飞机的。我叫克里斯·沃特斯。不知道能不能用你们的水泵打点儿水。"

院子里是有个水泵，当时人们就是这样取水的。听他这么一说，我才看见他手里提着一只水桶。

"欢迎，欢迎，"我说，"我可以给你打自来水，省得你压水泵了。"我大概是想让他知道我们用自来水，而不用水泵取水。

"费点儿劲，没关系。"不过他并没有动，后来他说："你是要去参加舞会吗？"

看见这位陌生人之后，我就把自己那一身穿戴全给忘了。

"也许是这一带的妇女下午都要这样打扮打扮吧？"

我非常不好意思，一时也想不出用什么话来回敬他。

"你住在这儿吗？你是这里的女主人吗？"

"我是个女用人。"

有些人一听这话就会对你改变态度，眼神和口气都要变，可是这个人没变。

"我只不过想对你说你很漂亮。刚才我往屋里一看，看见你，觉得非常惊讶。不是因为别的，而是因为你那么温柔，那么漂亮。"

一个男人对女人说这样的话，或者把你看作女人，对你说这样的话，用"漂亮"这样的字眼儿，我当时还不成熟，不知道这是多么不寻常的事儿。我不成熟，看不明白，也不知道怎么回答他，其实我完全不知所措，只希望他赶快走。不是我不喜欢他，而是因为他在那里看着我，我又不知道说什么好，实在难受极了。

他一定是明白我的意思。他说了声再见，谢了谢我，就转身去压水泵，往水桶里灌水了。我在饭厅里站在百叶窗的横条后面看着他。他走了以后，我就来到卧室，把衣服脱下来，放回原来的地方。我穿上自己的衣服，松开往上挽着的头发，洗了一把脸，用餐巾纸擦了擦，随手把那餐巾纸扔到垃圾桶里去了。

皮布斯先生和太太问我他是怎么样的一个人。年轻人还是中年人，个子高还是矮？我说不出来。

"长得好看吗？"皮布斯医生拿我开心。

我脑子里空空的，只觉得他还会来打水，他会来和皮布斯医生和太太聊天，和他们交朋友，还会提到那天下午头一次看见我打扮成那个样子。他怎么可能不提起这件事呢？他一定会觉得很有趣，哪里知道这会给我带来什么麻烦呢。

吃过晚饭以后，皮布斯两口子就开着车到镇上看电影去了。太太刚理了发，是一定要出去一下的。厨房里亮堂堂的，我坐在那里盘算该怎么办，因为我知道我是睡不着的。皮布斯太太要是发现我穿过她的衣服，倒也不一定辞退我，不过这样一来，她对我的印象就会完全不同了。虽然我初次干活就在这里，可是我慢慢地也明白雇人干活的人会觉得你那么样。他们希望你不要有好奇心。你可不能不老实，但是光这样还不够。他们希望你不该注意的事情就不注意，只关心他们喜欢吃些什么，洗了的东西该怎么熨，等等，别的什么都不想。我不是说他们待我不好，他们是待我挺好的。他们让我和他们同桌吃饭

（说真的，我也希望这样，我还没听说谁家不这样哩），有时候还让我一块儿坐他们的车。不过情况还是一样。

我到楼上看了看，两个孩子确实在睡觉，随后就出来了。我非这样办不可。我过了马路，进了往日集市的大门。飞机停在那里，样子显得有点儿怪，在月光下闪闪发亮。在场地的尽头，矮树林前边，我看见了他的帐篷。

他正坐在帐篷外面抽烟，看见我朝他走去就说：

"喂，你想坐飞机逛一逛吗？明天才开张呢。"他又仔细看了看，接着说："哎呀，是你呀！你没穿长裙，我都认不出来了。"

我心里怦怦直跳，口干舌燥。我总得说点儿什么，可是什么也说不出。我的嗓子给憋住了，像是一个聋哑人。

"你是想上去逛逛吗？坐下吧，抽支烟。"

我想摇摇头表示不要，可是就连这个也做不到，于是他就递给我一支烟。

"把烟放到嘴里，要不我就没法给你点了。腼腆女子，幸亏我见得多了。"

我按他的要求做了。其实，我这也不是头一次抽烟了。我在家的时候有个女友，叫穆里尔·洛厄，她常偷她哥哥的烟抽。

"看你的手在发抖。你就想聊聊天，还是怎么样？"

我突然开口说道："希望你别再提起那件衣服。"

"什么衣服？噢，那件长裙呀！"

"那是皮布斯太太的。"

"谁的？噢，雇你干活儿的那位夫人的，是不是？她不在家，你就穿上了她的衣服，嗯？你打扮起来当女王，这我不怪你。抽烟不能这么抽哇，不能光往外吐，要往里吸。从来没人教你怎么往里吸吗？你是不是怕我把那件事声张出去？是不是？"

我不得已求他帮我隐瞒那件事，非常难为情，连点头也不会了。我就两眼直直地看着他，他也就看出了"是"的意思。

"不会的。我决不会提起这件事，让你出丑。我向你保证。"

接着他就换了一个话题，帮我解脱出来，因为他发现我连一声谢谢都说不出来了。

"你觉得这块牌子怎么样？"

那是一块招揽生意的牌子，就在我的脚边。

空中游览　保证安全　儿童五角　成人一元

"原来那块太旧了，我觉得要做块新的，今天就干这个来着。"

依我看，那字写得不怎么样。我花半个钟头，做得比这还要好。

"做牌子，我不在行。"

"做得很好。"我说。

"我不用靠它来宣传。大家口头上传一传差不多就够了。今儿晚上，来过两车人，我都把他们打发回去了。我喜欢慢慢来。不过我可没说有姑娘要来看我。"

这时候，我想起那两个孩子，又吓了一大跳，要是不定哪一个醒了，叫我，我不在，那可怎么办呢？

"你这么快就得走吗？"

这会儿，我想到要有点儿礼貌。"谢谢你的香烟。"

"你放心吧。我向你做了保证。"

我连忙离开场地，生怕看见那辆车从镇上开回家来。我没留意时间，弄不清出来多大工夫了。不过还好，还不算晚，孩子们还睡着。我自己也就上了床，躺在那里想，这一天总算圆满结束了。还有一件值得庆幸的事，就是那天下午幸亏是他而不是洛雷塔·伯德撞上的。

我们的院子和周围种的花倒没有踩坏，破坏得没有那么严重。不过我们的住宅附近的确非常热闹。那块牌子就挂在往日集市的大门上。

大多数人晚饭后到这里来，下午来的也不少。伯德家的孩子也都来了，可是他们凑在一起也不到五角钱，只好倚着大门看。飞机起落实在叫人兴奋，习惯了，也就不那么兴奋了。那次去了以后，我没有再去过，但是他来取水的时候，我是能见到他的。我坐在台阶上，干一些坐着干的活儿，比如择菜，要是有菜可择的话。

"你怎么不来呀？我可以带你上去转一圈儿嘛。"

"我在攒钱呢。"我说，因为我一时想不出什么别的话可说。

"攒钱干什么？准备结婚吗？"

我摇了摇头。

"你要是在人少的时候来，我就免费带你上去。我原来以为你会来的，再来抽支烟嘛。"

我朝他做了个鬼脸儿，让他不要说了，因为那两个孩子不定什么时候就会溜到走廊上来，说不定皮布斯太太也正在屋里听着呢。有时候她也出来和他聊一会儿。小伙子告诉她一些事情，对我都没说起过，不过这也怪我从来没想起来问人家呀。他对皮布斯太太说，他打过仗，就是那时候学会开飞机的，现在他设法安顿下来，过平淡的生活，就想开飞机。太太说，竟然有人喜欢干这个，真难以想象。不过，她又说，她有时候闷得难受，什么都想试一试，因为她从小受的教养不适合这种乡间生活。她还说，到乡下来都是她丈夫的主意。这我以前倒不知道。

"你怎么不开飞行课，教人开飞机呢？"她问道。

"你想学吗？"

她笑了笑，没有回答。

星期天，尽管两个教堂的牧师都劝大家不要去，但前来乘飞机的人很多。我们坐在院子里看热闹。乔伊和希瑟跟伯德家的孩子在一起，都坐在篱笆上。母亲唠叨了一个星期，说不能让他们去，可是父亲说可以去。

忽然有一辆小轿车顺着路旁停着的车开了过来，停在马路中间。从车上下来的是洛雷塔·伯德，神气活现的样子，从司机座位上下来了另外一个女人，比较文静。她戴着一副墨镜。

"这位女士要找那个开飞机的，"洛雷塔·伯德说道，"我在旅馆的咖啡厅里喝可口可乐，听见她找人，就把她带到这里来了。"

"对不起，来打扰你们，"那位女士说道，"我叫艾丽丝·凯灵，是沃特斯先生的未婚妻。"

这位艾丽丝·凯灵，下身穿一条棕白两色方格相间的裤子，上身是黄色上衣。我觉得她的胸脯不算高，而且有些松。她脸上带着一副发愁的样子。她的头发是烫过的，不过又长了，所以系着一条黄色带子，免得老往脸上甩。她绝对算不上漂亮，也不能说年轻了。但从她说话的样子可以看出，她是城里人，或者是受过教育的人，或者是受过教育的城里人。

皮布斯医生站起来，做了自我介绍，还介绍了他的太太和我，接着就让她坐下。

"他这会儿正在天上飞呢，不过你不必客气，就坐在这里等他吧。他得到这儿来打水，还没来呢。他大概五点钟左右就停了。"

"这么说来，准是他了？"艾丽丝·凯灵一面说着，一面眯起眼睛，使劲往天上看。

"他不常对你不辞而别，改名换姓吧？"皮布斯医生笑着说。他还问人家喝不喝冰茶，他太太没有问，他倒问了。于是太太就支使我到厨房去倒茶。她还笑了笑。这时她也戴着一副墨镜。

"他可从来没说有个未婚妻呀。"太太说。

我就喜欢做冰茶，在细长的玻璃杯里放上好多好多冰，再放上几片柠檬。我应该事先交代一下，皮布斯医生从不喝酒，至少在家里的时候是这样，否则也轮不到我来配制饮料。我还得给洛雷塔·伯德也做一杯,虽然我并不愿意。我去倒茶的时候,她把我在草坪上坐的椅子占了,弄得我只好坐在台阶上。

"我刚才在咖啡厅里和你说话的时候,觉得你是个护士。"

"这你怎么知道?"

"我对人有一种直觉。你是不是在护理的时候遇上他的?"

"你是说克里斯?不错。是这样的。"

"噢,你们当时是在国外吗?"皮布斯太太问道。

"不是,那时候他还没有到国外去。当时他驻扎在森特拉利亚,盲肠穿孔了,由我照顾他。我们订了婚,后来他就到国外去了。哎呀,真好喝,开了半天车,喝这冰茶真凉快。"

"他见到你,一定很高兴。"皮布斯医生说道。"他的生活很不安全,是不是?在一个地方待的时间太短,没法结交真正的朋友。"

"你们订婚的时间可不短了。"洛里塔·伯德说道。

艾丽丝·凯灵没有理睬她。"我本想在旅馆里订一个房间,可是一听见有人愿意给我带路,立刻就跑来了。我给他们打个电话,行吗?"

"不必啦!"皮布斯医生说道。"你要是住在旅馆里,离他这里就有五英里。我们和他就隔一条马路。你就在我们家住下吧。我们有的是房间,你看这所房子有多大呀。"

这样留客人住宿肯定是乡下人的习惯。也许皮布斯医生现在已经觉得这样做是很自然的事了。不过皮布斯太太却不是这样想的,这从她说话的语气里就能听得出来,她说,是啊,我们这儿宽敞得很哪。艾丽丝·凯灵也不这样看,所以再三推辞,不过经过劝说,她还是同意了。我的印象是:离得这样近,对她是有吸引力的。我想仔细看看她的戒指。她的指甲上涂着指甲油,手指上长着黑斑,皮肤也不光滑。那块宝石很小,穆里尔·洛厄的表姐,戒指上的宝石有它两块那么大。

果然不出皮布斯医生所料,克里斯傍晚来打水了。他一定是老远就认出了那辆车,笑眯眯地走了过来。

"我追到这儿来,想看看你在干什么。"艾丽丝·凯灵大声说道。她站起来,迎着他走过去。他们俩当着我们的面亲了亲,实际上只是轻轻蹭了一下。

"那你就得花好多钱买汽油了。"克里斯说道。

皮布斯医生请克里斯留下来,一起吃晚饭,因为知道他已经挂出牌子:"今晚七时继续飞行"。皮布斯太太说,晚饭要在院子里吃,虫子飞来飞去也不管。这种在院子里吃饭的做法,在乡下人看来,实在新鲜。我先做了一个土豆沙拉,她又做了一个果冻沙拉,她就会做这个。所以,只要把做好的沙拉、切好的肉和黄瓜、新鲜莴笋叶子拿到外面去就行了。洛雷塔·伯德磨蹭了一阵子,自言自语地说:"唉,看来我得走啦,孩子们在家里吵吵呐。"还说:"坐在这里多舒服啊,我真不想动。"不过谁也不挽留她,我也松了一口气,最后她只好走了。

那天晚上飞完了以后,艾丽丝·凯灵就和克里斯一起坐上车走了。他们回来的时候我还没有睡着。车灯的亮光在天花板上闪过,我就爬起来从百叶窗的缝里往下看。当时以为会看到什么,我也不知道。早先我常和穆里尔·洛厄一起在她家房前的廊子上睡觉,看她姐姐晚上怎样和男朋友告别。看了以后,我们就睡不着了,盼望有谁来亲亲我们,搂搂我们。接着我们就聊上一阵子,说什么假如你和一个男孩子出去划船,你不和他来,他就不送你上岸,假如什么人把你堵在谷仓里,你就得和他来,不来行吗?这也不是你的过错呀。穆里尔说,她的两个表姐常把手纸搓成卷儿,让一个人当男的。这种事儿,我们是不干的,我们光躺在那里瞎想。

其实那天晚上看到的只是克里斯从一边下了车,那女人从另一边下了车,然后他们就分手了——男的朝场地走去,女的朝房子走来。我回到床上,幻想我和那男的一起回家,可不是这个样子。

第二天早上，艾丽丝·凯灵起得很晚，我按我的办法给她准备了一份葡萄柚果汁，皮布斯太太和她坐在一起，再喝一杯咖啡，边喝边聊。皮布斯太太有人做伴儿，好像挺高兴。艾丽丝·凯灵说，她觉得自己应该学着花一整天的时间，看克里斯上去，下来，上去，下来。皮布斯太太说，她知道不该提：她们俩只有艾丽丝·凯灵有车，只要开上二十五英里就到湖边，这天气要是出去野餐可太好了。

艾丽丝·凯灵领会了她的意思。到十一点钟的时候，她们就带着乔伊和希瑟，拿上我给他们准备的三明治午餐，上了车。只是克里斯还没下来，而她又想告诉他他们上哪儿去了。

"一会儿让伊迪过去告诉他，"皮布斯太太说，"没有问题。"

艾丽丝·凯灵笑了笑，表示同意，脸上又现出了皱纹。

"一定告诉他，我们最晚五点钟回来。"

我觉得他现在也不一定非要马上知道这个消息，而且我还想象他孤零零一个人在野外用露天炉灶做东西吃的情景，于是我就抽空给他烤了一张酥饼，晾了晾，包在一条茶巾里。我没有打扮，只是摘了围裙，梳了梳头。我本来想化化妆，可又怕他再想起初次见我的情景，那岂不又要叫我难为情吗？

他在大门上又挂出一块牌子："下午停飞，敬请见谅。"我担心他病了。外面看不到他的影子，帐篷的门帘也放下来了，于是我就敲了敲门柱。

"进来。"他说，那语气和说"走开"差不多。

我撩起门帘。

"哎哟，是你呀，对不起。不知道是你来了。"

原来他一直坐在床边抽烟。怎么不去找个空气新鲜的地方坐下来抽烟呢？

"我给你送来一张饼。你没有生病吧？"

"我怎么会生病呢？噢，你看见那块牌子了。没事儿。我只是懒得和人说话。这可不是指你。坐下吧。"他又把门帘撩上去，说道："来点新鲜空气。"

我在床边坐下，因为没有别的地方可坐。他睡的就是那种可以折叠的床。我想起了他未婚妻留下的话，就告诉了他。

他咬了几口酥饼，说："好吃。"

"吃不了，过一会儿饿了再吃。"

"我告诉你一个秘密，我再在这儿待一会儿就走了。"

"你要结婚吗？"

"哈，哈！你刚才说他们什么时候回来？"

"五点钟。"

"不过到那时候，我就不在这个地方了。飞机可比汽车快呀。"他又把酥饼拿出来吃了几口，显出一副心不在焉的样子。

"你渴了吧？"

"水桶里有水。"

"那水不会太凉。我再去给你弄点儿。还可以从冰箱里拿点冰块儿。"

"不用，"他说，"我不想让你走。我要多花点时间，好好地向你告别。"

他轻轻地把酥饼放在一边，坐在我身旁，就慢慢地吻起我来。他那么温柔，我后来连想都不敢想。他脸上那种体贴的神情，他那甜蜜的亲吻，我的眼睛、脖子、耳朵，他都吻遍了，然后是我吻他，我也想尽量吻得像个样子（过去只有一次我为了显示胆量，吻过一个男孩子，事先还在自己的胳臂上练了一阵子）。后来我们往后一仰，躺在床上，轻轻地搂在一起，他还做了一些别的动作，不是下流动作，也没有做下流的事。在帐篷里待着真好，还可以闻到青草的味道，烈日下面滚烫的篷布的味道，他还说："无论如何我不能伤害你。"有一会儿，他一翻身趴到了我身上，我们就在床上一齐做起了一起一落的动作，这时他轻轻地说了声"不行"，就挣脱身子，跳起来，抓起了水桶。他往自己的脖子上脸上撩了一些水，把剩下的一点儿泼在我身上，当时我还在床上躺着。

"姑娘，我这是让咱们冷静冷静。"

我们分手的时候，我一点儿也不难过，因为他捧着我的脸对我说："我会给你写封信，告诉你我在哪里，说不定你还可以来看我呢。你觉得这样好吗？那就这样吧。你就等着好啦。"我想我当时摆脱了他，的确感到高兴。因为他仿佛送给我很多礼物，我要是不独自掂量掂量，是不会尝到这些礼物带来的幸福的。

飞机不见了，一开始并没有引起人们的惊讶。大家以为他带着什么人飞到天上去了，我也没有把真实情况告诉他们。皮布斯医生打电话回来，说他得到乡下去，所以只剩下我们几个人吃晚饭。这时候，忽然看见洛雷塔·伯德在门口探进头来说道："我看他是溜了。"

"什么？"艾丽丝·凯灵说着，把椅子往后推了推。

"今天下午孩子们回来告诉我说，他在拆帐篷呢。他觉得在这里能做的生意都做了吗？他没有不辞而别吧？"

"他会和我联系的，"艾丽丝·凯灵说道，"说不定他今天晚上就来电话。自从打完仗以后，他总是心神不定。"

"伊迪，你给他送信儿的时候，他没给你说什么吧？"皮布斯太太说道。

"说啦。"我说。到此为止，我说的都是实话。

"那你怎么不早说呢？"大伙儿都盯着我。"他说没说要到哪儿去？"

"他说可能到贝菲尔德去试试。"我说。我为什么撒这样一个谎呢？我并不想撒谎呀。

"贝菲尔德，离这里有多远？"艾丽丝·凯灵问道。

皮布斯太太回答说:"三十,三十五英里。"

"那不算远。其实真不算远。不就在湖边吗?"

我这样把她引入歧途,你也许以为我会感到可耻。我这样做,是为了多给他一点时间,怎么样都行。我撒谎是为了他,而且我不能不承认,也是为了我自己。女人应该互相帮助,而不应该互相拆台。现在我明白了,可当时我不明白。我从来没想到自己和那个女人有什么共同之处,会和那个女人同样倒霉。

她一直两眼盯着我。她准是怀疑我撒谎了。

"他什么时候这样对你说的?"

"不久以前。"

"你到飞机那儿去找他的时候?"

"是的。"

"你一定是待在那里不走,和他聊上了。"她朝我笑了笑,那可不是善意的微笑。"你一定是待在那里,跟他聊起来了。"

"我给他送了一张饼去。"我说,满以为说出一点真情,后头的事就不用说了。

"家里没有饼啊。"皮布斯太太一针见血地说道。

"我烤了一张。"

艾丽丝·凯灵说:"你可真是好心哪。"

"你得到允许了吗?"洛雷塔·伯德说道。"真难说这些女孩子会干出什么事来,"她说,"她们倒不见得要干坏事,完全是无知。"

皮布斯太太打断了她的话,说:"一张饼倒没什么,不过,伊迪,我还不知道你和克里斯这么熟悉呢。"

我不知道说什么好。

"我一点儿不感到奇怪,"艾丽丝·凯灵尖声说道,"我刚见到她的时候,一看她那个德行就明白了。我们在医院里老得应付这种人。"

她带着极不自然的微笑盯着我,接着又说:"给她们接生。我们得给她们另外安排病房,因为她们有病。这些乡下丫头到处流浪。年纪二十四五岁。应该把她们生的孩子抱来,让你们见识见识。"

"镇上有个坏女人,生下的孩子两眼流脓。"洛雷塔·伯德也凑上来说一句。

"快别说了,"皮布斯太太说道,"咱们说到哪儿去了。伊迪,你和沃特斯先生的关系怎么样?是不是很亲密呀?"

"是的。"我说。我想起了我们俩躺在床上亲嘴的事,这还不算亲密吗?我也从来不想抵赖呀。

她们半天没吭声,包括洛雷塔·伯德在内。

"唉,我真感到惊讶,"皮布斯太太说道,"我还是先抽支烟吧。她有这种苗头,我还是头一回发现呢。"她这话是对艾丽丝·凯灵说的,可是艾丽丝·凯灵却两眼盯着我。

"你这个小浪荡婊子。"她说着,那眼泪就流下来了。"浪荡婊子,难道不是吗?我一见到你的时候,就把你看透了。男人是看不起你这样的女孩子的。他把你耍弄一阵,就走了,你还不明白吗?像你这样的女孩子一钱不值,千人骑,万人跨,臭婊子!"

"噢,快别说了。"皮布斯太太说道。

"真臭,"艾丽丝·凯灵抽抽搭搭地说,"臭婊子!"

"您就别难过了,"洛雷塔·伯德说道。这场丑剧,她亲眼目睹,真是高兴极了。"男人都是这样。"

"伊迪,我真感到非常惊讶。"皮布斯太太说道:"我本来还以为你父母对你管教很严哩。你不想怀上孩子吧,是不是?"

我至今还为后来发生的事感到难为情。当时我失去控制,就像六岁孩子一样号啕大哭起来。"就这样,也不至于怀上孩子呀!"

"你看,有些女孩子竟然无知到这种地步。"洛雷塔·伯德说道。

可是皮布斯太太却跳起来，抓住我的两只胳臂使劲摇。

"你冷静一下，别这么激动。冷静一下，别哭啦。你听我说，好好听着。我不知道你明白不明白亲密是什么意思。现在你说一说，刚才问你的时候，你是怎么理解的。"

"亲嘴呀。"我喊道。

她的手松开了。"噢，伊迪。别哭了。你真傻。没事儿啦。这完全是一场误会。亲密的含义比这多得多。噢，我是觉着有点儿怪嘛。"

"她现在想遮盖起来，"艾丽丝·凯灵说道，"肯定是这样。她可不那么傻。她知道自己闯了祸了。"

"我相信她的话是真的，"皮布斯太太说道，"这件事闹得太过分了。"

"不过有一个办法可以查清楚，"艾丽丝·凯灵一面说着，一面站起来。"别忘了，我是个护士。"

皮布斯太太倒抽了一口气，接着说："不用，不用。伊迪，回你屋里去吧。别哼哼了，真叫人恶心。"

过了一会儿，我听见汽车开动的声音。我也不想再哭了，每次到了又要哭一阵的时候，我就尽量忍住，不哭。后来果真不哭了，只躺在床上抽搭。

皮布斯太太走来，在门口停住了脚步。

"她走了，"她对我说，"那个姓伯德的女人也走了。你现在一定明白了，你本不该去接近那个男的，所有的麻烦都是从这儿引出来的。我有点儿头疼。过一会儿，用冷水洗洗脸，再把碗刷了，以后就不要再提这件事儿了。"

我们的确没有再提这件事。过了好多年，我才意识到当时那样做给我省去了多少麻烦。从那以后，皮布斯太太对我不很友好，不过她并不是不讲道理。说她不很友好也不恰当。她以前也没有很友好过。

现在她只是老得盯着我，这倒使她感到神经紧张，有点儿紧张。

至于我呢，我把这件事看作一场噩梦，放到脑后，一心一意地等我的信了。邮件每天来，星期日除外，时间是下午一点半到两点，这对我正合适，因为皮布斯太太总在这个时候睡午觉。我每天把厨房收拾干净，就到信箱旁边坐在草地上等。我兴致勃勃地等着。至于艾丽丝·凯灵，她的痛苦遭遇和她说的那些不堪入耳的话，至于皮布斯太太，她对我的冷淡态度，以及她是不是告诉了皮布斯医生并且感到尴尬，还有洛雷塔·伯德那张脸，别人越倒霉，她越高兴——这一切都不想了。那个送信的来的时候，我总是笑脸相迎，即使没接到邮件，知道今天又白等了，我也还是笑眯眯的。这送信的是个加米克尔人，我从他脸上就能看出来，因为这一带住着不少加米克尔人，他们大都是上嘴唇有些突出。于是我就问他叫什么名字（他是个年轻人，很腼腆，不过脾气很好，谁都可以问他，问什么都行），我还说："我从你脸上就看出来了！"他一听这话感到很高兴，从那以后一直喜欢见到我，也不那么腼腆了。他常在邮车窗口喊道："我干一天活，就想看你这一笑。"

很长时间我都没有想到，信也许不会来了。我相信每天早上一定会出太阳，我也同样相信一定会有信来，只是今天盼不到明天盼。信箱周围渐渐开出了小黄花，孩子们也都开学了，树叶一掉，我就得穿着毛衣去等信了。有一天，我拿着塞在我手里的水费账单往回走，只有这账单，别的什么也没有。扭头看看对面空场子上盛开着马利筋和深色的起绒草，完全是秋天的样子。这时候我突然意识到：不会有信来了。这个想法，起初无法接受。其实，也不是无法接受。要是光想到克里斯对我说要给我写信，想到他当时脸上的表情，这个想法确实是无法接受的。不过要是把这个忘了，想一想那硬邦邦的铁信箱，空空的，就会觉得这个想法是很明显的，是符合实际情况的。我照旧去等信，不过我的心像秤砣一样沉。只是因为我觉得那个送信的想看，我才对他笑一笑。他的生活也不容易。眼看冬天就到了。

后来有一天我忽然想到,有些女人一辈子就这样,到处都有这种女人。有些女人在信箱旁边等啊,等啊,不是等这封信,就是等那封信。我设想自己出来等信,一天又一天,一年又一年,到后来头发也花白了。我觉得自己不是那样的人,不能再等下去了。于是我就不再去等信。如果有些女人一辈子都在等,有些女人却不等,而是有事可做,我知道自己应该做哪一种女人。即使第二种女人可能对某些事情只能不理会,不了解,也还是这样好。

有一天晚上,那个送信的往皮布斯家里打电话找我,使我感到惊讶。他说他很想见我。他对我说,戈德里奇正在演一部很有名的电影,现在我想不起是哪一部了,他问我愿意不愿意去。我说好吧,从这以后我常跟他出去,有两年光景,他向我求婚,我们就订了婚,又过了一年,东西置办齐了,我们就结婚了。他老对孩子们说当年我如何天天坐在信箱旁边等着追他,我当然一笑置之,因为我喜欢让人们愿意怎么想就怎么想,只要他们高兴就行了。

译后记

艾丽丝·蒙罗(Alice Munro)是加拿大当代著名作家。她的三个短篇小说集 Dance of the Happy Shades(1968),Who Do You Think You Are?(1978)和 The Progress of Love(1986)都曾获得总督奖。此外她还有一部长篇小说 Lives of Girls and Women(1971)和三部短篇小说集 Something I've Been Meaning to Tell You(1974,《我和丈夫是怎样相识的》一文就收在这个集子里),The Moons of Jupiter(1982)和 Friend of My Youth(1990)。

牛津大学出版社于1960年出版的《加拿大短篇小说集》(Canadian Short Stories)收录了她的"The Time of Death"。编者 Robert

Weaver 于 1958 年为该书写的序言中说道:"虽然地区性对我国的文学仍有很大影响,我并没有试图在这个集子里收入加拿大所有地区的具有代表性的作品。但是,地区性在本选集中还是有所反映的。……以安大略省的农村为背景的作家有 Stephen Leacock,后来有 Reymond Knister,再后来还有 James Reaney、Douglas Spettigue 和 Alice Munro。"当时艾丽丝·蒙罗只有二十七岁。

根据 1990 年伦敦出版的《英语妇女作家辞典》(The Feminist Companion of Literature in English),艾丽丝·蒙罗的长篇小说 Lives of Girls and Women 因其艺术手法为她赢得了很高的声誉。加拿大多伦多大学出版社 1979 年出版的《加拿大文学史——英语部分》(Literary History of Canada—Canadian Literature in English)说她的小说 Lives of Girls and Women 确定了她作为当代加拿大最有才华的散文家之一的地位。

然而艾丽丝·蒙罗主要还是一位短篇小说家。1982 年她在和《加拿大小说杂志》(Canadian Fiction Magazine)总编辑 Geoff Hancock 谈话时说:"过去有很多年,我常觉得有可能写成一部长篇小说,于是就把已有的一些想法加以扩充,等到一动手写,就全完了。纯粹是浪费时间。弄得我情绪也不好。所以经过很长时间以后,我终于安心做一个短篇小说家了。"她还说:"每当我抓住一个故事的时候,我就得到了最大的满足。"

今年是艾丽丝·蒙罗六十寿辰。也许她不愿意庆祝生日。不过按照中国人的习惯,六十岁的生日是值得庆祝的。因此,翻译了她的这个短篇,表示祝贺。

译 者
1991 年 4 月
于英国沃瑞克大学

《大卫·科波菲尔》（汉译）选段*

回想起来，记得当时米考伯太太带着孩子们坐在马车后面，我站在路上看着他们，好像盼望着什么，这时米考伯太太眼前忽然亮了，她看见我是多么小的一个小东西。我现在还是这样想，因为当时她脸上带着少有的慈母般的表情向我招手，让我爬上车去，她搂着我的脖子吻我，像吻她自己的孩子那样吻我。我刚从车上下来，车就启动了。他们朝我挥动手绢，弄得我几乎看不见他们了。一瞬间，马车就没影儿了。我和那"古儿"站在马路当中，面无表情地彼此看了看，握了握手，就告别了。我想她准是又回圣路加贫民院去了，我就回到摩德斯通与格林伯公司，开始我那一天的苦活儿。

然而，这苦活儿，我并不打算再干多久了。真的。我已经决心逃走——不管想个什么办法，到乡下去，去找贝西小姐，把我的情况向她诉说诉说，她是我世上唯一的亲人了。

我已经说了，我走投无路，想出这么一个主意，自己也不知道是怎么想出来的。但是这个想法一旦产生，就在那里扎了根，而且发展成一种志向，我这一生中还从来没有过比这更坚定的志向哩。能不能肯定这件事准有希望，我一点儿把握也没有，不过我已经下定决心，

---

* 选文摘自《大卫·科波菲尔》（人民文学出版社，2000年）第12、13章。

一定要付之行动。

  自从那天晚上我想出这个主意，想得睡不着觉，我曾一次又一次，上百次地反复思考我那可怜的母亲先前跟我讲过的一个故事，这故事说的是我出生的情况，过去我最喜欢的事情之中，有一项就是听她讲这段故事，至今我还记得清清楚楚。我姨奶奶来了，又走了，她是个可怕的人物，但是在她的所作所为之中，有一点，我始终不能忘怀，也正是这一点，给了我一线希望。我忘不了母亲说的她认为她感到姨奶奶用手摸了摸她那美丽的头发，那手可不能说是不温柔。虽然这可能完全是我母亲的幻想，毫无事实根据，我却依据这件事在脑子里形成一幅小小的图画：我那可怕的姨奶奶，对我记得那么清楚又那么珍爱的少女般的美貌，表现出宽容的样子。这就使整个故事变得温和了。这个想法很可能在我脑子里待了很久，使我渐渐地下定了决心。

  我连贝西小姐住在哪儿都不知道，于是给裴果提写了一封长信，顺便问她记得不记得。我假装听说一位女士，也叫这个名字，住在某个地方，那是我随便说的，我表示很想知道这是不是同一个人。我在信中对裴果提说，我有一笔特殊的用项，需要半个几尼，如果她能借给我这笔钱，等我以后有能力的时候奉还，我会非常感激她，将来我会告诉她，我为什么需要这笔钱。

  裴果提很快就寄来了回信，和往常一样，说了许多疼爱我的话。她随信寄来了半个几尼（我估计她一定费了很大的周折才从巴吉斯先生的箱子里拿到这半个几尼的），她还告诉我，贝西小姐住在多佛一带，不过究竟是就在多佛，还是在海斯，桑德盖特，或者福克斯通，她也说不清楚。幸好我问我们那儿的人，这几个地方在哪里，其中有一个人告诉我说，这些地方都离得很近。我觉得为了达到我的目的，了解这些情况就足够了。我决计周末动身。

  我是个非常诚实的孩子，我走了以后，不愿意给摩德斯通与格林伯公司留下一个不好的印象,所以我觉得一定要待到星期六晚上。我初来的时候,预支了一个星期的工钱,所以我想到了发工钱的时候,我就不能再到账房去领钱了。就是由于这个原因,我借了那半个几尼,免得没有路费。这样,到了星期六晚上,我们都在库房里等着领工钱,赶车的蒂普,他总爱抢先,头一个进去领钱,这时候我拉了拉米克·沃克的手,请他进去领钱的时候,告诉昆宁先生,就说我往蒂普家搬箱子去了。我向白煮土豆最后说了声晚安,就溜了。

  这时候,我的箱子还在河对面我原来的住处放着。我们有往木桶上钉的地址卡片,我拿一张,在背面写了一句话:"大卫少爷的箱子,暂存多佛驿站,待取。"这张卡片放在我的口袋里,准备把箱子从住处取出以后,拴在箱子上。我一边向住处走去,一边向四处张望,看有没有人帮我把箱子弄到售票处去。

  有一个年轻人,腿特别长,身边有一辆很小的驴车,是空的。那年轻人在黑衣修士路上,倚着方尖塔站着。我从他身旁走过,眼光对上了他的眼光。他对我说,"就值六便士,还都是半便士的假钱",希望"我认准他将来好作证"——我很清楚,这是指我刚才看了他一眼。我停下脚步,认真地对他说,我刚才看他一眼,不是出于无礼,而是因为有个差使,不知道他要不要。

  "什么差使?"那腿长的年轻人问道。

  "搬一只箱子。"我答道。

  "什么箱子?"那腿长的年轻人问道。

  我告诉他,那是我的一只箱子,放在马路那一头儿,叫他送到去多佛的驿车车站,给他六便士脚钱。

  "六便士,给你送。"那腿长的年轻人说道。他马上就上了车,那车也不过是个安了轮子的大木槽子,咕隆咕隆跑得倒是飞快,我拼命跑,才勉强跟上那头驴子。

这年轻人很傲慢，我很不喜欢，他一边跟我说话，一边嚼草棍儿，使我特别反感。可是既然已经谈妥了，我只好带他上楼，来到我就要离开的这间屋子。我们把箱子抬到楼下，装到车上。这时候，我又不想把那张卡片拴到箱子上，因为我怕房东家里不定什么人看出我的打算，把我拖住。于是我就对那年轻人说，我希望他在国王法院监狱的高墙外面停一下。我的话还没说完，他就咕隆咕隆跑了起来，好像那年轻人、我的箱子、那车、那驴子一下子都疯了似的。我在他们后面，一边跑，一边喊，等我在约定的地点追上他的时候，已经上气不接下气了。

我因为跑得满脸通红，气喘吁吁，所以从口袋里掏那张卡片的时候，一下子就把那个半几尼的硬币带了出来。为了保险起见，我把这硬币塞到嘴里了。我两手颤抖，把那卡片拴到箱子上，感到很满意，忽然觉得被那腿长的年轻人紧紧地掐住了脖子，眼看着我那半个几尼从我嘴里飞出，落到了他的手中。

"怎么！"那年轻人一边说着，一边抓住我的衣领，脸上露出奸笑。"该叫警察来吧，是不是？你想溜吧，是不是？上警察局去，你这个小坏蛋，上警察局去！"

"我求求你，把钱还给我吧。"我说，我害怕极了。"快别问我了。"

"上警察局去！"那年轻人说道。"向警察证明这是你的钱吧。"

"把我的箱子和钱还给我吧，好不好？"我一边喊，一边哭。

那年轻人还是说"上警察局去！"他还使劲把我往毛驴那里拉，好像这毛驴和地方长官之间有什么联系似的。忽然他灵机一动，跳上车去，坐在我的箱子上，扬言直奔警察局去，比平时更加劲儿地咕隆咕隆飞奔起来。

我拼命在后面追，可是喊不出声了，即便能喊出声，这时候也不敢喊了。没出半英里，我至少有二十次差一点儿没让车轧着。我一会儿看不见他了,一会儿又看见了,一会儿又看不见他了,一会儿挨了一鞭子,一会儿听见有人对我喊叫,一会儿栽到泥坑里,一会儿又站起来,一会儿和谁撞个满怀,一会儿又一头撞在柱子上。我跑到后来,又怕又热,心慌意乱,不知道这时候是不是有一半伦敦人都跑出来抓我了,于是我就不追了,任凭那年轻人带着我的箱子和钱,随便到哪里去吧。我一边喘,一边哭,却没有停步,一直向格林尼治走去,因为我知道去多佛要经过这里。我就这样朝我姨奶奶贝西小姐住的地方走去,我出生的那天晚上曾使她大为不快,和我来到世上时所带的东西相比,现在我能从世上带去的东西也并没有增加多少。

后来我不再追那个赶驴车的年轻人了,而是朝格林尼治走去,这时候,我大概有过一种不切实际的想法,想一直跑到多佛。如果我真有过这种想法,过了一会儿,我也就从这种胡思乱想之中清醒过来,因为我在这通往肯特郡的路上停住了脚步,面前是一排房子,房子前面有个水池,中央有一个塑像,傻乎乎的,在那里吹法螺,却没有水流出来。我在台阶上坐下,已经跑得筋疲力尽,丢了箱子,丢了钱,却几乎连为此而大哭一场的劲儿也没有了。

这时候,天也黑了,我坐在那里歇脚,听见钟打十下。幸好是夏天,天气也好。等我歇够了,嗓子眼儿里那憋气的感觉也消失了,我就站起来,继续赶路。我一肚子苦水,根本就没想走回头路。在那通往肯特郡的路上,即便有像瑞士那样的风雪挡道,我会不会想走回头路,也是个疑问。

我的钱财归里包堆只有三个半便士(至于为什么到了星期六晚上,口袋里还剩下这些钱,我至今还在纳闷),这使我一边走,一边照样感到担心。我忽然想到这样一幅情景:过一两天,有人发现我在一溜矮树篱笆下面死了,还把这作为一条消息登在了报上。我艰难地往前走着,尽量走得快些,可还是感到很苦恼。后来我碰巧路过一个小商店，门口写着收购男女旧衣，破衣烂衫、骨头制品、厨房用具等，均以高价收购。老板穿着衬衫，正坐在门口抽烟。屋里，一件件上衣，一条条裤子，从那不高的天花板上垂下来，只有两支昏暗的蜡烛，使人看出这挂的是什么东西。我当时觉得这老板好像是个喜欢报复的人，他把敌人一个一个都吊起来了，自己在那里逍遥。

从我新近和米考伯夫妇的交往中，我想到也许可以在这里找到出路，暂时免于挨饿。我走到前面一条巷子里，脱下背心，仔细卷好，夹在腋下，又回到那家商店门口。"掌柜的，"我说，"价钱公道，我就把这件东西卖给你。"

多洛毕先生——至少店门上面写的名字是多洛毕——接过背心，把烟斗头朝下靠在门框上，走进店去，我也跟着走了进去。他用手指掐了两支蜡的烛花，把背心铺在柜台上，看了一阵子，又拿起来，对着亮光看了一阵子，最后说道：

"就这么件小背心，想卖多少钱？"

"哦，掌柜的，你最清楚了。"我谦虚地回答道。

"我不能又当卖家，又当买家呀。"多洛毕先生说道。"这么件小背心，你要个价吧。"

"十八便士行不行？"我犹豫了一下，试探着问道。

多洛毕先生把背心卷了卷，还给了我。"我要是出九便士，就可以说是坑害我全家了。"

这样的交易，实在叫人不痛快。我和多洛毕先生素不相识，却不得不干这种讨厌的事，让他为了我去坑害他全家。然而我的境况实在太糟，所以我说就卖九便士吧。多洛毕先生嘟囔着给了我九便士。我说了声再见，走出店门，身上多了九便士，少了一件背心。等我把上衣扣子一扣，觉得并没有多大差别。

说真的，我早就看得很清楚，下一次就该卖我的上衣了，而且光穿着衬衣和裤子,也还得尽快往多佛赶路,要是准能穿着这身衣裳赶到多佛,就算很幸运了。你也许会以为我对这件事想得很多,其实不然。我只笼统地感到前面的路还很长,那个赶驴车的年轻人对我也太狠了,除此以外,我想我当时也没觉得自己的困难有多么紧迫;兜儿里揣着我那九便士,我就又上路了。

怎样过夜,我忽然想出了一个主意,而且说干就干。母校后边有一堵墙,墙角里有一个草垛,我就是想到那里去过夜。我心想,学生们离我这么近,我曾在里面讲故事的那间宿舍离我这么近,对我来说,也可以算是一种陪伴了——虽然学生们并不知道我在那里,那间宿舍也并没有对我提供什么遮挡。

我干了一天活儿,等我顺着山坡爬到布莱克希思的时候,简直累极了。我费了半天事,寻找萨伦学堂,不过我终究还是找到了,墙角里果然有个草垛。我绕到墙那边,抬头向学堂的窗户望去,只见里面一片黑暗,寂静无声,然后我就挨着草垛躺下了。平生头一次没遮没盖地在外边过夜,那种孤独的感觉,我是永远不会忘记的!

困神向我走来,向许许多多流落街头的人走来,对这些人来说,那天晚上家家户户的门都是锁着的,看门狗也都对着他们吼叫——我梦见我又躺在过去在学校里睡过的床上,和住在一起的同学说话;随后我又坐起来,嘴里不停地念着斯蒂福的名字,同时睁大了眼睛,望着头顶上闪烁的群星。等我意识到在这样一个怪时候,我这是在什么地方,突然产生了一种恐惧心理,怕什么,我也说不清,于是我就站起来兜圈子。但是星光渐暗,一天开始的地方天空现出了鱼肚白,我心里又觉得踏实了。我眼皮发沉,又躺下,睡着了——不过我在睡梦中也还是感到冷——后来温暖的阳光照在我身上,萨伦学堂的起床铃也响了,我就醒了。我当时要是希望斯蒂福还在学堂里,就会在那里多待一会儿,等他单独一个人出来,但是我知道他一定早就离开了。

也许特拉德还在，不过这也很难说，而且我虽然很想求助于他，因为他心地善良，却不想把我的情况完全告诉他，因为我对他为人处世和运气好坏都没有很大的把握。所以等到克里克尔的学生们起床的时候，我就悄悄地离开那堵墙，走上了漫长的尘土飞扬的路程。我在这里上学的时候，就知道这条路通到多佛，当时我可没想到会有这么一天，我会像现在这样走在这条路上。

和亚茅斯的星期天早晨相比，这里的星期天早晨可大不一样！我走着走着，听见教堂的钟声响了，接着就看见有人上教堂去。我路过了一两座教堂，里面在做礼拜，唱诗的声音从里面传出来，外面是一片阳光，教区事务员坐在门廊上阴凉的地方乘凉，有时站在紫杉树下面，手搭凉棚，盯着我从前面走过。到处洋溢着过去星期天早晨那种平静悠闲的气氛，只有我是例外。区别就在这里。我浑身是土，头发乱蓬蓬的，自己也觉得不是好人。要不是我想象出一幅宁静的图画，我母亲又年轻，又漂亮，在炉前哭泣，姨奶奶对她表示宽恕，我恐怕就没有勇气坚持走到第二天了。但我眼前老有这样一幅图画，我也就不停地跟着它走。

那个星期天，我顺着那笔直的路走了二十三英里，可是走得并不轻松，因为我对这种苦差使是不习惯的。看看天快黑了，我在罗彻斯特过大桥，又累，脚又疼，一边还吃着路上买的面包，这就是我的晚饭。有一两家小旅店，门外挂着"旅客之家"的招牌，颇有吸引力，但是我不敢花那仅有的几便士，更害怕我在路上碰见的或者赶上的那些流浪汉的凶相。因此我也就别无他求，只求青天作遮挡了。我吃力地来到查塔姆——那天晚上这地方看上去是模模糊糊一片白垩、吊桥、没有桅杆的船只，那些船有篷子，像挪亚方舟一样，漂浮在污浊的河面上。我爬到一个炮台模样的地方，这里长满了青草，居高临下，底下有一个巷子，有个哨兵来回走动。我在这里靠着一门大炮就躺下了，

《大卫·科波菲尔》（汉译）选段

有哨兵的脚步声和我做伴，我感到很高兴，不过他并不知道我睡在上面，正如萨伦学堂的学生不知道我在墙根底下睡觉一样。我睡得很沉，一觉睡到了大天亮。

第二天清早，我浑身发僵，两脚疼痛。我听见敲鼓的声音和军队操练的声音，感到莫名其妙，好像那声音从四面八方围了上来，于是我赶紧朝下面那条又窄又长的马路走去。我觉得，要是想保留体力，好走到目的地，那一天就不能走得太远，于是我就下定决心，当天的主要任务是把我那件上衣卖出去。主意已定，我就脱下上衣，适应一下不穿上衣的滋味。就这样，我夹着那件衣裳，对各家估衣店进行了一番考察。

要想卖上衣，这倒是个不错的去处，因为这里买卖旧衣服的商人很多，一般说来，都在店门口招揽生意。但由于大部分店铺在挂出来的服装里面总有一两件军官穿过的上衣，肩上的饰物等等一应俱全，我就觉得他们都是做大买卖的，因此望而却步，我在这里转悠了好半天，也没敢向任何人兜售我想卖的东西。

我这种胆怯的心理，使我不敢去找一般的商店，而去找海员旧货商店，或者多洛毕先生开的那种商店。最后我找到了一家，看来有希望。这家商店位于一条脏巷子的拐角处，尽头上是一个院子，长满了荨麻，栏杆上挂着一些海员穿过的衣服，大概是屋里搁不下了，挂在栏杆上随风飘动，那里还摆着一些帆布床、锈步枪、油布帽，还有一盘盘生了锈的旧钥匙，数量大，型号多，要把世界上的门都开开，恐怕也够用了。

我进到这家店里。这是一间又小又矮的屋子，有一个小窗户，前面挂的衣服太多了，屋里不但没有显得亮，而且显得更暗了，门口有几磴台阶，下了台阶才能进到屋里。我进来的时候，心怦怦地直跳，进来以后，那紧张的心情也没有放松，因为一个丑老头子从后面一间肮脏的小屋里窜出来,揪住了我的头发。这个老头子相貌凶恶,脸的下半部全是灰白胡子碴儿,穿着一件脏兮兮的法兰绒背心,散发出强烈的罗姆酒的气味。小屋里,床上罩着用碎布拼成的又皱又破的床罩,也有一个小窗户,窗外也是荨麻,还有一头癞驴。

"哦,你来干什么?"老头子咧嘴一笑,用严厉的单调的语气说道。"哦,我的老天爷,你来干什么?哦,我的乖乖,你来干什么?哦,嘎鲁,嘎鲁!"

我一听这话,吓得不得了,特别是他重复的最后那个莫名其妙的字眼,简直就是他喉咙里发出的喀啦喀啦的声音。我不知道怎样回答他,这时候他还揪着我的头发,他重复说道:

"哦,你来干什么?哦,我的老天爷,你来干什么?哦,我的乖乖,你来干什么?哦,嘎鲁!"最后这两个字,是他从嗓子眼儿里挤出来的,憋得他眼珠子都快出来了。

"我想问问,"我哆哆嗦嗦地说道,"你想不想买一件上衣。"

"哦,拿来看看!"老头子大声说道。"哦,我的心像着了火一样,快把上衣给我们看看!哦,我的老天爷,快把上衣拿出来!"

他说着,就松开我的头发,收回了他那双颤抖的手,那手和大鸟的爪子一模一样。他接着戴上一副眼镜,不过这一点儿也没有使他那发红的眼睛显得更好看。

"哦,这件上衣卖多少钱?"老头子看了看衣裳,大声说道。"哦,嘎鲁!这件上衣卖多少钱?"

"半克朗,"我定了定神,答道。

"哦,我的乖乖,"老头子大声说道,"不行,哦,我的老天爷,不行!十八便士。嘎鲁。"

他每一次发出这个声音,他的眼珠子好像都有迸出来的危险。他说的每一句话,都是同一个腔调,好像一阵风,开头很低,逐渐升高,然后降下来,我想不出比这更恰当的比喻了。

"唉,"我说,这笔交易就这么定了,我还挺高兴,"就十八便士吧。"

"哦,我的乖乖!"老头子说着,随手把我的上衣扔在一个架子上,"你给我出去!哦,我的乖乖,你给我出去!哦,我的老天爷——嘎鲁!——别要钱啦,换件东西吧。"

我大吃一惊。我一生中,无论是在那以前,还是在那之后,都没有遇见这样令人吃惊的事。不过我还是客客气气地对他说,我要钱,无论什么别的东西,对我来说都无用,不过我可以按照他的要求,到门外去等,我决不想催他。说完之后,我就走到外边,在一个角落里找了个阴凉的地方坐下了。我在那里坐了好几个钟头,阴凉变成了阳光,阳光又变成了阴凉,我还坐在那里等我的钱。

我真希望在他干的这一行里,没有第二个这样的酒鬼,这样的疯子。没有多久,我就从他接待的孩子们那儿了解到,此人是这一带有名的人物,他的名声就是把自己卖给了魔鬼。孩子们不断地在店门口跟他接火,喊着传说的那件事,让他把金子拿出来。"查利,别装蒜啦,你明明知道,你可不穷啊。把金子拿出来吧。你把自己卖给魔鬼得到的金子,拿出一点儿来吧。来呀!在床垫子里缝着呢,查利。把床垫子撕开,给我们一点儿吧!"这还不算,许多人为了达到目的,愿意借把刀子给他使,这可使他大为恼怒,一整天,他不断地追,孩子们不断地跑。有时候,他气昏了头,以为我也是那帮孩子里面的,就冲我来了,张着大嘴,仿佛要把我撕碎,接着他认出我来了,就一头钻到店里,往床上一躺(我从他的声音可以判断得出),疯狂地扯着嗓子用他那刮风似的调子唱起"纳尔逊之死",每一句开头都加一个"哦",还到处加了许多"嘎鲁"。那些孩子好像还嫌我受罪受得不够,认为我和这家店铺有联系,因为我没穿上衣坐在店门口,又耐心,又有毅力,他们就朝我乱扔东西,一整天,对我坏极了。

那老头子好几次想说服我同意跟他换一样东西,有一次拿出一根钓竿,有一次拿出一把提琴,拿出过三角帽,还拿出过笛子。但是我全都不要,只顾坐在那里,每一次都两眼含着泪求他把钱给我,要不就把衣服还给我。后来他开始给我钱了,一次给半便士,整整两个钟头,才不紧不慢地给了一先令。

"哦,我的老天爷!"隔了很久,他又在店门口探出头来,怪吓人的样子,喊道,"再给两便士,你走不走?"

"不行,"我说,"我会饿死的。"

"哦,我的乖乖,再给三便士,你走不走?"

"要是能行,我什么都不要,也可以走,"我说,"但是我要钱,有急用。"

"哦,嘎——鲁!"(他紧挨着门框,光露出他那狡猾的老脑袋瓜子看我,至于他憋着气拐了几个弯儿才说出"嘎鲁"两字,那可真是无法形容。)"给你四便士,你走不走?"

我当时头晕眼花,累得不行,就接受了这个条件。我战战兢兢地从他的爪子里接过钱来,就走了,又饿又渴,从来没这么难受过。这时候,太阳就要落了。可是过了一会儿,花了三便士,我的精神就完全恢复了。来了精神以后,我又一拐一拐地赶了七英里路程。

那天晚上,我又找了一个草垛,溜边儿躺下,睡了一觉。我脚上打了泡,睡觉以前,先在小河沟儿里洗了洗脚,又尽我所能用凉凉的树叶把脚裹了起来。一夜休息得不错。第二天清早我又上路的时候,发现沿路是连续不断的啤酒花种植场和果园。按月份来说,早就到了,所以苹果都熟了,果园里一片红,有几个地方,采酒花的工人也已经在干活儿了。我觉得这样的风光实在好,就打定主意当晚在酒花丛里过夜——幻想那一行行的桩子,上面缠绕着美丽的叶子,一定是有趣的伴侣。

那天碰见的流浪的人比我以前见过的更赖,使我产生了一种恐惧心理,至今还记忆犹新。有一些是面貌十分凶恶的二流子,我从他们身旁走过,他们瞪着眼看我,也许还停下脚步,从后面对我喊,叫我回去跟他们说话,我撒腿就跑,他们就朝我扔石头。记得有个年轻人——从他的口袋和小火炉来看,我觉得他是个小炉匠——他带着一个女人。就像上面说的那样,他扭过头来盯着我,然后朝我大吼一声,叫我回来,我不得已停下脚步,回头看了看。

"叫你回来就回来,"小炉匠说,"要不就给你放血,你这小崽子。"

我想最好还是回去吧。我带着一副讨好小炉匠的面孔朝他们走去,快到跟前的时候,发现那女人有一只眼给打青了。

"上哪儿去呀?"小炉匠用他那脏手抓住我衬衫的前胸,问道。

"上多佛去。"我说。

"从哪儿来呀?"小炉匠接着问道,他把抓我衬衫的手一转,抓得更紧了。

"从伦敦来。"我说。

"哪一行的?"小炉匠问道。"梁上君子吧?"

"不——不是。"我说。

"你他妈的不是吗?你要是敢在我面前吹嘘你老实,"小炉匠说,"我就砸烂你的脑袋。"

这时候,他松了手,做了一个要打我的样子,接着就对我上下打量起来。

"买一品脱啤酒,你有钱吗?"小炉匠问道。"要是有,就拿出来,省得我动手。"

我要不是看了那女人的眼色,准就把钱掏出来了。我看见那女人轻轻地摇了摇头,嘴唇做了个说"不!"的样子。

"我很穷,"我强作笑脸,回答道,"没有钱。"

"你这是什么意思?"小炉匠问道,他正颜厉色地看着我,我真怕他已经看见我口袋儿里的钱了。

"师傅!"我结结巴巴地说。

"你这是怎么个意思?"小炉匠问道,"怎么围着我兄弟的绸围巾呀?把它还给我!"他说着,一下子就把围巾从我脖子上扯下来,扔给那个女人了。

那女人突然大笑起来,好像她觉得这是一个玩笑,就把那绸围巾扔过来,还给我了,她还点了点头,和刚才摇头时一样轻,并且用嘴唇做了个说"走"的样子。不过我还没来得及照办,小炉匠就把那围巾从我手里夺走了,他是那么粗暴,一下子把我甩出老远,好像我只有羽毛那么轻。他顺手就把围巾随便围在自己脖子上,转身朝那女人骂了一声,就把她打倒了。我永远忘不了我亲眼看见她向后倒在那硬邦邦的路上,帽子也掉了,头发沾了一层土;我永远也忘不了我从远处回头一看,看见她坐在小道上(在路旁的斜坡上),正用披肩的一角擦脸上的血,而他却在往前走。

这件事可把我吓坏了,所以从那以后,我再看见这样的人迎面走来,我就往回走,找个地方躲一躲,等他们走得没影了,再出来。这样的事常常发生,耽误了我好多时间。但是遇到这种困难的时候,和我一路上遇到别的困难的时候一样,我好像感到了一股支持我引导我的力量,那就是我想象出来的一幅画:我母亲生我之前在青春时期的像。这张像一直伴随着我。我在啤酒花地里躺下睡觉的时候,它在伴随着我。第二天早上醒来的时候,它还在伴随着我。一整天它都在为我引路。从那以后,我总是把它与坎特伯雷的明媚街道联系在一起,那街道可以说在烈日下昏昏欲睡,还能看到古老的房舍和城门,以及宏伟的灰色大教堂,还有乌鸦围着塔楼飞来飞去。最后我来到多佛附近荒凉辽阔的丘陵地带,这时候,这张像使我面对眼前的景象而不感到多么孤单,它给了我希望;一直到我逃走的第六天,我达到了这次旅行的第一个重大目标,并且确实迈步走进了镇子,只是到了这时候,它才消失。不过说也奇怪,我穿着破鞋,衣不蔽体,浑身是土,脸也晒黑了,这样来到这梦寐以求的地方之后,那画竟然像梦一样消失了,使我感到无依无靠,提不起精神。

我先在船家当中打听姨奶奶的消息,他们的回答,五花八门。有的说她住在南福地灯塔,就因为住在那里,害得她把胡子都燎了。有的说她被牢牢地捆在港外的大浮标上了,只有在潮水半涨半落的时候,才能去看她。有的说她因拐卖儿童,关到梅德斯通监狱里去了。还有的说看见她上次刮大风的时候骑着扫帚直奔加来[1]去了。后来我又去问赶马车的,他们也是嘻嘻哈哈的,没有一点儿敬意。再问那些开商店的,他们讨厌我那副模样,都不等我开口,就说没有我要的。自打我逃出来以后,还从来没有像现在这样痛苦,这样没有着落。钱,都花光了,也没有什么可卖的了,我又饿,又渴,又累,现在离我要达到的目的地好像和待在伦敦离得一样远。

我问来问去,一个上午就过去了。市场附近路口上有一家倒闭了的商店,我就坐在它门口的台阶上,盘算着怎样到上面提到的另外一些地方去试试。忽见一个人赶着一辆马车过来,一件马衣掉在我面前。我捡起来递给他,这时候,我从他脸上看出,这个人比较和气,就鼓起勇气,问他能不能告诉我特洛乌德小姐住在哪里——虽然这个问题我问的次数太多了,几乎问不出口了。

"特洛乌德?"他说。"让我想想。我听说过这个名字。是个老太太吧?"

---

[1] 法国的海口。

"是的,"我说,"不错。"

"腰板儿直挺挺的?"他一边说着,一边直了直腰。

"是的,"我说,"我想是这样的。"

"老挎着个提包,"他说,"那提包能装好多东西,是不是?她这个人很倔,说什么是什么,是不是?"

我一边说他说的丝毫不差,一边心里打起鼓来。

"那就这么办吧,"他说,"你往那儿走,"他用马鞭子指着前面的小山丘说,"等你走到几栋朝着大海的房子,大概就能问到她了。我认为她是不会帮忙的,我给你一便士吧。"

我接了钱,道了谢,用它买了一个面包。我一边走,一边吃,朝着那位朋友指点的方向走去,走了很远,也没看见他说的那几栋房子。后来看见前面有几栋房子,就走了过去,来到一家小商店里(过去我们在家里管这种商店叫杂货店)。我问他们能不能麻烦这里的好心人告诉我,特洛乌德小姐住在哪里。我问的是柜台后面那个人,当时他正在给一个年轻女人称大米,可是那年轻女人把话接了过去,马上转过身来。

"找我主人?"她问道。"你找她有什么事儿,小家伙?"

"我有话对她说,"我说,"麻烦你啦。"

"你是说求她帮忙吧。"那姑娘顶了我一句。

"不是,"我说,"的确不是。"不过我突然想到,实际上我到这里来也没有别的目的,所以我就没有再说什么,也不知如何是好,脸上也烧起来了。

从这个女人的言谈之中,我感觉到她就是我姨奶奶的用人。她把大米放到小篮子里,走出商店,一面对我说,我要是想知道特洛乌德小姐住在哪里,就跟她走吧。那还用说吗,不过我当时又害怕,又着急,腿都发颤了。我跟着那年轻女人,不大的工夫,来到一所小房子前,这房子有几个凸出的半圆形窗户,让人看着愉快。房子前面有一个四方小院儿,碎石铺地,也可以说这就是花园,里面种满了花,那花是精心照料的,散发着芳香。

"特洛乌德小姐就住在这里,"那年轻女人说道,"现在你已经知道了。我也只能告诉你这些。"说完了,她就匆匆地进屋里去了,好像要推卸把我带到这里的责任。她丢下我一个人站在花园门口,我以忧郁的神情从门上边向客厅的窗户望去,只见那细布窗帘半开半合,窗台上有一个圆形的大绿屏风,也许是扇子,还看见一张小桌子,一把大椅子,这使我想到姨奶奶这会儿说不定正坐在那里施威风呢。

到这时候,我的鞋可惨了。底子早就一块一块地掉了,帮儿上的皮子也破了,裂了,这鞋就没个鞋样了。我的帽子(我还戴着它睡过觉),连压带窝,也已经不成样子,垃圾堆里要是有个缺把儿的破汤锅,和它相比,也用不着感到寒碜了。我的衬衫和裤子、汗水、露水、青草以及肯特郡的泥土(我在地上睡过觉),都在上面留下了痕迹,而且也都撕破了,我正站在大门口,说不定会把姨奶奶花园里的鸟儿吓跑了呢。我的头发,自从我离开伦敦,就没梳过,也没刷过。我的脸、脖子和手,因为不习惯于风吹日晒,已经变得黑乎乎的。我身上又是白垩,又是尘土,弄得我从头到脚都是白粉子,就和刚从石灰窑里钻出来差不多。我就是这副模样,而且强烈地意识到自己这个德行,在那里等待机会,向我那难以对付的姨奶奶作自我介绍,给她留下一个最初的印象。

客厅的窗户一直寂静无声,过了一会儿,我断定她不在那里,于是就把视线移到上面那个窗口,看见一位面色红润、头发花白、态度和蔼的老先生,他闭上一只眼,做了个怪样子,一再对我点头,又一再对我摇头,然后笑了一阵,就走开了。

我本来就不知所措,这位老先生的意外举动使我更加不知所措,我想溜到一边，好好想想该怎么办，就在这时候，从屋里出来了一位女士，她帽子上系着一块手绢，手上戴着一副在花园干活儿的手套，胸前挂着一个园子里用的大口袋，和收路捐的人系的围裙一样，她手里还拿着一把挺大的刀。我一下子就认出了，她就是贝西小姐，因为她高视阔步走出来的神气，和我那可怜的母亲常说这位女士在布伦德斯通栖鸦楼的花园里高视阔步的神气一模一样。

"走开！"贝西小姐一边说着，一边摇了摇头，还在离我老远的地方，在空中砍了一刀。"走吧！这儿不许男孩子进来！"

我把心都提到嗓子眼儿了，看着她大步走到花园的一角，弯下腰，在那里挖什么东西的小根儿。我虽然鼓不起一点儿勇气，却豁出去了，于是我就悄悄地走过去，站在她身旁，用手指头杵了她一下。

"对不起，小姐。"我主动说话。

她吃了一惊，抬起头来看我。

"对不起，姨奶奶。"

"嗯？"贝西小姐叫道，她那惊讶的语气，我还从没听见过和它相近似的呢。

"对不起，姨奶奶，我是你甥孙。"

"哦，天哪！"姨奶奶说着，一屁股坐在花园的小路上。

"我叫大卫·科波菲尔，老家是萨福克郡的布伦德斯通。我出生的那天晚上，你到过那里，你还见到了我亲爱的妈妈。她死了以后，我一直很不幸。他们不管我，什么也不教给我，让我养活我自己，逼着我干我干不了的活儿。我只好逃跑，到这儿来找你。我刚一出发，就遭了抢，我是一路走来的，从一上路，就没在床上睡过觉。"说到这里，我一下子支持不住了，我的手动了一下，想让她看看我这破衣烂衫的样子，证明我确实受了不少的罪，接着就放声大哭起来，这大概在我肚子里憋了整整一个礼拜了。

我姨奶奶，满脸的表情都消失了，只剩下惊讶。她坐在那碎石地上，瞪着大眼看着我，见我哭起来了，才蹦起来，抓着我的领子，把我拖到客厅里去。她做的头一件事，就是打开一个很高的柜子，拿出几个瓶子，把每个瓶子里的东西都往我嘴里倒了一点儿。我觉得这几个瓶子她一定是随便拿的，因为我尝得出来，有茴香水，有鳕鱼汁，有沙拉油。她给我服用了这些滋补剂之后，见我仍旧哭叫不止，不能恢复正常，就让我躺在沙发上，用披肩给我垫着头，用她自己头上那块手绢给我垫着脚，怕我把沙发套子弄脏了。然后她就在我提到的绿扇子或屏风后面坐下，这样一来，我就看不见她的脸了，只听她过一会儿就说一声"我的天呐！"，就像一分钟一响的求救信号炮似的。

过了一会儿，姨奶奶拉了拉铃。用人进来以后，姨奶奶说，"珍妮，到楼上去，替我向迪克先生问好，告诉他，我有话对他说。"

珍妮见我直挺挺地躺在沙发上（我因为怕冒犯姨奶奶，一动也不敢动），觉得有点奇怪，但她只顾做事情去了。姨奶奶背着手在屋里走来走去，过了一会儿，在楼上窗口向我挤眼的那位先生笑着走了进来。

"迪克先生，"姨奶奶说，"你可不要犯傻，因为你要是精明起来，谁都精不过你。这我们都是知道的。所以，无论如何，你可别犯傻。"

这位先生一听，马上严肃起来，看了我一眼。我觉得他似乎是在恳求我不要提刚才在窗口发生的事。

"迪克先生，"姨奶奶说，"你听我说起过大卫·科波菲尔吧？这会儿，你可别假装不记得啦，因为你我都知道，那不是真的。"

"大卫·科波菲尔？"迪克先生说道，看样子，他没有多少印象。"大卫·科波菲尔？哦，对啦，是有一个。是叫大卫。"

"那好，"姨奶奶说，"这就是他的孩子，他的儿子。要不是他也挺像他母亲，他就完全像他父亲了，要多像，有多像。"

"他的儿子？"迪克先生说。"大卫的儿子？那当然。"

"是啊，"姨奶奶接着说，"他干得还真不错呢。他是逃出来的。唉！他姐姐贝西·特洛乌德是不会逃跑的。"姨奶奶果断地摇了摇头，对这个并未出生的女孩子的性格和行为显得满有把握的样子。

"哦！你认为她不会逃跑吗？"迪克先生说。

"愿上帝保佑这个人，"姨奶奶尖刻地说道，"他怎么这样说话！难道我还不知道她不会逃走吗？她会和教母在一起生活，我们会彼此疼爱。我不禁要问：他姐姐贝西·特洛乌德会从哪里逃，又往哪里去？"

"没有这样的地方。"迪克先生说。

"那好，"姨奶奶接着说，她听了迪克先生的回答，语气已经缓和下来，"既然如此，你为什么还装糊涂呢，迪克，你的脑子一向和外科大夫的手术刀一样好使嘛！现在你眼前就是大卫·科波菲尔，我要问你的问题是：我拿他怎么办？"

"你拿他怎么办？"迪克先生小声说着，挠起头来。"哦！怎么办？"

"是啊。"姨奶奶态度严肃举着食指说道。"说呀！给我出个好主意。"

"唉，我要是你的话，"迪克先生一边说，一边考虑，还有意无意地看了我一眼，"我就……"他一想我的事儿，好像灵机一动，想出一个主意来，就赶紧接着说，"我就给他洗个澡！"

"珍妮，"姨奶奶心里很高兴，却不露声色，这情况我当时是不知道的，只见她转身说道，"还是迪克先生的主意好。烧洗澡水去！"